“十一五”国家重点图书出版规划
环 境 经 济 核 算 丛 书

绿色国民经济核算

Green National Accounting for China

王金南　蒋洪强　曹　东　於　方　著

中国环境科学出版社·北京

图书在版编目（CIP）数据

绿色国民经济核算/王金南等著. —北京：中国环境科学出版社，2009.7
（“十一五”国家重点图书出版规划　环境经济核算丛书）
ISBN 978-7-80209-879-4

Ⅰ. 绿…　Ⅱ. 王…　Ⅲ. 国民经济计算体系—概论
Ⅳ. F222.33

中国版本图书馆 CIP 数据核字（2008）第 190265 号

策　　划　陈金华
责任编辑　陈金华　沈　建
责任校对　刘凤霞
封面设计　龙文视觉

出版发行　中国环境科学出版社
（100062　北京崇文区广渠门内大街 16 号）
网　　址：http://www.cesp.com.cn
联系电话：010-67112765（总编室）
发行热线：010-67125803
印　　刷　北京中科印刷有限公司
经　　销　各地新华书店
版　　次　2009 年 7 月第 1 版
印　　次　2009 年 7 月第 1 次印刷
开　　本　787×960　1/16
印　　张　21.5
字　　数　305 千字
定　　价　55.00 元

以科学和宽容的态度对待"绿色GDP"核算

（代总序）

自1978年中国改革开放30年来，中国的GDP以平均每年9.8%的高速度增长，中国创造了现代世界经济发展的奇迹。但是，西方近200年工业化产生的环境问题也在中国近20年期间集中爆发了出来，环境污染正在损耗中国经济社会赖以发展的环境资源家底，社会经济的可持续发展面临着前所未有的压力。严峻的生态环境形势给我们敲起了警钟：模仿西方工业化的模式，靠拼资源、牺牲环境发展经济的老路是走不通的。在这种形势下，中国政府高屋建瓴、审时度势，提出了坚持以人为本、全面、协调、可持续的科学发展观，以科学发展观统领社会经济发展，走可持续发展道路。

（一）

实施科学发展亟待解决的一个关键问题是，如何从科学发展观的角度，对人类社会经济发展的历史轨迹、经济增长的本质及其质量做出科学的评价？国内生产总值（GDP）作为国民经济核算体系（SNA）中最重要的总量指标，被世界各国普遍采用以衡量国家或地区经济发展总体水平，然而传统的国民经济核算体系，特别是作为主要指标的GDP已经不能如实、全面地反映人类社会经济活动对自然资源的消耗和生态环境的恶化状况，这样必然会导致经济发展陷入高耗能、高污染、高浪费的粗放型发展误区，从而对人类社会的可持续发展产生负面影响。为此，1970年代以来，一些国外学者开始研究修改传统的国民经济核算体系，提出了绿色GDP核算、绿色国民经济核算、综合环境经济核算。一些国家和政府组织逐步开展了绿色GDP账户体系的研究和试算工作，并取得了一定的进展。在这期间，中国学者也作了一些开拓性的基础性研究。

中国在政府层面上开展绿色GDP核算有其强烈的政治需求。这也是中国独特的社会政治制度、干部考核制度和经济发展模式所决定的。胡锦涛总书记在 2004 年中央人口资源环境工作座谈会上就指出："要研究绿色国民经济核算方法，探索将发展过程中的资源消耗、环境损失和环境效益纳入经济发展水平的评价体系，建立和维护人与自然相对平衡的关系。"2005 年，国务院《关于落实科学发展观加强环境保护的决定》中也强调指出："要加快推进绿色国民经济核算体系的研究，建立科学评价发展与环境保护成果的机制，完善经济发展评价体系，将环境保护纳入地方政府和领导干部考核的重要内容。"2007 年，胡锦涛总书记在中国共产党的十七大报告中又指出，我国社会经济发展中面临的突出问题就是"经济增长的资源环境代价过大"。所有这些都说明了开展绿色 GDP 核算的现实需求，要求有关部门和研究机构从区域和行业出发，从定量货币化的角度去核算发展的资源环境代价，告诉政府和老百姓"过大"资源环境代价究竟有多大。

在这样一个历史背景下，原国家环保总局和国家统计局于 2004 年联合开展了"综合环境与经济核算（绿色 GDP）研究"项目。由环境保护部环境规划院、中国人民大学、环境保护部环境与经济政策研究中心、中国环境监测总站等单位组成的研究队伍承担了这一研究项目。2004 年 6 月 24 日，原国家环保总局和国家统计局在杭州联合召开了"建立中国绿色国民经济核算体系"国际研讨会，国内外近 200 位官员和专家参加了研讨会，这是中国绿色 GDP 核算研究的一个重要里程碑。2005 年，原国家环保总局和国家统计局启动并开展了 10 个省市区的绿色 GDP 核算研究试点和环境污染损失的调查。此后，绿色 GDP 成了当时中国媒体一个脍炙人口的新词和热点议题。如果你用谷歌和百度引擎搜索"Green GDP"和"绿色 GDP"，就可以迅速分别找到 106 万篇和 207 万篇相关网页。这些数字足以证明社会各界对绿色 GDP 的关注和期望。

（二）

2006 年 9 月 7 日，原国家环保总局和国家统计局两个部门首次发布了中国第一份《中国绿色国民经济核算研究报告 2004》，这也是国际上第一个由政府部门发布的绿色 GDP 核算报告，标志着中国的绿色国民经济核算研究取得了阶段性和突破性的成果。2006 年 9 月 19 日，全国人大环境与资源委员会还专门听取了项目组关于绿色 GDP 核算成果的汇报。目前，以环境保护部环境规划院为代表的技术组已经完成了 2004 年到 2007 年期间共四年的全国环境经济核算研究报告。在这期间，世界银行援助中国开展了“建立中国绿色国民经济核算体系”项目，加拿大和挪威等国家相继与国家统计局开展了中国资源环境经济核算合作项目。中国的许多学者、研究机构、高等学校也开展了相应的研究，新闻媒体也对绿色 GDP 倍加关注，出现了大量有关绿色 GDP 的研究论文和评论，成为了近几年的一个社会焦点和环境经济热点，但也有一些媒体对绿色 GDP 核算给予了过度的炒作和过高的期望。总体来看，在有关政府部门和研究机构的共同努力下，中国绿色国民经济核算研究取得了可喜的成果，同时，这项开创性的研究实践也得到了国际社会的高度评价。在第一份《中国绿色国民经济核算研究报告 2004》发布之际，国外主要报刊都对中国绿色 GDP 核算报告发布进行了报道。国际社会普遍认为，中国开展绿色 GDP 核算试点是最大发展中国家在这个领域进行的有益尝试，也表现了中国敢于承担环境责任的大国形象，敢于面对问题、解决问题的勇气和决心。

但是，2004 年度中国绿色 GDP 核算研究报告的成功发布以及后续 2005 年度研究报告的发布“流产”激起了国内外对中国绿色 GDP 项目的热烈喝彩，也受到了一些官员和专家的质疑。一些官员对绿色 GDP 避而不谈甚至“谈绿色变”，认为绿色 GDP 的说法很不科学，也没有国际标准和通用的方法。特别是 2007 年年初环境保护部门与统计部门的纷争似乎表明，中国绿色 GDP 核算项目已经“寿终正寝”。但是，现实的情况是绿色 GDP 核算研究没有“夭折”，国家统计局正在尝试建立中国资源环境核算体系，在短期，可以填补绿色核算的缺位，在长期，则可以为未来实施绿色核算奠定基础。

从概念的角度看，绿色 GDP 的确是媒体、社会的一种简化称呼。绿色 GDP 核算不等于绿色国民经济核算。绿色国民经济核算提供的政策信息要远多于绿色 GDP 本身包涵的信息。科学的、专业的说法应该称作“绿色国民经济核算”或者国际上所称的“综合环境与经济核算”。但我们对公众没有必要去苛求这种概念的差异，公众喜欢叫“绿色 GDP”没有什么不好。这就像老百姓一般都习惯叫 GDP 一样，而没有必要让老百姓去理解“国民经济核算体系”。在国际层面，联合国统计署分别于 1993 年、2000 年和 2003 年发布了《综合环境与经济核算（简称 SEEA)》三个版本。这些指南专门讨论了绿色 GDP 的问题。因此，《环境经济核算丛书》（以下简称《丛书》)也没有严格区分绿色 GDP 核算、绿色国民经济核算、资源环境经济核算的概念差异。

绿色 GDP 的定义不是唯一的。根据我们的理解，本《丛书》所指的绿色 GDP 核算或绿色国民经济核算是一种在现有国民核算体系基础上，扣除资源消耗和环境成本后的 GDP 核算这样一种新的核算体系。绿色 GDP 可以一定程度上反映一个国家或者地区真实经济福利水平，也能比较全面地反映经济活动的资源和环境代价。我们的绿色 GDP 核算项目提出的中国绿色国民经济核算框架，包括资源经济核算、环境经济核算两大部分。资源经济核算包括矿物资源、水资源、森林资源、耕地资源、草地资源等等。环境核算主要是环境污染和生态破坏成本核算。这两个部分在传统的 GDP 里扣除之后，就得到我们所称的绿色 GDP。很显然，我们目前所做的核算仅仅是环境污染经济核算，而且是一个非常狭义的、附加很多条件的绿色 GDP 核算。即使这样，它在反映经济活动的资源和环境代价方面，仍然发挥着重要作用。很显然，这种狭义的绿色 GDP 是 GDP 的补充，是依附于现实中的 GDP 指标的。因此，如果有一天，全国都实现了绿色经济和可持续发展，地方政府政绩考核也不再使用 GDP，那么即使这种非常狭义的绿色 GDP 也都将失去其现实意义。那时，绿色 GDP 将是真正地“寿终正寝”，离开我们的 GDP 而去。

（三）

从科学的意义上讲，我们目前开展的绿色 GDP 核算研究最后得到的仅仅是一个“经环境污染调整后的 GDP”，是一个局部的、有诸多限制条件的绿色 GDP，是一个仅考虑环境污染扣减的绿色 GDP，与完整的绿色 GDP 还有相当的距离。严格意义上，现有的绿色 GDP 核算只是提出了两个主要指标：一是经虚拟治理成本扣减的 GDP，或者是 GDP 的污染扣减指数；二是环境污染损失占 GDP 的比例。而且，我们第一步核算出来的环境污染损失还不完整，还未包括生态破坏损失、地下水污染损失、土壤污染损失等内容。完全意义上的绿色 GDP 是一项全新的、涉及多部门的工作，既包括资源核算，又包括环境核算，只能由国家统计局组织有关资源和环保部门经过长期的努力才能得到，是一个理想的、长期的核算目标。因此，我们要用一种宽容的、发展的眼光去看待绿色 GDP 核算，也希望大家以宽容的态度对待我们的“绿色 GDP”概念。

由于环境统计数据的可得性、时间的限制、剂量反应关系的缺乏等原因，目前发布的 2004 年度的狭义绿色 GDP 核算和环境污染经济核算还没有包括多项损失核算，如生态破坏损失、土壤和地下水污染损失、噪声和辐射等物理污染损失成本、污染造成的休闲娱乐损失、室内空气污染对人体健康造成的损失、臭氧对人体健康的影响损失、大气污染造成的林业损失，水污染对人体健康造成的损失技术方法有缺陷，基础数据也不支持等。这些缺项需要在下一步的研究工作中继续完善。这也是一种我们应该遵循的不断探索研究和不断进步完善的科学态度。但是，即使有这样多的损失缺项核算，已有的非常狭窄的绿色 GDP 核算结果已经展示给我们一个发人深省的环境代价图景，2004 年狭义的环境污染损失已经达到 5118 亿元，占到全国 GDP 的 3.05%。尽管 2004－2007 年环境污染损失占 GDP 的比例在 3%左右，但环境污染经济损失绝对量依然在逐年上升，表明全国环境污染恶化的趋势没有得到根本控制。

作为新的核算体系来说，中国的绿色 GDP 核算体系建立还刚刚开始。除环境污染核算、森林资源核算和水资源核算取得一定成果外，其他部门核算研究还相对滞后，环境核算中的生态破坏核算也刚刚起步。但需要强调的是，这只是一个探索性的研究项目。既然是研究项目，本身就决定它是探索性的，没有必要非得等到国际上设立一个明确的标准，我们再来开展完整的绿色 GDP 核算。如果有了国际标准，我们就不需要研究了，而是实施操作的问题了。绿色 GDP 核算的启动实施，虽面临着许多技术、观念和制度方面的障碍，但没有这样的核算指标，我们就无法全面衡量我们的真实发展水平，我们就无法用科学的基础数据来支撑可持续发展的战略决策，我们就无法实现对整个社会的综合统筹与协调发展。因此，无论有多少困难和阻力，我们都应当继续研究探索，逐步建立起符合中国国情的绿色 GDP 核算体系。

（四）

《中国绿色国民经济核算研究报告 2004》是迄今为止唯一一次以政府部门名义公开发布的绿色 GDP 核算研究报告。考虑到目前开展的核算研究与完整的绿色 GDP 核算还有相当的差距，为了科学客观和正确引导起见，从 2005 年开始我们把报告名称调整为《中国环境经济核算研究报告》。到目前为止，2005 年、2006 年、2007 年度《中国环境经济核算研究报告》都已经完成，但我们都没有公开发表。这一点也证明了，尽管在制度层面上建立绿色 GDP 核算是一个非常艰巨的任务，但从技术层面看，狭义的绿色 GDP 是可以核算的，至少从研究层面看是可以计算的。之所以至今未能公布最新的研究报告，很大原因在于环境保护部门和统计部门在发布内容、发布方式乃至话语权方面都存在着较大分歧，同时也遇到一些地方的阻力。目前开展的绿色 GDP 核算中有两个重要概念，一个是“虚拟治理成本”，一个是“环境污染损失”。这两个概念与 SEEA 关于绿色 GDP 的核算思路是一致的。虚拟治理成本是指把排放到环境中的污染假设“全部”进行治理所需的成本，这些成本可以用产品市场价格给予货币化，可以作为中间消耗从 GDP 中扣减，因此我们称虚拟治理成本占 GDP 的百分点为 GDP 的污染扣减指数。这是统计部门和环保部门都能够接受的一个概念。而环境污染损失是指排放到环境中的所有污染造成环境质量下降所带来的人体健康、经济活动和生态质量等方面的损失，然后通过环境价值特定核算方法得到的货币化损失值，通常要比虚拟治理成本高。由于对环境损失核算方法的认识存在分歧，我们就没有在 GDP 中扣减污染损失，我们叫它为污染损失占 GDP 的比例。这是一种相对比较科学的、认真的做法，也是一种技术方法上的权衡。

中国绿色 GDP 核算研究报告发布的历程证明，在中国真正全面落实科学发展观并非易事。这样一个政府部门指导下的绿色 GDP 核算研究报告的发布都遇到了来自地方政府的阻力。2006 年第一次发布的绿色 GDP 核算研究报告中，并没有提供全国 31 个分省核算数据，而只是概括性地列出了东、中、西部的核算情况。这种做法对引导地方充分认识经济发展的资源环境代价起不到什么作用。但是，我们的绿色 GDP 核算是一种自下而上的核算，有各地区和各行业的核算结果。地方对公布全国 31 个省市区的研究核算结果比较敏感。2006 年底，参加绿色 GDP 核算试点的 10 个省市的核算试点工作全部通过了两个部门的验收，但只有两个省市公布了绿色 GDP 核算的研究成果，个别试点省市还曾向原国家环保总局和统计局正式发函，要求不要公布分省的核算结果。地方政府的这种态度变化以及部门的意见分歧使得绿色 GDP 核算研究报告的发布最终陷入了僵局。目前，许多地方仍然唯 GDP 至上，在这种观念支配下，要在政府层面上继续开展绿色 GDP 核算，甚至建立绿色 GDP 考核指标体系，其阻力之大是可想而知的。

（五）

中国有自己的国情，现在开展的绿色 GDP 核算研究则恰恰是符合中国目前的国情的。尽管目前的绿色 GDP 核算研究，无论在核算框架、技术方法还是核算数据支持和制度安排方面，都存在这样和那样的众多问题，但是要特别强调的是这是新生事物，因此请大家要以包容的、宽容的、科学的态度去对待绿色 GDP 核算研究。尽管我们受到了一些压力，但我们依然在继续探索绿色 GDP 的核算，到目前为止也没有停止过研究。更让我们欣慰的是，这项研究在得到了全社会关注的同时，也得到了社会的认可和肯定。绿色 GDP 核算研究小组获得了 2006 年绿色中国年度人物特别奖，“中国绿色国民经济核算体系研究”项目成果也获得了 2008 度国家环境科学技术二等奖。近几年，一些省市（如四川、深圳等）也继续开展了绿色 GDP 和环境经济核算研究。社会层面上还依然有许多官员和学者在继续呼唤绿色 GDP。

开展绿色国民经济核算研究工作是一项得民心、顺民意、合潮流的系统工程。我们不能认为国际上没有核算标准，我们就裹足不前了。不能认为绿色 GDP 核算会影响地方政府的形象，我们就不公开绿色 GDP 核算的报告。我们应该鼓励大胆探索研究，让中国在建立绿色国民经济核算“国际标准”方面做出贡献。2007 年 7 月，中国青年报社会调查中心与腾讯网新闻中心联合实施的一项公众调查表明：96.4%的公众仍坚持认为“我国有必要进行绿色 GDP 核算”，85.2%的人表示自己所在地“牺牲环境换取 GDP 增长”的现象普遍，79.6%的人认为“绿色 GDP 核算有助于扭转地方政府‘唯 GDP’的政绩观”。调查对于“国际上还没有政府公布绿色 GDP 核算数据的先例，中国也不宜公布”和“绿色 GDP 核算理论和方法都尚不成熟，不宜对外发布”的说法，分别仅有 4.4%和 6.7%的人表示认同。2008 年《小康》杂志开展的一项调查表明，90%的公众认为为了制约地方政府用环境换取 GDP 的冲动，应该公开发布绿色 GDP 核算报告。

但是，无论从绿色 GDP 核算制度和体系角度看，还是从核算方法和基础角度看，近期把绿色 GDP 指标作为地方政府政绩考核指标都是不可能的，而且以政府平台发布核算报告也具有一定的局限性。如果把绿色 GDP 核算交给地方政府部门核算，与一些地方的虚假 GDP 核算一样，也会出现虚假的绿色 GDP 核算。因此，建议下一步的绿色 GDP 核算或环境经济核算研究报告以研究单位的研究报告方式出版发行，这既能起到一定的补充作用，也是一种比较稳妥、严谨客观、相对科学的做法。这样既可以排除地方政府部门的干扰，保证研究核算结果的公平公正，也能在一定程度上减轻地方政府部门的压力。经过一定时间的研究探索和全面的试点完善，再把绿色 GDP 核算纳入地方政府的官员政绩考核体系中。大家知道，现有的国民经济核算体系也是经过 20 多年摸索才建立起来的，GDP 核算结果也经常受到质疑，仍处于不断的继续完善之中。同样，绿色 GDP 核算体系的建立也需要一个很长的时间，或许是 20 年甚至 30 年更长的时间。总之，我们都要以科学的、宽容的态度去对待绿色 GDP 核算研究。

（六）

开展绿色 GDP 核算的意义和作用是一个具有争议性的话题。不管如何，绿色 GDP 核算报告发布造成这么大的震动，成为当年地方政府如此敏感的话题，本身就证明绿色 GDP 核算是有用的。绿色 GDP 核算触及到了一些地方官员的痛处，让他们有所顾忌他们的发展模式，这样我们的目的实际上就达到了一半。有触痛说明绿色 GDP 核算研究就还有点用。绿色 GDP 意味着观念的深刻转变，意味着科学发展观的一种衡量尺度。如果一旦能够真正实施绿色 GDP 考核，人们心中的发展内涵与衡量标准就要随之改变，同时由于扣除环境损失成本，也会使一些地区的经济增长“业绩”大大下降。我们认为，通过发布这样的年度绿色 GDP 核算报告，必定会激励各级领导干部在发展经济的同时顾及到环境问题、生态问题和资源问题。不论他们是主动顾忌，还是被动顾忌，只要有所顾忌就好。而且，我们相信随着研究工作的持续开展，他们的观念会从被动顾忌转向主动顾忌，从主动顾忌到主动选择，从而最终促进资源节约和环境友好型社会的发展。

全国以及 10 个省市的核算试点表明，开展绿色 GDP 核算和环境经济核算对于落实科学发展观、促进环境与经济的科学决策具有重要的意义，具体表现在：一是通过核算引导树立科学发展观。通过绿色 GDP 核算，促使地方政府充分认识经济增长的巨大环境代价，引导地方政府部门从追求短期利益向追求社会经济长远利益发展。根据环境保护部环境规划院 2007 年对全国近 100 个市长的调查，有 95.6%的官员认为建立绿色 GDP 核算体系能够促进地方政府落实科学发展观，有 67.6%的官员认为绿色 GDP 可以作为地方政府的绩效考核指标。二是通过核算展示污染经济全景，了解经济增长的资源环境代价。通过实物量核算展示环境污染全景图，让政府找出环境污染的“主要制造者”和污染排放的“重灾区”，对未来环境污染治理重点、污染物总量控制和重点污染源监测体系建设给予确认；通过环境污染价值量核算衡量各行业和地区的虚拟治理成本，明确各部门和地区的环境污染治理缺口和环保投资需求。三是为制定环境政策提供依据。通过各部门和地区的虚拟治理成本核算得到不同污染物的治理费用，通过各地区的污染损失核算揭示经济发展造成的环境污染代价，对于开展环境污染费用效益分析、建立环境与经济综合决策支持系统具有积极的现实意义。核算的衍生成果可以为环境税收、生态补偿、区域发展定位、产业结构调整、产业污染控制政策制定以及公众环境权益的维护等提供科学依据。

正因为如此，绿色 GDP 的研究核算工作才更有坚持的必要。任何重大改革创新，倘若遇有这样那样执行的困难，就放弃正确的大方向而改弦更张，甚至削足适履，那么，整个经济社会发展非但不能进步，相反还会因循守旧而倒退。因此，我们不能以一种功利的态度对待绿色 GDP 核算，不能对绿色 GDP 核算的应用操之过急，更不能简单地认为绿色 GDP 考核就等同于体现科学发展观的政绩考核制度。为了更加科学起见，我们从 2007 年开始，环境经济核算课题组扩展了核算内容，把森林、草地、湿地、土地荒漠化和矿产开发等生态破坏损失的核算纳入环境经济核算体系，把环境主题下的狭义绿色 GDP 核算称为环境经济核算。可能的情况下，准备陆续出版年度《中国环境经济核算研究报告》。同时，国家发改委与环境保护部、国家林业局等部门，从 2009 年开始着手建立中国资源环境统计指标体系。我们也开始探索环境绩效管理和评估制度，运用多种手段来评价国家和地方的社会经济与环境发展的可持续性。

（七）

绿色 GDP 核算是一项繁杂的系统工程，涉及国土资源、水利、林业、环境、海洋、农业、卫生、建设、统计等多个部门，部门之间的协调合作机制亟待建立。多个部门共同开展工作，合作得好，可以发挥各部门的优势；合作不好，难免相互掣肘，工作就难以开展，甚至阻碍这项工作的开展。环境核算需要环保部门与统计部门的合作，森林资源核算需要林业部门与统计部门的合作，矿产资源核算则需国土资源部门与统计部门合作。

绿色 GDP 是具有探索性和创新性的难事，需要统计部门对资源环境核算体系框架的把关，建立相应的核算制度和统计体系。因此，在推进中国的绿色 GDP 核算以及资源环境经济核算领域，统计部门是责无旁贷的“总设计师”。统计部门应在资源、环境部门的支持下，在现有 GDP 核算的基础上设立卫星账户，勇敢地在传统 GDP 上做“减法”，核算出传统发展模式和经济增长的资源环境代价，用资源环境核算去展示和衡量科学发展观的落实度。我们欣喜地看到，尽管国家统计部门对绿色 GDP 核算有不同的看法，但没有放弃建立资源环境核算体系的目标，一直致力于建立中国的资源环境经济核算体系。特别是最近两年，国家统计局与国家林业局、水利部、国土资源部联合开展了森林资源核算、水资源核算、矿产资源核算等项目，取得了一些资源部门核算的阶段性成果。目前，水利部门和林业部门已经分别完成了水资源和森林资源核算研究，取得了很好的核算成果。

中国资源环境核算体系制定工作也在进展之中。正如国家统计局马建堂局长在一次《中国资源环境核算体系》专家咨询会议上指出的那样，国家统计局高度重视资源环境核算工作，认为建立资源环境核算是国家从以经济建设为中心转向科学发展的必然选择，统计部门要把资源环境核算作为统计部门学习实践科学发展观的切入点，把资源环境核算作为统计部门落实科学发展观的重要举措，把资源环境核算作为统计部门实践科学发展观的重要标尺，尽快出台《中国资源环境核算体系》和资源环境评价指标体系，逐步规范资源环境核算工作，把资源环境核算最终纳入地方党政领导科学发展的考核体系中。马建堂局长还指出，建立资源环境核算体系是一项非常困难和艰巨的工作，是一项前无古人之事，是一项具有挑战性的工作，不能因为困难而不往前推，不能因为困难而不抓紧做，要边干边发现边试算，要试中搞、干中学。国家统计局正在牵头建立中国资源环境核算体系，根据“通行、开放”的原则，与联合国的 SEEA 接轨，与政府部门的需求和国家科学发展观的需求接轨。建议国家统计局责无旁贷地组织牵头开展这项工作，必要时在统计部门的机构设置方面做出调整，以适应全面落实科学发展观和建立资源环境核算体系的需要。

（八）

绿色 GDP 核算研究是一项复杂的系统政策工程。在取得目前已有成果的过程中，许多官员和专家做出了积极的贡献。通常的做法是，出版这样一套《丛书》要邀请那些对该项研究做出贡献的官员和专家组成一个丛书指导委员会和顾问委员会。限于观点分歧、责任分担、操作程序等限制原因，我们不得不放弃这样一种传统的做法。但是，我们依然十分感谢这些官员和专家的贡献。在这些官员中，前国家统计局李德水局长和国家统计局现任马建堂局长和许宪春副局长对推动绿色 GDP 核算研究做出了积极的贡献。环境保护部潘岳副部长是绿色 GDP 的倡议者，对传播绿色 GDP 理念和推动核算研究做出了独特的贡献。毫无疑问，没有这些政府部门的领导、指导和支持，中国的绿色 GDP 核算研究就不可能取得目前的进展。正是由于国家统计局的不懈努力，中国的资源环境核算研究才得以继续前进。在此，我们要特别感谢原国家环保总局王玉庆副局长，原国家环保局张坤民副局长，环境保护部周建副部长、万本太总工程师、舒庆司长、赵英民司长、杨朝飞司长、赵建中副巡视员、刘启风巡视员、陈斌巡视员、洪亚雄副司长、尤艳馨副司长、罗毅副司长、刘志全副司长、岳瑞生副司长、陈尚芹副司长、房志处长、李春红处长、贾金虎处长、孙荣庆调研员、刘春艳女士、陈默女士、陈超先生，环境保护部环境规划院邹首民院长，中国环境监测总站魏山峰站长、朱建平副站长，环境保护部外经办庄国泰主任、宋小智副主任、罗高来副主任、王新处长、谢永明高工等做出的贡献。我们要特别感谢国家统计局对绿色国民经济核算研究的有力支持，感谢彭志龙司长、魏贵祥司长、吴优处长、王益煊处长、曹克瑜处长、李锁强处长等对绿色国民经济核算项目的指导和支持。我们要特别感谢国家发改委解振华副主任、朱之鑫副主任、韩永文司长、年勇副司长和丛亮处长等对绿色国民经济核算项目的指导和支持。我们要特别感谢全国人大环境与资源委员会前主任委员毛如柏、叶如棠副主任委员、张文台副主任委员、冯之俊副主任委员以及许建民、陈宜瑜、姜云宝、倪岳峰等委员对绿色 GDP 核算项目的支持和关注。我们要感谢科技、国土资源、林业和水利等部门负责资源核算的官员，特别是科学技术部毕建忠处长、国土资源部唐正国处长和董北平处长、国家林业局徐信俭处长的指导。这些部门的资源核算工作给予了我们绿色 GDP 核算研究小组很大的精神鼓励和技术咨询。

我要特别感谢绿色 GDP 核算的研究小组，其中包括来自 10 个试点省市的研究人员。我们庆幸有这样一支跨部门、跨专业、跨思想的研究队伍，在前后近四年的时间开展了真实而富有效率的调查和研究。尽管我们有时相互也为核算技术问题争论得面红耳赤，但我们大家一起克服种种困难和压力，圆满完成了绿色 GDP 核算研究任务。我们要特别感谢参加绿色 GDP 核算试点研究的北京、天津、重庆、广东、浙江、安徽、四川、海南、辽宁、河北等 10 个省市区以及湖北省神农架林区的环保和统计部门的所有参加人员。他们与我们一样经历过欣喜、压力、辛酸和无奈。他们是中国开展绿色 GDP 核算研究的第一批勇敢的实践者和贡献者。尽管在此不能一一列出他们的名字，但正是他们出色的试点工作和创新贡献才使得中国的绿色 GDP 核算取得了这样丰富多彩的成果，为全国的绿色 GDP 核算提供了坚实的基础和技术方法的验证。

在绿色 GDP 核算研究项目过程中，始终有一批专家学者对绿色 GDP 核算研究给予了高度的关注和支持，他（她）们积极参与了核算体系框架、核算技术方法、核算研究报告等咨询、论证和指导工作，对我们的核算研究工作也给予了极大的鼓励。有些专家对绿色 GDP 核算提出了不同的、有益的、反对的意见，而且正是这些不同意见使得我们更加认真谨慎和保持头脑清醒，更加客观科学地去看待绿色 GDP 核算问题。毫无疑问，这些专家对绿色 GDP 核算的贡献不亚于那些完全支持绿色 GDP 核算的专家所给予的贡献。这两方面的专家主要有中国科学院牛文元教授、李文华院士和冯宗炜院士，中国环境科学研究院刘鸿亮院士和王文兴院士，环境保护部金鉴明院士，中国环境监测总站魏复盛院士和景立新研究员，中国林业科学研究院王涛院士，天则经济研究所茅于轼教授，中国社会科学院郑易生教授、齐建国研究员和潘家华教授，中共中央政策研究室郑新立研究员、谢义亚研究员和潘盛洲研究员，中共中央党校杨秋宝教授，国务院研究室宁吉喆教授和唐元研究员，国务院发展研究中心周宏春研究员和林家彬研究员，中国海洋石油总公司邱晓华研究员，中国人民大学环境学院马中教授和邹骥教授，北京大学萧灼基教授、叶文虎教授、刘伟教授、潘小川教授和张世秋教授，清华大学胡鞍钢教授、魏杰教授、齐晔教授和张天柱教授，国家宏观经济研究院曾澜研究员、张庆杰研究员和解三明研究员，环境保护部政策研究中心夏光研究员、任勇研究员和胡涛研究员，中国农业科学院姜文来研究员，中国科学院王毅研究员和石敏俊研究员，北京林业大学张颖教授，中国环境科学研究院曹洪法研究员、孙启宏研究员和韩明霞博士，中国林业科学研究院江泽慧教授、卢崎研究员和李智勇研究员，卫生部疾病预防控制中心白雪涛研究员，国家统计局统计科学研究所文兼武研究员，农业部环境监测科研所张耀民研究员，国家发改委国际合作中心杜平研究员，国家林业局经济发展研究中心戴广翠研究员，中国水利水电科学研究院甘泓研究员和陈韶君研究员，中国地质环境监测院董颖研究员，中华经济研究院簫代基教授，同济大学褚大建教授和蒋大和教授，北京师范大学杨志峰教授和毛显强教授，北京科技大学袁怀雨教授，北京市宣武区疾病预防控制中心蒋金花等。在此，我们要特别感谢这些专家的智慧点拨、专业指导以及中肯的意见。

中国绿色 GDP 核算研究得到了国际社会的高度关注。世界银行、联合国统计署、联合国环境署、联合国亚太经社会、经济合作与发展组织、欧洲环境局、亚洲开发银行、美国未来资源研究所、世界资源研究所等都积极支持中国绿色 GDP 核算的工作，核算技术组与加拿大、德国、挪威、日本、韩国、菲律宾、印度、巴西等国家的统计部门和环境部门开展了很好的交流与合作。在此，我们要特别感谢联合国统计署 Alfieri Alessandra 处长、联合国环境署 Abaza Hussein 处长和盛馥来博士、世界银行高级副行长林毅夫博士、世界银行谢剑博士、前世界银行驻中国代表处 Andres Liebenthal 主任、经济合作与发展组织 Brendan Gillespie 处长、欧洲环境局 Weber Jean-Louis 处长、挪威经济研究中心 Haakon Vennemo 研究员，美国未来资源研究所 Alan Krupnick 研究员、加拿大联邦统计署 Robert Smith 处长、联合国亚太统计研究所 A. C. Kulshreshtha 先生、2001 年诺贝尔经济学奖得主哥伦比亚大学 JosephE Stiglitz 教授、美国哥伦比亚大学 Perter Bartelmus 教授、加拿大阿尔伯特大学 Mark Anielski 教授、意大利 FEEM 研究中心 Giorgio Vicini 研究员、世界银行亚太地区部 Magda Lavei 主任、亚洲开发银行 Zhuang Jian 博士、美国环保协会杜丹德博士和张建宇博士等官员和专家的独特贡献。

中国环境科学出版社的陈金华女士对本《丛书》的出版付出了很大的心血，精心组织《丛书》选题和编辑工作，该《丛书》已选入《“十一五”国家重点图书出版规划》。同时，本《丛书》的出版得到了环境保护部环境规划院承担的国家“十五”科技攻关“中国绿色国民经济核算体系框架研究”课题、世界银行“建立中国绿色国民经济核算体系”项目以及财政部预算“中国环境经济核算与环境污染损失调查”等项目的资助。在此，对环境保护部环境规划院和中国环境科学出版社的支持表示感谢。最后，对本《丛书》中引用参考文献的所有作者表示感谢。

（九）

中国绿色 GDP 核算的研究和试点在规模和深度上是前所没有的。虽然许多国家在绿色核算领域已经做了不少工作，但是由于绿色核算在理论和技术上仍有不少问题没有解决，至今没有一个国家和地区建立了完整的绿色国民经济核算体系，只是个别国家和地区开展了案例性、局部性、阶段性的研究。本《丛书》是中国绿色 GDP 核算项目理论方法和试点实践的总结，不论在绿色核算的技术方法上，还是指导绿色核算实际操作上在国内都填补了空白，在国际层面上也具有一定的参考价值。

然而，我们必须清醒地认识到，绿色国民经济核算体系是一个十分复杂而崭新的系统工程，目前我们取得的成绩仅是绿色核算“万里长征”的第一步，在理论上、方法上和制度上还存在许多不足和难点需要我们去不断攻克。我们必须充分认识建立绿色国民经济核算体系的难度，科学严谨、脚踏实地、坚持不懈地去研究建立环境经济核算的核算体系和制度，最终为全面落实和贯彻科学发展观提供环境经济评价工具，为建立世界的绿色国民经济核算体系做出中国的贡献。

为了使得本《丛书》更加科学、客观、独立地反映绿色 GDP 核算研究成果，本《丛书》编辑时没有要求《丛书》每册的选题目标、概念术语、技术方法保持完全的一致性，而是允许《丛书》各册的具有相对独立性和相对可读性。下一步把环境经济核算的最新研究成果陆续加入到本《丛书》中，让更多的人了解并加入到探索中国环境经济核算的队伍中。由于时间限制和水平有限，本《丛书》难免有各种错误或不当之处，我们欢迎读者与我们联系（邮箱 wangjn@caep.org.cn），提出批评、给予指正。我们期望与大家一起以一种科学和宽容的态度去对待绿色 GDP 核算，与大家一起继续探索中国的绿色 GDP 核算体系，早日看到绿色 GDP 核算真正成为科学发展观的度量，早日看到体现科学发展观的绿色经济时代的到来。

王金南

2009 年 2 月 1 日

前言

为了实现2020年全面建设小康社会的目标，树立和落实全面、协调、可持续的发展观，走循环经济和新型工业化道路，改变中国长期以来以牺牲环境来获取经济增长的粗放式高消耗、高污染的发展模式，在财政部、国家发改委等部门的支持下，科技部设立了“十五”攻关“中国绿色国民经济核算体系框架研究”课题。国家环境保护总局和国家统计局从可持续发展的角度出发，于2004年决定联合开展以科学发展观为指导的“中国综合环境与经济核算（绿色GDP核算）体系”的研究。为了开展这项研究，两个部门决定在2005年开展全国试点省市绿色国民经济核算和环境污染经济损失评估调查工作，为建立全国的绿色国民经济核算体系奠定工作基础。

同时，世界银行为了切实推进绿色国民核算体系在中国的实际应用进程，2005年利用意大利信托资金为中国设立了“建立中国绿色国民核算体系研究”项目，期望通过世界银行在该领域的广泛经验，帮助中国建立既符合国际上普遍被认可接受的SEEA理论体系、又适应中国国情的绿色国民经济核算体系，实现科学发展观指导下的经济社会的可持续发展。

在以上研究以及试点工作的基础上，作者广泛吸取国内外先进经验、深入研究绿色国民经济核算的理论与实际问题，撰写了《绿色国民经济核算》，共分为7章。第1章，导论，介绍了实施绿色国民经济核算的必要性、现有条件及绿色国民经济核算的基本理论；

第 2 章，绿色核算经验，详细介绍了当前主要国际组织、主要发达国家、发展中国家、中国台湾地区等绿色核算的经验；第 3 章，资源环境经济核算，论述了资源环境经济核算的基本概念、核算方法、核算框架及应用实施等；第 4 章，环境经济核算，从环境经济核算的相关概念、核算的思路框架、环境实物量核算、环境价值量核算、环境保护投入产出核算、基于环境的 GDP 调整核算等方面构建了一个完整的环境经济核算框架体系；第 5 章，环境价值核算技术，对环境价值量核算体系、计算方法做了系统的阐述和解释，特别是对污染健康损失评估、物质生产力损失评估等进行了详细论述；第 6 章，绿色核算制度，对绿色核算的环境统计制度、核算工作制度、环境会计制度、法规标准制度、激励奖惩制度、宣传教育制度等进行了论述，并提出完善各项制度的建议；第 7 章，绿色核算应用，对绿色国民经济核算研究中一些争论比较多的问题进行分析，并提出了看法，重点探讨了绿色国民经济核算在建立科学发展政绩考核体系、建立环境与发展综合决策体系方面的潜在应用。

在本书的撰写过程中，得到了环境保护部潘岳副部长、周建副部长、赵英民司长、杨朝飞司长、刘启风巡视员、赵建中副巡视员、房志处长、孙荣庆调研员、陈默博士以及时任国家统计局李德水局长、现任国家统计局许宪春副局长、彭志龙司长、吴优处长、王益煊处长对本项研究的指导和帮助。

感谢中国科学院牛文元教授、环境保护部金鉴明院士、国务院发展研究中心周宏春研究员、北京大学雷明教授、中国环境监测总站傅德黔主任、世界银行高级环境专家谢剑博士、世界银行驻中国代表处 Andres Liebenthal 主任、挪威经济研究中心（ECON）Hakkon Vennemo 研究员、美国哥伦比亚大学 Perter Bartelmus 教授、加拿大阿尔伯特大学 Mark Anielski 教授、意大利 FEEM 研究中心 Giorgio Vicini 研究员等专家对环境经济核算方法体系提出的真知灼见。

全书由环境保护部环境规划院王金南研究员、蒋洪强博士、於方博士、曹东研究员和中国人民大学高敏雪教授撰写，王金南研究员和蒋洪强博士统稿，环境保护部环境规划院过孝民研究员和曹东研究员、环境保护部政策研究中心周国梅研究员、中国人民大学周景博副教授、环境保护部环境规划院董战峰博士、环境保护部政策研究中心周军博士等参加了部分研究和书稿材料的搜集工作，中国环境科学出版社陈金华女士及有关工作人员为本书的出版付出了大量的心血，在此一并表示感谢。本书写作过程中参考引用了大量的国内外文献资料，参考文献只列出了其中一小部分，尚有许多未列出，在此向这些文献的作者表示歉意和感谢。

由于时间仓促和作者知识水平有限，不当之处欢迎读者批评、指正。

作 者

2008 年 7 月 28 日

目录

第1章 导论

国民经济核算是20世纪西方经济学的重大发明之一，是三百多年来诸多经济学家、统计学家共同努力的结果，是政府宏观经济管理的重要依据。在传统的国民经济核算中，GDP作为核心指标，成为国际社会衡量一个国家发展程度的统一标准。但从现行的GDP中，我们看不出经济发展背后的环境污染和生态破坏。自20世纪中后叶开始，随着全球环境问题的日益严峻，一些环境经济学家和统计学家们，尝试将环境要素纳入国民经济核算体系，以发展新的核算指标，这便是绿色GDP。本章主要介绍传统国民经济核算体系的缺陷和绿色国民经济核算的起源、内涵、理论以及对中国落实科学发展观的现实意义。

1.1 实施绿色国民经济核算的必要性

1.1.1 传统国民经济核算体系存在种种缺陷

以国内生产总值（GDP）为主要指标的国民经济核算体系（SNA），是以市场化的产出来衡量经济增长和进步程度的。在这样的一个体系中，自然资源和生态环境都是“免费商品”，自然资源和耗减和环境质量的下降不但不会减少GDP，治理污染的经济活动所产生的收益反而还计入GDP，即污染也成为了GDP的增长点，造成GDP的虚增。因此，尽管GDP在实现工业化和经济增长方面发挥着重要作用，但是，随着现代社会经济的发展和资源环境问题的日益严峻，它的片面性、局限性和弊端逐渐暴露出来。主要表现在：

（1）没有充分体现自然资源价值。传统国民经济核算体系是以市场交易价值作为其核算基础，对于那些没有被作为经济资产，也没有参与到市场交易中的水、大气、土壤、原始森林等非生产自然资源则均被排除在现有国民经济核算体系之外。因此，传统 SNA 的核算结果既没有反映自然资源对经济发展的贡献度，也没有反映人类经济活动对资源环境所造成的损失，而这些与人民生活实际水平息息相关的因素，仅仅是人造资本消耗的记录，所以在该体系下的核算结果不能有效地表现出经济发展与资源消耗之间的量化关系，没有体现出自然资源对经济增长的贡献价值。

（2）没有反映环境污染和生态破坏带来的经济损失。与现行国民经济核算体系相联系的经济增长方式造成的生态破坏和环境污染，不但带来当前直接或间接的经济损失，更为严重的是，它还会给一个国家或地区带来生态危机，影响“生态安全”，严重威胁着人类的生存和可持续发展，比其造成当前的直接或间接经济损失要大得多，后果要严重得多。而所有这些，在现行国民经济核算中都没有得到体现。就是说，现行以 GDP 为主要指标的 SNA 核算体系，只反映了经济增长的正效应，而隐瞒了它的巨大负效应。

（3）高估了经济总量和 GDP 的增长。传统 SNA 不仅没有将环境污染和生态破坏的各种损失计入，从 GDP 中扣除，而且将用于维护环境质量的支出即环境保护费用计入部门总产值及增加值中，事实上，这部分支出应视为社会发展的“防护性费用”。这两方面考虑的损失，使得传统 SNA 核算的结果与社会经济的真实增长不相符合，高估了经济的增长。另外，按现行国民经济核算，居民因环境污染而增加的医疗支出，在国民收入账户中同样被计作最终消费支出，因此国民收入也是上升的。由此可见，这种立足于市场交易活动的 SNA 核算体系，不仅没有反映经济活动中自然资源的耗减、降级和生态环境的破坏，相反，被破坏了的环境的治理费用和造成的损失以能够带来 GDP 的增长，这必然造成经济总量和 GDP 增长的高估。

（4）不能全面反映国民经济福利。由于环境污染和破坏所带来的环境质量退化以及对人类健康和福利的影响、损失没有从传统 SNA 的核算结果中扣除，反而将人们治理污染和恢复生态的各种投入计入 GDP，这就会造成现行 GDP 的高估，从而只会使人们看到经济的繁荣，却看不到繁荣的背后是对自然环境和资源破坏的严峻现实，更看不到国民经济福利的变化。同时，现行的国民经济核算体系也没有考虑经济增长的社会成本。例如，国家每年都发生大量的交通、矿难和食品安全事故，围绕处理这些事故，必然带动和刺激了汽车、医疗等相关产业的迅猛发展，但它带给国民的却是实实在在的痛苦和损失，因此这样的 GDP 增长情形是人们不愿意看到，也不愿意接受的。换言之，现时的 GDP 描述的经济增长，究竟是通过多少自然成本、生态赤字乃至社会资本换来的呢？这样的 GDP 不仅反映不出发展付出的自然成本，更不能反映社会贫富差距和社会分配不公等社会成本。

由此可见，基于传统国民经济核算体系的 GDP 必然给决策者带来错误的信息，使得决策者通过对自然资源的过度消耗和环境的严重污染来获得经济的高速增长。在传统国民经济核算体系存在种种缺陷的情况下，单纯地用 GDP 来评估一个地区的发展成果，考核领导班子的政绩，必然有失偏颇，导致一些地方不惜代价片面追求增长速度，忽视结构、质量、效益，忽视生态建设和环境保护。因此，有必要建立绿色国民经济核算体系，从根本上克服传统国民经济核算体系弊端。

1.1.2 绿色核算是可持续发展实践的必然要求

从人类与自然的关系、可持续发展资本理论的要求和人类发展观的历史演进来看，进行绿色 GDP 核算有其客观必然性，是可持续发展实践的必然要求。

1.1.2.1 从人类活动与自然的关系来看，有必要进行绿色 GDP 核算

在一切社会形式下，人类的生存和发展都是以经济活动为前提的，而经济活动的过程就是人类和自然界之间相互作用和相互影响的过程。在这一过程中，人们逐步认识到，没有自然资源的支持，人类劳动是创造不出任何物质财富来的。人类社会经济活动对自然界的依赖，至少表现在以下 4 个方面：① 人类进行物质生产的劳动对象是自然界提供的。不管是自然界的现成物，或是经过“劳动过滤”的原材料，归根到底，无非是植物、动物、矿产以及其他非生物。离开了自然这个“最大的原材料库”，就像俗话说的“巧妇难为无米之炊”。② 人类进行物质生产所使用的基本劳动资源，也是由自然界提供的。威廉·配弟有句名言：劳动是财富之父，土地是财富之母。土地、水、矿产、能源等无一不是由大自然提供的。③ 自然界为人类进行物质生产活动提供活动场所。人类一切生产活动都是在大自然这个舞台上展开的，因此，不能不受到自然条件构成的“生存空间”的影响。④ 一切物质生产活动的主体需要一个良好的生活环境。当前，环境质量的恶化，各种环境污染严重威胁着人类

安全，使我们不得不高度重视和妥善解决环境问题。

基于此，作为对社会经济活动即社会物质产品的生产、分配、流通和使用进行综合反映的国民经济核算，就应该反映资源和环境的作用和变化。就是说，要对社会经济活动实行双重核算，不仅实行经济核算，而且还应实行资源、环境核算。通过双重核算，较科学地弄清自然资源和生态环境对经济发展的贡献，弄清经济发展对自然资源、生态环境的损耗和破坏，以便及时采取补救措施，来调节经济、环境、资源之间的关系。然而，现行的国民经济核算，只进行经济核算，不核算自然生产力，因而是不完整的、不科学的。只有把经济核算与资源环境核算结合起来，才能正确地引导和控制人类的经济开发活动，实现可持续发展。

1.1.2.2 从可持续发展资本的概念和理论出发，也有必要进行绿色 GDP 核算

传统的西方经济理论把资本等同于物质资本，认为资本是处于生产过程中的厂房、机器设备、原材料等各种物质生产要素，它同土地和劳动一起，构成生产的三要素。

直到 1950 年代末 1960 年代初，由于科学技术的飞速发展和在经济增长中的作用越来越大，使经济增长的传统因素作用逐渐削弱，而其他社会性因素的影响不断增加，特别是具有较高知识水平的劳动力的作用日趋突出，使西方经济学家不得不从物质资本决定论，转向重视人力资源的作用，提出了人力资本决定论的观点。

第二次世界大战后特别是 1960 年代末以来，新技术革命强化了人类对自然界的干预，在加速工业化的同时也加快了资源环境的破坏程度，迫使人类为经济增长付出越来越高的代价，环境和资源等生态问题已构成现代经济发展的重要制约因素，出现了对传统发展观的否定和批判。尤其是 1980 年代末以来，生态危机的全球性引发了人类对自身发展危机的严重思考，认识到发展现代生产力，必须走生态环境与社会经济相适应的协调发展之路。基于上述认识，一些经济学家和生态学家提出了“生态资本”的概念。

生态资本与物质资本、人力资本一起，统称为可持续发展资本。可持续发展资本概念和理论的确立，有助于克服传统经济学缺乏生态环境观念，将经济增长、社会进步与生态环境发展之间的关系割裂开来、甚至对立起来的根本缺陷，正确地、如实地反映现代经济活动的现实状况和社会再生产活动的全貌。

然而，现行国民经济核算只进行经济核算，反映的是狭义的、传统的资本观。如果把它作为一个国家财富的标志，则只计算了财富的一部分，掩盖了一个国家的“真正的财富”，因而是不科学、不合理的。要适应新的可持续发展资本观念的要求，促进可持续发展战略的实施，要求对现行国民经济核算进行改革，建立新的绿色GDP核算体系。

1.1.2.3 从人类发展观的历史演进分析，同样有必要进行绿色 GDP 核算

发展是人类永恒的主题，是人类作为一个生物种群最终追求的目标。发展是一个历史的范畴，是随着历史进程而变化的。

西方传统经济学的发展观基本是一种“工业文明观”，它以工业的“增长”作为衡量发展的唯一尺度，把一个国家的工业化和由此产生的工业文明当作是现代化实现的目标，它就是所谓的“增长第一战略”。工业革命以来，这种发展观长期占据统治地位，支配着人们的社会经济活动，随着现代社会经济的发展，它的片面性、局限性逐渐暴露。

伴随着时间的推移，人们认识到：增长不一定带来发展，经济增长与富裕并不一定带来幸福。人们生活水平的提高、人均收入的增长，必然使人们对生活质量的要求越来越高，特别是对环境质量的期望值越来越大。因此，人们不能为增加 GDP 而增加 GDP，为发展经济而发展经济，出发点和落脚点应当是生活质量的提高。1960年代末以后，关于“发展离不开增长，但增长不等于发展”的见解，在更大的范围内取得了共识。

1980 年代，法国学者佩鲁出版的《新发展观》一书，使“综合发展观”得以出现。新发展观强调发展的内涵应是整体的、综合的和内在的，把发展看做是经济增长、政治民主、科技水平提高、文化价值观念变迁、社会转型、自然环境协调等多方面因素综合的过程，有助于人们从深层次因果分析上去认识和把握发展问题。

1987 年以挪威首相布伦特兰为首的世界环境与发展委员会，在《我们共同的未来》报告中正式提出了可持续发展的概念。可持续发展观念的提出，是人们对传统思维定式的突破，是人类对自身走过的发展道路进行反思的结果。与传统的发展观相比，可持续发展观有两个鲜明的特征：① 发展的可持续性，发展对当代人和未来人需要的持续满足，达到当代人与未来人利益的统一；② 发展的协调

性，可持续发展观认为，经济发展必须与环境协调，生态环境是社会经济运行的基础条件，资源和环境变化对经济的影响必须反映在经济运行的价值核算体系中。

以上表明，人类的发展观，经历了由单一到综合、由狭义到广义、由立足于当前和局部到立足于长远和全球的演变过程，而现行的国民经济核算，反映的是早期的、单一的发展观，即着眼于一个国家或地区当前的经济增长，因而是不全面的、不科学的。要使国民经济核算与现行可持续发展观相联系，要有效地反映经济、社会发展观与资源、环境之间的相互关系及其变化，必须建立绿色 GDP 核算体系。

1.1.3 绿色核算是解决我国资源环境代价过大问题的现实途径

绿色 GDP 是从生态需求指标、净国民福利指标、可持续经济福利指标和真实储蓄率等指标发展演变出来的一个能够综合反映一个国家和区域可持续发展能力的指标。绿色 GDP 核算把经济活动过程中的资源环境因素反映在国民经济核算体系中，将资源耗减成本和环境退化成本从 GDP 中加以扣除，同时加上环境保护的效益，是一种新的国民经济核算体系。它在我国的正式提出并不是一个偶然事件使然，而是解决整个社会经济发展由于资源环境代价问题过大的必然需要。

绿色 GDP 核算与一个国家的基本国情息息相关。在经过 20 多年的经济快速增长之后，我国经济总量已居世界第七位，13 亿人口初步达到小康生活水平。但在经济总量快速上升的同时，经济增长与社会进步之间，城市与农村之间，东、中、西部之间发展不协调的问题凸显。特别是在资源环境问题上，由于我国走的是一条赶超型工业化道路和经历压缩型过程，资源环境问题呈现出复合型的特点，来势猛烈，复杂性和艰巨性都是发达国家所未经历过的，它严重制约着经济发展和社会进步。面对这样的形势，在总结历史教训和借鉴国际经验的基础上，党中央高瞻远瞩，提出以人为本，全面、协调、可持续的发展观。在这样的背景下，实施绿色 GDP 的重要性和迫切性就进一步显现出来。必须把资源成本和环境成本纳入国民经济核算体系，从根本上改变党政领导的政绩观，推动粗放型增长模式向低消耗、低排放、高效率的集约型模式转变，从而真正把科学发展观落实到经济建设的各个层面、各个领域。

中国作为一个发展中国家，正值经济迅猛增长之际。由于中国地域辽阔、人口众多、自然资源相对不足，同时由于处于经济腾飞时期，对自然资源的开发和利用也迅猛增长，经济的快速增长主要是靠拼资源、拼环境、拼投资。中国消耗了世界钢铁总量的 30%、水泥总产量的 40%、煤炭总产量的 31%，但 GDP 仅占世界的 4%。万元 GDP 能耗水平是发达国家的 3～11 倍。我国石油消耗量的 1/3 要靠进口，世界铁矿石和铝矾土贸易量中的绝大部分被我国采购。此外，中国人均占有量不到世界平均水平 1/5 的水资源和不到 1/3 的土地资源已出现全面紧缺势头。这种“三拼”（拼资源、拼环境、拼投资）现象的背后，是一些地方官员片面追求 GDP 增长速度，忽视资源和生态环境成本，其带来的负面效应已经显现，严重影响了地方可持续发展。如果没有全新的发展观，不改革现行的国民经济核算体系，地方经济将难以持续发展，全面建设小康社会的目标也难以实现。

1.1.4 绿色核算是国经民济核算改革的必然趋势

中国的新国民经济核算体系以及目前国际上通行的国民经济核算体系，都是以国内生产总值 GDP 为核心指标。它是单一的投入与产出核算体系，只对人类经济活动本身核算，没有反映自然资源对经济发展的贡献，也没有反映人类经济活动造成的自然资源的耗减、降级和生态环境的破坏。由于传统国民经济核算体系的片面性，目前，已有很多国家正进行着绿色国民经济核算的研究和应用。比如，挪威关于石油、森林、渔业等重要资源的核算，法国的自然资产账户，美国关于环境防御支出数据的编辑，世界银行的国民财富和真实储蓄率指标，联合国综合环境与经济核算体系（SEEA），等等。实践表明，绿色 GDP 核算正在并将以不可阻挡的态势，逐步成为世界各国制定和实施可持续发展战略的重要依据，这对中国来说更具有重要意义和紧迫性。从 1990 年代开始，中国政府机构也开始关注国际上国民核算体系发展的最新成果，以力求保持中国 SNA 核算体系与国际上大多数国家的 SNA 核算体系同步接轨。2002 年，中国新的国民经济核算体系新设置了附属账户——自然资源实物量核算表，制定了核算方案，试编了 2000 年全国土地、森林、矿产、水资源实物量表。可以说，随着世界大多数国家绿色国民经济核算体系的出台及中国 GDP 核算改革的历史潮流，必将驱使中国绿色国民经济核算体系的早日建立。

1.2 实施绿色国民经济核算的条件和基础

近年来，中国社会经济取得了长足的发展，经济实力进一步增强，社会环境意识得到提高，越来越多的人认识到以牺牲资源环境换取经济的增长是不可持续的发展方式，尤其是对于中国这样一个资源相对匮乏、人口众多、生态环境亟待改善的国家。绿色国民经济核算的概念一经引入，即得到了高层领导和学术界的高度重视，在理论和方法上做了积极有意的探索，在舆论和宣传上做了大量的准备，同时，国外在这方面也有一些成功的经验值得借鉴。因此，无论从政治、社会、组织和舆论上，还是从技术方法上，中国已经具备了开展绿色国民经济核算的内部和外部条件。

1.2.1 社会条件

2003 年以来，党和国家领导人在一系列的讲话和有关文件中都多次提出要建立绿色国民经济核算体系，建立科学的发展评价体系，将资源、环境绩效纳入领导干部考核体系，为绿色 GDP 核算和环境价值评价研究和应用带来了前所未有的大好机遇，为绿色国民经济核算的建立提供了政治保障。

2003 年 10 月，党的十六届三中全会通过了《关于完善社会主义市场经济体制若干问题的决定》，提出了完善社会主义市场经济体制要贯彻“统筹城乡发展、统筹区域发展、统筹经济社会发展、统筹人与自然和谐发展、统筹国内发展和对外开放”的要求。

2004 年 3 月 10 日，在第 8 次中央人口资源环境工作座谈会上，中共中央总书记胡锦涛就做好人口资源环境工作发表了重要讲话。他指出：“要研究绿色国民经济核算方法，探索将发展过程中的资源消耗、环境损失和环境效益纳入经济发展水平的评价体系，建立和维护人与自然相对平衡的关系。”同时指出：“各级领导干部都要按照科学发展观和正确的政绩观的要求来谋划和领导发展工作，不仅要重视经济增长指标，而且要重视人文指标、资源指标、环境指标和社会发展指标，坚持把经济增长指标同人文、资源、环境和社会发展指标有机地结合起来……组织部门要会同有关部门抓紧研究考核标准，尽快把人口资源环境指标纳入干部考核体系。”

2005 年 12 月，国务院发布了《关于落实科学发展观加强环境保护的决定》，其中明确指出：“科学评价发展与环境保护成果。

研究绿色国民经济核算方法，将发展过程中的资源消耗、环境损失和环境效益逐步纳入经济发展的评价体系。要把环境保护纳入领导班子和领导干部考核的重要内容，并将考核情况作为干部选拔任用和奖惩的依据之一。”

2006 年 4 月，第 6 次全国环境保护大会在北京召开，温家宝总理在会上强调指出：“做好新形势下的环保工作，要加快实现 3 个转变：一是从重经济增长轻环境保护转变为保护环境与经济增长并重，在保护环境中求发展；二是从环境保护滞后于经济发展转变为环境保护和经济发展同步，努力做到不欠新账，多还旧账，改变先污染后治理、边治理边破坏的状况；三是从主要用行政办法保护环境转变为综合运用法律、经济、技术和必要的行政办法解决环境问题，自觉遵循经济规律和自然规律，提高环境保护工作水平。”

从组织保障上来看，2004 年，国家环境保护总局和国家统计局对环境与经济综合核算体系的研究十分重视，联合开展了“中国绿色国民经济核算和试点省市环境污染损失调查”项目。在世界银行的支持下，环境保护部（原国家环境保护总局）正在推进“中国环境污染经济损失模型”的研究；国家统计局和加拿大统计局正在联合开展资源环境的核算工作。这些努力必将促进绿色国民经济核算体系的建立，提升我国可持续发展的决策能力，推动我国科学发展观的实施。

同时，媒体和公众也对于绿色国民经济核算体系倾注了极大的热情，学术界也掀起了探讨和研究绿色国民经济核算的热潮，使得绿色 GDP 的理念深入人心，创造了良好的社会和舆论氛围。

1.2.2 技术条件

1.2.2.1 已建立起较为完善国民经济核算体系

经过 1980 年代以来的研究实践，中国已经建立起比较全面的国民经济核算体系，其对绿色国民经济核算的支持主要表现在以下 3 个方面：

（1）在国内生产总值核算、资金流量核算、投入产出核算、国际收支核算、资产负债核算方面已经形成了比较规范的核算方法，2003 年国家统计局发布经过修订的《中国国民经济核算体系 2002》（中国统计出版社，2003），已经是一个与国际规范——联合国《国民经济核算体系 1993》基本接轨的核算体系，由此为中国绿色国民经济核算体系的建立提供了一个较好的基础。

（2）中国国民经济核算体系包含两个层次。① 国家的国民经济核算体系；② 省市自治区的地区国民经济核算体系。面对中国地域广大、地区自然条件和经济发展具有明显差异的实际情况，绿色国民经济核算不仅需要在国家层次进行，更需要在区域层面进行，因此，这样的两层次国民经济核算体系为地域性绿色国民经济核算体系的建立提供了重要支持。

（3）《中国国民经济核算体系 2002》已经包括了自然资源核算表，覆盖了森林、水、土地、矿产 4 类资源。由此可以表明，中国国民经济核算体系已经考虑到了资源环境核算的某些问题，完全可以作为环境经济核算体系的起点和基础。

1.2.2.2 具有较为丰富的研究实践基础

中国开展绿色 GDP 核算和环境经济核算工作起步相对较晚，但是发展较快，成果丰富且引人注目。中国绿色 GDP 核算的进程大致经历了 3 个阶段，包括 1980 年代初至 1990 年代初的消化起步阶段，1990 年代初至 2003 年的探索实践阶段和 2004 年之后的提高规范阶段。期间，开展了大量有关环境经济核算和污染损失计量的研究工作，取得了一定的研究成果。

（1）有关环境和生态破坏损失的计量范围逐步全面和规范。除了较为成熟的大气污染的经济损失计量外，有关水污染损失的研究，生态破坏的损失和辐射与噪声等物理污染损失的研究也在逐步开展。

（2）建立了一些有针对性的剂量反应关系。在国内外有关大气污染与人体健康剂量反应关系研究的基础上，对部分参数进行了修正和完善，并提出了大气污染与清洁费用增加、材料损失的定量关系。有关水污染与人体健康的剂量反应关系的建立取得了可喜的进展。

（3）有关非物质损害的货币化的方法研究也已经起步。对于物理危害的货币化方面的问题，国际上惯用调查评价法，通常有支付意愿法（WTP）和接受补偿意愿法（WTAC），我国也开展了有关的案例研究。

2002 年，中国新的国民经济核算体系新设置了附属账户——自然资源实物量核算表，制定了核算方案，试编了 2000 年全国土地、森林、矿产、水资源实物量表，为开展和建立绿色国民经济核算体系提供了技术保障。

1.2.2.3 基础数据统计工作逐步走向完善

绿色国民经济核算的基本思路是要将资源环境因素纳入现实国民经济核算之中，因此，要实施绿色国民经济核算，必须有来自两方面的数据作为基础资料，第一是国民经济核算的数据资料，第二是各种资源环境统计所提供的数据资料，两者一起构成了进行绿色国民经济核算的数据基础。

（1）中国国民经济核算已经在系统地提供数据资料。其中，关于国内生产总值核算、资金流量核算、投入产出核算、国际收支核算，已经积累了多年的数据资料，GDP 核算的历史资料则可以延伸到新中国成立初期；资产负债核算的时间相对较短，尚没有公开发布，但也已经具备了可资利用的数据资料。

（2）中国自新中国成立几十年来一直重视对自然资源的统计和测度。在国土资源、水利、林业、海洋、农业等相关部门，普遍建立了以下两方面的统计调查制度：① 关于矿产、森林、水、鱼类、土地等自然资源的基本统计，除了日常统计之外，还形成了各种资源全面调查制度，比如林业部门实施的森林清查，国土资源部门的土地大调查和矿产资源普查；② 以自然资源为对象的初级产业活动统计，包括林业统计、水利统计、采矿业统计、渔业农业统计等。随着中国经济增长所带来的环境压力，环境保护工作越来越受到重视，相应的，也已经建立起了环境保护的监测和统计制度，覆盖了污染排放与治理、生态建设和保护的不同方面，可以定期获得相关数据资料。这些资源环境统计都可以作为绿色国民经济核算的基础数据资料。

1.2.3 国际条件

目前，国际上已有很多国家正进行着绿色国民经济核算的研究和应用。比如，挪威关于石油、森林、渔业等重要资源的核算，法国的自然资产账户，美国关于环境防御支出数据的编辑，世界银行的国民财富和真实储蓄率指标，联合国综合环境与经济核算体系（SEEA），等等。经过多年的研究与实践，绿色国民经济核算的基本范围、基本框架、基本概念、基本核算关系等理论方法逐步成熟，逐步取得共识。这些研究与实践成果，为中国开展绿色国民经济核算提供了重要的理论方法和经验价值。

1.3 绿色国民经济核算的基本理论

1.3.1 绿色国民经济核算理论的形成

1.3.1.1 绿色国民经济核算的国际研究进展

如何构建以“绿色 GDP”为核心的国民经济核算体系，联合国、世界各国政府、著名国际研究机构和著名科学家从 1970 年代开始，一直在进行着艰辛的理论探索。

1971 年美国麻省理工学院首先提出了“生态需求指标”（ERI），试图利用该指标定量测算与反映经济增长对资源环境压力的对应关系。此指标被国外一些学者认为是 1986 年布伦特兰报告的思想先锋（Goldsmith，1972）。

1972 年托宾（James Tobin）和诺德豪斯（William Nordhaus）提出净经济福利指标（Net Economic Welfare）。他们主张应该把都市中的污染等经济行为所产生的社会成本从 GDP 中扣除；同时，加进去被忽略的家政活动、社会义务等经济活动。按此计算，美国从 1940—1968 年，每年净经济福利所得，几乎只有 GDP 的一半。1968 年以后，两者差距越来越大，每年净经济福利所得不及 GDP 的一半。

1973 年日本政府提出净国民福利指标（Net National Welfare），主要是将环境污染列入其中。国家制定出每一项污染的允许标准，超过污染标准的，列出改善所需经费。这些改善经费必须从 GDP 中扣除。按此计算，日本政府当时虽然 GDP 年增长 8.5%，但是扣除治污费用后，事实上只有 5.8%的增长率。

1989 年卢佩托等（Rober Repetoo）提出净国内生产指标（Net Domestic Product）。他们重点考虑了自然资源的耗损与经济增长之间的关系，选择自然资源非常丰富的印度尼西亚为研究对象。按他们设计的指标进行计算，印尼从 1971—1984 年间，虽然 GDP 的增长率为 7.1%，但是扣除由于因石油耗损、木材减少，以及由于伐木引起的水土流失所造成的损失后，实际增长只是 4.8%。

1990 年世界银行资深经济学家戴利（Herman Daly）和科布（John B.Cobb）提出可持续经济福利指标（Index of Sustainable Economic Welfare）。该指标考虑了社会因素所造成的成本损失，如财富分配不公，失业率、犯罪率对社会带来的危害；更加明晰地区分经济活动中的成本与效益，如医疗支出等社会成本，不能算作是对经济的贡献。按此计算，澳大利亚从1950—1996年间，实际增长率只有官方公布GDP增长率的70%。

1995年9月，世界银行首次向全球公布了用“扩展的财富”指标作为衡量全球或区域发展的新指标，从而使“财富”概念超越了传统范式所赋予的内涵。“扩展的财富”由“自然资本”、“生产资本”、“人力资本”和“社会资本”4大组成要素构成[5]。专家们公认“扩展的财富”比较客观、公正、科学地反映了世界各地区发展的真实情况，为国家拥有的真实“财富”及其发展随时间的动态变化，提供了一种可比的统一标尺。

特别指出的是，世界银行所提出的“真实储蓄率”指标，它为评价一个国家或地区财富与发展水平的动态变化提供了更加有力的判据。世界银行副行长塞拉杰尔汀说：“真实储蓄率既抓住了财富现实衡量的本质内涵，也着眼于用真实储蓄率的动态变化去衡量财富影响的长远后果。”

1996年Wackernagel等人提出了“生态足迹”度量指标（Ecological Footprint）。主要用来计算在一定的人口和经济规模条件下，维持资源消费和废弃物吸收所必需的生产土地面积。世界按60亿人口计算，人均生态足迹仅为2.3 hm^2；地球承载能力1.8 hm^2。如果按照世界环境与发展委员会建议，留出12%的生物生产土地面积以保护地球上其他3 000万个物种的话，则人均生态足迹是2 hm^2。从全球范围来看，人类的生态足迹已超过了全球承载力的30%，人类在耗竭自然资产存量。

1997年Constanza和Lubchenco等人首次系统地设计了测算全球自然环境为人类所提供服务的价值“生态服务指标体系”（ESI）。他们把全球生态系统提供给人类的“生态服务”功能分为17种类型[3]，把全球生态系统分为20个生物群落区。由此，他们计算了“生态服务”价值与全球国民产生总值（GDP）之间比例关系（1∶1.18）。该指标体系的提出，对更加深刻理解人与自然之间的关系，揭示可持续发展的本质内涵，具有较高的科学价值。

国际上，对国民经济核算相关联的资源环境核算，始于1980年代。挪威是最早开始进行自然资源核算的国家，1981年挪威政府首次公布并出版了“自然资源核算”数据、报告和刊物，1987年公布了“挪威自然资源核算”的研究报告。联合国统计署于1989年和1993年先后发布了《综合环境与经济核算体系（SEEA）》，为建立绿色国民经济核算总量、自然资源账户和污染账户提供了一个共同的框架。该框架建议建立一个环境的卫星账户，同时与国民经济的核心账户相联系，提出了绿色国内生产总值（EDP）的计算方法，即现行的 GDP 减去固定资产折旧、再减去自然资源的损耗和环境的退化损失。2000 年和 2003 年，联合国又在各国实践的基础上对原有绿色核算体系框架进行了进一步的充实和完善，推出了绿色核算体系框架和绿色 GDP 核算的最新版本，为进一步规范各国绿色国民经济核算体系提供了可靠指南和保障。以美国为代表的发达国家根据联合国及世界银行的基本思路，在 1991 年对国家基本资源进行了核算。日本从 1993 年起对本国的环境经济综合核算体系进行了系统的构造性研究，估计出较为完整的环境经济综合核算实例体系，给出了 1985—1990 年日本的“绿色 GDP”。

从绿色国民经济核算的国际研究进展，可以总结出其核算体系的构建大致有 3 种思路。① 用环境的价值变化对国内生产总值（GDP）进行调整，形成 GDP 以及现存国民账户的良性指标，比如：国内生产净值（EDP）、国民收入（EDI）、净国民福利（NNW）以及绿色 GNP 等。这种思路尽可能维持了现有国民经济指标体系的概念和原则，在此基础上将环境损益因素加入 GDP 这样的指标中。② 为环境资源单独建立账户，在不改变现有国民经济核算体系的情况下，加入资源环境核算卫星账户（第二账户），提供相关数据，SEEA 即是这种思路。③ 重新建立一套国民财富核算体系。该体系与前两种思路共同点在于发展过程中的环境资源损耗要从总财富中扣除，但经济增长和环境的变化被并置于同一框架内进行核算，使分析者更能准确地评估经济发展和环境保护之间的和谐度，更容易使决策者掌握未来发展的可持续性。相比较而言，第二种思路采用实物量核算比较容易实现，而第一种、第三种思路采用价值量核算比较可行。

1.3.1.2 国内绿色国民经济核算的理论研究

中国开展绿色国民经济核算的研究始于 1980 年代，通过一系列重大课题的研究，从总体来看，中国绿色国民经济核算体系的构建研究目前已具备了一定的基础。近 10 年来，国家环保总局和国家统计局在有关绿色国民经济核算，尤其是环境与资源核算方面开展了许多工作。国家环境保护总局组织的重要相关研究课题有：① 1980 年代中国环境科学研究院开展的全国环境污染损失和生态破坏损失的评估。这是中国第一次系统地开展环境污染经济损失的估算研究。

② 1990 年完成了“中国典型生态区生态破坏经济损失及其计算方法”的研究，应用生态定位站的长期观测数据，结合一些实地调查资料，推动了这一方面的研究。③ 1998 年与世界银行合作，采用世界银行“真实储蓄率”的概念，开展了真实储蓄率的核算，并在山东烟台和福建三明两个城市进行了试点。④ 从 2000 年开始，与世界银行合作，开展环境成本模型与中国环境污染损失评估方法研究。⑤ 2004 年开始，与国家统计局合作开展“综合环境与经济核算（绿色 GDP）”研究，并在 10 个省市中试点，经过近 3 年时间的辛勤努力，课题组取得了一系列重要研究成果，建立了具有开创性的环境经济核算体系。

国家统计局组织开展的项目有：① 提出了《中国国民经济核算体系》（2002 年文本），新设置了附属账户——自然资源实物量核算表，制定了核算方案，试编了 2000 年全国土地、森林、矿产、水资源实物量表；② 与挪威统计局合作，编制了 1978 年、1995 年、1997 年中国能源生产与使用账户，测算了中国 8 种大气污染物的排放量，并利用可计算的一般均衡模型分析并预测未来 20 年中国能源使用、大气排放趋势；③ 在黑龙江省、重庆市、海南省分别进行了森林、水、工业污染、环境保护支出等项目的核算试点；④ 组织翻译出版联合国的《综合环境与经济核算手册（2003）》。

以上这些研究项目的实施为我国绿色国民经济核算体系的构建奠定了坚实的基础。绿色国民经济核算体系的研究复杂而艰巨，结合中国现实考虑，由于我国进行绿色国民经济核算的历史并不长，核算基础尚不十分牢固，还存在着以下问题：① 研究不均衡。尽管环境经济核算已经开展了相当长时间，但各对象之间的研究存在着很大的差异性。森林资源、土地资源等研究进展快，水资源核算研究进展较慢；对环境污染实物量核算进展较快，但对环境退化成本核算进展较慢；对传统的水污染、大气污染环境退化成本核算进展较快，但对生态破坏损失成本和新型污染物造成的污染损失成本核算进展较慢。② 理论有待完善。绿色国民经济核算是一个复杂的体系，既涉及复杂的经济系统，又涉及各种不同的自然资源和环境要素，面临着许多技术上的难点，主要表现在环境价值量核算方面。尽管各方面的专家针对这些难点进行了一些深入的研究，提出了不少测算模型与方法，但是仍有许多理论和方法上的难题没有解决。例如，在核算虚拟治理成本时，如何考虑环境容量的因素；在核算环境退化成本中，如何考虑各种污染物的本底浓度值；对各种环境污染造成的工农业、生活和人体健康等造成的各种危害量的确定，物理危害量的货币化方法，剂量反应关系的建立等问题都需要进一步研究与完善。③ 基础工作有待加强。在核算过程中发现核算的数据基础比较薄弱，有关部门的基础工作和能力还有待加强，一是环境监测能力不足，监测指标和范围难以满足计算需求；二是数据滞后，如污染型缺水量、不符合水质的供水量、畜禽养殖量等数据没有统一的来源，有些统计资料的出版滞后于核算的需要；三是相关基础研究尚显薄弱，关键技术环节——剂量反应关系需要完善；四是有关技术参数有待规范化和标准化。

1.3.2 绿色国民经济核算的相关概念

1.3.2.1 国民经济核算与国内生产总值（GDP）

国民经济核算体系（the System of National Accounts，SNA）是为进行国民经济核算而制定的一整套逻辑一致和结构完整的标准和规范，是由核算原则、核算概念、指标体系、分类标准和核算方法等组成的系统核算构架。

SNA 作为一个描述国家宏观经济状况的重要工具，是以西方宏观经济学理论为基础，通过科学的核算原则和方法，把描述国民经济各个方面的一系列基本指标有机地组织起来，对国民经济和社会再生产过程进行全面、系统的计算、测定和描述，从中反映宏观经济各环节、各部门之间的内在联系，以及经济社会发展的规律性，为复杂的国民经济运行过程勾画出一幅简明的图像，从而可为经济预警、计划安排及决策的确定和执行提供依据，提高了人们了解和把握经济运行的能力。可以说，作为宏观经济信息系统的 SNA 是整个国家或地区经济信息系统的核心。

国民经济核算有国家和部门两个核算层次，反映一国在特定时期的国民经济运行过程以及与国外经济活动的关系。从整体来看，国民经济核算由两个主要的平衡核算关系组成：① 经济流量的平衡核算，其内容直接以国民经济运行过程的生产、分配、消费和积累等环节为依据设置；② 经济存量及其变动的平衡核算。这一平衡核算既包括一国或一部门在特定时点上所拥有资产负债总量的核算，又包括资产负债这些经济存量从期初到期末的动态平衡核算。

国内生产总值，即 GDP，是国民经济核算的一个结果，是反映经济发展的重要宏观经济指标。著名经济学家 Paul Samuelson 和 William Nordhaus 在《经济学》中对重要总量指标 GDP 的作用给予了高度的评价："正如太空中的人造卫星能够探测地球各大洲的天气一样，GDP 能够给你一幅关于经济运行状态的整体图画。这就使得总统、国会以及联邦储备委员会能够搞清楚：经济是过冷还是过热，是需要刺激一下还是需要紧缩一点，是否有衰退或者通货膨胀的威胁。如果没有诸如 GDP 这些核算经济总量的指标的话，政策制定者们只能在杂乱无序的数据海洋中漂泊。GDP 及其相关数据资料就像灯塔一样帮助政策制定者们把经济驶向关键的目标。"

1.3.2.2 国民经济核算与国民财富

人类发展的文明史是不断追求财富增长的历史，不同时期有着不同的发展观，人们的财富观及其对财富的核算方法和技术，也相应随着发展观的改变而改变，所以国民财富是一个动态的概念，必将随着人类对社会经济和环境的认识改变而变化。

可持续思想诞生以前，经济学一直关注以 GDP 为代表的国民财富增长目标，这种传统的人类财富观是追求物质财富的财富观，可认为是"经济增长财富观"。这一财富观无法体现自然资本和生态环境资产等自然财富，不能对真正的财富作出真实的计量。核算结果也会对国家的社会经济发展产生错误导向，直接导致了以环境和资源存量（包括质和量）下降为代价的虚假繁荣，导致真实国民福利（可用真实国内储蓄率衡量）大为减少，最直接的表现就是造成了自然资源的大量减少、生存环境的急剧恶化、产业结构和经济结构的畸形发展，并产生了大量的社会问题。

为了帮助人们认识一个国家真实的国情国力，必须校正现有的国民经济核算体系。从思想和政策上提出了一种新的国民经济核算模式，把自然资源、生态环境资源都视为国民财富的有机组成部分，真实衡量一国的真实国民财富。这种财富观更加关注经济增长同社会、资源环境之间的协调发展，人类对财富的认识扩展到了社会和生态环境领域，是一个国家或地区在特定时点上所拥有的人造资产、自然资源与生态环境资产、人力资本的存量状况及结构特征数量关系的客观描述。我们可称之为绿色国民财富核算。这种核算方式，能够真实反映国民福利的提高，从而给决策者以正确引导，也促使各国的经济活动符合全人类的整体利益和长远利益。

此外，宽泛的国民财富还应该包括社会资本。社会资本是指在特定时期、特定政治、经济和文化制度环境下形成的，以机构单位（包括自然人和各种社会经济实体）为主体的社会生产关系的状况及运行机制。具体包括社会道德规范、民族文化积淀及其影响的行为准则，政治、法律、法规的建立与有效实施状况等。在本质上，它是一种制度结构与运行机制或“制度安排”。由于社会资本目前还无法量化，故此暂不包括在国民财富的实际核算操作中。

由此可见，国民财富核算可以分为如下 3 个层次，用以下公式来简要表示：

国民财富 1＝人造资产
＝经济资产－金融负债－培育资产
＝国民资产净值－培育资产

国民财富 2＝人造资产＋自然资源与相关生态环境资产
＝人造资产＋资源资产＋非资产性自然资源与相关生态环境资产

国民财富 3＝人造资产＋自然资源与相关生态环境资产＋人力资本

这样综合考虑社会经济、生态环境和人力资本的核算计量模型，所得到的国民财富将创造不同财富的不同要素综合为一体，由此阐明了一个鲜明的观点：人类发展是多种要素共同作用的结果，这样积累的财富才是社会经济发展得以持续的基础。

1.3.2.3 绿色国民经济核算

一般来说，绿色国民经济核算，就是在现有的国民经济核算的基础上，考虑了自然资源与环境因素，将经济活动中自然资源的耗减成本与环境污染代价予以扣除，进行资源、环境、经济综合核算。

绿色国民经济核算能够实现经济系统与自然生态系统的连接，通过开展自然资源的存量与流量的核算，测算由于经济活动所造成自然资源的耗减和生态环境污染的程度，来真实反映社会经济活动最终成果。可见，它既反映了资源环境存量和流量变化在国民经济活动中的作用，又体现出经济的有效增长对资源环境的要求，较好地解决了传统国民经济核算的缺陷和不足。

1.3.2.4 绿色 GDP 核算

从核算角度看，绿色 GDP 是综合经济与资源环境核算体系的核心指标，绿色 GDP 是指在现有 GDP 的基础上，扣除资源耗减成本与环境降级成本之后的余额，它反映了一个国家或地区在考虑了自然资源与环境因素以后的经济活动最终成果，核算结果得到的是经过资源、环境因素调整的国内生产总值，实质上代表了国民经济增长的净正效应。联合国统计署于 1993 年出版的 SEEA《环境与经济综合核算体系 1993》，首次提出了“绿色 GDP”的概念。

借助于国民经济核算关于 GDP 与 NDP 的设置，绿色 GDP 也分为总值与净值两个口径。

绿色国内生产总值，亦称绿色经济的国内生产总值（Green economic GDP，GeGDP），用公式表示：

GeGDP＝GDP－中间消耗性资源耗减成本

绿色国内生产净值，亦称经过资源环境核算调整的国内生产净值（Environmentally adjusted net Domestic Product，EDP），即所谓绿色 GDP。它仍然是一个经济总量，但却是考虑了经济对资源环境之利用消耗的经济总量。用公式表示：

EDP＝GDP－固定资产折旧－资源耗减成本－环境降级成本

＝NDP－资源环境成本

＝GeGDP－固定资产折旧－折旧性资源耗减成本－环境降级成本

＝GeGDP－折旧－折旧性资源环境成本

理论上说，EDP 是一个“净值”概念而不是“总值”概念，其调整基础不是 GDP 而是 NDP。之所以要在 NDP 基础上进行调整，原因在于，资源环境利用消耗价值在性质上与固定资本消耗完全相同，只不过一个涉及人造资产（固定资产），一个涉及自然资产，在产出计量过程中应该以同样方式处理，必须在对固定资本消耗进行调整的前提下，才可能对自然资本消耗进行调整。

但是，在实际应用中，国内生产总值远比国内生产净值更为普及，除非是面对国民经济核算专家，不能要求人人都清楚“总”口径总量与“净”口径总量之间的优劣。比如，许多人将这样的经资源环境调整后的宏观总量笼统地称为“绿色 GDP”，从字面上可以看出，这是按照“总”口径意义理解的总量调整，但可能更加易于被一般管理层面所接受。因此，适应应用上的广泛性，应该按照“总值”口径在 GDP 基础上进行总量调整，以此为基础确定 EDP 概念。

基于资源环境成本的计量有不同角度和方法，经资源环境调整的国内产出总量也有不同的解释。① 以资源耗减价值进行调整，用资源耗减来调整经济总量，就是要从传统经济产出总量 GDP（或 NDP）基础上扣除资源耗减价值，以此得到经资源耗减调整的国内产出总值，即所谓 dpGDP，这是整个总量调整中最少争议的部分。② 以环境退化成本进行调整，从传统经济总量中扣除环境退化成本，得到经环境退化调整的经济总量，如果用 GDP 总量来表述，就是 eaGDP。和资源耗减成本调整相比，无论在调整方法的成熟性上，还是在调整后总量的释义上，环境退化成本之总量调整要更加具有争议性。③ 以环境保护支出进行调整，以环境保护支出对传统宏观经济总量进行调整，就是将当期环境保护支出从中扣减，得到经调整后的宏观总量。但是，环境保护支出的特殊性质，如何看待其对宏观总量的调整，还是一个有待讨论的问题。

1.3.2.5 综合环境与经济核算

为了能将环境资源纳入经济分析，引导人们从单纯追求经济增长逐步转到注重经济、社会、环境及资源协调发展上，有必要建立一套能够描述资源环境与经济活动之间的关系，能够提供资源环境核算数据的核算体系。为此，联合国在 SNA-1993 中心框架基础上建立了综合环境经济核算体系（Integrated Environmental and Economic Accounting，SEEA）作为 SNA 的附属账户（又称卫星账户），1993 年公布了 SEEA 临时版本，2000 年公布了 SEEA 操作手册，目前 SEEA-2003 版本也已正式公布。

SEEA-2003 对综合环境经济核算体系进行了全面阐述，详细说明了将资源耗减、环境保护和环境退化等问题纳入国民经济核算体系的概念、方法、分类和基本准则，构建了综合环境经济核算的基本框架；其宗旨在于以环境调整的国民财富、国内生产总值、国内净产出和资本积累等宏观经济指标支持社会、经济和环境综合决策，为衡量可持续发展、为实施可持续发展战略提供信息支持。

作为 SNA 的一个卫星账户，SEEA 由四类账户组成：

（1）账户是实物型和混合型流量账户。实物型账户考虑与物质和能源流量有关的纯实物数据，并尽可能按照 SNA 的核算框架对它们进行排列整理，以利用已有的分散的环境资源数据体系，这样做的目的是考察经济对特定环境投入的依赖程度以及环境对特定经济活动的敏感性。混合型流量账户是将实物数据和价值数据合并形成的账户，从这类账户中可以得到有关环境资源使用的实物型信息，同时还可以得到有关经济生产过程的实物型和价值型信息，该账户的目的是考察经济发展和环境影响的关联度，从而给出经济和环境“脱钩”（decoupling）的关键可持续政策。

（2）账户是与环境交易相关的经济账户。这类账户包括了反映企业、政府、住户为保护环境而支出的账户以及与环境管理经济手段有关的账户，它的目的是提供关于人类减轻环境影响的经济成本和效益的评估，从资金角度进行可持续分析。

（3）账户是以实物单位和价值单位测度的环境资产账户。这类账户显示了各类自然资源期初、期末总量以及在此核算期内的有关变化，并对资源存量进行估价。

（4）账户是对 SNA 总量进行调整，核算经济对环境的影响。主要考虑了 3 类调整：有关自然资本耗减调整，与环境有关的防御支出调整和有关自然资本退化的调整。

1.3.2.6 环境污染损失核算和生态破坏核算

国民经济活动对生态环境的影响可分为两个方面：环境污染和生态破坏。相应的，综合环境与经济核算必须包括环境污染损失核算和生态破坏损失核算。

环境污染损失核算，就是从国民经济核算中扣除环境污染代价，环境污染损失主要考虑水污染、大气污染、固废污染等造成的损失，以及重大环境污染事故损失，可从行业和地区进行分别核定，核算考虑的污染物类型，视实际条件来选择。环境污染损失价值量核算可分别用虚拟治理成本法和环境质量退化成本法，来核算环境污染造成损失的下限和上限。虚拟治理成本法通常先进行实物量核算，而后利用单位污染物治理成本计算价值量损失。环境质量退化成本法根据环境质量的变化利用一定的剂量-效应关系，以及与环境污染相关的存量等计算参数，进行价值量核算。

生态破坏损失是指因为人类不合理的环境资源开发、利用行为造成的生态系统服务功能的损失，生态破坏价值损失核算的思路为，首先将生态系统服务损失进行宏观分类，如可分为森林生态系统、土地生态系统、草地生态系统、湿地生态系统、滨海带生态系统破坏损失以及矿产开发生态破坏损失等，而后利用统计或者遥感信息等数据资料，对不同类型的生态服务损失功能进行实物量核算，而后利用一定的环境经济评估方法来核算生态服务功能损失价值。

环境污染和生态破坏的经济损失涉及面十分广泛，核算结果的可接受程度也与多方面因素有关。目前，虽然我国环境污染和生态破坏损失的计量已经出现了许多数据，但是都比较粗糙，有许多地方缺乏科学性，存在明显不足，包括世界银行的《碧水蓝天：展望21 世纪的中国环境》报告中的数据也是这样，计算的内涵和范围极不规范。另外，在污染经济损失的计量中，没有必要不论损失的大小和重要程度，“西瓜”和“芝麻”统统计算，应该选择危害较大的若干种损失进行计量。

1.3.3 绿色国民经济核算的理论基础

1.3.3.1 经济增长理论

North 认为：“如果预期的净收益超过预期的成本，一项制度安排就会被创新。”根据经济增长理论，引入资源环境要素，发展绿色国民经济核算制度显然是有助于提供更多的经济增长激励，仅就避免错误的激励而言，这一制度创新也是值得的。

经济流量反映一定时期内所有经济活动及其变化的价值数量。从诞生之初，国民经济核算就对流量分析颇为重视，并逐渐形成了以 GDP 为中心的流量核算。正确反映经济增长以及经济增长的过程，几乎是国民经济核算的永恒课题。对所有国家，特别是对于包括中国在内的所有发展中国家而言，经济增长常常是发展的第一要务，这是毋庸置疑的。关键是如何才能实现正确的增长？

1940 年代和 1950 年代，经济学家普遍认为经济增长主要依赖于资本积累，并认为经济增长是一种暂时现象。“二战”之后，经济学家构建了包括资本、劳动和技术 3 个要素的国民生产函数，并有效地证明了增长过程并非必然是不稳定的，技术会提升生产函数的水平，从而在其他生产要素投入规模效益递减的情况下实现持续的增长，由此导致自 1960 年代开始，技术创新备受关注，并且进一步推动了对承载着较好的知识和技能的人力资本的关注，使教育和技能培训成为新的核心增长要素。1960 年代之后，世界范围的环境保护运动开始兴起，自然资源耗减与生态环境破坏问题提醒人们，经济增长面临着资源环境的硬约束，自然资本或环境资本自此也成为经济增长的核心要素之一。但是，所有这些要素是如何组合在一起来完成经济增长的？是否拥有相同的人力资本、物力资本和技术的国家就会具有相同的增长态势？后发展国家如何激励各经济行为主体实现对所有核心要素的最优利用？对这样一些问题的探索通过长期经济史的研究最终将制度因素引入了经济增长的解释中，使制度成为到目前为止最新的一个经济增长的核心要素，制度演进和变迁的过程也被视为增长过程的最重要组成部分。

在增长理论的演进过程中，至少有两点是值得注意的，并确实形成了对绿色国民经济核算体系的理论支持。

（1）资源环境作为经济增长的核心要素，其成本应在经济总量指标中得到正确的体现，从而为把环境资本引入流量核算奠定了理论根基。同时，这也意味着国民经济核算体系也不是单纯扣减环境成本，从而“低估”经济增长的制度体系。相反，它是正确反映经济增长的制度体系。

（2）增长理论中对制度的作用予以了足够的重视。制度是关键的社会资本，是引导社会发展的“软件”。只有对各经济增长要素的贡献都予以正确体现的制度，才是有助于实现经济增长的恰当的制度，才能给予社会发展以正确的指导。国民经济核算关于物力资本的形成和转化的描述无疑是较为充分的，但在合理体现资源环境成本方面显然还存在很大不足，而绿色国民经济核算制度则弥补了这一缺陷，因此应成为国家实现持久经济良性增长的政策工具。

1.3.3.2 物质财富理论

经济存量反映某一时点的资产和负债状况，是对财富的具体测度。但什么是财富？哪些要素可以纳入财富的范围？哪些因素可以引起财富的增长？这些问题的解答却是一个伴随历史演进而不断更新的过程。国民经济核算体系的建立和发展深受不同时代的经济价值观和财富观的影响，突出地体现在存量核算方面。

农业经济时代没有国民经济核算的概念，但法国重农学派的代表魁奈的《经济表》依然被视为投入产出分析、部门间流量分析以及部门循环账户等现代国民经济核算的主要方法的思想源泉。魁奈的“纯产品学说”关注一国物质财富的增长及其过程，而这些物质财富主要来自于农业活动，创造财富的主要因素则是劳动力和土地。正如威廉·配弟所说：“劳动是财富之父，土地是财富之母。”

1953 年，联合国统计委员会公布“国民经济核算体系及其辅助表”，标志着 SNA 的诞生；1968 年，SNA 经重大修订后公布，基本完成了集宏观经济统计之大成的核算框架的构建。这是一个以资本为核心的制度体系，依然关注物质财富（部分积累成为资本），尽管物质财富的来源比农业经济时代有了相当大的扩展，但物质财富的来源只来自于农业、工业、商业和服务业所构成的现代工业经济体系，体现了工业经济时代的财富观。

随着资源环境问题的凸显，各国开始不仅关注经济过程对环境资产的利用，也关注环境资产本身的消耗和积累情况，体现了环境资产作为国家财富组成部分的思想。SNA-1993 的修订中特别完善了资产的分类体系，在资产存量中局部地包括自然资产/环境资产，并将环境经济核算作为附属账户纳入到 SNA 体系之中，这是对资源环境存量核算予以关注的重要反映。

21 世纪有很多名称，包括“后工业经济时代”、“生态经济时代”等，但不管怎样，我们已经可以看到萌芽于农业经济时代、成熟于工业经济时代的国民经济核算已经开始通过绿色国民经济核算体系的形成和完善来反映新世纪的财富观。

1.3.3.3 环境资源稀缺理论

经济学研究稀缺资源的配置以求经济收益的最大化。作为与经济学发展密切关联的国民经济核算因此也关注稀缺资源的使用及其对最终经济成就的贡献。资源环境是否应该是经济学的研究对象？对此问题可以从资源环境的有用性和稀缺性两个方面来解答。

（1）对经济过程而言，环境具有有用性，因此，环境也是直接作用于经济过程的要素。环境之于经济体系的功能表现在 3 个方面：① 作为人类所需一切生产资料、生活资料最终来源的物质性资源的功能；② 作为消纳、降解人类生产生活中的废弃物的环境容量资源的功能；③ 作为满足人们精神生活需要的舒适性资源以及保持地球生态平衡等其他生态服务的自维持性资源的功能。

（2）环境是稀缺的资源。对此可以从两个方面来理解。一方面，有限意味着稀缺。在有限的地球范围内，环境资源的贮存量也是有限的，特别是对于那些经长期地质时代所形成的环境资源而言，其贮存量尤为有限且难以再生和更新。而随着社会经济的发展，人类对环境资源的需求量却始终在不断地增加之中，因此，相对于庞大且递增的人类需求而言，环境资源具有稀缺性并表现得日益突出。另一方面，根据经济学对稀缺的定义，一种资源如果在它的利用上存在着几种可能的竞争需求，则它就是稀缺的。而任何环境资源几乎都同时存在功能之间的竞争性，因此，从这一角度看，环境资源也是稀缺的。

凡稀缺资源，其使用就存在机会成本，也就有进行经济研究进而进入核算范畴的必要。环境经济学对绿色国民经济核算体系建立的首要理论贡献即在于确认了环境的稀缺性，使得作为稀缺资源的环境有理由成为核算对象，进而，与经济过程对环境利用相关的各种成本也就顺理成章地成为经济发展的成本。

1.3.3.4 外部性与公共物品理论

物质平衡理论表明，由于物质流动关系的存在，环境与现代经济系统具有不可分割的紧密联系；进而，由于环境是一种稀缺资源，因此在经济分析中就有必要将环境作为提供环境物品和服务的一个部门加入到一般均衡分析中。但是，正确的理论思想在实践中却遇到了障碍，这主要是由环境物品与服务的外部性和公共物品性特征造成的。

外部性与公共物品理论并非环境经济学所创立，但在环境经济学中得到了相当有效的应用。当某种消费或生产活动对其他的消费或生产活动产生了不能够反映在市场价格中的直接效应时，外部性问题就产生了。对于缺乏市场或缺乏有效市场的环境物品和服务而言，外部性特别是外部不经济性屡见不鲜。环境物品和服务在消费上往往表现出非竞争性、非排他性，因此具有很强的公共物品特征。

外部性和公共物品性导致环境物品和服务的配置上的市场失灵。尽管政府干预并非解决市场失灵的灵丹妙药或唯一解药，但却无疑是可行的选择之一。因此，对于在微观市场上所无法反映出来的环境成本，由政府作为宏观经济管理机构来自上而下地进行核算，就成为构建绿色国民经济核算体系的最佳理由。

1.3.3.5 物质平衡理论

确认了资源环境应被纳入经济核算之后，还必须考虑纳入的方式。即，如何建立起环境与经济的关系。对此，环境经济学理论提供了恰当的理论框架。

1960 年代中期，Boulding 在“即将到来的太空船地球经济学”一文中依据热力学定律提出了一个最基本的环境经济学问题：地球已经变成一艘宇宙飞船，不仅在我们的想象上，也在社会的、生物的和人的实际生活系统方面。这种变化对人类发展影响深远，但人类对其却知之甚少。作为生态系统中的一种生物，人的生存能力依赖于具有闭路循环特征的世界生态系统中的所有元素和人的共生关系。热力学第一定律决定了：人类生产和消费过程中产生的废弃物必然仍然存在于物质系统之中；热力学第二定律决定了：100%的回收利用是不可能的。

1970年代初期，美国未来资源研究所的Allen V. Kneese等人在《经济学与环境》一书中提出了著名的物质平衡模型，首次从经济学角度指出了环境污染的实质，并勾勒出了使用经济手段解决环境问题的前景。物质平衡理论的基本思想主要包括以下几点：

（1）一个现代经济系统由物质加工、能量转换、残余物处理和最终消费 4 个部门构成。部门之间以及部门组成的经济系统与自然环境之间存在着物质流动关系。

（2）如果这个经济系统是封闭的且没有物质净积累，那么在一个时间段内，从经济系统排入自然环境的残余物的物质量必然大致等于从自然环境进入经济系统的物质量。

（3）治理环境污染物只是改变了特定污染物的存在形式，并没有消除也不可能消除污染物的物质实体。

（4）减少经济系统污染的最根本的办法是提高物质和能量的利用效率和循环使用率，借此减少自然资源的开采量和使用量，降低污染物的排放量。

基于此，绿色国民经济核算一方面应当从物质能量守恒的角度来追踪国民经济各部门物质加工中的资源耗减情况，另一方面应当增加残余物账户以更完整地体现经济—环境之间的关系以及残余物之间的相互转化关系。此外，对于各种有助于提供物质、能量的利用和循环效率的资源管理与环境保护活动，绿色国民经济核算也应予以专门统计，以更完整地反映经济与环境之间的互动和反馈关系。

1.3.3.6 环境资源价值理论

在传统的经济学里，资源是没有价值的。这种观点导致了人类无节制地开发、利用资源，使许多矿藏资源和珍稀物种在开发中灭绝，造成资源的巨大损失和浪费。因此，环境经济学的这一课题就是对环境资源进行估价，改变传统的资源价值观念，建立环境资源的价值理论评估体系，实现环境资源的优化配置。目前，经济学领域在对环境资源进行价值评估时的理论依据主要是效用价值论。

效用价值论是根据人们对某一物品的满足程度确定其价值，并由价格来体现价值。运用效用价值理论来衡量环境资源的价值，是因为：① 环境资源不论是经过人类劳动加工，还是未凝结人类的劳动，资源本身就具有存在价值。尤其从代际关系看，这种存在价值或早或迟将会被人类所利用，它是人们对某一环境资源存在而愿意支付的价格。如一些珍稀动物的生存是物种多样性保护的其中一项，人们为保护这些珍稀动物而愿意支付的货币，就是这些资源的价值或价格。用存在价值对环境资源进行价值衡量，主要依据是环境资源的边际效用。当环境资源越来越少时，它的利用价值越来越大。因此，用边际效用的大小来决定环境资源的价格，是为了合理开发资源，实现资源的最优配置。② 环境资源具有直接的使用价值。如水资源、森林资源、渔业资源和矿产资源等。这些资源很容易进入市场，通过供求关系决定其价格的大小。③ 具有间接使用价值的环境资源，只能间接地体现其价值，不容易确定价格。如地表的植被只能产生生态效益，它不能通过市场的交易体现其价值，因此，地表的价值只能采用机会成本收益法来估算。

1.3.4 绿色国民经济核算的方法基础

绿色国民经济核算的方法基础主要来源于两方面：国民经济核算方法和资源环境价值评估方法。前者提供了一般框架，后者提供了建立环境—经济之间联系、修正国民经济核算之宏观经济总量的可选方法。

1.3.4.1 国民经济核算方法

国民经济核算包括国内生产总值核算、投入产出核算、收入分配与使用核算、资本形成与金融交易核算、资产与负债核算、消费核算、积累核算和对外经济核算等，这些核算内容之间环环相扣，组成一个完整的数据体系，来系统地描述一国宏观经济运行的全过程。其中构成绿色国民经济核算方法基础的主要是国内生产总值核算、投入产出核算和资产负债核算，以下作以简述。

（1）国内生产总值核算。国内生产总值是经济流量的平衡核算中最重要的核算指标，指一国经济（地理概念上）在核算期内生产最终产品总量的度量，不包括中间产品，在价值构成上也仅限于当期生产过程中的新增价值，不包括中间投入价值。国内生产总值核算是国民经济核算的核心部分，也是整个国民经济核算总体框架的基础。国内生产总值核算账户的一般表示如表 1-1 所示。

表 1-1 体现了 GDP 的 3 种核算方法：

生产法 GDP＝总产出－中间消耗

收入法 GDP＝劳动报酬+生产税净额+固定资本消耗+营业盈余

支出法 GDP＝最终消费+资本形成+净出口

表 1-1 国内生产总值核算表一般表示

生 产	使 用
生产法： 总产出 中间投入（－） 收入法： 固定资本消耗 劳动报酬 生产税净额 营业盈余	支出法： 最终消费 资本形成总额 净出口

从理论上来说，上述 3 种方法计算的 GDP 结果应该一致，因为 3 种方法的区别仅仅在于分别从不同角度来对同一经济活动成果的反映。但在实践中，由于方法和资料来源的不同，3 种方法所核算的 GDP 结果存在一定的误差，一般的误差在 3%左右。

由于绿色国民经济核算的主要目标之一就是对国内生产总值（简称 GDP）进行总量调整，即通过资源环境成本的扣除，得到“经资源环境调整的国内生产总值”，以正确测度经济活动的成果和系统反映经济活动的环境影响。因此，国内生产总值核算是绿色国民经济核算的重要基础。

（2）投入产出核算。投入产出表是描述国民经济各产业部门之间相互依存、相互制约的技术经济联系，旨在探索和解释国民经济结构及运行过程，其一般表示如表 1-2 所示。投入产出表在结构上包括 4 个象限，但实际应用主要限于前 3 个象限。其中，第 I 象限是由名称相同、数目一致的若干产业部门纵横交叉形成的棋盘式表格，反映各产业部门在生产过程中对其他产业部门产品的消耗情况，以及本部门产品提供给其他参与部门作为生产消耗的情况；第 II 象限反映各部门最终产品使用的规模和结构；第III象限反映各部门增加值的构成情况。

投入产出表在绿色国民经济核算中得到重要的推广应用，主要应用包括以下两方面：第一是将资源消耗视为经济活动的投入，将污染物排放视为经济活动的产出，纳入原来的经济投入产出框架之中，从实物量上描述经济活动与资源耗减、污染物排放之间的关系；第二是将资源管理和环境保护活动从产业部门中分离出来，以反映这些部门与其他产业部门之间的投入产出关系，最终反映有关资源管理和环境保护之实际收支情况。

表 1-2 投入产出表的一般表示

		中间产品	最终产品	总产出
		1 2 … *n*		
中间投入	1 2 … *N*	Ⅰ	Ⅱ	
最初投入	劳动者报酬 生产税净额 固定资产折旧 营业盈余	Ⅲ	Ⅳ	
总投入				

（3）资产负债核算。资产负债核算包括存量核算以及存量变化核算。资产负债存量核算是对一国一定时点上所拥有的经济资产的规模和构成的核算；资产负债存量变化核算是指对两个时点间资产负债之变动的核算，侧重于变动原因的分类核算。存量核算与其变化核算之间构成这样一个从期初到期末的动态平衡关系：期初存量+当期变化=期末存量。资产负债表的一般表示如表 1-3 所示。

表 1-3 资产负债表一般表示

	非金融资产		金融资产
	生产资产	非生产资产	
期初存量			
存量增加 经济原因 其他原因 存量减少 经济原因 其他原因 其他变动			
期末存量			

资产负债核算框架在绿色国民经济核算中同样得到了重要的推广应用，这主要表现在以下两个方面：第一是用于全面核算一国所拥有的自然资产的规模和结构；第二是用于反映这些自然资产在经济过程中所发生的变动，以体现对经济系统的贡献。在应用过程中，由于资源环境要素的引入，需要对原来国民经济核算定义的经济资产概念作扩展和重组，并且需要修正资产变动原因的分类，把因经济过程消耗的自然资产与因经济过程消耗的其他资产作同等处理。

1.3.4.2 资源环境价值评估方法

国民经济核算使用统一的货币计量单位，实现了对各类经济资产及其使用的总体测算，并且便于了解不同经济资产之间的关系。构建绿色国民经济核算体系的一个基本问题，在于建立一整套资源环境的价格体系，一方面用于不同环境资产的加总以及与其他经济资产的加总，另一方面也便于应用于对国民经济核算相关总量指标的修正。

但是，由于在现实经济体系中，资源环境的各功能还未能全部进入市场，不是所有的自然资源都可以通过市场体现其价值，所以至今资源环境的统一估价问题仍然悬而未决，成为国民经济核算“绿化”过程中的主要障碍。尽管如此，资源环境经济学中关于资源环境价值评估的理论研究和实践探索还是可以在一定程度上为绿色国民经济核算提供方法学的支持。

通常，根据资源环境功能的不同，价值评估方法也不同。物质性资源功能具有数量服务特征，易于应用市场价格评估其价值。资源可以直接投入经济生产过程，其价值会转化为产出价值的一部分而包含在资源产品价格之中。因此，资源估价的过程就是寻找已经包含在相关产品中的资源价值的过程，即所谓资源租金。对应当期消耗的资源租金就是资源耗减价值，将资源寿命期内各期资源租金进行折现加总，结果就是资源总价值；环境容量服务功能和其他舒适性服务、生态服务功能具有质量服务特征，难于直接应用市场价格评估其价值。一般来说，环境服务功能的价值评估主要限于作为经济活动对环境产生不良影响后果的环境退化方面，为此，形成了估算环境退化价值的两个基本思路：

（1）基于成本的估算方法，即估算防止和恢复所有环境退化，保持环境初始质量水平的成本。防止和恢复环境的行为可以发生在不同环节，由此形成不同成本：① 结构调整成本，即改变生产和消费方式、减少或完全停止某些活动所产生的成本；② 处理消除成本，即在对环境产生负面影响之前进行末端处理所花费的成本；③ 恢复成本，即在环境影响发生之后，为恢复到某环境标准所需成本。

（2）基于损害的估算方法，估算环境退化所造成的损害的价值。这种方法首先要确定损害，之后确定这些损害是否能够与某种市场化的商品相联系，根据联系程度的深浅，可直接利用市场价格，如生产函数法；或间接利用市场价格，如旅行费用法、房地产内涵价格法；或通过虚拟市场来揭示人们对某项环境物品或服务的支付意愿来进行估价。

第 2 章

绿色核算经验①

由于传统国民经济核算体系的片面性，目前，已有很多国家和国际组织正进行着绿色国民经济核算的研究和应用。围绕如何构建以“绿色 GDP”为核心的国民经济核算体系，联合国、世界银行、欧盟以及世界各国政府、著名国际研究机构和著名科学家从 1970 年代开始，一直在进行着艰辛的努力。例如，挪威关于石油、森林、渔业等重要资源的核算，法国的自然资产账户，美国关于环境防御支出数据的编辑，世界银行的国民财富和真实储蓄率指标，联合国综合环境与经济核算体系（SEEA），等等，这些研究与实践经验，对中国来说具有重要借鉴意义。

2.1 概述

国际上对国民经济核算相关联的资源环境核算，始于 1980 年代。挪威是最早开始进行自然资源核算的国家，1981 年挪威政府首次公布并出版了“自然资源核算”数据、报告和刊物，1987 年公布了“挪威自然资源核算”的研究报告。联合国统计署于 1989 年和 1993 年先后发布了《综合环境与经济核算体系（SEEA）》，为建立绿色国民经济核算总量、自然资源账户和污染账户提供了一个共同的框架。该框架建议建立一个环境的卫星账户，同时与国民经济的核心账户相联系，提出了绿色国内生产总值（EDP）的计算方法，即现行的 GDP 减去固定资产折旧、再减去自然资源的损耗和环境的退化损失。2000 年和 2003 年，联合国又在各国实践的基础上对原有绿色核算体系框架进行了进一步的充实和完善，推出了绿色核算体系框架和绿色 GDP 核算的最新版本，为进一步规范各国绿色国民经济

① 本章前一部分主要在环境保护部政策研究中心周国梅研究员提供的报告基础上完成的，在此表示感谢。

核算体系提供了可靠指南和保障。1995 年，世界银行在其研究报告《监测环境进展》中提出了真实储蓄（GS）的概念，即考虑一国在自然资源损耗和环境污染损失之后的真实储蓄率，并以此作为衡量一国国民经济发展状况及其发展潜力的一个新指标。以美国为代表的发达国家根据联合国及世界银行的基本思路，在 1991 年对国家基本资源进行了核算。日本从 1993 年起对本国的环境经济综合核算体系进行了系统的构造性研究，估计出较为完整的环境经济综合核算实例体系，给出了 1985—1990 年日本的“绿色 GDP”。

从国际上关于绿色国民经济核算的研发进程，可以总结出其核算体系的构建大致有 3 种思路。第一种思路是用环境的价值变化对国内生产总值（GDP）进行调整，形成 GDP 以及现存国民账户的良性指标，比如：国内生产净值（EDP）、国民收入（EDI）、净国民福利（NNW）以及绿色 GNP 等。这种思路尽可能维持了现有国民经济指标体系的概念和原则，在此基础上将环境损益因素加入 GDP 这样的指标中。第二种思路是为环境资源单独建立账户，在不改变现有国民经济核算体系的情况下，加入资源环境核算卫星账户（第二账户），提供相关数据，SEEA 即是这种思路。第三种思路是重新建立一套国民财富核算体系。该体系与前两种思路共同点在于发展过程中的环境资源损耗要从总财富中扣除，但经济增长和环境的变化被并置于同一框架内进行核算，使分析者更能准确地评估经济发展和环境保护之间的和谐度，更容易使决策者掌握未来发展的可持续性。相比较而言，第二种思路采用实物量核算比较容易实现，而第一、三种思路采用价值量核算比较可行。

2.2 国际组织关于资源环境经济核算经验

2.2.1 联合国综合环境经济核算体系（SEEA）

传统的国民经济核算体系（SNA）只对属于规定生产范围内的经济活动进行核算，并未对土地、矿物、水和森林等自然资源进行彻底的核算，只有当它们是在机构单位的有效控制下才纳入 SNA 的核算范围，自然资本的使用成本并未明确核算为生产成本。它有两大缺点：① 忽略了自然资源的稀缺会威胁经济的可持续生产力；② 忽略了污染造成的环境质量退化对人类健康和福利的影响。此外，SNA 还将一些维护环境质量的支出视作国民收入和产出，实际上这些费用应被视为社会的维持成本。因此，由传统 SNA 核算出的国民收入账户并不能真实反映一个国家或地区的经济发展情况。

为了能将环境标准纳入经济分析，联合国在 1993SNA 中心框架基础上建立了综合环境经济核算体系（Integrated Environmental and Economic Accounting，SEEA）作为 SNA 的附属账户（又称卫星账户），1993 年公布了 SEEA 临时版本，2000 年公布了 SEEA 操作手册，目前 SEEA-2003 版本也已正式公布。SEEA-2003 是在 SEEA-1993 基础上修订完成的，也是对 SEEA-1993 实践应用的经验总结。它对综合环境经济核算体系进行了全面阐述，详细说明了将资源耗减、环境保护和环境退化等问题纳入国民核算体系的概念、方法、分类和基本准则，构建了环境经济核算的基本框架；其宗旨在于以环境调整的国民财富、国内生产总值、国内净产出和资本积累等宏观经济指标支持社会、经济和环境综合决策，是衡量可持续发展、实施可持续发展战略的基本手段。

2.2.1.1 SEEA 核算体系概述

（1） SEEA-1993。绿色国民经济核算体系的基本架构。SEEA-1993 明确指出，环境经济核算的起点和基础是国民经济核算。从国民经济核算到综合环境经济核算，其间包含不同方向的突破，形成了不同的核算内容。对应不同内容，SEEA-1993 中形成了不同的版本，不同版本在内容上是递进延伸的，为环境与经济之相互作用提供了越来越综合的核算。

版本一 根据环境经济核算需要对国民经济核算内容的重组，目的是为环境经济核算内容的展开提供一个基础，其内容主要表现为两个平衡核算。① 以国内生产总值（以及国内生产净值）为中心的经济流量平衡核算；② 以经济资产为中心的经济存量平衡核算。

版本二 试图在国民经济核算框架内（环境要素已经包括在经济核算之中），分解那些与环境有关的流量和存量。具体核算内容包括两个部分，一是包括在现实经济流量中的环境防护活动核算；二是包括在经济资产中的自然资产存量核算。

版本三 扩展了国民经济核算的资产范围，试图在国民经济核算框架基础上具体描述经济与环境之间发生的实物流量。一方面是按照实物核算方法描述经济与环境之间的流量，所谓物质/能量平衡表、自然资源账户都属于这类核算；另一方面是在国民经济价值核算基础上，将有关环境的实物流量和存量置于其上，形成环境（实

物单位）经济（货币价值单位）的混合核算。这样的实物核算和混合核算是通往环境经济价值核算的中间环节。

版本四　关于环境存量和流量的货币价值核算。实现这一步核算的中心是自然资产及其经济使用的估价，其中对自然资产经济使用的估价构成了经济产出中的环境成本。由于估价方法的不同，具体形成了 3 个子版本。版本 4.1 体现市场价值估价法的环境成本；版本 4.2 中所包含的是按照维护成本法估价的环境成本；版本 4.3 核算的环境成本则是或有估价方法和市场价值估价方法的结合。结合环境成本的核算，给出了相应的经环境因素调整后的国内产出（EDP）。

版本五　涉及对环境经济核算范围的进一步扩展。一方面是考虑将住户生产活动纳入生产核算范围，另一方面是探讨将环境所提供服务作为生产活动加以核算的可能，还可以将各单位内部作为辅助生产活动的环保活动也作为独立的生产活动加以核算。和前面的内容相比，这部分扩展内容的核算更加具有争议性，因此不代表环境经济综合核算的基本内容。

总体来说，SEEA-1993 仍然是一个理论性的核算框架，关于核算的具体贯彻实施和具体核算方法，关于环境经济综合核算的实际应用，则相对着墨甚少。

（2）SEEA-2000。绿色国民经济核算体系的拆解。关于绿色国民经济核算的基本框架，SEEA-2000 没有根本性的变化，其主要贡献在于，着眼于进行环境经济核算的难度，着眼于应用需求，突出强调应该针对优先领域进行局部核算，强调对环境经济核算内容的拆解，由此形成相互联系的 5 个部分及 10 个步骤。

1）应用国民经济核算框架进行环境分析，具体包括 3 个步骤。

步骤一　编辑供应使用账户，即针对国民经济核算中的产品供应（国内生产和进口）、产品使用（生产中的消耗、消费、积累和出口）、生产中的投入（中间消耗、固定资本消耗、净增加值）流量编制账户。这样编辑的账户与传统经济核算所编制的账户不完全相同，并不是按照传统经济核算的产品和产业分类显示，而是要突出显示那些可能与环境发生联系的类别。

步骤二　识别和编辑环境保护支出数据，即对包括在国民经济核算中的环境保护活动支出进行核算。这些环保活动原本是作为一般经济活动出现的，由产业部门、住户、政府和非政府组织实施，现在要将其在环境保护这一主题下从原来的流量中分离出来，进行专门核算。

步骤三 编辑生产性自然资产账户。要分别不同产业编制生产资产账户，重点是那些培育性生产资产，它们构成了自然资产的组成部分；然后按照期初资产存量、期内变化（包括资本形成、资本消耗、各种其他物量变化、价格重估）和期末资产存量的动态平衡关系予以显示。

2）自然资源核算，所覆盖的自然资源主要是国民经济核算所定义的经济资产中的非生产性自然资产，具体包括第四和第五两个步骤。

步骤四 编辑自然资源实物账户，目的是用实物单位（面积、体积、重量等单位）记录自然资源存量及其在当期内的变化，包括数量变化和质量变化，具体可包括土地和土壤账户、地下资产账户、森林账户（经济功能部分）、鱼类和其他生物账户、水账户。

步骤五 要对自然资源进行货币估价，编辑货币单位的价值账户。所采用的估价方法主要是市场价值估价法，针对不同类型的自然资源，采用的具体估价方法不尽相同，其中包括净价格法、净租金法、使用者成本法等。针对当期经济利用所引起的资源变化，以耗减和退化两个概念表示，作为 SEEA 生产账户的环境成本核算。

3）环境资产核算，所覆盖的环境资产是指所有权不确定、无法从其使用直接获得经济收益的那部分资产，这些核算内容组成第六步骤。

步骤六 包括空气、水体（除了作为自然资源的地表水和地下水以外）、土地（除了作为自然资源的经济土地之外）、野生动植物等。主要是用实物单位编制环境资产账户，反映其资产存量及其变化。

4）排放账户，是针对经济过程排放的残余物所编制的账户，其内容组成了第七和第八两个步骤。

步骤七 按经济部门编辑排放账户，按实物单位核算。其中，残余物排放数据来源于环境统计的监测结果，尽管还没有国际分类，但大体可以分为对空气排放、对水排放和对土地排放等部分；排放部门则包括各产业、住户、政府（包括非营利组织）和国外。

步骤八 要估算关于排放的维护成本，即要用货币单位估价排放对环境资产所产生的影响，按照维护环境资产质量所需要的成本

进行估算。先估算单位排放的维护成本，然后依据实际排放量估算总维护成本。

5）总体描述与分析，是要对环境经济核算的最终结果予以总体反映，并使之成为分析应用的工具和基础。具体包括第九和第十两个步骤。

步骤九 对核算结果予以综合并列表显示。实物账户的综合仅限于所选定的单项自然资源和环境问题，要进行不同资产类别之间的加总综合，就需要按照货币单位进行的价值核算。通过资产存量及其变化的价值核算，就可以对传统经济核算总量进行环境因素调整，如自然资本总量，经环境因素调整的国内净产出（EDP）等。

步骤十 用国民经济核算的传统指标与环境经济综合核算的经环境调整指标进行比较。从一国总体来说，最主要的比较是国内生产净值（NDP）和经环境调整后的国内净产出（EDP）的比较，进而是环保产品最终消费与消费者通过排放而对自然资产使用之间的比较、资本形成与资产（包括自然资产）积累的比较、自然资源进口与出口的比较等。

（3）SEEA-2003。关于绿色国民经济核算体系的四个组成部分。在前两个手册基础上，SEEA-2003 对环境经济核算体系的内容组成做了进一步的归纳和扩展，将环境经济核算的内容归纳为四组账户，同时扩大了国民经济核算作为环境经济核算基础的范围，加强了对各部分具体核算方法的讨论。

第一组账户 经济环境间流量的实物核算和混合核算，其功能是要描述经济系统与环境系统间的实物流量关系。为此，需要确认经济与环境之间以及经济体系内部发生的实物流量——自然资源、生态投入、产品、残余物及其分类，以经济核算中的供应使用（及投入产出）框架为基础，扩展为环境经济供应使用（及投入产出）实物核算表，系统描述经济与环境之间的实物流量关系；进而，以国民经济核算的价值型供应使用（及投入产出）表为基础，将自然资源、生态投入和残余物实物流量纳入其中，形成环境经济间流量的混合核算表。

通过这一组账户，可以最大限度地集合现有各种分散的、具有不同目的的环境数据，将其初步纳入 SNA 的既有框架中来；同时，可以将环境数据与原有的经济数据进行比较，考察经济对环境的依赖程度和环境对特定经济活动的敏感程度，反映关键性的可持续发展政策目标。

第二组账户　环境保护支出账户和与环境有关的其他交易核算账户，是针对有关环境保护和恢复活动构造的核算框架。其中包括两个部分的内容，① 针对现实发生的环境保护和资源管理活动进行核算，先确定环境保护和资源管理活动、产品和产业的分类，通过环境保护及资源管理活动供应使用表进一步编制环境保护及资源管理支出流量核算表；② 针对现实中利用各种经济手段来有偿使用环境的情况，比如征收环境税费，确定与环境有关的财产权（如排污权、捕捞权等）从而发生的收支，把这些收支从现行国民经济核算中分离出来进行核算。这些收支的发生，使核算进一步延伸到收入分配和资本形成领域，需要在国民经济核算的收入分配账户、资本账户基础上完成。

通过这些内容的核算，可以提供信息，支持人类减轻环境影响之经济成本和环境收益之间的评估。

第三组账户　环境资产存量及其变化的核算。将自然资产定义为 3 个宽泛的类别：自然资源、土地和生态系统，按这 3 个类别分别给出实物型和价值型资产存量及变化账户。账户的内在逻辑是从期初存量到期末存量的动态平衡关系，其间的变化由各种经济的、非经济的因素来解释。账户框架中，一方面详细列示不同的环境资产类型，另一方面需要详细分解引起资产变化的各项原因。

价值型核算中需要解决资产的估价问题。一方面是针对不同的自然资源类型，对实践中出现并得以应用的资源存量估价方法进行比较归纳；另一方面是针对环境退化进行估价的方法技术，将环境经济学、生态经济学中应用的各种估价方法归纳为两个类别：基于成本的估价方法和基于损害的估价方法。

第四组账户　涉及对传统经济总量调整。回应现实中对传统经济总量（最突出的就是国内生产总值）的指责，环境经济综合核算无法回避如何以环境因素对传统经济总量进行调整这一问题。但是，和前两个手册不同的是，SEEA-2003 没有简单地处理该问题，也没有将实现这样的总量调整作为环境经济核算的唯一目标，而是结合现实的要求和目前所具备的条件，对此进行了详细讨论，给出了可供选择的处理方法。

SEEA-2003 提出了进行总量调整的不同方法，同时指出了这些调整可能带来的风险。从对环境关注的不同角度出发，从现实所具备的不同核算条件出发，总量调整方法包括以下不同做法。① 用资源耗减价值进行总量调整，形成“经耗减调整的总量”；② 用环境防御支出进行总量调整的方法；③ 以环境退化价值进行总量调整，形成所谓“经环境调整的总量”，最后还描述了基于“绿色经济”核算的“绿色 GDP”。

SEEA 核算框架结构，如表 2-1 所示。由于 SEEA 中的资产范畴涵盖了不属于经济资产的非生产自然资产，与 SNA 基本框架相比，SEEA 在基本框架的最后一列增加了“环境”一项，并在主栏增设了“非生产自然资产使用”、“非生产自然资产的其他积累”两项用以记录环境与经济之间的交易。

表 2-1　SEEA 基本结构

	经济活动					环境
	生产	国外	最终消费	经济资产		其他非生产自然资产
				生产资产	非生产资产	
期初资产存量				K0p. ec	K0np. ec	
供给	P	M				
经济使用	Ci	X	C	Ig		
固定资本消耗	CFC			-CFC		
国内生产净值 非生产自然资产使用	NDP Usenp	X2M	C	I	-Usenp. ec	-Usenp. env
非生产自然资产的其他积累					Inp. ec	-Inp. env
货币量形式的环境核算中的环境调整的总量	EDP	X2M	C	Ap. ec	Anp. ec	-Anp. env
持有损益				Revp. ec	Revnp. ec	
资产物量的其他变化				Volp. ec	Volnp. ec	
期末资产存量				K1p. ec	K1np. ec	

资料来源：向书坚，SEEA 和 NAMEA 的比较分析，《统计研究》2005 年 10 期。

SEEA 在不影响传统 SNA 核心体系的主题目标的前提下，强调了扩展国民核算的分析能力，SEEA 主要研究以下问题：

➢ 分离并详细阐述 SNA 中所有与环境有关的流量和存量资产：附属环境（卫星）账户对社会关注的主要环境领域进

行详细核算，分离国民账户中各种流量和存量资产，对保护和改善环境的总支出进行估计。

- 连接实物形式核算与货币形式核算：SEEA 提供连接自然资源与环境实物核算与经济（货币形式）核算的桥梁。
- 环境成本和收益的估算：与 SNA 自然资源（实物）核算账户相比，SEEA 增加了对“外部”环境成本和收益的核算，从两个方面扩展并完善了 SNA 体系：产品生产和最终需求对自然资源的使用、由于污染等因素对环境质量的影响。
- 有形财富的核算：SEEA 扩展了资本的概念，包括人工资本和自然资本，还包括由于自然资源减少、环境恶化所产生的有关成本。
- 经环境调整的收入和相关指标度量：考虑到自然资源的减少和环境改变，SEEA 总量核算中引入了经过环境调整的净国内生产总值 EDP（Eco Domestic Product）的概念。绿色国内生产总值 EDP 是 SEEA 的核心指标。它把资源环境成本当作是对自然资源数量上和质量上消耗的度量，并将其从 NDP 中扣除，计算公式如下：

$$\text{EDP} = \text{NDP} - \text{资源环境成本}$$

生态国内产出 EDP 是一个经过资源环境成本调整的综合指标，但是不能单纯依赖这个指标衡量经济的绿色程度。根据上面的计算公式，如果 NDP 和资源环境成本同时保持增长，并且 NDP 的增长的绝对量大于资源环境成本的增长的绝对量，那么 EDP 依然会呈现增长的态势。资源环境成本的增长反映了人类对环境压力的增加，环境压力增大与 EDP 增长同时发生了，这似乎有些“矛盾”。因此我们不能孤立地看待 EDP，而应该把 EDP 以及一些相关的指标综合起来，这样才有助于我们全面地把握经济与环境。

2.2.1.2 调整 SNA 的估算方法

（1）防御支出的核算。显然，将防御支出直接从原有国民账户的核算中扣除出去或将它从最终消费中重新划分到中间消耗中都是不可行的，因为这样做无法保证最终体系能够保持每行与每列间的对应平衡，因此在处理这类账户时，SEEA 推荐对现存交易通过重新分类以达到一个对称的核算形式。这种记录资本形成的方法称为“总-总”方法（Aukrust，1994），即将所有修理和维护都被记录为总资本形成的组成部分，而把那些在其他方式下会作为经常修理的部分按照固定资本消耗处理，消除其间的重复计算。

通过这种方法记录环保支出，可以使政府和产业环保支出得以对称处理。各产业环保支出被同时记录为资本形成和固定资本消耗，产业的总产出水平不会发生变化，GDP 按照环保支出的数额增加，但国内生产净值不会变化。另外，政府环保支出的变化不会影响 GDP，而国内生产净值会按照重新分类的该支出的数额减少。这样 GDP 与 NDP 之间的缺口将按照支出的全部数额增加：一方面是产业经常支出所造成的 GDP 增加，另一方面是政府经常支出所减少的 NDP。

（2）自然资源的耗减估价方法。自然资源耗减价值反映了自然资源存量价值的变化，SEEA 中推荐了两种方法来估算自然资源耗减价值。

- 净现值法：通过资源租金，资源存量，资源寿命期限或开采率，未来收入的折现率计算。其中资源租金又可以通过 3 种方式估算：① 直接调查的拨付法；② PIM（永续盘存法），用获得、处置、归因于资产用于生产的价值下降等来计算；③ 基于生产资本服务的方法估算。
- 净价格法：依据 Hotelling 模型计算，该模型假定在特定市场条件下，资源稀缺时，不可再生资源的租金会以等于折现率的速度递增，因此资源存量价值可通过每单位资源的当前租金乘资源存量规模简单计算。

（3）环境退化的估价方法。相比上面的两种估算，环境退化价值的核算则最具有争议性，SEEA 主要给出了两种方法：

- 基于成本的估价方法：这种方法以维护成本的概念为基础来计算环境退化成本。维护成本是指为弥补当期生产与消费造成的环境退化而必须承担的价值成本。防护成本法和恢复成本法都是以维护成本的概念作为原理，不同的是两者计算成本的角度不同，前者从“防护”的角度，计算为避免污染与退化所支付的成本，后者则从“恢复”角度来计算把环境恢复到期初水平所需的治理成本。不论是防护成本法还是恢复成本法，这种以维护成本为原理计算环境退化成本的方法，没有体现环境污染的危害性，默认了治理污染物所耗费的成本与污染物排放所造成的危害相等，变相的鼓励污染，鼓励“先发展，后治理”。从技术的角度讲，这种方法得到的结果还有值得商榷的地方。依据维护成本概念，需要把环境恢复到期初水平，由于环境本身有一定的净化能力，所以只应当核算那些实际造成污染的排放物，然而，在实践中，我们几乎很难弄清楚有多少污染物被环境自身净化，有多少污染物造成了实际的污染，于是，在实际计算维护成本时，往往把所有的排放物都纳入核算的范围，这无疑高估了环境退化成本。

- 基于损害的估价方法：这种方法借助一定的技术手段考察污染所带来的种种损害，如对农产品产量、人体健康、生态功能等的影响，采用一定的定价技术，进行污染经济损失评估。目前定价方法主要有享乐价格法、旅行费用法、意愿支付法 3 种。享乐价格法又称作内涵资产定价法，它是一种利用环境属性来确定环境价值的定价策略。旅行费用法是一种以旅行者在一个风景点的直接消费和消费者剩余（消费者愿意支付与实际支付之差）之和来估算该风景点价值的方法。意愿支付法是一种通过调查，推测人们对自然资源环境假想变化的评价方法。事实上，不论是享乐定价法还是旅行成本法、意愿支付法，或者是基于成本的估价方法，都还只是一种探讨性解决问题的办法，并不是 SEEA 确定的最终解决定价问题的方案，而且这些方法本身还有一些尚未完全解决的问题。以享乐定价法为例，如何确定、选用环境属性变量，如何确定函数形式，模型共线性的处理等都是需要解决的问题。但是，与基于成本的估价方法相比较，基于损害的估价方法更具合理性，体现了污染的危害性，包括我国在内的许多国家都采用基于损害的估价方法来估计自然环境诸如大气、旅游景点的价值。

2.2.1.3 主要核算指标

可持续性指标体系是可持续发展定量研究的基础，国外学者已就此提出了多种指标体系框架和模型。表 2-2 列出了 SEEA 环境与经济指标的核算框架。

其他指标体系也围绕经济与社会发展、资源和环境等方面而设立，各有侧重，上面提到的真实储蓄（GS）指标通过扣除资源耗竭和污染损失，对 GDP 进行修正计算，可以更真实地衡量国家的财富和发展能力；H.E.Daly 和 J.B.Cobb 提出的可持续经济福利指数（ISEW）以及 C.W.Cobb 等提出的真实进步指数（GPI），考虑了环境成本和收入分配等问题。表 2-3 列出了这些指标体系的一些基本情况。

表 2-2 SEEA 中环境和经济指标的核算框架

		期初存量	经济资产	环境资产	
			+		
	国内生产（工业）	最终消耗（家庭、政府）	资本形成	资本积累	国外
产品供给	产出（O）				进口（M）
	环境保护（EP）相关				环境保护（EP）相关
产品需求	中间消耗（IC）	最终消耗（C）	总资本形成（CF）		出口（X） 环境保护（EP）相关
固定资产使用	固定资产消耗（CC）		资产消耗（CC）		
增值，NDP	增值（VA），NDP VA=O－IC－CC				
自然资产使用	环境成本（EC） 物质投入（MI） 土地使用（L） 排放物（E）	环境成本（EC） 物质投入（MI） 土地使用（L） 排放物（E）	自然资本消耗（EC） 自然资源耗减（ΔMI），存量净增加量（NAS）环境质量的变化（ΔEQ）		原材料、废物和残留物的进/出口（$X_{MI,E}$）
绿色指标	EVA = VA − EC：EDP = ∑EVA，TMR，DMI，TDO，DO	家庭残余物排放量（DO，TDO）	ECF = CF − CC − EC 存量净增加量（NAS）		
			+		
			其他资产变化（OVC）		其他资产变化（OVC）
			=		
		期末存量	经济资产（CAP_f）		环境资产（CAP_n）

表 2-3　可持续性指标的概念和方法

	生态足迹（EF）	环境可持续性指数（ESI）	可持续发展指标（SDI）	持续经济福利指标（ISEW/GPI）
定义	特定区域内的消费及吸收废弃物排放所需要的生态生产性面积（包括陆地和水域）	环境可持续性相关的指标不加权的平均值	可持续发展重要方面指标的算术平均值	经过积极和消极福利影响（家庭和社区服务、外部影响、防御支出、收入分配）调整后的最终消费
指标体系	生态生产区域的 6 大类	20 个指标，包括 68 个变量	14 个指标（每个区域 2 个），包括 58 个变量	GDP 忽视的超过 20 个福利影响指标
权重	自然资源使用及吸收废弃物排放所需平均世界生态生产性面积当量	标准化指标等量加权	所有变量等量加权	积极和消极福利混合货币估价，对收入不均的调整
可持续性概念	生态可持续性：国家生态系统的承载能力	环境可持续性潜力：政策和规划带来的高持续性环境行为	总体发展可持续性：高的政治、社会、民主、经济和环境方面指标值	经济可持续性：未降低的福利

资料来源：生态足迹：Wackernagel et al.（2000），环境可持续性指数：Global Leaders of Tomorrow（2002），可持续发展指标：Novácek and Mederly（2002，Ch. 4），真实进步指标：Cobb，Halstead and Rowe（1995）。

2.2.1.4 SEEA 的主要功能

SEEA 的主要功能集中在两个方面：① 描述性的统计，用指标反映环境的现状以及环境与经济之间的相互关系；② 政策分析功能。SEEA 运用经环境调整的综合指标以及运用“驱动力—状态—响应”概念模型建立的环境指标，对环境状况进行估计是非常有意义的。在政策的制定上，着眼于把环境降级退化成本内部化，如缴纳环境税、排污费，等等。对资源环境成本按部门进行分解并进行投入产出分析可以有效地找出环境压力的来源以及评估环境经济政策的效果。此外，根据这些环境指标可以进行诸如可持续发展能力比较、投资潜力评估、发展援助分配等方面的国际比较。

2.2.2 世界银行国民财富及真实储蓄率

2.2.2.1 国民财富

1995 年，世界银行颁布了一项衡量国家（地区）财富的新标准，一改过去只看国民生产总值的统计方法，把当地的自然资本也加进去综合平衡，来衡量一个国家或地区财富的净增长。世界银行还明确宣称："这一新体制在确定国家发展战略时，不只是用收入而是用财富作为出发点。它对传统的思维提出了挑战，同时也使财富的概念超越了货币和投资的范畴。"这种新的计算标准将一个国家的财富具体分成 4 项内容：① 生产资本，即机器、工厂、建筑、水利系统、公路和铁路等工业产出；② 自然资本，即土地肥力，森林，渔业资源，净化能力，石油，煤，臭氧层和生物地球化学循环等；③ 人力资源，包括以人为主体，如教育、营养、医疗等所反映的人的生产能力的价值；④ 社会资本，是联系生产资本、自然资本和人力资源 3 方面的纽带，是指促使整个社会以有效方式运用上述资源的社会体制和文化基础。

（1）国民财富测算方法。根据定义，国民财富的测度思路应该是先按生产资产、自然资源、人力资源和社会资本 4 个部分分别计算而后加总。测度的基本问题是要把上述内容做货币化处理，以货币总额描述财富的拥有总量，由此，可以认为所谓国民财富的测度方法，归根结底就是财富的估价方法。

构成国民财富的这 4 个组成部分是如此的不同，因此，有必要以各自的特性为基础，寻找不同的测度途径。从整体上看，世界银行有关专家在具体操作上采用了两种计算思路。生产资产是根据永续盘存模型直接估算，自然资产和人力资源、社会资本则是借助于各期的收入流量运用未来收益现值法来估算。为了保证在不同国家之间具有可比性，测度时采用了统一的国际价格和统一的贴现率，并尽可能运用购买力平价来估算，目的是避免当地市场上的价格扭曲，加强国际间可比性。下面具体讨论各部分的测度方法。

对于生产资产，以永续盘存模型直接估算期末存量价值，它等于期初总量加减当期投资和资产折旧，但要进行价格调整。城市用地也被包括在生产资产之中，其价值按照与建筑和其他构筑物价值的固定比例（33%——此数值来自加拿大统计局对城市用地占建筑和构筑物价值比例的调查）粗略估算。

对自然资产，目前的测算包括农业用地、牧场、森林（木材和非木材利益）、保护区、金属和矿产以及煤、石油和天然气等方面，其计价方法普遍应用了以世界市场价格为基础的资源经济租金概念，而后假设年租金（Y）不变，按相应的资产存在年限（t）将各期租金折算为现值（R 为贴现率），加总后的总额即为资产的价值，其计算公式为：

$$A = \sum Y/(1+R)^t$$

人力资源和社会资本是整个国民财富中最难以量化的部分，也正是体现其方法创新的部分。首先应该明确，在概念上，人力资源不同于人力资本。后者通常从教育投资角度入手，被定义为各年教育投资累积和消耗的存量价值。而人力资源在概念上不仅包括通过教育所累积的财富，而且还包括作为初级劳动力所体现的财富。这样，人力资源的测度就不能简单地沿用近 20 年来关于人力资本测度研究的成果。另外社会资本仍然是一个无法单独测度的概念，鉴于它与人力资源所具有的紧密联系，可以考虑将两者放在一起加以测度。

从整体来看，人力资源和社会资本测度采用的方法仍然是未来收益现值法，其方法的逻辑思路应该是先求得一个年收益数额而后折现为存量价值。具体为：① 计算个人和社会从自然资产和生产资产的使用中所取得的年收益，计算方法是，用农业 GDP 的 45%作为劳动力所得，加上非农业 GDP，而后减去地下资产的经济租金和生产资产的折旧；② 在收益计算基础上，按一国人口的平均生产性年限和 4%的单一贴现率贴现加总，其结果即作为人口平均剩余年限内的全部收益存量。这里人口平均生产性年限是该国 1 岁之平均预期寿命与其人口平均年龄的差值，如果预期寿命高于 65 岁，则以 65 岁为上限，以此表明该国人口尚能工作的年数；③ 从上述收益总存量中扣除生产资产和城市用地的估算价值，结果是以当前汇率计算的人力资源和社会资本价值，再以购买力平价作为换算因子加以换算，其结果即为人力资源和社会资本总价值。

在这种国民财富计算方法中，以往被人们看做是主要财富的人造资本在大多数国家的实际财富中只占 20%或更低，而人力资本所占的比例却要大得多，这种计算方法是在强调人力资源方面的投资是促进发展的最重要的方面。

专栏 2.1　各种自然资产的估算方法

测算国民财富需要进行一些假设，首先需要确定的就是贴现率的大小：在计算中我们取每年 4%。

矿产和石油通过目前的资源年租金和已探明矿藏量所能开采年限估算资产价值。

木材价值估算分两种情况：如果砍伐速度低于木材自然生长率，取恒定的资源年租金进行计算；反之即在木材砍伐不可持续的情况下，把木材作为矿产一样的方式处理，先计算出砍伐年限，然后进行估价。

森林的非木材利益估算，假定 10%的森林占地产生非木材产品、娱乐和旅游的利益，根据国家发展程度的不同，每公顷的非木材利益从 112 美元到 145 美元不等。

农业用地，谷物用地的每公顷租金通过国际上的稻、小麦和玉米价格计算得出，其他农业用地估价按照其 80%计算。

牧场估价同农业用地计算方式相似，租金通过牛肉、羊肉、牛奶、羊毛等产品的国际价格进行估计。

保护地通过它们的机会成本进行估计，即每公顷牧场价格。

注：由于数据问题未包含渔业的估算；考虑到大部分水的使用已经包含到农业用地估价和生产资本中，因此也未考虑水资源的估价。

资料来源：《财富测度的扩展——环境可持续发展指标》。

（2）国民财富的特点和政策意义。这种国民财富衡量的新方法具有下列特点：① 将国民财富分解为 3 个基本方面，即自然资本（代表了生存与发展的基础）、生产资本（代表了可转换为市场需求的能力）、人力资源（代表了对于生产力发展的创造潜能），这几类要素的综合能比较全面也比较合理地涵盖了可持续发展的内涵；② 与人均 GNP 相比，这种衡量方法能更加准确地估计国家的真实财富和可持续发展能力，并使财富的概念突破了仅以货币、投资、贸易等为表征的传统范畴。

这种定义对于实施可持续发展的政策选择具有显著意义：① 对自然资源和环境实施有效管理，增加生产资产的投资，以及紧密结合其他投资来增加对人力资本的投资，进行各种制度和社会结构的构建，促进社会资本的成长，这些都将在国民财富的变化上得到体现，成为可持续发展的标志和成果；② 由于不同部分之间所具有的可加性，只要将利用开发自然资源所得到的租金进行生产资产或人力资源的投资而不是将其消费掉，就可以通过不同财富部分之间的相互抵减和弥补来保证国民财富在总量上的非负增长，即通过资产类型的替换保证可持续发展的实现。

2.2.2.2 真实储蓄

1995年，世界银行在《监测环境进展》(*Monitoring Environmental Progress*)中同时也提出了名为“真实储蓄率”的一套估算方法，即考虑了自然资源的枯竭和环境污染的损害之后的一个国家的真实的储蓄率。这一指标覆盖了更大范围内的自然资源，改善了数据和计算的方法，并突出了对人力资源的考虑。该指标以货币为尺度去度量一个国家或地区的总的资本存量（或人均资本存量）或者流量的变化趋势。

(1)真实储蓄的理论基础。在城市年鉴中，以支出法计算的GDP由3部分组成

GDP＝总消费＋总投资＋产品和服务净出口

其中：总消费＝社会消费＋居民消费

总投资＝固定资产投资＋库存变化

固定资产投资包括政府投资、国有、集体和私人等经济体的投资，其中也包括了房地产投资。在中国，固定资产投资主要来源于中央和地方政府财政（包括预算内和预算外隐含部分）、银行贷款、建设债券、外资和各级政府、企业的自筹资金等。

真实储蓄的基本思路如下：研究的出发点仍是传统的宏观经济指标 GNP，从 GNP 中减去社会消费和私人消费，可以得到一国在统计期内的总储蓄；从总储蓄中扣除产品资本的折旧，可以得到净储蓄；然而，净储蓄所关注的问题局限于产品资本，不能真正代表发展的可持续性；因此，以净储蓄为基础，从中扣除自然资源开发所产生的折旧，以及污染对国民经济所造成的损害（注意，其中不包括传统国民经济核算系统中已经包含的部分，如农业产出的下降、机器设备的折旧等），从而可以得到一个国家真实的储蓄率，即真实储蓄，它代表了一个国家真正有能力对外借出和对生产性资产进行投资的产品的总量。

表 2-4 简单地描述了真实储蓄的研究框架和计算所涉及的主要宏观经济指标，并对真实储蓄、真实投资以及绿色国内生产总值加以对照。

表 2-4　绿色 GDP、真实投资与真实储蓄

绿色国内生产总值（Eco-Domestic Product）	真实投资（Genuine Investment）	真实储蓄（Genuine Saving）
GDP－产品资本的折旧＝国内净产值（NDP）－自然资源的损耗－污染损失＝EDP	固定资产投资＋库存变化＋教育投资＝总投资（Gross Investment） 固定资产折旧＝净投资（net investment）自然资源的损耗污染损失＝真实投资	GDP－商品和服务的消费＝储蓄（Saving）＋教育投资＝总储蓄（Gross Saving）－产品资本的折旧＝净储蓄（Net Saving）－自然资源的损耗[①]－污染损失＝真实储蓄

① 本文中资源的损耗是一个货币化的指标，特指开采自然资源所获得的利润中，作为开采资源的用户成本、需要同真正的收入加以区分的那一部分。

从表 2-4 中可以看出，真实储蓄比绿色 GDP 更关注于对发展的投入，也具有更强的政策相关性。除了传统的直接影响公共和私人储蓄和投资行为的货币和金融政策以外，许多影响资源开采和污染物排放的政策也都与之直接相关。如果全面考察计算真实储蓄时所得到的一组指标——总投资、总储蓄、净储蓄、真实储蓄，可以对真实储蓄的政策相关性有更清楚的认识。

（2）真实储蓄的计算。真实储蓄的计算步骤如表 2-5 所示。

计算的主要过程已经在表中列出，其关键性问题在于如何计算自然资源的损耗和污染造成的损失。在对自然资源和环境污染进行货币化估值的过程中面临两个方面的问题：① 自然资源种类较多，到底哪些指标进入资源、环境账户？② 采用什么样的方法测算自然资源价格和污染物的边际成本？世界银行解决第一个问题的依据是：资源与环境账户中的指标必须能够反映大部分国家或地区的资源禀赋状况；具备资源价格和污染物边际成本成熟的计算方法；具有连续的、完整的统计数据。解决第二个问题需要多种方法相结合，世界银行基本沿用了联合国统计署环境经济一体化核算（SEEA）中的资源价格计算方法，以市场价格计算为主，其他方法相互补充的模式。

为了使真实储蓄核算能够在全世界范围内顺利展开，世界银行将真实储蓄中的资源和环境账户做了进一步简化见表 2-6。虽然这样简化必然会导致计算出来的结果偏大，同样简化也会使得测算从技术的角度变得更加可行。

表 2-5　真实储蓄的计算程序

GDP	（1）
总消费	（2）
货物及服务出口	（3）
国内总投资	（4）＝（1）－（2）－（3）
经常性教育投资	（5）
广义国内总投资	（6）＝（4）＋（5）
国外借款	（7）
国外借款	（8）＝（7）
总储蓄	（9）＝（6）－（8）
固定资产折旧	（10）
净储蓄	（11）＝（9）－（10）
自然资源损耗	（12）
污染损失上限	（13）
真实储蓄 1	（15）＝（11）－（12）－（13）
污染损失下限	（16）
真实储蓄 2	（17）＝（11）－（12）－（16）

表 2-6　资源与环境账户的指标体系

<table>
<tr><th colspan="3">资源账户</th><th colspan="2">环境账户
（仅考虑了 CO_2）</th></tr>
<tr><th>资源</th><th>指标</th><th>资源价格
计算方法</th><th>指标</th><th>边际成本</th></tr>
<tr><td>能源</td><td>煤炭、石油、天然气</td><td>净价格法、市场法</td><td rowspan="3">CO_2</td><td rowspan="3">20 美元/t</td></tr>
<tr><td>矿产资源</td><td>锌、铁矿石、磷酸岩、铁矾土、铜、锡、铅、镍、金、银</td><td>租金法、净价格法、市场法</td></tr>
<tr><td>森林资源</td><td>针叶林、落叶林、混交林</td><td>机会成本法、支付意愿法</td></tr>
</table>

但是在世界银行环境账户的估算中，仅仅考虑和气候变化相关的 CO_2 造成的环境损失与实际的污染损失差别太大，这样会减弱该指标在评估经济可持续发展的可靠性，因此在《中国城市环境可持续发展指标体系研究手册》中，环保总局政研中心对环境污染损失的计算方法进行了探讨，并选择案例点进行了试算。

（3）环境污染损失经济评估。计算环境污染损失首先认识环境污染会产生的影响，然后再量化这些影响，进而得出环境污染造成的经济损失。表 2-7 举例说明了环境污染可能造成的损失。

表 2-7 环境污染损失举例

污染影响	损害——健康、生产力或美感的损失
大气污染	
对人体健康的影响	工作日损失，医疗费用等
对农业的影响	农作物减产等
对产品资本的影响	加速折旧，清洗费用等
对美感的破坏	能见度降低等
水污染	
对人体健康的影响	工作日损失，医疗费用，替代性水源的成本
对农业的影响	污灌造成的减产和品质下降等
对渔业的影响	渔业产品的产量和质量降低等
对水上娱乐的影响	旅游收入降低
噪声污染	
对产品资本（如房地产）的影响	资产价值贬值
对人体健康的影响	防护费用

在计算环境污染损失时，根据污染的受体，将分别计算大气污染损失、水污染损失和固体废弃物污染损失等。在其中每一类污染损失中，又分为污染引起的健康损失、污染引起的生产力损失（如农作物减产和品质下降损失，林业、渔业、畜牧业等减产）和品质下降损失以及污染引起的其他损失，如娱乐景观、生物多样性以及历史人文损失等。

必须指出，有关研究表明，污染引起的生产力损失数额巨大，应当引起有关决策者的注意。但是，在真实储蓄的概念框架和计算方案中，由于在核算 GDP 这一宏观经济指标的过程中，并未计入因污染引起的生产力损失，因此，可以说污染引起的生产力的损失已经在真实储蓄中得到了体现。因此，依据福利经济学的理论，真实储蓄中需要扣除的污染损失所针对的主要是污染引起的健康损失。

如何评估环境污染的健康损害或治理污染的健康效益价值，是环境质量评估的主要任务之一。一般而言，无论是健康损失的估算还是生产力损失的估算都由 3 个主要步骤构成：① 建立不同水平的环境质量与人的死亡率和发病率或物质损失之间的关系；② 用上述建立的关系式估算实物损失量；③ 将实物损失量货币化。

在上述第一个步骤中，一般都需要通过医疗保健方面的大样本调查和对照对比分析，以此来确定环境质量或污染物浓度的变化与各种疾病的发病率之间的关系，建立相应的剂量-反应关系式；然后，根据上述剂量反应关系，考察特定地区的污染物浓度水平、变化趋势和环境质量，以此来计算各种疾病发病率的变化和相应的实物损失量。第三步就是将实物损失量进行货币化。

明确了剂量-反应关系后，就可以用一些方法将健康损害货币化。专栏介绍了两种对健康损害货币化的方法：潜在寿命损失年（YPLL）和伤残调整的生命年（DALY）。本研究主要采用的是生命价值法和疾病成本法对健康损失进行估算。

生命价值法（VOL）用避免的死亡人数乘以一个统一的生命价值，来计量环境污染控制对减少过早死亡的效益价值。它可以视为人力资本法的变种。人力资本法的实质是以工资计算一个人的价值，早逝者被赋予零价值，这在道德上难以让人接受。生命价值法用一个统一的生命价值来对待所有人，意味着不同人的生命具有同样的价值。就此而言，生命价值法比标准人力资本法更"人道"一些。

专栏 2.2　潜在寿命损失年（YPLL）和伤残调整的生命年（DALY）

YPLL 是流行病学中用以衡量疾病负担的一个指标，即潜在寿命损失年（Years of Potential Life Lost）。1982 年美国疾病控制中心首次用它衡量人群疾病负担和分病因疾病负担。YPLL 是指死亡时实际年龄与期望寿命之差：

$$YPLL = EY - DY$$

EY 为期望寿命，DY 为死亡时的实际年龄。某人群 YPLL 是每例死亡的 YPLL 之和，某死因在某人群的 YPLL 总和除以该死因的死亡人数，得到该死因平均每例死亡的 YPLL。YPLL 单位为人年。YPLL 把某人群不同年龄的死亡人数转变为统一的死亡人年。这样就可以避免计算死亡人的价值，而只计算每个人年的价值。一个人年的价值用一个人一年的工资来表示。

DALY 是流行病学用以衡量疾病负担的另一个指标，表示伤残调整的生命年（Disability Adjusted Life Year）。DALY 与 YPLL 不同之处在于，DALY 综合考虑了一种疾病对人体健康生命的慢性损耗（残疾）和急性毁灭（早逝）。由于残疾和早逝对一个健康生命的损失是不同的，DALY 按严重程度把残疾分成 6 个等级，分别给以不同的残疾权数。权数为 0 表示健康，权数为 1 表示死亡。又由于未来的健康生命年与目前的健康生命年不同，人们一般认为目前的健康生命年价值更大，因此 DALY 将未来的健康生命年贴现。这样借助 DALY 人们就可以比较：一个长期的死亡危险小的慢性病，和一个短期的死亡危险大的传染病，哪个对人造成的损失更大。

人力资本法估算人的生命价值计算公式：

$$人的统计生命价值=人均GDP\times\sum k（1+n）k（1+r）-k$$

上式中，n表示预计年份经济增长速度；r表示贴现率；$k=1，2，\cdots$

（4）真实储蓄的比较。鉴于各国经济水平的差异，真实储蓄率具有更好的横向可比性。世行计算了各国2000年的真实储蓄率，如表2-8所示。

表2-8　真实储蓄及其构成占GDP的比重　　单位：%

	总储蓄	固定资产折旧	净储蓄	教育支出	能源消耗	矿产资源消耗	净森林资源消耗	CO_2危害	真实储蓄率
世界	22.3	11.7	10.5	5	1.2	0.1	0.1	0.4	13.6
低收入国家	17.0	8.0	9.1	3.4	4.2	0.6	1.8	1.2	4.8
中收入国家	26.2	9.2	17.0	3.5	3.8	0.5	0.2	1.1	15.0
高收入国家	21.4	12.4	9.0	5.3	0.5	0	0	0.3	13.5
中国	42.7	6.2	36.5	1.9	0	0.5	0.6	2.4	34.9
美国	16.0	10.7	5.3	5.8	0.7	0	0	0.4	9.9
智利	24.5	6.8	17.7	3.2	0.1	6.4	0	0.4	14.1
沙特阿拉伯	34.6	10.0	24.6	5.8	43.6	0	0	1.0	－14.2
日本	30.5	15.8	14.6	5.8	0	0	0	0.1	20.3

资料来源：世界银行，《世界发展报告》（2000年）。

从表2-8中数据可以看出，中收入国家的真实储蓄率比低收入国家高10.2%，总储蓄率高9.2%。资源消耗占GDP的比重，低收入国家为6.6%，中收入国家为4.5%，高收入国家为0.5%。其中，低收入国家仅森林资源消耗一项，就占同期GDP的1.8%，而高收入国家为0。在教育支出方面，高收入国家比中、低收入国家高2%。

中国教育支出占GDP的1.9%，低于世界平均水平5%和低收入国家的3.4%。CO_2的危害为2.4%，远远高于世界平均水平0.4%。中国拥有较高的真实储蓄率主要是因为净储蓄率高，这有赖于中国经济的快速增长。美国教育支出占GDP的5.8%，真实储蓄率为9.9%，说明真实储蓄率有57.4%来源于人力资本的投资。智利的净储蓄率为17.7%，矿产资源消耗占6.4%，矿产资源消耗高于世界平均水平的0.1%。沙特阿拉伯是石油输出国，石油出口是国家的主要经济来源，能源消耗占GDP的43.6%，只有较小的部分转化为人力资本投资（5.8%），真实储蓄率为－14.2%。日本是“两头在外”的经济发展模式，国内的资源消耗量为 0，真实储蓄率为 20.3%。

（5）真实储蓄的政策意义。真实储蓄的定义是净储蓄减去资源损耗和环境退化的价值，其根本的政策含义在于：持续负的真实储蓄最终必将导致福利的下降。对决策者而言，可持续发展同真实储蓄率之间的联系意味着：从宏观经济领域到纯粹的环境领域，存在着许多可能的切入点来增加可持续性。

真实储蓄率能动态表达一个国家或地区的可持续发展能力，如果一个国家只靠剥夺自身的自然资本去增加收入（如出售石油、煤、木材或其他原料），并将其收入用于消费而不是投资，这样就会显示出“负储蓄”的特征，它表明一个国家的“财富净值”在减少，也表明了是在削弱自身的可持续能力并损害后代的发展机会，另一方面，国家也可以通过“正储蓄”增加财富净值。真实储蓄可以作为是一个衡量财富动态消长的有效工具。

考察真实储蓄的计算过程，总投资、广义国内总投资、总储蓄、净储蓄、真实储蓄，可以说，真实储蓄提供了一个纽带，可以将资源、环境、财政和规划等各部门直接联系起来。图 2-1 是中国三明市的真实储蓄率。

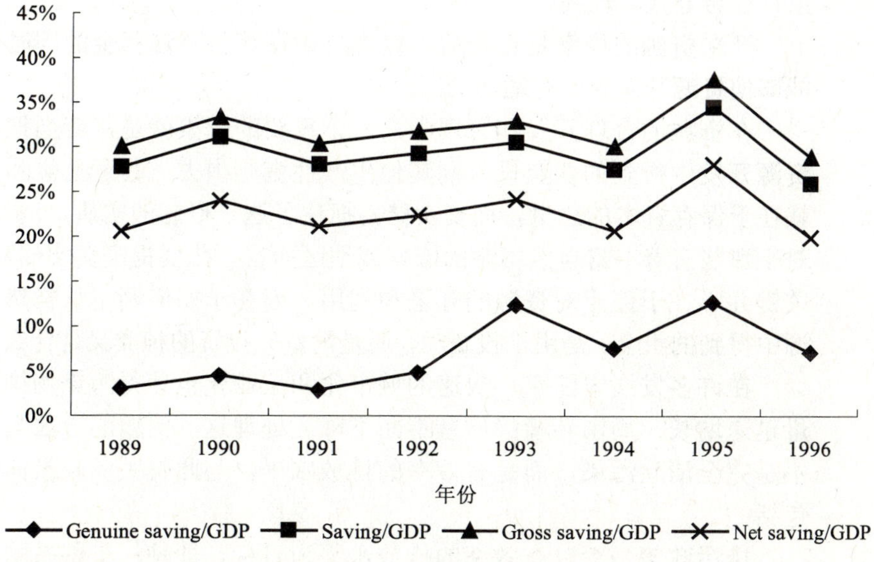

图 2-1　三明市 1988—1996 年的真实储蓄率

对于决策者而言，最关心的是某一项政策对每一条曲线会有什么样的影响。从图 2-1 和真实储蓄的计算过程可以看出，总投资曲线对其他所有曲线都有影响，这说明影响总投资的宏观经济政策将会作用于所有的曲线。总储蓄与总投资之间的差值主要在于外国借款的水平。而产品资本的折旧主要是一种物理现象，代表了产品资本所受到的日常性磨损等，所以这一项一般不受经济政策的影响。而有关自然资源开采和环境管理的政策将会影响针对资源损耗和健康损失所作的计算。

对真实储蓄的政策含义所做的分析可以从以下两方面来开展：

➢ 注意到有关总储蓄的政策问题：① 政府的经常性支出是否合理，是否可持续？② 税收系统是否鼓励或者阻碍了储蓄？

➢ 真实储蓄的另一个决定因素就是资源损耗的价值，对发展中国家而言更是如此。当然，这并不是说应当限制资源开采来增加真实储蓄。增长理论的结论是：对资源进行合理的开发和管理，这会使一个国家所获得的可持续的收入流能够永久地增长下去。所以这里的政策问题就是如何进行“合理管理”，即应当有效率地开采资源。

资源的产权政策是否鼓励可持续的开发？因为，资源的完全开放往往会导致其耗竭。

开采资源的税率是否合适，以便在确保获得资源租金的同时又能够使资源开采企业有适当的回报？

在资源的合理开发和管理中，一个重要的因素就是，应当把从资源开发中得到的资金投入到其他生产性资产中去，其意义实际上就在于保存资本的总量，而真实储蓄抓住了这一概念的实质。例如，对于那些有着丰富自然资源的国家或地区而言，想要提高真实储蓄，关键并不在于停止对资源的开采和利用，而在于如何利用从自然资源中得到的租金：是用于投资呢，还是消费？投资的种类又是什么？

在许多发展中国家，快速的城市化和工业化也使得污染物排放量迅速增长，周围环境的质量不断下降。处理这一问题的方法当然不是完全清除污染，而是有效率的排放水平。与此有关的政策问题包括：

排污政策是否以有效率的排放水平为目标，即使污染削减的边际社会收益和边际削减成本相等？

即使实现了有效率的排放水平，但是否作出了充足的储蓄，以便抵消污染可能造成的累积性影响？因为毕竟有效率的排放水平不是零排放，因此需要增加储蓄，以便使福利水平维持不变。

在有关真实储蓄的讨论中，还有一个重要的问题，那就是并非所有的投资都是等价的，其中还涉及资金分配和投资质量的问题。对人力资本的投资是非常重要的，特别是发展中国家对初等教育的投资。这里包含两个问题：① 计算真实储蓄时应当包含教育方面的经常性支出，作为政府投资的一种形式；② 对真实储蓄的分析将使衡量国民财富的传统方法得到扩展——使国家的财富扩展到包含人力资源、自然资源和产品资本等诸多方面。

决策者应当对真实储蓄制定什么样的目标呢？当然，高的储蓄率和对产品资本和人力资源的高投资率将会带来强劲的经济增长。但更重要的是，有关真实储蓄的研究为如何看待增长的过程提供了新的视角：① 由于消除了处理自然资本折旧和产品资本折旧时存在的不对称性，因此对财富的衡量更加准确；② 由于真实储蓄中已经除去了排放污染物所造成的损害，从而在保护环境和经济增长之间取得了一定的平衡。

2.2.3 欧盟环境经济核算系统（SERIEE）

SERIEE（European System for the Collection of Economic Information on the Environment）是欧洲统计局（Eurostat）开发的绿色国民经济核算系统，此制度为欧盟（European Union）在第 5 次环境行动计划中针对环境议题的产物，欧盟会员国认为，为了建立衡量可持续发展的指标，有必要设计一个关于环境信息的系统。因此，欧洲统计局建立了 SERIEE，并以卫星账户的方式将环境保护活动连接国民经济账户，作为环境议题与相关统计资料的桥梁。

SERIEE 的基础是环境保护，以污染者付费为原则，它不仅描述及评估资源的关联性，而且对于以环境保护为目的的生产，说明成本的资金筹措情形。SERIEE 包含一系列的卫星账户，这些卫星账户除描述与环境相关的经济活动及交易之外，并与实物资料相互联结。

SERIEE 以经济统计及环境统计为基础建构了 5 组模型，分别为环境保护支出账户（Environmental Protection Expenditure Account）、自然资源使用及管理账户（Natural Resource Use and Management Account）、环境产业记录系统（Eco-Industries Recording System）、

特征活动投入产出分析（Input-Output Analysis of Characteristic Activities）及物质流账户（Materiel Flow Accounts）。

环境保护支出账户是 SERIEE 的核心，辅以自然资源使用及管理账户、环境产业记录系统，另外，特征活动投入产出分析及物质流账户则为数据收集及处理的中间系统（Intermediate systems）。目前 SERIEE 发展重心在于环境保护支出的部分。

2.3 主要发达国家关于环境经济核算的经验

2.3.1 荷兰

NAMEA（National Accounting Matrix including Environmental Accounts）为荷兰的环境经济核算系统，由于荷兰的产业多以自然资源为基础，为了评估自身的可持续发展水平，荷兰政府积极创建并完善 NAMEA 系统。编制 NAMEA 的构想始于 1991 年，但直到 1993 年才由荷兰统计局完成第一本 NAMEA 账户。

NAMEA 将环境账户扩展到 SNA 中，该矩阵显示了生产消费活动和自然环境之间的联系，并保持了供给-使用表和部门账户的一致性，从而形成了一个能表现不同层次细节的综合核算框架。

2.3.1.1 NAMEA 的理论架构

NAMEA 的理论架构是社会核算矩阵（Social Accounting Matrix，SAM），整体架构共计 12 个账户，第 1 账户至第 10 账户为一般的国民经济核算账户，NAMEA 中的经济核算账户与标准的 SNA 账户有所差别，它最大的特点是将生产和消费支出分为一般和环保两项，方便计算环保支出和环保消费，此外，NAMEA 还明确地将环保活动和其他经济活动的产出和消费分开。

另外将国民经济核算矩阵加以扩展，产生两组与环境有关的账户，一组为环境物质账户（Environmental Substances Accounts），另一组为环境主题账户（Environmental Themes Accounts），这些账户并不是用货币单位表示，而是以实物单位表示，这两个环境账户编制的重点在于自然资源的物质投入量和残余物的产出量的一致性。

环境物质账户包含经济和自然环境间的物质交换信息，系统测定了 10 种污染物（CO_2、N_2O、CH_4、CFCs、NO_x、SO_2、NH_3、P、N、废弃物）的来源和流通方式。

以上这些污染物来源主要包括生产和消费、家庭及其他国家流入

4 类，前 3 类污染物排放量就形成了一个国家污染物总排放量，这些数据对于分配一个国家的污染物减排责任具有非常重要的意义，如 NAMEA 温室气体排放数据包括了国家间交通运输活动所产生的排放量，根据这些数据的分析，DE Haan 和 Verduin（2000）指出国际减排协议会比忽视国家间交通的一般的温室气体清单有用得多。

环境主题账户是为了评估环境退化的影响而设置的，由 De Haan（1994）引入 NAMEA，该账户对于制定相关的环境政策具有重要的参考作用。

环境主题账户包括两个全球环境主题账户：温室效应和臭氧层破坏，这两个主题涉及国外部门（如境外污染转移）。“温室效应气体”包括 CO_2、N_2O 和 CH_4 3 种气体指标，每一种指标都可以转换成 GWP（Global Warming Potentials）方式表达，即将不同的污染物依据其对环境的相同影响转换成相同的计算单位，在 NAMEA 中，温室气体排放以 CO_2 当量为计算单位，N_2O 和 CH_4 的转换系数分别为 309.315 和 20.995。与“臭氧层破坏”相关的环境指标是氟氯化碳（CFCs），在 NAMEA 中以 CFC11 当量为计算单位。

另外还有 3 个国家环境主题：酸化、富营养化和废弃物，这些环境问题的讨论仅限于本国境内。“酸化”是指土地和地面水质的酸化，与之相关的污染物为 NO_x、SO_2 和 NH_3，NAMEA 中以酸当量为计算单位，NO_x、SO_2 和 NH_3 的转换系数分别为 0.217、0.313 和 0.588。“富营养化”是指土地、地下水和地面水中 N 和 P 的积累影响生态系统和破坏饮用水质，NAMEA 中以营养物当量为计算单位，P 和 N 的转换系数分别为 10 和 1。“废弃物”的衡量是指垃圾量的总和，以 kg 为计算单位，但不包括有毒的化学废弃物。

“自然资源变化”主题则与天然气和原油这两个指标有关，从中可以看出经济活动和自然资源损耗的相互依赖程度。

2.3.1.2 荷兰 NAMEA 主要特点

NAMEA 主要有以下几个特点：

（1）包括了国外“进口”的污染物和荷兰“出口”到国外的污染物。

（2）重点在污染物排放和废弃物两部分。

（3）以实物型账户表示。

（4）包括了全球性环境问题的账户。

而从 NAMEA 的功能来看，荷兰政府希望通过该系统的实施能达成下列目的：

（1）作为拟定环境政策的分析工具，如矩阵表示畜牧业是产生温室气体的主要来源，则主管部门应该降低其规模，从而减少本国对气候变化的影响。

（2）利用该账户的编制逐渐让人们接受一些环境主题。

（3）由于矩阵以实物型账户表示，不涉及环境资源等的估价问题，使经济学家和统计学者容易认可和接受。

（4）通过 NAMEA 衍生环境与经济关系的一些指标，以说明本国的能源使用效率、可持续发展水平等。如生态生产率（GDP/生产活动产生的污染物量）用来表示利用环境的效率，从而可以看出经济增长和环境压力之间是否是“剥离”的关系。

2004 年，NAMEA 扩展到包括水资源核算的核算体系（NAMWA），它在 NAMEA 的基础上加入了更多的污染物和水资源使用的信息，从而将水资源使用和水污染数据同一般的经济核算系统联系起来。

2.3.2 美国

为反映经济活动对环境所造成的冲击，美国经济分析局（Bureau of Economic Analysis，BEA）在 1972 年即开始编制“污染防治支出”（Pollution Abatement and Control Expenditure），但其涵盖的范围局限在政府、企业与家庭为符合环保法规所产生的支出。相关当局为了使经济活动与自然资源的互动关系更加明确，BEA 在 1994 年 4 月根据 SEEA 的架构进一步发展出整合经济与环境的卫星账户（Integrated Economic and Environmental Satellite Accounts，IEESA），IEESA 除了并入原来的“污染防制支出”，也包括自然资源的市场价值，以及生产、消费过程中对其产生的影响。

IEESA 包含两个主要的架构，第一是将自然资源和环境资源当作是一种生产资本，同时是国民财富的一部分，并计算它们在生产过程中的贡献。第二是 IEESA 提供许多支出和资产部分的细节数据，有助于了解经济活动与自然资源的互动关系（张耀仁等，1999）。

美国在天然资源价值估算方面采用净价格法，将石油、天然气、木材、煤及渔业资源等纳入编算。而在环境退化价值估算中采用维护成本法，衡量包括空气、水及土地的环境折耗。在空气污染方面，污染源被区分为移动及固定源两种，污染源则包含了 TSP、SO_x、NO_x、VOC、CO 及 Pb 等。在土地方面，美国则利用政府部门对于未开发土地的污染控制活动支出作为衡量基础，对于具有休闲功能的土地（Recreational Land），则用维护该土地休闲功能的成本及相关修复费用（Repair Expenditure）来评估土地价值折耗。

由于国会的反对，美国政府自 1995 年起就未进行官方的绿色国民经济核算，尽管如此，美国经验仍有不少可供借鉴之处，例如美国环保署特别针对污染防治及污染数量所建立的完备数据库，可随时提供编算国民经济或其他政策分析的需要；另一方面，美国的账户体系在自然与环境资源的定义与范围方面做了更多的细分，并提供了更多的细节资料，而这与美国长久以来在各项资料的分析搜集上投注大笔研究经费分不开。

2.3.3 加拿大

由于自然资源资产对加拿大的重要性，加拿大统计局 1980 年代初就开始尝试编制环境核算体系，目前已经编制了环境资产（自然资源）卫星账户，物质流分析账户（原料和能源流）和环境资源管理支出账户。

加拿大在 SEEA 框架上建立了自己的资源环境核算体系（CSERA），从 1990 年代初就建立木材和土壤资产存量账户，CSERA 与 SEEA 几乎同时发展，编制的账户也基本一致，随着 SEEA-2003 的完成，加拿大统计局努力运用 SEEA 中的建议来发展本国的环境核算体系。

自然资本存量账户 加拿大统计局已建立了非生产性自然资本账户，并在资金平衡表中结合生产资本表示出来，土壤、木材和土地资本账户是其重点，1976—2001 年的数据都已编制，其他的不定期编制的资源账户包括：水提取和使用（最新为 1996 年）和土地使用。加拿大自然资源存量账户记录了土壤和木材的存量数量以及由于自然和人类活动造成的每年的变化，这些账户都记录了资源的物质量和价值量（采取与 SEEA-2003 中的类似估算方法）。

物质和能源流账户 均以实物量表示，记录了 100 多个产业和家庭政府活动的自然资源（水和能源）和废弃物（温室气体）量的流动情况，这些信息对于加拿大国家和地区达到东京议定书目标、应对气候变化有很大的作用。

环境支出账户 加拿大统计局从 1990 年底中期就开始编制环境支出账户，最新的为 2002 年数据，这些账户记录了商业、政府和家

庭为环境保护的资本支出，通过这些账户，可以测算环境保护相关的财政压力以及对经济活动的贡献，账户显示在加拿大采矿、造纸、冶金、石油加工和能源利用 5 个行业的环保支出占总支出的 80%（Lange，2003）。

虽然加拿大的环境核算体系开展得较早，但是我们必须注意，由于某些原因，加拿大统计局并没有计算经过环境调整的宏观经济指标，如绿色 GDP 等。

2.3.4 德国

德国是世界上较早开展绿色 GDP 核算的国家之一。德国绿色 GDP 核算（包括环境核算和自然资源核算）工作主要由德国联邦统计局核算司环境核算处负责承担，共有 20～30 名工作人员。德国联邦统计局于 1980 年代开始进行环境经济核算工作，当时主要是建立环境保护支出核算和能源核算，后经过 10 多年的努力，不断增加和扩展了新的核算内容，核算成果分别在因特网、年度新闻发布会和出版物《环境使用与经济》一书中公布。在绿色 GDP 核算方面，德国采取的方式是建立一个同传统国民经济核算体系平行的辅助体系，这种方式基本上贯彻了联合国对绿色国民经济核算体系的设计建议。

德国绿色 GDP 核算体系框架采用了联合国统计署提出的综合环境与经济核算体系（SEEA）的基本理论和原则，框架结构主要是根据人类经济活动与自然环境之间相互影响、相互制约关系的原理，由环境压力、环境状况和环境反应三部分组成，各部分由不同账户、指标、数据反映各种经济活动与环境之间的关系。

德国绿色 GDP 核算内容主要分为 3 个部分：① 建立财产账目，通过自然财产对财产概念进行扩展，得出物质财产，并以非货币形式对物质财产进行计量；② 建立生产账目，包括原材料、废弃物和有害物质，进行物质流的计算；③ 货币估价，通过对传统 GDP 加入环境分析，从而对物质财产和物质流账户进行估价。通常，这些计算结果由科研机构公布，联邦统计局也通过和这些研究机构的合作，提供一些基础数据。

在环境统计方面，德国值得借鉴的做法是计算并发布环境综合指数（DUX）。2002 年德国环境部第一次计算了德国环境综合指数（DUX），它是用一个数据来反映德国环境保护的发展趋势，以具有德国环境晴雨表作用的单个指标为基础构建的。这些基础指标涉及气候、大气、土地、水、能源、原材料 6 个领域，每个领域选用不同的指标来反映，每个指标都有一个未来规划目标。作为一个非常重要的指标，DUX 可以用来监督环境政策的实施情况，使环境目标的确定具有更强的约束力，但是它不能用于反映德国的环境状况，只能说明在一些重要的政策领域环境政策的执行情况。

2.3.5 挪威

挪威是世界上最早开始进行自然资源核算的国家，也是绿色 GDP 核算方法的最初探索者之一，取得了举世瞩目的成就。

1981 年，挪威政府首次公布并出版了“自然资源核算”数据、报告和刊物。1987 年公布了“挪威自然资源核算”研究报告。自然资源核算的目的是，提供最新的和质量较好的数据和信息，将自然资源开发计划与经济计划联系起来，促进资源管理部门和经济管理部门之间的配合和协调。在挪威的自然资源账户中，将自然资源划分为实物资源和环境资源两大类，构建了包括森林、土地、水资源、石油、天然气等一系列完整的实物资源核算体系。

近年来，挪威在绿色核算方面做得比较重要的工作是，从 1997 年开始执行的经济和环境核算项目（NOREEA）。该项目包括三大领域：① 将环境统计纳入到经济统计中（NAMEA）；② 将已经包括在经济统计中与环境相关的信息分离；③ 对重要自然资源进行评估。已经完成的主要项目内容包括修订森林资源的自然资产账户；将环境账户纳入到国民账户矩阵中（包括固体废弃物、废水排放、大气排放）；对环境税的研究等。

2.3.6 韩国

韩国的绿色国民经济核算体系采用联合国的 SEEA 框架，并以环保支出、经由产业以非市场价值评估法所得到的环境资源价值、因生产或进口所造成的环境资源耗损、土地利用及非生产性的环境资源（如森林等）的损失来作为在传统国内生产净值（NDP）中调整的环境因子。基本上该国的绿色国民经济核算可分为下列 4 大项：

（1）环保支出与环境价值评估。

（2）可再生资源的资本账户。

（3）非生产性资源的资本账户。

（4）环境的退化成本。

经由上述各项所得测算结果可进一步得到调整环境因子后的指标（Environmentally adjusted Domestic Product，EDP），并以此作为衡量经济可持续发展的依据。

在可再生资源的资本核算方面，根据韩国有关部门每 10 年调查一次的非动植物的可生产资本账户及由农业统计年报得到动植物的可生产资本账户。在非生产性资源的资本账户方面则包含了土地、森林、渔业及矿产等资源。以上所需资料可由各产业统计年报与韩国环境年报等取得，但因无交易价格，故非生产性资本的资本账户是以市场现价乘以数量进行估算（张耀仁等，1999）。

在环境退化（Environmental Degradation）价值估算方面，韩国使用维护成本法，纳入估算的污染包括空气及水污染、土壤污染、地表水消耗、固体废弃物存放等对环境的损害。空气污染包含有 CO、NO_x、SO_2 及 TSP 等污染物且将污染源分为固定及移动污染源两部分，在移动污染源方面，汽油车的 3 通道催化转化器（Three-way Catalytic Converter）成本及柴油车的电加热器（Electric Heater）成本被用来作为成本指标，在固定污染源上则采用烟气脱硫（Flue Gas Desulphurization，FGD）及选择性催化还原作用（Selective Catalytic System，SCR，有效去除 NO_x）的成本进行环境价值折耗估算。在水污染估算上，以 BOD 作为衡量污染量标准。而在土地污染方面，由于土地折耗在实证上较难得到客观的货币价值，故其在土地折耗上以垃圾掩埋场处理废弃物成本计算。

2.4 主要发展中国家关于环境经济核算的经验

2.4.1 墨西哥

墨西哥是最先开始尝试将环境相关数据（包括森林资源、石油、土壤侵蚀、土壤污染和土地使用变化、水资源、大气和水污染）纳入国家 SNA 的发展中国家之一，这些不同的环境主题的存量和流量以其实物量形式被记录，另外，货币账户也已经建立。SEEAM 建立了一个宏观经济指标——净绿色国内生产值，作为测量国家经济可持续增长的指标，计算方式为由 GDP 减去固定资产消耗、自然资源损耗和环境退化。有一项研究（OECD，1996）对墨西哥 1985—1992 年的环境损失进行了估算，自然资源损耗成本约占 GDP 的 3.9%，环境退化成本占 GDP 的 8.6%，一共占 GDP 的 12.5%。表 2-9 为墨西哥环境核算体系的相关出版物。

表 2-9 SEEAM：出版物

出版物	覆盖年度	编制时间	出版时间
Integrated Environmental and Economic Accounting. A Case Study for Mexico	1985	1989.11—1991.12	1991.12
System of Economic and Ecological Accounts, Mexico(Spanish), publication 1985—1990, inside the CD "Historical Statistics of Mexico"	1985—1990	1992.1—1994.1	1994.2
System of Economic and Ecological Accounts, Mexico（Spanish）, publication 1985—1992	1985—1992	1994.3—1996.3	1996.4
System of Economic and Ecological Accounts, Mexico（Spanish）, publication 1988—1996	1988—1996	1996.5—1998.2	1999.1
System of Economic and Ecological Accounts, Mexico（Spanish）, publication 1993—1997	1993—1997	1998.1—1999.2	1999.8
System of Economic and Ecological Accounts, Mexico（Spanish）, publication 1993—1998	1993—1998	1999.1—2000.3	2000.6
System of Economic and Ecological Accounts, Mexico（Spanish）, publication 1993—1999	1993—1999	2000.1—2000.12	2000.12
System of Economic and Ecological Accounts, Mexico（Spanish）, publication 1995—2000	1995—2000	2001.1—2002.2	2002.3
System of Economic and Ecological Accounts, Mexico （Spanish）, publication 1996—2001	1996—2001	2002.4—2003.3	2003.5
System of Economic and Ecological Accounts, Mexico（Spanish）, publication 1997—2002	1997—2002	2003.5—2004.3	2004.6

2.4.2 菲律宾

菲律宾共有两套不同的绿色国民经济核算体系，分别为 ENRAP（Environmental and Natural Resources Accounting Project）与 SEEA。菲律宾从 1990 年就开始编制绿色国民经济核算体系，Peskin 在 USAID 基金赞助下开发出了 ENRAP，方案起初是要探讨森林资源的耗竭，后来扩大到其他渔业、矿业及土壤等天然资源。此外，菲律宾在 1995 年又由国家统计统合局（National Statistical Coordination Board，NSCB）在联合国建议下编制了 Philippine SEEA（PSEEA）。尽管这两套系统存在许多共同之处，但因编制理论不同，仍然有不少不同之处。

2.4.3 其他国家

2000 年，世界银行启动了地中海环境经济核算项目，其中包括对各国的环境退化成本进行核算，主要目的是估计环境污染带来的损失，包括对人体健康和生命质量（发病率、死亡率和丧失娱乐功能等）的影响和对自然资源的影响（对生态系统、水和土地资源、森林退化的影响）。该项目对阿尔及利亚、埃及、黎巴嫩、摩洛哥、叙利亚和突尼斯等国进行了试算，结果如表 2-10 所示。

表 2-10　1999 年各国环境退化成本估算结果

国家	对本国环境损失/百万美元	本国环境损失所占本国 GDP 比例/%	对全球环境损失/百万美元	全球环境损失所占本国 GDP 比例/%
阿尔及利亚	1 693	3.6	568	1.2
埃及	4 280	4.8	560	0.6
黎巴嫩	565	3.4	90	0.5
摩洛哥	1 230	3.7	300	0.9
叙利亚	624	3.5	228	1.2
突尼斯	440	2.1	124	0.6

该项目中主要估算方法如下：

- 土壤退化：表现在土壤侵蚀、盐碱化和沙化，通过农产品产量的降低来估算土壤退化的价值。
- 空气污染：确定由于大气污染带来的人的死亡率和发病率，都转化为伤残调整的生命年（DALY），进而评估污染价值。
- 室内空气污染：计算方法基本上同空气污染。
- 水：饮用水的缺乏和水质降低带来人们的发病率的提高，将之转化为伤残调整的生命年（DALY），进而评估污染损失价值。
- 海岸线退化：通过旅游收入的降低评估损失。
- 未收集的市政和家庭垃圾：采用支付意愿法计算。

2.5 中国台湾地区关于环境经济核算的经验

中国台湾地区已经根据联合国统计署的综合环境经济核算体系（SEEA）框架建立了有关绿色国民经济核算的基本框架，有关法规也对绿色国民经济核算提出了要求，从 2000 年开始由其统计部门试编绿色核算账表，为当局有关部门政策的制定和绩效评估提供了有益的帮助。

2.5.1 台湾地区编制绿色 GDP 账户方法简介

目前国际上关于可持续发展账户的编制方法有数种，台湾当局首先比较了各种编制方法的优缺点，最后决定以 SEEA 为基础编制绿色 GDP 账户，这主要是基于以下几点：① SEEA 由联合国与世界银行共同开发，并且经合组织和欧洲统计局也参与其中，目前世界上已有 20 多个国家和地区采用。SEEA 体系有完整的编算手册和操作说明，并且指标体系还在不断得到完善和更新。② SEEA 的分析方法基本与 SNA 一致，传统的 SNA 数据经过 SEEA 调整后可以与绿色 GDP 相比较，保证了国民经济核算体系的一致性。同时 SNA 将自然环境和资源的消耗结果货币化，较实物指标更容易比较。③ 一些国家如日本已经发布了几次试编的绿色 GDP 结果，有很多先进经验可供借鉴，同时也利于国际比较。

台湾地区编制绿色 GDP 账户以 SEEA 为基础，对传统 GDP 调整的部分主要就是扣除自然资源和环境的消耗。具体公式是：

绿色 GDP（geGDP）＝GDP－自然资源的消耗－环境资产的消耗

绿色国内生产净值（EDP）＝绿色 GDP－固定资本消耗＝国内生产净值（NDP）－自然资源的消耗－环境资产的消耗

在核算方法上，对自然资源的消耗，台湾采用 SEEA 推荐的一种方法——净价格法，也就是开采收入减开采成本。如地下水消耗成本＝（自来水平均单位售价－地下水开采成本）×超抽量；对环境资产的消耗，采用的是维护成本法，也就是在目前最佳可行技术条件下，对于一项没有采取防治措施的污染，实际应该投入的污染防治成本。公式是：污染对环境的消耗＝单位防治成本×排放量。

2.5.2 台湾地区绿色 GDP 编制结果及评价

经过对传统 GDP 的调整，台湾地区行政部门主计处于 1999 年公布了台湾地区绿色 GDP 的试编结果，根据表核算结果，1998 年台湾地区自然资源和环境消耗占 NDP 的比重为 2.65%，其中排在第一位的水污染占当年总折耗的 37.5%。究其原因，主要是台湾地区污水排泄系统不够完善，排水道系统普及率只有7%，远低于日本50%和欧美国家 90%的水平；第二位是废弃物污染，主要是由于企事业单位废弃物排放增加但回收与妥善处理方面还有待加强。此外由于机动车的增加和经济的发展，空气污染也成为资源和环境折耗的一个重要方面。但我们也可以看到，台湾地区绿色 EDP 无论总量还是其在传统 NDP 中的比重都在逐年上升。这主要应该归功于台湾地区民众环保意识的增强和地方当局环保工作措施得力。比如台湾地区积极加强垃圾处理和清运工作，每年投入的废弃物防治费用都超过了新台币 600 亿元，废弃物消耗占 NDP 比率由 1996 年的 1.2%下降到 1998 年的 0.82%，下降了 0.38 个百分点。

但由于资料的不完整性，核算也不是很完整，但一切都在不断完善中，而且相关的技术方法也在不断研究中。从 1999 年台湾地区公布的绿色 GDP 账户整体来看，一些有待改进的地方表现为：

（1）在指标体系上。此次为了核算绿色 GDP 建立的《台湾地区环境统计指标》虽包含了 6 大类、16 中类、109 项统计指标，但由于统计资料的不完整，指标体系仅是完整 SEEA 体系的 20%～30%，并且一些明细账户如各部门环保支出、自然资源使用账户等还尚未建立。

（2）在统计范围上。由于统计资料的不完整和核算方法的困难，此次绿色 GDP 只核算了自然资源和环境消耗中比例较大的部分，而 SEEA 中规定的一些消耗如土地过度消耗、噪声污染、温室效应和臭氧层破坏等并没有纳入核算范围，虽然这些部分消耗估计在台湾地区总消耗中所占比例不大，但从建立绿色 GDP 账户的完整性和可信性角度而言，今后这些都应该逐步充实。

（3）在计算方法上。本次核算对自然资源消耗统一采用净价格法，对环境消耗采用维护成本法，这显然是从简化计算方法的角度考虑，但由于各类资源的特点和使用年限不同，此种一刀切的方式还有待商榷；同时在每种核算方式和范围上还有待探讨。

绿色国民经济核算本身就是一个不断完善的过程，不会一蹴而就。台湾地区的经验表明，绿色 GDP 核算完全是可行的。绿色 GDP 核算中环境资源核算理论基础和传统 GDP 中的产品和服务的核算理论基础是一样的、相通的，都出自于凯恩斯的经济学理论。在开展绿色国民经济核算的过程中，也要根据需要一个领域一个领域的来编算框架，取得突破，同时还需要协调相关部门完善资料的收集和统计体系，开展核算方法的研究等。

2.6 国际经验对中国的意义和适用性

2.6.1 各国绿色国民经济核算开展情况对比

传统的国民经济核算体系（SNA）只对规定生产范围内的经济活动进行核算，未对土地、矿物、水和森林等自然资源的消耗进行核算，由此产生的问题：① 忽略了自然资源的稀缺会威胁经济的可持续生产力；② 忽略了污染造成的环境质量退化对人类健康和福利的影响。随着环境保护受重视程度的增加和可持续发展理念的兴起，越来越多国家的专家开始尝试将环境要素纳入国民经济核算中，以发展更加健康和可持续的国民经济核算体系。

鉴于资源环境问题的复杂性，以及绿色国民经济核算在理论方法上尚不成熟，国际上一直倡导选择优先领域进行局部核算探索实践。表 2-11 列示了从各国国际文献中摘录的各种具体研究课题，这对于中国根据实际需要和现实可能，确定相应的主体，进行局部核算研究也有相当大的帮助。表 2-12 和表 2-13 对目前绿色国民经济核算体系的不同模式和各国绿色国民经济核算的开展概况也进行了介绍。

表 2-11　各国绿色国民经济核算案例

国家和国际组织	核算专题
德国	残余物及其再循环的核算
芬兰	木材和林产品物质流量核算
丹麦	氮流量实物投入产出表
	能源平衡和二氧化碳排放的核算
法国	水账户核算
澳大利亚	环保支出核算
美国	污染物削减和控制支出核算
	环境保护投入产出表
德国	环境保护投入产出表
菲律宾	鱼类、森林和矿物资源账户
巴布亚新几内亚	环境和自然资源核算研究
加拿大	自然资源存量、自然资源使用、废弃物产出和环境保护支出账户
韩国	环境经济核算研究
日本	环境经济核算体系框架研究和局部估计
荷兰	包含环境账户的国民核算矩阵
印度尼西亚	森林、石油和土地核算研究
加拿大	环境经济核算研究
墨西哥	环境经济核算研究
世界银行	国民财富和真实储蓄研究

表 2-12　绿色国民经济核算体系比较

系统	SEEA2003	ENRAP	SERIEE	NAMEA
提出	1. 1993 年出版第一本 SEEA 手册 2. 2000 年出版操作手册 3. 2003 年出版 SEEA-2003	1. 由经济学家 Peskin 提出 2. 在菲律宾实施	欧盟统计局 1994 年出版	1. 概念和方法由荷兰统计局提出 2. 荷兰最早在 1991 年编制了大气排放物账户
主要内容	1. 非生产性资产实物账户 2. 环境保护支出账户 3. 环境经济综合账户 4. 自然资源损耗和退化 5. 计算绿色国民经济指标（eaGDP）	1. 将自然环境视为生产部门，可生产非市场的环境服务价值 2. 将包括污染对人体健康损害在内的环境污染损失价值作为生产部门的负产出 3. 净环境利益指标	1. 环境保护支出账户 2. 自然资源使用和管理账户 3. 基本资料收集和处理系统	1. 排放物账户 2. 国家环境主题 3. 全球环境主题（温室效应、臭氧层破坏）
编制范围	1. 以净价格法、现值法或使用者成本法计算自然资源耗减 2. 建议以维护成本法或损失估算法计算环境退化	1. 计算环境社会损失成本 2. 计算环境服务价值	仅计算环境保护支出，不计算各种污染损害成本	与环境有关部分仅计算实物账，未进行货币化
说明	采用 SEEA 进行绿色核算的国家并不是完全按照 SEEA 架构编制表，根据自身实际情况对其经济活动有影响力的环境主题进行编制和调整	1. 包括了天然环境提供的非市场服务，如观光旅游 2. 污染对人体健康损害	系统核心重点在于环境保护支出账户，因此其环保支出账比 SEEA 详细	系统中除传统的国民经济核算系统外，其余均用数量单位表示实物账户

资料来源：台湾地区绿色国民所得账理论体系及编算模式研究报告。

表 2-13　各国绿色国民经济核算概况

国家	编制系统	自然资源耗减	环境退化			固体废弃物	附注
			水	大气	土壤		
韩国	SEEA	记录了森林、渔业、土地和矿产（煤矿、铜等）等资源	污染物为 BOD	将污染物分为固定和移动两种，污染物包括 CO、SO_2 等		纳入一般家庭废弃物并计算填埋成本	1.森林及矿产采用净价格法 2.土地采用平均市场价格 3.渔业资源未评估 4.环境退化采用维护成本法
日本	SEEA	包括矿产（煤、锌）、土地和森林等资源	污染物为 COD 和 BOD	选择 SO_2 和 NO_2 作为衡量污染物	估算经济活动对土壤造成的损失		1.土地及森林均采用平均单位成本估计 2.矿产采用使用者成本法 3.环境退化采用维护成本法
美国	SEEA	将石油、天然气、木材、煤、水和渔业资源等纳入计算	污染物为 P、N 和 BOD	将污染源分为固定和移动两种，污染物包括 CO、SO_2、VOC 等	利用维护土地休闲功能的成本和相关维护费用评估土地退化	仅纳入一般废弃物	1.采用净价格法估算自然资源价值 2.环境退化采用维护成本法
荷兰	NAMEA	记录原油和天然气	记录废水数量	CO_2、N_2O、CH_4、CFCs、NO_x、SO_2、NH_3、P、N	造成土壤酸化的 NO_x、SO_2 和 NH_3	记录排放量	以实物量为主，不计算价值
德国	SEEA	编制原料和能源及水资源使用实物账户，具体包括煤、矿、天然气、油、木材、砂石及动植物等。不计算价值	记录家庭和产业的废水排放量，未计算价值	将 CO_2、N_2O 和 CH_4 依据其对环境的相同影响转换成相同的计算单位，以 CO_2 排放量表示，特别重视跨国 CO_2 排放量比较，但不计算价值。此外还记录 CO、SO_2、NH_3 和粉尘等数量		编制排放量，但不计算价值	1.记录政府和产业环保支出及环境相关税收 2.强调跨国 CO_2 排放比较

国家	编制系统	自然资源耗减	环境退化			固体废弃物	附注
			水	大气	土壤		
菲律宾	SEEA	记录森林、渔业、土壤及矿产	利用维护成本法计算	利用维护成本法计算	有土壤资源账户，未计算价值		1.资源耗减采用净价格法计算 2.环境退化采用维护成本法
	ENRAP	记录森林、渔业、土壤及矿产	N、P和BOD	纳入PM_{10}、CO、VOC、NO_x等，仅估算PM_{10}和Pb对健康损害	估算农业活动对土壤造成损失	估算环境对废弃物提供的服务	1.资源耗减采用净现值法计算 2.环境退化采用损害评估法
加拿大	CSESR	以实物和价值账户记录森林、土壤	仅记录污水的排放实物量，未计算价值	包含温室气体			记录了政府家庭和产业的环保支出
墨西哥		在生产资本基础上增加了非生产经济资产和非生产环境资产，前者包括石油储量和各种用地，而水、空气、土壤和森林则作为环境资产	地下水使用和水污染	包括CO_2、NO、CO和悬浮物		仅有实物量数据	1.采用净价格法对矿产和森林资源进行核算 2.环境退化采用避免成本法估算

2.6.2 开展绿色国民经济核算存在的主要问题

通过分析比较可以看出，目前还没有一个国家拥有真实全面的环境账户，SEEA-2003 曾明确指出，建立综合环境经济核算系统是一个雄心勃勃的目标。由于绿色核算需要根据环境状况的变化和利用自然资源调整 GDP，这样，评估环境资产和自然资源的价值是必要条件，这就存在以下几个难点：

（1）资源和环境的实物量存量如何转为经济现值的问题。国民账户中的评估应当基于市场价格体系，但由于环境和自然资源的公共产权属性，环境和自然资源定价或货币化本身方法各异，存在非常大的不确定性。将其实物量存量转为经济现值的困难很大。此外，还有将存量转变为经济现值的变现成本问题也都有待解决。

（2）环境价值的经济评价问题，特别是环境污染对人体健康损害的经济评价问题。国际上常用调查评价法，即通过调查人们对降低健康风险的支付意愿，来货币化环境污染对公众的健康损害。虽然支付意愿法是国际学术界比较认可的环境经济评价方法，但是不同地域、不同经济条件、不同自然条件，甚至不同文化背景下、不同的调查群体，其支付意愿会有显著不同。环境资源的价值，由于没有市场价值，通常只能由需求方的支付意愿决定。因此资源和环境的现值与人们的价值观念、传统文化、消费理念等有很大关系，不能进行简单的折算和照搬，此外，支付意愿中含有消费者剩余，即便有调查结果也只能用于对环境污染引起的健康损害进行评价，虽有一定的政策参考意义，但是在环境核算中与市场价值直接相加还存在很大争议。

（3）污染损失的评估的方法问题。虽然对污染损失开展了很多研究，但由于剂量反应方程的不确定性导致各研究结果差异很大，而且没有全面的综合性的污染损失研究。这也给环境污染损失价值的正确估量带来一定的困难。

2.6.3 对中国建立绿色国民核算体系的启示

通过上述对国外建立绿色国民核算体系的总结，结合我国的实际情况，我们得到了下面几点启示和建议：

（1）切实落实可持续发展战略，尽快推出中国绿色 GDP 核算体系。传统 GDP 在核算经济发展对自然资源和环境污染上有重大缺陷，不能如实反映一个国家真实的经济发展状况和潜力。而绿色 GDP 可以较好地解决这个问题，能体现经济发展的可持续性，从这个意义上来说，推出中国绿色 GDP 账户时不我待。在推出方式上，可参照 SEEA 以及日本和中国台湾地区的经验，在保证指标体系科学性和全面性的前提下，可以先试编条件较好的账户，然后根据公布后的反馈情况和实践的发展不断改进和完善整体账户体系。如果认为在目前推出全国性绿色 GDP 核算体系的时机还不成熟，可以考虑先在经济基础较为雄厚、统计工作开展较好的地区，如北京、上海、广东等地开展绿色 GDP 核算编制的试点工作，待经验完善后再向全国推广。

（2）应以 SEEA 标准为基础编制我国的绿色国民核算体系。编制绿色国民经济核算体系，一定要注意该体系的国际可比性和科学性。绿色 GDP 编制一方面要为我国的可持续性发展战略服务，另一方面也要考虑能够与国际接轨，更好地为经济全球化的宏观决策服务。考虑到 SEEA 是在不影响传统 SNA 核心体系的主题目标的前提下，扩展国民核算的分析能力，可以比较全面系统地反映环境与经济的关系。同时，大多数建立绿色核算体系的国家采用的都是 SEEA 系统，为了方便比较研究，因此建议以 SEEA 为基础建立我国的绿色核算系统。

（3）在保证指标体系科学性和全面性的前提下，可以先试编实物账户。在现行的国民经济核算体系基础上，建立环境资源的卫星账户，即环境资源实物量核算体系，然后建立环境资源价值量核算体系。进行关键资源和环境的系统监测、修订有形账户和"卫星"账户、建立与经济和环境相关联的模型并进行评估。同时，应重视基于计量经济模型和其他模型对各种政策建议如何影响经济增长、增长的内容、自然资源的储量和环境状况进行分析。

（4）在建立环境污染实物量账户的基础上，本着先易后难、逐步推进的原则，开展环境污染价值量研究，即先利用有较好研究基础的污染治理成本法，建立最低防护费用的环境污染价值量账户，对于缺乏市场价值体系的污染损失评估，可以成熟一个推出一个，逐步完善反映环境污染真实成本的价值量账户。

（5）进行核算优先领域的选择。短期看来，全面的环境经济核算难以实现，比较有操作性的是选择部分领域、特定的环境主题进行核算。根据目前环境数据的收集情况，我们可以考虑选择 SO_2、烟尘、废水、COD、工业固体废物等核算范围。

（6）价值核算中估价方法的开发和具体选择，不同估价方法具有不同的假设和含义，需要不同的数据支持，获得不同的核算结果，根据中国数据来源的实际情况，选择符合国情的核算方法。

（7）加快我国统计指标体系的建设。从各国编制的情况来看，制约账户编制的问题之一是统计指标和资料的欠缺，有些国家最后编写的指标只有 SEEA 规定的 20%～30%，数据的不完整必然降低账户的质量。由于历史原因，我国目前统计指标体系还不够完整，数据与基础资料不够完善，在统计数据的及时性、完整性和公开性等方面与国际水平还有很大的差距。这就要求我们要加强统计基础工作建设，提高统计人员的素质，强化和完善统计指标体系建设，同时统计部门也要积极与农林、水利、矿产、土地、环保等部门相互配合，逐步建立起我国的综合环境和经济核算体系，开展绿色 GDP 核算。应优先设计一套能够精确反映国家环境状况信息的环境指标。以此为基础，逐渐在国民经济账目中包含自然资源和环境的信息。

（8）在开发绿色国民核算体系的同时，开展其他可持续指标体系的研究。绿色 GDP 是对传统 GDP 的调整，虽然较以往的 GDP 有了极大的改进，但也存在一定的缺陷：绿色 GDP 是从经济角度对人类社会发展进行核算，但经济发展只是人类发展的一方面，经济发展并不能代表人类社会的进步，社会因素也是衡量可持续发展的一个重要指标。

2.7 中国开展绿色国民经济核算的经验

2.7.1 中国绿色国民经济核算的发展历程

绿色 GDP 核算与一个国家的基本国情息息相关。中国作为一个发展中国家，正值经济迅猛增长之际。由于中国地域辽阔，人口众多，自然资源相对不足，同时由于处于经济腾飞时期，对自然资源的开发和利用也正迅猛增长，而经济的快速增长主要是靠拼资源、拼环境、拼投资。这“三拼”现象的背后，是一些地方和部门官员片面追求 GDP 增长速度，忽视资源和生态环境成本，其带来的负面效应已经逐渐凸显，尤其是对资源、环境的破坏已造成严重的“后遗症”。

为了从根本上改善这种粗放型经济增长模式，中国政府首次提出了“坚持以人为本，树立全面、协调、可持续的发展观”和“五个统筹”的新发展战略。胡锦涛主席指出：“要研究绿色国民经济核算方法，探索将发展过程中的资源消耗、环境损失和环境效益纳入经济发展水平的评价体系，建立和维护人与自然相对平衡的关系。”这就要求必须把资源、环境成本纳入国民经济核算体系，以从根本上改变党政领导的政绩观，推动粗放型增长模式向低消耗、低排放、低投入的集约型模式转变，从而真正把科学发展观落实到经济建设的各个层面、各个领域。这说明，建立中国绿色 GDP 核算体系充分体现了中国政府最高决策层的政治意愿。

中国的绿色 GDP 核算和环境经济核算工作起步相对较晚，但是发展较快，成果丰富且引人注目。中国绿色 GDP 核算的进程大致可以分为 3 个阶段。

（1）消化起步阶段（1980 年代初至 1990 年代初）。早在 1980 年代初，中国有关科学工作者就对资源环境价格严重背离其价值的不合理的现实进行了反思和探讨，并提出了环境污染和生态破坏成本的概念，开始了绿色国民核算的一些基础性研究工作，如环境污染损失研究、环境费用效益分析、自然资源核算研究等，这些研究工作尚未达到对资源环境纳入国民经济核算和实践的高度，国家相关部门重视程度也不够。这些成果如表 2-14 所示。

表 2-14　1980 年代初至 1990 年代初中国资源环境核算研究成果

时间	研究者	研究对象
1981 年	于光远	提出《应该对环境进行计量》，呼吁开展污染和生态破坏经济损失的计算
“六五”、“七五”	中国环境科学研究院	开展一些案例研究，包括污染经济损失的计算
1984 年	国家环境保护局	举办《国际环境费用效益分析研讨会》
1985 年	中国环境科学研究院	开展《公元 2000 年环境预测和对策研究》，第一次核算全国环境污染的经济损失
1987 年	李金昌等	翻译了《挪威的自然资源核算与分析》等研究报告
1988 年	美国东西方中心	将《环境、自然系统和发展——经济评价指南》译成中文
1988 年	国务院发展研究中心	成立了资源核算及其纳入国民经济体系课题组
1989 年	国家环境保护局与 WHO	举办“国际环境经济评价培训班”
1990 年	过孝民等	进行了中国环境污染和生态破坏经济损失计量研究，以环境污染经济损失为主
1990 年	金鉴明等	完成了《中国典型生态区生态破坏经济损失及其计算方法》的研究

（2）探索实践阶段（1990 年代初至 2003 年）。随着中国经济的迅速发展和资源环境问题与经济发展矛盾的进一步深化，资源环

境核算及其纳入国民经济核算体系研究逐渐得到了重视。许多科研机构迅速组成了相应的研究课题组，包括资源核算研究课题组、环境核算研究课题组等，开展了一系列的资源环境核算理论研究工作，研究内容涉及资源环境实物量和价值量核算的方法和理论，现行国民经济核算体系的弊端及将资源环境纳入国民经济核算体系的可能性和纳入的形式、理论和方法，并开展了一系列的实践工作。这些研究项目的实施为中国绿色 GDP 核算体系的构建奠定了坚实的基础。这些成果如表 2-15 所示。

表 2-15　中国资源环境核算研究与实践进展（1990 年代初至 2003 年）

研究时间	研究者	研究对象
1991 年	李金昌等	出版《资源核算论》
1994 年	李金昌等	全国生态环境成本核算
1996 年	常永官等	重庆市大气环境污染核算
1997 年	傅绥宁等	三峡工程的生态环境损失
1998 年	张坤民等	在三明和烟台进行真实储蓄率核算试点
1998 年	夏光等	出版《中国环境污染经济损失的计量研究》
1999 年	郑易生等	1990 年代中期中国环境污染损失
1999 年	北京大学	开展“可持续发展下的绿色核算”课题研究，并在宁夏进行试点核算
1999 年	王金南（中国环境规划院）	开展可持续发展与环境经济指标体系研究
2000 年	王金南（中国环境规划院）	提出的“基于卫星账户的环境资源核算方案初步设计方案”
2000 年开始	国家环境保护总局与世界银行	开展中国环境污染损失评估方法研究
2002 年	王金南（中国环境规划院）	开展国民经济核算体系改革中的环境实物量核算方案研究，即环境卫星账户方案
2003 年	中国环境规划院与 OECD	开展环境综合指标体系研究以及环境绩效评估工作
2003 年开始	中国环境规划院	开展环境经济投入产出核算模型研究
2003 年	国家统计局	在《中国国民经济核算体系》（2002 年文本）中新设置了附属账户——自然资源实物量核算表，试编了 2000 年全国土地、森林、矿产、水资源实物量表
2003 年	国家统计局与挪威统计局	编制了 1987 年、1995 年、1997 年中国能源生产与使用账户
2003 年	国家统计局	在黑龙江省、重庆市、海南省分别进行了森林、水、工业污染、环境保护支出等项目的核算试点，并已编写了技术总结和工作总结报告
2003 年	中国人民大学统计学院	将联合国的《综合环境与经济核算手册（2003）》（简称 SEEA-2003）翻译成中文

（3）提高规范阶段（2004 年至今）。进入 2004 年，科学发展观的提出、粗放式投资过热“高烧难退”、新政绩考核制度的推行和国民经济核算改革的趋势，使得中国开展绿色 GDP 核算受到了前所未有的重视，特别是国家政府和领导对此高度重视，为此，要求中国绿色 GDP 核算必须在原有研究与实践工作基础上提高、规范，逐步进入实质性操作阶段。

在这一阶段，有三项最重要的工作：① 国家环境保护总局和国家统计局联合开展的“综合环境与经济核算（绿色 GDP）研究”；② 国家环境保护总局开展的“全国环境污染损失评估调查”，这一项工作将为前项工作提供很好的基础和平台；③ 国家统计局与国家林业局联合开展的森林资源核算项目。

“综合环境与经济核算（绿色 GDP）研究”包括实物量核算、价值量核算、环境保护投入产出核算以及经环境调整的绿色 GDP 核算等内容。2004 年 3 月，国家统计局与国家环境保护总局召开了绿色 GDP 核算工作讨论会，正式启动了“综合环境与经济核算（绿色 GDP）研究”项目。根据两个部门达成的关于联合开展综合环境与经济核算（绿色 GDP）研究意向，项目技术组就具体合作计划进行了讨论，并制定了工作方案。2004 年 6 月份，国家环境保护总局和国家统计局在杭州召开了“建立中国绿色国民经济核算体系国际研讨会”，9 月份，两个部门又联合召开了《中国资源环境经济核算体系框架》《中国环境经济核算体系框架》专家论证会。

在 2004—2008 年间，已开展完成“中国环境经济核算 2004”“中国环境经济核算 2005”“中国环境经济核算 2006”以及 10 个地方省市的试点绿色 GDP 核算工作。这标志着建立中国绿色国民经济核算体系已取得了初步进展。

2.7.2 中国绿色国民经济核算积累的经验

2.7.2.1 取得的成果

在国家环境保护总局和国家统计局的共同指导下，在领导和专家的支持下，在社会各界的期待下，经过近 3 年时间的辛勤努力，中国绿色国民经济核算课题组取得了一系列重要研究成果，主要包括：

（1）建立了具有开创性的环境经济核算体系。通过理论研究探索，特别是通过试点省市的环境污染与污染事故经济损失评估调查，项目技术组初步建立起了中国的绿色国民经济核算框架与方法体系，尤其是环境污染经济核算方法体系。

- 项目技术组在系统总结国内外有关绿色国民经济核算的实践和经验、分析中国建立绿色国民经济核算体系的必要性和现实意义的基础上，提出了《中国资源环境经济核算体系框架》和《中国环境经济核算体系框架》两个框架，两份框架首次提出了中国资源环境经济核算体系和环境经济核算体系的基本框架和组织实施方式，为后续工作的开展指明了方向。
- 研究并提出了适合中国国情的《中国环境经济核算技术指南》，并在试点省市之中得到了应用。《技术指南》详细介绍了环境污染实物量、虚拟治理成本和环境退化成本的基本概念、计算范围、内容和方法，利用清晰的表式结构明确了环境污染实物量和价值量的核算体系，为建立全国性的环境经济核算体系和污染损失估算体系奠定了较好的技术基础。
- 技术组完成了《试点省市绿色国民经济核算与环境污染损失调查方案》：《调查方案》共由10项调查内容组成，对各项调查的范围、调查方法、调查数据要求、调查组织方式等作了详细规定，是试点省市环境污染损失调查工作的指导性技术文件。
- 开发完成了《中国环境经济核算软件系统》：该套软件系统包括环境污染实物量核算、基于治理成本法的价值量核算和基于污染损失法的环境退化成本核算等模块，并建立了大量的数据库，各试点省市可通过软件系统与国家技术组之间实现数据的传输和沟通。软件系统的开发建立，提高了核算的精度和效率，为整个核算工作的完成提供了重要保障。

（2）开展了第一次环境污染核算试点调查工作。为做好试点省市的绿色国民经济核算工作，获得绿色国民经济核算所需要的基础数据，国家环境保护总局和国家统计局于2005年组织开展了试点省市绿色国民经济核算和环境污染损失调查工作，并制定了包括10项内容的《试点省市绿色GDP核算和环境污染经济损失调查方案》。企事业环保支出调查工作覆盖了北京、广东、辽宁等10个省市30%的重点工业污染企业、6 940家企事业单位，所有的污水处理厂、垃圾处理厂和规模化畜禽养殖场；污染引起的清洁和劳务费用增加调查涉及 12 个城市的 21 000 个家庭，还涉及除环保和统计以外的卫生、农业、水利、城建、交通等相关部门；生活用洁净水替代成本调查涉及 13 个城市 22 500 个家庭，约 13 000 份有效问卷；大气污染与人体健康效应调查涉及 10 个城市。

在国家技术组的指导配合以及国家和地方两级环保和统计部门的紧密协作和相互支持下，各试点省市根据国家《调查方案》，结合各省市的具体情况，制定了本省市的《绿色 GDP 核算和环境污染经济损失调查方案》。到 2006 年 3 月底，各试点省市基本完成了规定的调查任务。尽管调查工作领域广、牵涉部门多、技术性强、协调和数据分析工作量大，但整个工作进展基本顺利，调查样本选取合理、代表性强，取得了大量基础数据和技术数据，部分调查结果在核算中得到了应用，为各省市今后开展更完善的核算工作奠定了基础。

（3）提交了国家层面的 2004—2006 年环境经济核算报告。国家技术组于 2006 年 7 月提出了首份《中国绿色国民经济核算研究报告 2004》。这是中国第一份有关环境污染经济核算的国家报告，第一份基于全国 31 个省和 41 个部门的环境污染核算报告，第一份包括环境污染实物量、虚拟治理成本、环境退化成本的环境经济核算报告。报告主要就以下 3 个方面的内容进行了核算：① 就 2004 年全国 31 个省市和各产业部门的水污染、大气污染和固体废弃物污染的实物量进行了全面核算；② 从环境污染造成的经济损失角度对环境污染的价值量进行了核算；③ 对 2004 年主要污染物治理成本进行了核算。同时，技术组分别于 2007 年、2008 年和 2009 年完成了《中国环境经济核算研究报告 2005》《中国环境经济核算研究报告 2006》和《中国环境经济核算研究报告 2007》。

（4）完成了 10 个试点省市 2004 年度核算报告。截止到 2006 年 12 月底，各试点省市圆满完成了绿色国民经济核算与污染经济损失调查工作，采用《中国环境经济核算技术方法体系》，核算了各产业部门和各区县的环境污染实物量，并采用治理成本法和污染损失法，核算得出了 2004 年环境污染的虚拟治理成本、污染损失成本和经环境污染调整的绿色 GDP，提交了《2004 年经环境污染调整的绿色国民经济核算报告》和《绿色国民经济核算与污染损失调查工作总结报告》，并顺利通过专家组的评审验收。

（5）造就了国内一支绿色国民核算的技术队伍。围绕该项研究，由国家环境保护总局和国家统计局组织，由中国环境规划院等单位具体承办，共举办了 3 次国际研讨会、5 次培训班、1 次阶段总结会和 6 次专家评审会。2004 年 6 月在杭州召开的“建立中国绿色国民经济核算体系国际研讨会”标志着这项工作的正式启动。随后，国家技术组于 2005 年 3 月、6 月、9 月和 2006 年 6 月、7 月分别在马鞍山、沈阳、重庆、成都和北京就核算和调查方案、环境实物和价值量核算和软件使用组织了 5 次培训会，在培训会上还就不同阶段出现的问题进行了协调和沟通。在此期间，还于 2005 年 11 月和 2006 年 11 月结合世行项目在北京举办了绿色国民经济核算国际经验研讨会和总结研讨会。同时，于 2006 年 2 月在北京召开了试点工作第一阶段总结会，明确提出了下一步工作的具体要求，这是一个里程碑式的会议。

为了使这项研究成果得到国内外学术界的肯定和支持，技术组还就两份框架报告、3 份最终成果报告和技术指南、10 个试点省市的核算报告于 2004 年 9 月、2005 年 12 月、2006 年 7 月、2006 年 11 月和 2006 年 12 月期间共召开了 5 次专家评审会。同时，在联合国统计署最近召开的会议上，中国的绿色国民经济核算尝试性工作和初步成果得到了充分的肯定和支持。

所有的这些试点培训、国际研讨和交流工作，培养和锻炼了一批基本掌握环境经济核算方法的技术队伍，为下一步继续开展绿色国民经济核算工作奠定了技术力量和技术基础。

2.7.2.2 积累的经验

通过系统的理论研究和国家层面的绿色核算实践，特别是通过 10 个省市的绿色国民经济核算与环境污染损失调查工作试点，向国际社会宣传了中国政府坚定落实科学发展观、坚持不懈开展绿色国民经济核算的决心，起到了内引外联、交流国际经验的积极作用，建立了一个掌握环境经济核算理念和方法的国家地方人才库，为今后这项工作的持续开展创造了技术和人力条件。总结起来，主要取得了以下宝贵经验。

（1）注重政府部门与研究机构的密切配合。在中国当前国情下，核算试点等相关工作的开展，必须通过政府部门主导才能顺利实施。首先，绿色 GDP 核算不仅仅是为了核算而核算，而是要为国家和地区经济与环境管理服务。在设计调查方案时，需要考虑到各地的实际情况和不同的需求等因素，而这些问题的把握，需要与当地政府部门进行沟通。同时，我们知道，绿色国民经济核算体系包括的核算内容繁多，涉及许多部门的管辖范围，需要政府各部门之间进行协调沟通；另外，绿色国民经济核算要在 10 个省市进行试点，光靠某个研究部门是不行的，需要国家和各级政府推动才能保证整个工作的顺利开展。

基于上述考虑，在项目实施上，无论是国家层面，还是地方试点层面，我们一开始就建立起了以政府主导、研究机构参与的项目实施机制，注重政府部门与研究机构的密切配合。在国家层面，国家环境保护总局和国家统计局作为项目组织单位，负责项目的总体实施，同时，建立了以两局领导挂帅的项目领导小组，具体技术工作由国家环境保护总局环境规划院、中国人民大学、国家环境保护总局政策研究中心、中国环境监测总站等研究机构承担，并成立了以这些研究机构的专家为主的国家技术组。同样，各试点省市也成立了以环保局和统计局领导挂帅的领导小组，有的地方还以副省长或副市长亲自挂帅，具体研究工作由各省市的环境科学院等科研机构负责。这样的项目实施机制，无论在协调沟通、数据来源，还是技术支持等方面，都保证了整个工作的顺利进行。

（2）注重环保、统计、财政、国际机构等多部门的良好合作。绿色国民经济核算是一项全新的、涉及多部门的工作，需要各部门之间、各课题组之间以及国际国内之间的协调配合，搭建跨学科、跨部门的统一工作机构是绿色国民经济核算体系构建成功的保证。无论从国家层面，还是从各试点省市层面都表明，试点工作的领导重视、组织管理有效、部门之间的沟通协调在推动调查与核算工作的顺利进行发挥了重要作用。实践证明，那些领导充分重视、组织管理有序、部门沟通协调较好的试点省市工作进展较快，取得的成效也较好。相反，领导重视不够、组织管理混乱、部门之间沟通不畅的省市工作进度较慢。

为了保证项目的顺利进行，在国家层面，国家环境保护总局与国家统计局之间建立了很好的关系，不定期对一些问题进行沟通协调。同时，财政部和科技部专门启动了科技攻关和专项研究课题，在技术与资金上支持这项工作的开展。此外，在工作进展的过程中，还得到了国家发改委、卫生部和水利部等部委的支持。为了加强沟通，取长补短，我们还建立了绿色国民经济核算工作信息通报机制，不定期召开进度协调会，不定期编制绿色核算工作简报。在国家层面，共出版了 73 期简报，并在中国环境规划院网站开辟了绿色国民经济核算工作专栏，为增进沟通与协作，搭建了平台。课题组还与国际社会加强密切合作，世界银行专门设立了技术援助项目支持建立中国绿色国民经济核算体系研究，联合国统计署、环境署、亚太经社会，欧盟、加拿大、挪威、荷兰、环境经济核算伦敦小组以及中国环境与发展国际合作委员会等对中国开展绿色国民经济核算研究给予了肯定和鼓励。

在试点省市中，为了使各部门成员达成共识，更好地开展工作，有些省专门建立了联席会议制度，不定期组织有关成员单位、技术单位召开研讨会和协调会议，充分发挥各部门的职能优势，利用现有成果，研究解决试点工作的要点和难点。同时按照工作计划和技术方案的要求确认工作任务，明确各自的分工和职责，建立联系人制度，通过网络邮件、工作简报、网站等多种形式，宣传、沟通和跟进工作进展情况。各省市的试点工作初步形成了责任到人，分工协作的良好氛围。

可以说，历时 3 年的绿色国民经济核算和环境污染损失调查是从国家到地方一次大型的跨部门、跨地区、多领域成功合作典范。在这项工作进行中，很多技术难点需要解决，基础数据缺乏，核算的制度安排一片空白，观念落后、部门协调、进度安排、资金筹集等方面的困难都未曾预料到，如果没有对目标的坚持、没有强烈的责任感、没有良好的合作是不可能克服这么多困难的。这次多部门的成功合作是环保工作需要各部门齐抓共管的具体体现，为部门间协作配合做好环保工作积累了宝贵经验。

（3）精心做好前期准备工作是项目取得成功的基础。建立绿色国民经济核算体系是一项艰巨而长期的工作，国际上没有成熟的做法和公认的模式，存在许多技术上、制度上、观念上的困难。试点工作调查面广，涉及领域多，工作量大，时间紧迫。为了有效推进绿色国民经济核算与环境污染损失调查试点工作，无论是国家层面，还是各试点省市，都认真做好了前期的准备工作，为项目取得成功奠定了坚实基础。

- 组织与资金准备工作：考虑到调查核算工作技术性强，涉及环保、统计、建设、卫生、农业、水利等多个部门，在各试点省市中，成立了由环保局和统计局牵头，水利部、建设部、农业部和卫生部共同参与的绿色国民经济核算和环境污染经济损失调查工作领导机构。此外，各试点省市积极与财政部门协调，克服困难，将试点工作经费纳入了政府工作预算，落实了核算与调查工作经费，为试点工作提供了必要的资金保障。

- 技术准备工作：国家技术组研究提出了《中国资源环境经济核算体系框架》《中国环境经济核算体系框架》《中国环境经济核算技术指南》《绿色 GDP 核算与污染损失调查实施方案》和《中国环境经济核算软件系统》。同时，各试点省市也结合自身的特点，制定了本省的《核算框架》《工作方案》和《技术方案》，并制订了详细的工作计划，明确了调查和核算的目的、原则、目标、工作程序、任务分工及时间安排等，为整个绿色国民经济核算的实施提供了具体的操作方法与手段。
- 技术培训工作：根据试点工作方案和工作要求，国家技术组先后在马鞍山市、沈阳市、重庆市、成都市和北京市共举办了 5 期技术培训班，达到了培训地方技术力量、及时发现解决问题以及交流调查经验的目的。同时，各试点省市也召集本省市各有关单位、各地级以上市环保局、统计局的领导和相关技术骨干进行业务培训，有的地方结合当地的实际情况，针对调查内容多、指标新、被调查企业分散等特点，还采用分期分片面对面的方式逐级培训，让参与调查的单位充分认识试点工作的目的和意义，准确掌握调查指标的要求，主动配合，收到了很好的效果。

（4）实施“先易后难、重点突破”的战略是项目取得成功的根本。绿色国民经济核算工作是一个崭新的研究领域，面临着许多困难。从国际研究进展看，绿色核算一般是从局部核算开始，或者着眼于特定资源主题，或者着眼于特定环境主题。由于中国进行绿色国民经济核算研究的历史并不长，核算基础十分薄弱，不具备完成所有资源、环境经济核算的条件，其实施也将是一个逐步探索、逐步核算、逐步规范的过程。

国家环境保护总局和国家统计局联合开展的“综合环境与经济核算（绿色 GDP）研究”项目的总体目标是：坚持全面、协调、可持续的发展观，争取用 3～6 年的时间初步建立符合中国国情的综合环境与经济核算体系框架。我们的总体战略思路是：先易后难、分步实施、重点突破，从试点和局部开始，逐步完善，通过对这些局部核算经验予以总结，逐步完善中国绿色国民经济核算理论与方法。这样的战略思路在项目一开始就得到了贯彻落实，可以说是本试点项目取得成功的根本所在。

为此，在核算内容的选择上，按照传统国民经济核算和国际上大多数国家通行的做法，首先选择目前基础较好、方法较为成熟的内容进行。对那些核算难度较大、不容易调查统计、基础较差和方法不完善的内容需要进一步研究。例如，对于环境核算，首先进行环境污染核算，再进行生态破坏核算。环境污染核算，又主要选择传统污染物（废水、COD、氨氮、SO_2、颗粒物、NO_x）进行实物核算，在价值核算方面，如果利用污染损失评估法，目前主要核算大气污染与人体健康、大气污染与农作物、大气污染与建筑材料、大气污染与清洁费用、水污染与人体健康、水污染与农作物、水污染与洁净水、水污染与工业预处理、固体废弃物与土地占用这 10 项污染经济损失；对于其他范围的污染损失，如臭氧对人体健康和农作物造成的损失、物理污染对人体健康造成的损失等，由于研究基础较为薄弱、技术方法不成熟、调查统计困难，还需要进一步研究完善。

在核算地区和时间范围选择上，从近期看，由于环境问题的复杂性，特别是对于生态破坏损失的核算，其基础还比较薄弱；另外，考虑到资金和时间的因素，要在全国 31 个省市中开展框架中提出的全部核算内容，也是比较困难的。因此，从地区方面，我们在全国选择了 10 个省（市）首先开展环境污染试点核算，而基于环境污染的绿色 GDP 核算只是完整绿色 GDP 核算中的一个部分。

（5）技术方法与数据来源是保证核算结果准确与公正的关键。如何保证核算结果的公正是目前绿色国民经济核算工作中非常关键的问题之一，它关系到能否客观公正地反映国家和各地区的环境与经济发展状况。为了保证核算结果的公正客观，我们从技术方法、数据来源和组织制度 3 个方面加强了工作，这也是项目取得成功的关键因素之一。

➢ 从技术方法上保证：建立一套科学规范的绿色 GDP 核算体系框架和技术方法体系。目前，技术组通过两年多的研究，基本建立了一套适合中国国情的、科学的、规范化和标准化的绿色 GDP 核算技术方法体系。同时，通过 10 个省市的试点核算也检验了核算方法的有效性和科学性。当然，我们要看到，全国统一规范性核算技术方法体系的建立只能是一个先易后难、从粗到细、循序渐进、不断完善的过程。

- 从数据来源上的保证：在本次核算中，基础数据的来源主要包括：① 统计资料，包括环保、水利、建设、卫生、农业等部门统计资料；② 调查数据，通过试点省市的实际调查，获取有关基础数据和参数；③ 研究成果。从基础数据的来源上看，我们尽量做到客观、实际。
- 从组织制度方面保证：为了保证研究工作的顺利进行，原国家环保总局和国家统计局专门成立了工作领导小组、专家顾问组和技术组，技术组专家在研究过程中坚持了科学严谨、脚踏实地、唯真求实的态度，保证了核算结果的准确和公正。

（6）试点省市的绿色国民经济核算与调查工作各有亮点。各试点省市结合自身的特点，在核算内容和调查方法上进行了突破和创新，对其他试点省市具有借鉴意义。北京市在全国 10 个试点省市中，领导充分重视，部门协调良好，率先圆满地完成了绿色国民经济核算内容。重庆市开展的固体废弃物损失和建筑材料存量两个专项调查中不拘泥于国家技术方案，思路新颖，特色鲜明，具有重要的借鉴和推广意义。广东省技术组采用遥感技术进行的建筑材料存量与建筑类型调查技术水平先进、数据翔实，为建筑材料污染损失和建筑物清洁费用的计算提供了关键的技术参数；同时，技术组研究提出的《广东省绿色国民经济核算指标体系及简易核算方法》也是对绿色国民经济核算方法的有益探索。天津市技术组在污水灌溉损失核算方面有一定的创新；海南省在畜禽养殖业核算方面有一定的创新；河北省的行业和地区分析全面，突出了污染型缺水经济损失的核算；浙江省试点调查组织很好，企业调查样本量居全国之首，核算报告质量非常高。

2.7.2.3 存在的问题

绿色国民经济核算体系的研究复杂而艰巨，试点工作千头万绪，这项工作还面临着许多理论和实际问题，主要有以下几点：

（1）核算的理论方法需要进一步完善。绿色国民经济核算是一个复杂的体系，既涉及复杂的经济系统，又涉及各种不同的自然资源和环境要素，面临着许多技术上的难点，主要表现在环境价值量核算方面。尽管技术组针对这些难点进行了深入的研究，提出了不少测算模型与方法，但是仍有许多理论和方法上的难题没有解决。例如，在核算虚拟治理成本时，如何考虑环境容量的因素；在核算环境退化成本时，如何考虑各种污染物的本底浓度值；对各种环境污染造成的工农业、生活和人体健康等造成的各种危害量的确定，实物量危害量的货币化方法，剂量反应关系的建立等问题都需要进一步研究、探索与完善。

（2）环境退化成本核算需要进一步扩充。环境退化成本的核算范围很广，由于时间的限制、缺乏相应的剂量反应关系研究和数据的支持，还有多项内容没有核算在内，包括：①生态破坏损失成本；②土壤和地下水污染损失成本；③噪声、光、热和辐射污染损失成本；④污染造成的休闲娱乐损失；⑤室内空气污染对人体健康造成的损失；⑥臭氧对人体健康的影响损失；⑦大气污染造成的林业损失；⑧水污染对人体健康造成的损失在这些方面存在技术方法有缺陷，基础数据也不支持等问题。这些缺项需要在下一步工作中补充完善。

（3）调查方案和技术参数需要进一步修订。本次环境污染损失调查工作涉及面广，时间紧，由于调查表设计过于复杂，特别是企事业单位环境支出与污染治理情况调查表，在具体调查过程中，不利于企业填报，很多数据不能收集上来，从而在一定程度上影响了调查数据的质量。在对调查方案进一步修订中，需更加注重调查的可操作性，调查指标尽量简单、适用。

同时，在价值量核算中，在一些关键技术参数的确定方面，还有待更多的调查和研究。如种植业和畜禽养殖业的耗水系数、污染物的水体流失系数、土壤残留系数、粪便还田率等进行废水和污染物核算用到的技术参数，不同燃料和不同炉型的废气污染物排放因子，水资源影子价格、不同行业污染物的排放系数、工业用水额外治理平均成本、污染物平均单位治理成本、农田和山地的机会成本以及固体废弃物堆放量占用农田和山地的比例、水污染对人体健康的剂量反应关系等重要参数和方法有待进一步研究。

（4）核算的法规制度亟待进一步建设。从核算工作实践来看，在制度安排方面还存在着许多空白：① 现行的资源环境统计制度问题，资源环境统计对绿色 GDP 核算至关重要，但当前的资源环境统计数据无论在质量上还是统计范围上都不能满足绿色 GDP 核算的需要；② 绿色 GDP 核算方法和标准的统一规范问题、核算过程的监督管理问题、核算结果发布制度、核算的奖惩制度等问题还未形成；③ 绿色 GDP 核算还未法制化，不能保证核算过程及操作方法的科学性和合法性，进而不能保证最终计算结果决策导向的正确性；④ 开展绿色 GDP 核算的工作制度还未真正建立，包括搭建统一的工作平台，各部门职责分工问题等。

（5）核算的基础工作有待进一步加强。在核算过程中发现核算的数据基础比较薄弱，有关部门的基础工作和能力还有待加强，主要问题有：① 环境监测能力不足，监测指标和范围难以满足计算需求。已经证实对人体健康和农业生产有较大影响的臭氧、$PM_{2.5}$ 基本没有监测能力；水质监测点也大多位于大江大湖，而与广大农村地区人民健康、农产品安全紧密相关的沟塘河渠的水质无从获知；土壤和地下水监测也几乎是一片空白；② 国家与地方数据不一致，如污染型缺水量、不符合水质的供水量、畜禽养殖量等数据没有统一的来源，有些统计资料的出版滞后于核算的需要；③ 相关基础研究尚显薄弱，关键技术环节——剂量反应关系需要完善；④ 虚拟治理成本和环境退化成本核算必需的存量与技术参数有待规范化和标准化。

（6）地方技术支持力量需要进一步落实。尽管 10 个试点省市的工作都已全部结束，但在实际工作中，由于各地方重视程度不一样，工作经费、组织和技术力量保障存在差距，进度尚不一致，造成了整个试点验收工作拖延了半年。主要表现在以下 5 个方面：① 对绿色 GDP 核算的复杂性认识不够，少数地方和国家的总体核算方案意见相左，协调起来困难；② 有些试点省市的技术人员不稳定，参加培训的人员和实际工作人员脱节，尽管参加了多次培训，但对个别调查项目的核算分析方法并没有系统全面的掌握，不利于绿色国民经济核算工作的持续开展；③ 由于基础数据和单位治理成本使用的不同，国家和地方的核算结果不完全一致，有的核算结果差距还比较大；④ 地方技术人员对核算方法、对核算软件的理解和熟悉程度不一样；⑤ 各试点地方对核算结果，对所取得的成绩和经验总结程度深浅不一，得出的结论和提出的政策建议普遍较为粗浅。

第3章 资源环境经济核算

本章从中国的国情出发，系统地论述了资源环境经济核算体系的框架，目的是为中国进行绿色国民经济核算提供一个原则性的理论方法指导。论述的内容包括：资源环境经济核算的基本概念，中国进行资源环境经济核算的基础，建立中国资源环境经济核算体系的基本内容，进行资源环境经济核算中所应用的估价原则和方法，以及如何在中国实施资源环境经济核算的建议。

3.1 资源环境经济核算的相关概念

所谓资源环境经济核算，是在原有国民经济核算体系基础上，将资源环境因素纳入其中，通过核算描述资源环境与经济之间的关系，提供系统的核算数据，为经济社会协调发展的分析、决策和评价提供依据。资源环境经济核算体系，又称绿色国民经济核算体系、综合环境经济核算体系（联合国有关文献使用的概念是 System of Integrated Environmental and Economic Accounting，SEEA），是关于资源环境经济核算的一套理论方法。

3.1.1 自然资产

自然要素对于经济体系有 3 类功能：资源功能，为经济体系提供基本物质资料；受纳功能，接受经济体系排放的废弃物；生态服务功能，为包括人类在内的生命提供景观和栖息地。这些功能汇集起来，是经济体系赖以存在的基础，借用经济学和经济核算的术语，就是自然资产。

传统核算框架中涵盖的资源环境要素是不全面的。国民经济核算所涉及的资产仅限于经济资产，即所有权确定、处于某机构单位管理和控制之下、预期能够在未来为其所有者带来经济收益的资产。相当一部分自然资产不具备上述特征，因此，不能纳入经济资产的核算范畴。

传统核算中对资产的分类比较强调经济生产概念。国民经济核算将非金融资产分为生产资产和非生产资产两个类别：生产资产是经济生产过程制造出来的资产，反过来也是直接应用于经济生产过程的资产，非生产资产是经济生产过程之外形成的资产，其对经济生产的作用不能直接得到体现。这样的分类适于经济分析，却不能满足资源环境对环境经济之间关系分析的需要：同类的自然资产可能被归入不同的资产类别，如森林，天然森林属于非生产资产，而人工造林则属于生产资产。

鉴于以上两方面的问题，为真实体现资源环境要素对经济系统的贡献，资源环境经济核算体系对原核算框架中的资产概念作了重组和扩展，确立了自然资产的概念。一定程度上说，自然资产概念的引入是从传统国民经济核算体系向资源环境经济核算体系的本质性的转换步骤。

如果考虑与国民经济核算的联系，自然资产包括以下 3 个部分：① 来自经济资产、属于生产资产的培育资产，即各种人工培育的动植物资源；② 来自经济资产、属于非生产资产的自然资产，土地、森林、水、地下矿藏等自然资源一般会不同程度地包括在内；③ 未包括在经济资产中的自然资源环境要素，是除了上述两方面认定范围之外的自然资源环境要素。这样，自然资产概念一方面扩展了原来的经济资产概念，把原本不具有经济资产特性的自然资源环境也包括在内；同时，它重新整合了经济资产中对资源环境要素的归类方式，将处于生产资产和非生产资产不同类别中的、与资源环境有关的内容剥离出来，归纳到一起，形成了一个完整的自然资产概念。

经这样处理以后，在资源环境经济核算体系中，自然资产可以根据功能和存在特征按照自然资源、土地和地表水、生态系统 3 个宽泛的类别进行分类，它们与经济资产中留下来的其余部分即人造资产并排列示，为系统描述经济与环境的关系提供前提和支持。

3.1.2 自然资产经济利用

在自然资产概念基础上，为体现资源环境要素对经济系统的贡献，需要进一步界定自然资产经济利用的概念。

所谓自然资产经济利用，从自然资产角度讲，是指核算时期内投入经济过程被后者所利用消耗的自然资产；反过来，从经济过程看，就是一时期经济活动所利用消耗的资源环境投入。

在传统国民经济核算体系中没有体现自然资产的经济利用。对相关问题的处理涉及以下 3 种情况：① 作为生产资产组成部分的自然资产，其经济利用要和其他生产资产一起，一方面作为经济过程中的投入体现在 GDP 核算中（作为中间投入或者固定资本消耗），另一方面作为资产变化体现在资产存量核算中（作为固定资本形成和存货变化的抵减项目）；② 作为非生产资产组成部分的自然资产，其经济利用发生了，但是却没有作为经济过程中的投入予以确认和核算，而是包含在“其他物量变化”项目里，脱离经济过程单纯记录其资产变化；③ 经济资产不包括的那部分自然资产，其经济利用自然无法得到记录，无论是作为经济过程的投入还是资产的变化。

在绿色国民经济核算中确立自然资产经济利用概念，可以改变上述不合理的处理方式，有利于在一个核算框架中系统描述经济与环境的关系。第一可以覆盖所有自然资产的经济利用，第二使自然资产的经济利用得到统一的处理。方法是将“因经济使用所引起的自然资产数量变化”部分独立出来，在绿色国民经济核算中予以单独显示，从而反映经济过程中所消耗的自然资产。

具体来看，自然资产经济利用包括以下不同方式：① 资源进入经济过程作为投入，结果是造成资源数量的减少，即资源耗减；② 废弃物从经济过程排出进入环境，结果是环境功能的下降，即环境退化。要在核算中表现自然资产的经济利用，需要首先从实物量上系统描述出资源消耗—经济生产—废弃物排放整个实物流量过程，将该过程与经济过程流量核算、资产存量变化核算联系起来。

3.1.3 资源耗减价值和环境退化价值

由于国民经济核算是一个价值量核算体系，仅仅从实物上对自然资产经济利用进行核算，只能是把实物数据拼接于原有经济核算的内容之上，却难以使两者融合为一体。因此，进一步地，需要对自然资产经济利用进行货币估价，结果就引出资源耗减价值和环境退化价值两个概念。

从自然资产存量角度看，资源耗减价值和环境退化价值代表了资产价值的下降，是反映资产变化的概念；如果从经济过程角度看，资源耗减价值和环境退化价值则反映当期为经济活动所消耗的资源环境投入的货币价值，是经济活动的资源环境成本①。

显然，资源耗减价值和环境退化价值是两个并列概念，分别代表了被经济利用的自然资产的不同功能价值。所谓资源耗减价值，是指经济过程利用消耗自然资源所形成的成本，也就是自然资源存量由于经济利用而减少的价值，比较侧重于自然资产的数量利用方面；所谓环境退化价值，是指经济过程使用了环境提供的服务而形成的成本，也就是自然环境由于向经济过程提供服务而使其功能下降的价值，比较侧重于自然资产的质量方面。

鉴于国民经济核算在现实中的广泛应用性，以及其在反映资源环境与经济之关系上所具有的局限性，实施绿色国民经济核算的重要目标之一，就是要对经济过程中利用消耗的资源环境进行货币估价，核算经济活动的资源环境成本，以此来调整 GDP 等传统宏观经济总量。因此，资源环境成本及其计量是绿色国民经济核算体系中的一个重要研究课题。在内涵上，它集中体现了经济与资源环境之间的关系，代表了经济过程对资源环境的利用及其对资源环境的影响；从技术上，它汇集了进行资源环境经济核算的基本困难——资源环境的估价。可以说，如果解决了资源环境成本的概念定义和货币计量问题，就相当于解决了宏观总量的计量调整问题。

如何实现资源耗减和环境退化的货币估价？由于资源环境问题主要产生于经济行为的外部效应，在很大程度上不具有市场性，或者是仅具有不完全的市场性，因此，如何进行资源环境成本估价，得到资源耗减价值和环境退化价值，在技术上仍然存在巨大困难。一方面需要借助于经济产品、经济资产的方法，以市场为依据进行估价，另一方面还常常需要另辟蹊径，寻找其他替代方法。

3.1.4 资源管理和环境保护支出

伴随资源环境问题在经济发展过程中日益突出，经济体系做出

---

① 在 SEEA-1993 版本中，资源耗减价值和环境退化价值被笼统地称为环境成本，但此后的 SEEA-2003 版本放弃了环境成本的说法。

了明确的反应——不仅要利用资源环境，而且要保护资源环境。显然这些活动与上述资源环境经济利用的性质正好相反：后者是将资源环境投入经济过程以获得一般经济产品，结果是资源数量耗减和环境质量退化，而前者则是将劳动、资本等经济生产要素投入资源环境保护过程，结果是使资源环境得到保护、恢复和可持续利用。为资源管理和环境保护所花费的当期投入，就是所谓资源管理和环境保护支出，它代表了经济体系为之花费的代价和做出的努力。确立这一概念，可以彰显经济与资源环境的另一层关系，使得绿色国民经济核算的内容更加全面。

资源管理和环境保护活动发生在现实经济体系之中，是经济活动的一部分，因此已经包括在国民经济核算的范围之内。但是，遗憾的是，国民经济核算只是将其作为一般经济活动看待，与那些利用资源环境获得经济产品的活动加总在一起，计算产出和增加值，形成国内生产总值。由于现实中以资源管理和环境保护为目的的活动发生在各个领域、各个环节并且有不同方式，在国民经济核算框架中难以通过某一个产业类别单独显示出这些活动，因此，绿色国民经济核算的一个任务就是要设法将这些活动从原来的核算中剥离出来，专门核算资源管理和环境保护支出。

从内容上看，资源管理和环境保护是两个相对独立的部分。资源管理着眼于自然资产之资源功能的维护和可持续管理，是针对资源过度开采而采取的行动；环境保护则着眼于自然资产之受纳功能和生态功能的保护和恢复，一般是针对污染物过度排放而采取的行动。但是，现实中常常难以在资源管理和环境保护之间划出界限，比如针对森林所采取的行动，既涉及资源维护又关系到环境保护。从各国实践看，环境保护支出核算的开发程度要明显高于资源管理支出核算。

资源管理和环境保护支出核算与上面提到的资源耗减价值、环境退化价值有联系。资源管理支出与资源耗减价值、环境保护支出与环境退化价值两两对应，之间在计量对象上具有某种同一性但方向相反：资源管理（环境保护）体现经济体系对资源（环境）的正效应，资源耗减（环境退化）则表达经济体系对资源（环境）的负面影响。在一定意义上，可以认为资源管理（环境保护）抵消了一部分资源耗减（环境退化），资源耗减价值、环境退化价值计量的正是没有被抵消的剩余变化部分。

两两之间所采用的计量方法也有不同，资源管理和环境保护支出以实际发生的支出为估价基础，而资源耗减价值和环境退化价值则是采用了虚拟估价方法，是对没有得到保护的那部分环境影响进行的估价。但在另一方面，资源管理和环境保护支出核算可以为资源耗减和环境退化价值核算提供估价依据，下面第 4 节将会系统说明，基于支出核算的资源实际培育成本和废弃物实际处理成本，是从恢复、治理角度对资源耗减和环境退化价值进行估价的基本方法。

还需要对支出的概念以及与成本概念的区别予以明确。资源管理和环境保护支出是指当期为进行资源管理和环境保护实际发生的费用，它由两个部分构成：① 当期为此目的而发生的投资支出，是购置资产的费用；② 当期在此主题下发生的经常性支出，是实际进行资源管理和环境保护活动的运行费用。成本的概念与此有所不同，主要在于它不包括当期发生的投资支出，但要计算当期资源管理和环境保护活动中使用的固定资产的折旧。用会计核算的语言概括，成本是在权责发生制下计量的费用，而支出则是在收付实现制下计量的费用。

3.2 资源环境经济核算方法

国民经济核算使用统一的货币计量单位，实现了对各类经济资产及其使用的总体测算，并且便于了解不同经济资产之间的关系。构建资源环境经济核算体系的一个基本问题，在于建立一整套资源环境的价格体系，一方面用于不同环境资产的加总以及与其他经济资产的加总，另一方面也便于应用于对国民经济核算相关总量指标的调整。

但是，由于在现实经济体系中，资源环境的各功能还未能全部进入市场，不是所有的自然资源都可以通过市场体现其价值，所以至今资源环境的统一估价问题仍然悬而未决，成为国民经济核算“绿化”过程中的主要障碍。尽管如此，资源环境经济学中关于资源环境价值评估的理论研究和实践探索还是可以在一定程度上为资源环境经济核算提供方法学的支持。

3.2.1 资源环境经济核算思路

资源环境价值核算方法既是统计工作的系统工程，又是国民经济核算体系的一个重要组成部分。资源环境的核算，是在资源环境成本定价的基础上进行的核算，既包括存量的核算，又包括流量的核算；既要有实物形态的核算，又要有价值形态的核算；即要对各类资源环境分别进行分类核算，又要进行综合核算。由于核算的内容与要求不同，其核算的方法也各不相同。同时，要把资源环境的核算同国民经济增长变化的核算以及国民经济运行所使用的投入、产出方面进行的核算联系起来。对资源环境的核算分 3 个层次进行：第一个层次的核算是对每一类资源环境进行核算，反映出它的增减变化；第二个层次的核算是对资源环境进行综合核算，反映出资源环境总量的变化；第三个层次的核算是把资源环境核算纳入国民经济核算体系，全面地反映国民经济的增减变化，资本形成的规模以及国民生产总值与净值的实际状况。这 3 个层次的核算相互联系，相辅相成，但其核算的重点、核算的方法并不完全一样。

3.2.1.1 分类核算法

由于各类资源环境的属性和功能不同，需要分别核算，需对各类资源的变化量、开采量和其他损失量、存量等进行核算，针对各种环境介质、污染物所带来的损失、治理所需的成本等进行核算。

由于资源环境的价格是资源环境核算的基础，而资源环境价格与资源环境产品的价格有着密切的联系，因此需要观察其价格是如何形成的，即它是由哪些因素构成的，进而为制定正确的自然资源价格政策提供依据。在对自然资源进行核算时，资源物品一般具有实物形态和价格，理论上进行核算并不复杂，只需将实物量乘以价格即可得到资源物品的价值。但在核算中存在着 3 个问题：① 资源的实际价格往往低于市场均衡价格；② 需要将资源的总价值折算到某一个时间点；③ 资源的环境属性很难进行估价。在对环境进行核算时，可以采用直接市场法、揭示偏好价值评估法和意愿调查价值评估法对每一种环境要素进行核算。

3.2.1.2 综合核算法

在现代社会化大生产对自然资源需求日益增大的情况下，单纯依靠自然再生产已远远不能满足需要，必须通过增加社会投入来扩大自然资源的再生产能力，提高环境对生产过程中排放的污染物质的消纳能力，从而满足今世和后代的需求。因此，要实事求是地把资源环境生产活动作为一种产业活动、作为一个产业部门来看待。对自然资源的总量进行核算，对总体环境质量为人类生产生活带来的收益和损失进行核算。各种资源环境的实物量是无法加以综合观察与分析的，在商品货币的条件下，只有借助于价格这个相同的测量尺度，才能求得自然资源的总量，反映出资源环境产业部门的总水平。核算的过程是通过第一层次自然资源平衡表中的价值量指标求得资源环境的总量指标。

3.2.1.3 纳入国民经济核算体系

将自然资源的消耗、环境污染与生态破坏的损失纳入国民经济核算体系的前提是：要确认自然资源是有价值的；要把自然资源看做一种资产、一种财富；要把自然资源的增加量（生长量、新发现量、重估增值量等）当作资本形成，即新增资产来看待；要把自然资源的减少量（开采量、损失量、重估减值量等）当作资本和资产损耗来处理；要遵循国民经济核算的一条原则，即在进出口平衡的条件下，对资源核算的基本思路、框架和方法先进行实物量核算，然后将资源核算纳入国民经济核算体系。资源核算作为国民经济核算的一个重要组成部分，可以通过国民财富核算、经济产值核算和投入产出核算 3 条渠道纳入国民核算体系。在经济产值核算中，一个重要问题是引入自然资源折耗（类似固定资产折旧）概念。将资源核算纳入国民经济核算体系，可以明显看出自然资源的增减、消长及其对经济发展的影响。

资源核算是国民经济核算的一个重要组成部分，问题的关键是如何将资源环境核算纳入国民经济核算体系。可以从 3 个方面把它们结合起来解决。

（1）资源环境核算纳入国民财富核算。“国民财富”是指一个国家在某个特定时间所拥有的人造资产、自然资源、人力资本的存量状况或价值总和。它由如下两个重要部分组成：① 物质财富，包括人造资产（如国民资产负债表中的固定资产、存货、珍贵物品、无形资产、对国外的净金融债权等）和自然资源（如土地资产、森林资产、矿产资产、水资产和非资产性自然资产）；② 人力资本（如“自然人”所具有的知识、健康、技能与能力等素质的总和等）。国家财富，特别是人均国家财富指标体现了我国全面建设小康社会的水平程度。

（2）资源环境核算纳入国民经济产值核算。因为资源也是一种资产，它本来就是国民财富的一部分，它同固定资产、流动资产加起来，构成整个国民财富。资源环境核算纳入国民经济产值核算。

把资源环境核算同国民生产总值和国民生产净值（NNP）以及

资本形成和固定资产折旧（FD）联系起来。传统的 GDP 和 NNP 都没有把资源环境核算包括在内，为保证经济社会持续、快速、健康发展，需要在传统的 GDP、NNP 基础上如实地把一定时期内的资源增加量和环境质量的改善当作资本形成的一部分来看待，而把一定时期内的资源减少量和环境质量的恶化当作固定资本折耗来处理。

（3）资源核算纳入投入产出平衡核算。对资源环境产业活动进行物质生产部门投入产出平衡核算，要求把资源产业与其他物质生产部门同等看待，纳入物质生产部门间平衡表，进行总体投入产出核算。这就是说，把资源环境生产活动作为一个独立的产业部门，再投入产出表中单独列出，反映资源环境产业部门与其他产业部门之间的相互依存的联系。

物质性资源功能具有数量服务特征，易于应用市场价格评估其价值。资源可以直接投入经济生产过程，其价值会转化为产出价值的一部分而包含在资源产品价格之中。因此，资源估价的过程就是寻找已经包含在相关产品中的资源价值的过程，即所谓资源租金。对应当期消耗的资源租金就是资源耗减价值，将资源寿命期内各期资源租金进行折现加总，结果就是资源总价值。环境容量服务功能和其他舒适性服务、生态服务功能具有质量服务特征，难于直接应用市场价格评估其价值。一般来说，关于环境服务功能的价值评估主要限于环境退化方面。

3.2.2 资源环境经济核算分类

从分类上看，资源环境核算包含以下两个层次，一是实物型核算，二是货币型核算。所谓实物型核算，是在国民经济核算框架基础上，运用实物单位建立不同层次的实物存量账户和环境-经济供应使用表、投入产出表，描述各类环境资产的存量和变化量，描述与经济活动对应的各类自然资源和生态投入量、废弃物排放量。在货币型核算中，具体包括两个部分：① 对现存经济核算中有关环境的货币流量予以核算，包括环境保护支出等核算；② 在实物核算基础上估算各种环境流量和存量的货币价值。进而，将货币型核算的结果与国民经济核算的内容合并起来，对传统的宏观经济总量进行调整，进而形成包含环境要素的环境经济综合核算体系。

3.2.2.1 实物量核算

环境污染实物量核算包括各部门和各地区的污染物排放、处理与产生量实物核算，并将污染物的实物排放量纳入能反映经济投入产出关系的经济-环境混合核算表中。环境污染实物量核算分为两个部分：

（1）按照部门类别和地区编制污染物实物核算表。横行为各经济部门和地区，其中部门分类基本采用国民经济行业分类中的一级部门分类，根据污染物数据的实际情况，废气、废水和固体废弃物所核算的部门稍有差别。地区分类按区域分为东部、中部和西部，在各区域内再按省（市）分类；纵列为废弃物和废弃物中主要污染物的产生量、处理量和排放量，其中：水污染包括废水、COD、氨氮和其他有毒有害物质，大气污染包括 SO_2、工业粉尘和烟尘，有条件的地方还包括 NO_x，固体废弃物包括工业固体废弃物、危险废弃物和生活垃圾。

（2）将污染实物排放量纳入经济投入产出表中，形成“经济-环境混合实物核算表”。与单纯的污染物实物核算表相比，混合核算表具有以下特点：① 不是单纯表现污染物排放的来源，而是将排放与中间产品投入并列显示出来。这在某种意义上表现出，环境对经济活动提供污染物受纳服务，也是经济活动的投入。② 该表中，经济投入产出部分是价值表，按货币单位编制，而污染物排放部分则是实物数据，按实物单位编制，因此有混合表之称，显然这样的混合表不能进行列向合计。从实际应用看，这样并列的结果，为观察经济活动的污染物排放强度（如计算污染物排放系数）提供了基础。

3.2.2.2 价值量核算

环境污染价值量核算内容具体包括 3 个部分：① 对现存经济核算中有关环境污染的货币流量予以核算，主要是污染物实际治理成本的核算；② 估算污染物排放所造成的虚拟治理成本或实际的环境退化成本；③ 将前两部分加和，计算环境污染总成本。

进行环境污染价值量核算，也就是核算环境污染成本。环境污染成本由实际污染治理成本和环境退化成本两部分组成。其中，污染治理成本是指在目前的治理水平下，处理生产和消费过程中所产生废弃物的实际已发生治理成本；环境退化成本是指在目前的治理水平下，生产和消费过程中所排放的污染物对环境功能造成的实际损害。污染物排放造成的环境退化成本是环境污染价值量核算中最关键也是最困难的部分，如前所述，本书将分别采用治理成本法和污染损失成本法核算环境退化成本，前者称为虚拟污染治理成本，后者称为环境退化成本。

（1）实际污染治理成本的计算方法。计算实际污染治理成本，理论上比较简单，即利用污染物处理实物量和污染物治理的单位成本，两者相乘即为实际治理成本。进行该项核算的主要困难在于单位污染物治理成本的确定。

（2）虚拟污染治理成本的计算方法。虚拟污染治理成本是维护环境不发生退化需要花费的治理成本，是对环境退化成本的最低估计。计算方法与上述实际污染治理成本的计算方法相同，利用排放数据和单位治理成本，计算为治理所有要排放的污染物应该花费的成本。采用这种方法，可按污染物类别分别计算，并归集到产生污染的各个部门，进而可对各部门的增加值进行调整，即易于与目前的国民经济统计部门相接口。但这种算法存在严重的理论缺陷，如采用这种算法等于默认治理污染的成本与污染排放造成的危害相等，治理与不治理没有差别，治理的效益无从体现，容易造成概念上的混淆。因此，从严格的意义上来讲，利用这种思路计算得到的仅是防止环境功能退化所需的治理成本，是污染物排放可能造成的最低环境退化虚拟成本，并不是实际造成的环境退化成本。可以将虚拟污染治理成本作为环境退化成本的最低值估计，以污染损失作为实际环境退化成本。

3.2.3 资源环境估价方法

3.2.3.1 资源环境估价的基本问题

要进行资源环境经济核算，资源环境的估价是一个基本方法问题。但是，如何对资源环境进行估价，是一个非常复杂的、有待于进一步研究探索的课题，至今仍然没有找到统一的方法。

如何选择资源环境估价的方法，需要明确以下几个问题：

（1）要对资源和环境分别讨论，确定估价方法。资源具有数量特征，与经济体系具有直接的物质投入关系，其估价方法更加接近于市场价格；环境则相反，主要体现为功能质量，常常无法用数量多少表述，其估价方法往往难以与市场相联系。如果同一实体同时涉及资源和环境两方面的功能，比如森林，则可分别资源估价和环境估价，两者具有可加性。

（2）要对存量和流量分别讨论，确定估价方法。对存量的估价主要是为了核算资产总价值，对流量进行估价，主要是为了核算经济活动的资源环境成本。对资源来说，既有存量又有流量，两者在估价具有一致性；而环境则常常没有存量，一般是仅就流量进行估价。

（3）资源环境估价的思路之一是以市场交易价格为基础，寻求估价方法，估算资源的经济价值，即沿用国民经济核算的估价方法；估价的另一种思路以对人类的有用性（即对福利的影响）衡量资源环境的价值，有时候，该价值是反向表示的，即以丧失该功能后对福利的负面影响——成本或损失——来度量。

（4）资产价值是由该实体给其所有者带来的未来收益决定的，因此资源环境估价的基本方法就是确定其未来收益。对市场化的（资源环境）资产，收益表现为当期的市场价格；对非市场化的（资源环境）资产，收益有不同的表现形式：或者隐含在所转化形成的资源产品之中，或者体现为必须花费的恢复或重置成本，或者表现为所损失福利的价值，或者用愿意支付的价值或愿意接受补偿的价值来显示。

3.2.3.2 自然资源耗减价值的核算

资源的估价涉及期末资源存量估价和当期资源消耗量估价两个层次，核算结果分别是资源总价值和资源耗减价值。资源可以直接投入经济生产过程，其价值会转化为产出价值的一部分而包含在资源产品价格之中。因此，资源估价的过程就是寻找已经包含在相关产品中的资源价值的过程，即所谓资源租金。对应当期消耗的资源租金就是资源耗减价值，将资源寿命期内各期资源租金进行折现并予以加总，结果就是资源总价值。自然资源耗减价值反映了自然资源存量价值的变化，SEEA 中推荐了两种方法来估算自然资源耗减价值。

（1）净现值法。通过资源租金、资源存量、资源寿命期限或开采率、未来收入的折现率等计算。其中资源租金又可以通过 3 种方式估算：① 拨付法，在政府拥有资源所有权情况下，通过征收资源开采税费，强制性地给定一个资源租金水平；② 永续盘存推算法，把总营业盈余作为所有资产的总收益，扣除固定资本消耗和生产资产报酬，将所余作为资源总收益即资源租金；③ 资本服务流量推算法，从营业盈余中扣除生产资产的资本服务流量，所余为资源的服务流量，也就是资源租金。

（2）净价格法。即从资源产品价格中扣除资源开采成本税金和合理利润，所余净价格即为资源价格。在不同情况下，该方法又有各种变通，如可以以资源产品国际市场价格为基础，扣减该资源产品之国内成本（即该产品出口的离岸价格），所余作为资源价格。净价法体现了上述永续盘存推算法的思路。依据Hotelling模型计算，该模型假定在特定市场条件下，资源稀缺时，不可再生资源的租金会以等于折现率的速度递增，因此资源存量价值可通过每单位资源的当前租金乘资源存量规模简单计算。

需要特别指出，不同资源具有不同特性，因此资源估价需要结合具体资源类别而确定具体方法。

3.2.3.3 环境退化价值的核算

相比上面的两种估算，环境退化价值的核算则最具有争议性，目前采用比较多的是直接市场评价法、揭示偏好价值评估法、意愿调查价值评估法。

（1）直接市场评价法。是根据生产率的变动情况来评估环境质量变动所带来的影响的方法，其中包括剂量-反应方法、生产率变动法、人力资本法、机会成本法。

- 剂量-反应方法：是通过一定的手段评估环境变化给受者造成影响的实物量效果。例如，空气污染造成的材料腐蚀，酸雨带来的农作物产量的降低，水和空气污染对人体健康的影响等。
- 生产率变动法：是环境变化可以通过生产过程一些生产者的产量、成本和利润，或是通过消费品的供给与价格变动影响消费者福利。例如，水污染将使水产品产量或价格下降，给渔民带来经济损失。
- 人力资本法：环境的基本服务之一就是为人类生命的存在提供必要的支持。由于污染等将导致环境生命支持能力的变化，会对人体健康产生很大影响。这些影响不仅表现为因劳动者发病率与死亡率增加而给生产造成的直接损失，而且还表现为因环境质量恶化而导致的饮料费用开支的增加，以及因为人得病或过早死亡而造成的收入损失等。
- 机会成本法：在某种资源稀缺的条件下，该资源一旦用于某种商品的生产就不能同时用于另一种商品的生产，即选择了一种机会就意味着放弃了另一种机会。使用一种资源的机会成本是指把该资源投入某一特定用途后所放弃的在其他用途中所能够得到的最大利益。

（2）揭示偏好价值评估法是通过考察人们与市场相关的行为，特别是在与环境联系紧密的市场中所支付的价格或他们获得的利益，间接推断出人们对环境的偏好，以此来估算环境质量变化的经济价值。主要包括防护支出法和旅行费用法。

防护费用法是根据人们为防止环境退化所准备支出的费用多少推断出人们对环境价值的估价。

旅行费用法常常被用来评价那些没有市场价格的自然景点或者环境资源的价值。它要评价的是旅游者通过消费这些环境商品或服务所获得的效益，或者说对这些旅游场所的支付意愿（旅游者对这些环境商品或服务的价值认同）。

（3）意愿调查价值评估法是通过调查，推导出人们对环境资源的假想变化的评价。当缺乏真实的市场数据，甚至也无法通过间接地观察市场行为来赋予环境资源以价值时，只好依靠建立一个假想的市场来解决。意愿调查评估法试图通过直接向有关人群样本提问来发现人们是如何给一定的环境变化定价的。

3.3 资源环境经济核算框架

国内外实践表明，建立中国资源环境经济核算体系不是一件可以一蹴而就的任务，而是一项艰巨复杂的系统工程。要完成这样一项系统工程，首要的是要构建一个总体框架，以便为此后的具体核算研究提供总体指导。之所以需要这样一个总体框架，可以从以下3个方面找到依据。

（1）资源环境经济核算体系是近年来的国际热点研究领域，国际组织、各国官方和民间机构都在为此做出努力，已经取得了显著的成果和经验，但尚没有形成一个非常成熟的、具有高度可操作性的制度范式。因此，中国建立资源环境经济核算体系，不可能像1980年代建立中国国民经济核算体系那样，将国际统一框架直接应用于中国，而是需要一方面立足中国实际，另一方面最大限度地借鉴国际研究成果，形成适应中国特点的绿色核算体系。

（2）经济发展面临的资源环境问题是多种多样的。不同的资源环境要素具有不同特点，与经济体系的联系方式也多种多样。比如，森林是可再生资源，水是循环性资源，矿物则是不可再生资源；森林不仅有林木等经济产出功能，更有生态功能；关于水，既有水资源问题，需要从数量方面计量，又有水环境问题，需要考虑废水排放带来的影响，而且还有水产品问题，要考虑水在经济体系内部的流通。因此，关于资源环境经济核算，探索性研究应该从局部的主题核算开始，为保证各种局部主题核算能够统一于资源环境经济核算的整体要求，必须设计一个资源环境经济核算的整体框架，为各种主题核算提供方向指导。

（3）结合中国的国情而言，中国地域广袤，自然条件具有很大差异，区域发展不平衡，不同区域具有不同的资源禀赋和经济发展特点，面对着不同的资源环境问题。要建立中国绿色国民经济核算体系，特别需要在不同层面、着眼不同主题、在不同区域进行各种专题性核算的探索实践，这是一个逐步探索、创新、总结、完善的过程。面对这种情况，特别需要一个有关中国资源环境经济核算体系的整体框架，通过这个框架，理清核算的基本思路，规范核算的基本概念，给出相应的核算表，以便为各种局部核算提供方法依据，保证各专题核算能够符合整体绿色国民经济核算的目标。

3.3.1 框架建立的基础

资源环境经济核算是一个复杂的体系，一方面要以传统国民经济核算框架为基础，这是一个覆盖整个经济系统的核算框架；另一方面又要考虑将各种不同的资源环境要素纳入其中。

3.3.1.1 传统国民经济核算体系框架

资源环境经济核算体系的基础主要是国民经济核算体系。国民经济核算和资源环境统计一起构成了资源环境经济核算的数据基础。

国民经济核算的主要内容可以用国内生产总值核算、投入产出核算、资金流量核算、国际收支核算、资产负债核算 5 个子体系概括。从资源环境经济核算角度看，构成核算基础的主要部分是国内生产总值核算、投入产出核算、资产负债核算。从实物量上全面描述经济活动与资源耗减和污染物排放的关系，必须借助于投入产出表；全面核算一国所拥有的环境资产及其对可持续发展的作用，必须借助于资产负债核算框架；系统测度经济活动对环境的影响，科学测度经济活动的成果，计算考虑环境成本的经济产出（即绿色 GDP），必须借助于国内生产总值核算框架。经过 1980 年代以来的研究实践，中国已经建立起比较全面的国民经济核算体系，由此为中国资源环境经济核算体系的建立提供了一个较好的基础。

国民经济核算体系是针对一个完整的经济总体而建立的，中国在两个层次上建立了比较完整的国民经济核算体系：① 国家的国民经济核算体系；② 省市自治区的地区国民经济核算体系。面对中国地域广大、地区自然条件和经济发展具有明显差异的实际情况，资源环境经济核算不仅需要在国家层次进行，更需要在区域层面进行，因此，这样的两层次国民经济核算体系为地域性资源环境经济核算体系建立提供了前提。

3.3.1.2 基于 SEEA 的核算体系框架

从国际研究进展看，资源环境经济核算研究在内容上主要是从以下两个方向上逐步演进的：① 从国民经济核算入手，试图将资源环境因素引入，以实现传统经济核算的改良；② 从资源环境经济学计量分析入手，试图赋予资源环境一个经济定位，进行经济价值的计量。整体来看，绿色国民经济核算的框架设计主要以前一个方向为依据，但是，有关资源环境计量经济分析的研究成果在其中也得到了重要的体现，如何将资源环境因素纳入传统经济核算体系，尤其是如何实现资源环境的估价，其方法论主要来自资源环境经济价值评估研究长期以来形成的经验和成果。

构建中国资源环境经济核算框架，无须从头做起，而是要在借鉴国际已有研究成果和国内已经形成的经验基础上完成。伴随国际范围内针对资源环境经济核算的不同主题所进行的研究探索实践，资源环境经济核算的基本框架已经逐渐清晰起来。在此进程中，国际组织中的统计机构发挥了重要的作用，他们一方面不断对来自各个方面的局部核算经验予以总结，上升到理论方法层面进行系统研究，然后反过来使这样的系统研究成果得以传播和扩散，对各种局部核算研究提供方法性指导。这些努力集中体现在联合国统计机构主持下在 10 年间就环境经济核算所发布的 3 个文本上，即《综合环境经济核算——1993 临时版本》《综合环境经济核算——2000 操作手册》，以及《综合环境经济核算——2003 草稿》。总而言之，SEEA-1993 版本初步确定了环境经济核算的基础和有关基本概念，给出了环境经济核算的基本框架和内容；2000 版本说明如何去做，为如何具体实施环境经济核算，提供了更加具有可操作性的指示；2003 版本则系统总结了环境经济核算实践，依托国民经济核算体系，提出了核算中所应用的分类和更加具体的核算原理，并系统检验了不同核算内容的可行性及其应用价值。

建立中国资源环境经济核算框架体系，要依赖于这些国际性文献作为方法论基础，包括核算的基本范围、基本框架、基本概念、基本核算关系，中国框架的设计应该与国际经验保持基本一致。一方面，可以借鉴已有研究成果，提高体系设计的科学性，同时也有利于保持与国际规范的衔接和一致性。可以说，这些文献构成了中国资源环境经济核算框架的基本基础；另一方面，对国际文献研读的结果，我们发现，中国资源环境经济核算内容框架的设计不能简单照搬国际文献。原因之一在于，总体来看，国际文献的讨论只是给出基本理论方法思路，尚不是可供实施的、具有较强可操作性的方案，有些部分没有提出核算表，有些部分给出了核算表但不适合于实际操作；另一个原因就是，要将这些基本理论方法应用于中国实践，还需要结合中国实际，包括中国对资源环境经济核算的需求特点，以及中国有关资源环境基础统计的可得性和特点。

3.3.1.3 资源与环境统计核算基础

要将资源环境因素纳入国民经济核算体系，必须具备较为坚实的资源统计和环境统计基础。一方面需要资源统计、环境统计提供关于资源环境存量及其变化的实物数据；另一方面还要依赖于资源环境统计，确定资源环境要素的价格，为将资源环境因素纳入国民经济核算框架提供估价方法。中国几十年来一直重视矿产、森林、水、鱼类、土地等自然资源的统计，已经具备了基本的资源统计基础；近年来环境问题越来越受到关注，已建立起环境污染及其保护活动的监测和统计制度，覆盖了污染排放与治理、生态建设和保护的不同方面，可以说基本具备了自然资源和环境统计等基础条件。

3.3.2 框架定位和原则

3.3.2.1 目标定位

构建中国资源环境经济核算体系理论框架的目标，是要结合国际经验和中国实际，给出中国资源环境经济核算的基本模式，确定其基本核算内容，原则和目标，定义其中所涉及的基本概念、基本理论方法和基本核算关系，为进一步开展具体的资源环境经济核算提供总体框架指南。

就是说，这里所构造的中国资源环境经济核算体系框架，是一个带有理论性的方法指南，还不是一套具体的核算制度。由于资源环境经济核算的复杂性，以及在核算方法、核算实施、核算应用等方面所具有的探索性，难以一下子给出完备的核算制度，而是首先需要一个框架性的方法指南作为过渡。可以说，该框架是一个促进进一步研究实践的平台，通过该框架指南，希望在完备的资源环境经济核算制度形成之前，在以下方面发挥作用：

（1）宣传作用。面对可持续发展战略实施，资源环境经济核算具有紧迫性，通过框架发布，可以吸引更多的目光关注资源环境经济核算，尤其是中国的资源环境经济核算；同时，资源环境经济核算是一个跨越经济和资源环境两个领域的复杂体系，又要以国民经济核算为基础，通过这个框架，可以帮助关注者能够全面地把握资源环境经济核算的基本原理和整体思路。

（2）规范作用。目前关于资源环境经济核算的研究实践尚处于“群雄并起”的状态，无论是国际文献还是国内相关研究成果，均存在所使用词语、概念定义、范围确定不一致的情况。通过本框架，对核算中所涉及的基本概念、范围、关系等进行规范定义，可以保证中国在各种角度、各种层次进行的研究实践能够在同一平台上进行对话交流，提高进一步研究实践的应用效果。

（3）本土化作用。目前有关资源环境经济核算的方法基础主要是联合国等国际组织所提供的指导性文献。面对中国特有的国情，包括特有的资源环境问题、特有的管理方式、特有的核算基础，在中国进行资源环境经济核算，不能完全照搬国际经验，而需要以国际已有理论方法为基础，形成适应中国特点、满足中国需要的资源环境经济核算方法。通过这个框架，可以在国际经验本土化方面作出探索。

（4）专题研究指导作用。在现实条件下，资源环境经济核算更多是以专题核算方式出现的，即根据特定的资源环境主题，在特定区域，进行局部意义的核算。但是，专题性核算不应该是各自为政的核算，而应该遵循整个资源环境经济核算的方法规范。为了避免专题核算出现“就事论事”的片面性，为了不同专题核算之间的衔接和结合应用，需要有一个整体性的核算框架为具体的专题研究提供方法指南，本框架希望为此发挥作用。

3.3.2.2 遵循原则

资源环境经济核算是一个处于研究探索过程的国际性课题。根据资源环境经济核算的基本目标和中国的现实核算基础，构建中国资源环境经济核算体系，开展资源环境经济核算，需要坚持以下原则：

（1）以国民经济核算为基础和起点。进行绿色国民经济核算不是不要国民经济核算，而是要在国民经济核算基础上加入资源环境因素，反映资源环境与经济的关系，在考虑资源环境因素前提下衡量发展的成就，为资源环境经济综合管理提供支持。

（2）借鉴国际经验与适应中国需要两者兼顾。一方面要广泛参照国际经验，保持与国际已经形成的核算模式的对接；另一方面要适应中国现实，依托中国绿色国民经济核算已经取得的实际经验，保持与中国现有统计和核算基础的衔接，实现资源环境经济核算的本土化。

（3）全面理解资源环境经济核算的功能，将其作为一个多层次应用的体系。资源环境与经济之间的关系是多重的、多层次的，资源环境经济核算的目的是为全面认识资源环境与经济之间的关系提供全面、详细的数据信息，而不仅是对 GDP 进行调整获得所谓绿色 GDP。

（4）支持选择特定主题进行具体核算探索。目前资源环境经济核算仍然处于探索过程之中，针对一个经济系统进行全面的绿色国民经济核算尚难以达到。根据不同的区域条件、不同的环境主题开展局部意义的核算研究，既具有较高的可行性，又具有较强的可应用性。中国地域广袤，自然条件差异大，区域发展不平衡特征明显，贯彻本原则具有特殊重要性。

3.3.3 框架的内容体系

内容构造是资源环境经济核算体系框架设计的主要部分。我们需要面对两个基本问题：第一是资源环境经济核算体系中应该包括哪些内容；第二是如何将这些内容系统地表述出来，设计什么样的核算表。

3.3.3.1 基本要素

将资源环境因素纳入国民经济核算体系，构造资源环境经济核算体系，需要从以下方面予以考虑。

（1）从存量核算和流量核算两个方面考虑。一方面是将资源环境要素纳入经济资产之中，形成完整的自然资产概念，进行资产存量的核算；另一方面，要将资源环境利用消耗作为投入纳入当期经济活动核算之中，进行流量核算。二者的联系点在于，当期经济活动对资源环境的消耗利用，是构成自然资产存量减少的主要因素。

（2）从资源、环境不同功能考虑，整个资源环境经济核算体系包括两个相对独立的部分。一部分考虑自然资产的资源功能，核算资源存量和被当期经济活动所消耗利用的数量，即自然资源核算；另一部分考虑环境的受纳和生态功能，就环境质量状态及由于经济活动所导致的污染和生态效应（即环境退化）进行核算。二者是并列的，资源功能和环境的受纳、生态功能可能是由同一自然要素承担的，比如水，既是资源，又是废弃物的受纳体，还具有生态系统的功能。

（3）从核算手段考虑，资源环境经济核算可以区分为实物量核算和价值量核算两个层次。实物量核算是资源环境经济核算的第一步，可以充分利用资源环境统计数据，使其与经济核算数据相匹配，直观地显示资源环境与经济之间的关系；价值量核算则是在实物核算基础上通过估价进行的综合性核算，由于国民经济核算基本是一个价值量核算体系，在现实市场经济框架中，只有价值核算才能使资源环境体系和经济体系按照同一计量单位合为一体，获得相应的总量指标，对发展过程和结果做出综合性的评价，因此，价值量的资源环境经济核算是不可或缺的，代表了资源环境经济核算的最终目标。两者之间的关系在于，实物量核算是价值量核算的基础。

（4）要考虑现实发生的资源管理和环境保护活动。所谓资源管理活动，是指为实现资源的可持续利用而进行管理、维护的活动；所谓环境保护活动，是为保护环境不受经济活动侵害、恢复已经受到影响之环境而发生的活动。资源环境经济核算的主线是要显示出经济过程对资源环境的利用，从而显示对资源环境所具有的负面影响；但伴随越来越多的资源管理和环境保护活动在现实经济体系中发生，已经构成抵御对资源环境不良影响的重要因素，因此就必须在资源环境经济核算体系之中包含对资源管理和环境保护活动的核算。这两方面核算的关系是：为资源管理和环境保护活动所花费的成本可以作为实际资源环境成本，构成经济活动之资源环境成本的重要组成部分。

（5）核算结果应该包括解析式和加总式两个类别的核算数据。①解析式核算数据库，对所涉及的经济要素和资源环境要素进行详细分解，提供资源环境与经济之间关系的详细图景，这是管理和决策所不可缺少的；② 要对核算结果进行高度综合，像国民经济核算中以国内生产总值（GDP）为中心的总量指标体系那样，形成以 EDP（即所谓绿色 GDP）为中心的一组关键总量指标，用于可持续发展成果的评价。

3.3.3.2 基本表式

中国资源环境经济核算体系基本框架见图 3-1，其主要内容包括 4 组核算表：

（1）资源环境—经济流量混合核算表。经济活动的发生，一方面消耗了资源，另一方面排放了包含污染物质的废弃物，完成了物质从环境到经济、又从经济到环境的流量循环。资源环境—经济实物核算和混合核算的目的，就是要以国民经济核算的投入产出表为基础，将经济活动与资源消耗、废弃物排放联系在一起，提供详细的数据信息。核算分为两个步骤。

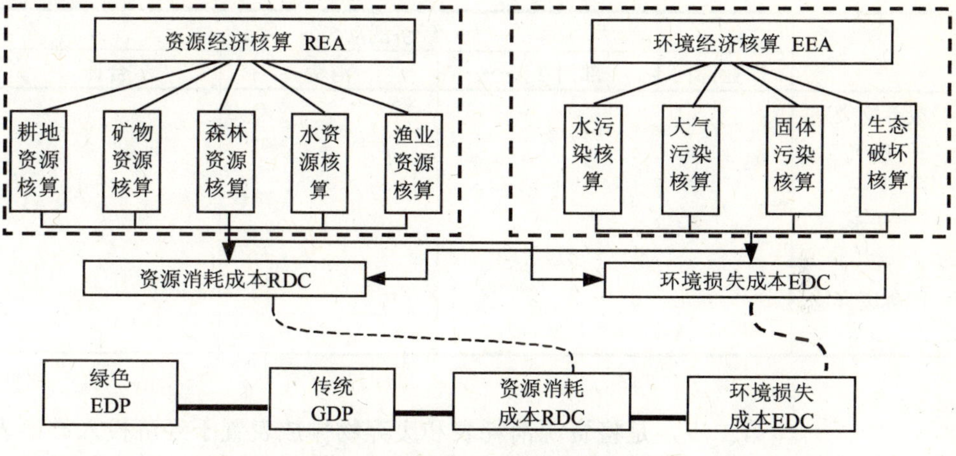

图 3-1　中国资源环境经济核算体系框架

第一步，是按照经济活动类别分别编制资源消耗实物核算表和废弃物排放实物核算表。纵列列示各类经济活动，主要是不同经济产业活动和消费活动，相关分类要与经济核算所采用分类保持一致；横行区分不同的资源类别，以及不同的废弃物类别。所形成的二维表分别体现资源的经济使用去向和废弃物的排放来源。核算表式见表 3-1 和表 3-2。

表 3-1 资源消耗实物核算表/实物单位

	经济活动		
	产业部门 1 部门 2 ……	消费	合计
资源类别			
矿产资源			
……			
水资源			
……			
森林资源			
……			
土地资源			
……			

表 3-2 废弃物排放实物核算表/实物单位

	经济活动		
	产业部门 1 部门 2 ……	消费	合计
废弃物类别			
废气			
……			
废水			
……			
固体废弃物			
……			

第二步，是将资源消耗表和废弃物排放表置于经济投入产出表（或供应使用表）之上，形成“资源消耗—经济产品—废弃物排放混合核算表”，即资源环境—经济混合核算表。核算表式如表 3-3 所示。

通过表 3-3，可以将资源消耗和废弃物排放与中间产品投入并列显示，由此体现出，资源环境对经济活动所提供的物质和服务，这也是经济活动的投入；从实际应用看，这样并列的结果，为观察经济活动的资源消耗强度和废弃物排放强度（即计算资源消耗系数和废弃物排放系数）提供了前提，同时也为进一步利用投入产出表的消耗系数，将资源消耗和废弃物排放置于国民经济各部门的普遍联系之中提供了前提。

表 3-3　资源环境—经济混合核算表/货币单位、实物单位

	产业部门				最终消费	资本形成	净出口	使用总计
	I1	I2	I3	I 产业总计	C	CF	X	
I1 农业、渔业和矿业								
I2 制造业、电力和建筑业								
I3 服务业								
I 产业总计								
增加值								
投入总计								
自然资源消耗 矿产资源 森林资源 水资源 ……								
废弃物排放 废气 废水 固体废弃物								

表 3-3 中，经济投入产出部分是价值表，按货币单位编制，而资源消耗和废弃物排放部分则是实物数据，按各种实物单位列示，由此有混合表之称。这样的混合表不能做列向合计，但是，这样的核算信息具有重要应用意义，同时由于不涉及估价问题，从而也更加具有可行性。

（2）资源管理和环境保护活动流量核算表。资源管理和环境保护活动发生在现实的经济体系之中，因此，对资源管理和环境保护活动进行核算，就是要对原来国民经济核算的内容加以重新组合，分离出与资源管理、环境保护活动有关的流量予以单独核算。

从资源环境经济核算体系的目标出发，对资源管理和环境保护活动进行核算，目的之一是要核算出现实经济体系为保护资源环境而花费的经济代价，即资源管理和环境保护活动支出，它代表了当期经济活动的实际资源环境成本；目的之二是要系统描述出围绕资源管理和环境保护活动所形成的经济利益关系，确定资源管理和环境保护资金支出的最终承担者。

可以针对资源管理活动和环境保护活动分别进行核算。从国际实践经验看，环境保护活动核算更加引人关注并具有更强的可操作性。因此，以下就环境保护活动流量核算提出核算表。

进行环境保护支出核算，要先编制关于环境保护活动的投入产出表，核算出为直接进行环境保护而实际发生的支出，然后将围绕环境及保护活动而发生的转移支付纳入核算，就可以得到有关环境保护最终负担支出的核算结果。

表 3-4 是环境保护投入产出表的示意表式。横行反映环保产品及其使用去向：被生产过程所消耗、用于最终消费和积累，或者被出口国外；纵列反映环保产业生产的投入：消耗各种中间产品，同时创造增加值。

表 3-4　环境保护活动投入产出表/货币单位

	国内产业				最终消费		资本形成		净出口	产品使用总计
	环保服务	环保关联产业	清洁产品	其他生产	个人消费	公共消费	环保产业	其他产业		
产品使用										
环保服务										
环保关联产品										
清洁产品										
其他产品										
固定资本消耗										
净增加值										
产业总产出										

表 3-5 是关于环境保护支出的核算表。列向分别列示专门环保生产者、其他生产者、住户、政府和国外，以记录各自为环境保护而承担的支出；横行标题体现各支出项目，其中，表中上半部分来自环保投入产出表上半部分，是关于环保产品使用的支出，下半部分则是有关环境及其保护的转移支出，体现为环保而筹集资金的支出，两者合计起来，就是各部门为环境保护所最终承担的支出。

（3）自然资产存量及其变动核算表。资产存量是指在特定时点上的资产拥有量。将资源环境因素纳入经济核算，需要将原经济核算的经济资产概念予以扩展，最大限度地包括各种自然要素，和原来经济资产中包括的培育性和非培育性自然资产合起来，形成完整的自然资产概念。

表 3-5 环保支出核算表/货币单位

	专门生产者	其他生产者	住户	政府	国外	总计
基于环保产品使用的支出						
环保服务						
环保关联产品						
清洁产品						
为环保的资本形成支出						
有关环境及其保护的转移收支						
经常转移						
资本转移						
环保支出总计						
其中：由国外支付						
国民环保支出						

对应不同功能，自然资产区分资源存量和环境存量两个部分。一般来说，资源存量可以直接用拥有量表述，而环境存量则难以用“多少”予以说明。因此，提到自然资产存量核算，首先是指资源存量的核算，而关于环境存量，则需要通过间接方式表述，比如空间的大小、物种的多少、环境质量的分类构成和物质含量指标等。

自然资产存量核算首先是特定时点上拥有量的核算，就一个核算期间来说，包括期初和期末两个时点；同时，还应该就该核算期间内引起资产存量变化的原因进行分类核算，构成一个从期初到期末的动态平衡关系：期初存量＋当期变化＝期末存量。在当期变化的诸多原因中，因经济利用而导致的数量减少是最引人注目的，从核算关系上看，它体现了资产存量核算与上面第一部分资源环境-经济流量核算之间的连接。

自然资产存量核算包括实物核算和价值核算两个层面。对资源存量核算来说，既可以按实物量表述，也可以通过估价实现价值量核算。表 3-6 是资源存量及变化核算表式。可能包括的资源类别有土地、水、矿物、森林、鱼类及其他生物资源。资产存量的变化表现为增加和减少两个方面，可归结的原因包括：生物资产的自然增长，矿物资源的发现，经济使用导致的资产减少，其他各种因素如灾害、分类变化引起的资产变化等。由于自然资产中包括了由经济生产过程参与的培育性自然资产，对这部分资产而言，资本形成、固定资本消耗等经济交易也是影响变化的原因。此外，统计方法的变化也可能引起资产变化，如果是价值核算，还要包括重估价带来的价值变化。

不同资源，其存量的性质和可计量性也不相同。比如，森林资源存量要由林地面积和林木蓄积量两个尺度表示；矿物资源存量表现为各种矿物的储量，但储量具有明显的不确定性，在经济技术上具有不同程度的可利用性；水资源没有可计量的总存量概念，只能在提取获得意义上定义并核算水资源总量；鱼类资源也无法直接进行存量核算。因此，表 3-6 只是资源存量及其变化核算的总体示意表式。在具体核算中，需要根据不同类型的自然资源，进行具体内容和表式设计。比如，矿物资源核算中，需要区分不同矿物种类，需要结合探明程度和经济技术可利用程度，具体设计表现矿物储量及其变化的指标项目，进行具体核算；森林资源核算中，需要区分森林原生程度（天然林、半天然林、人工林）、树种和成熟程度（过熟林、成熟林、近熟林、中龄林、幼龄林），按照林地和林木蓄积设计核算内容和核算表式，进行具体核算。

表 3-6　自然资产：资源存量及变化核算表（实物核算和价值核算）

	土地资源	矿物资源	水资源	森林资源	鱼类资源
期初存量					
经济交易引起的变动					
资本形成					
固定资本消耗					
存量增加					
发现					
自然增长					
分类变化					
存量减少					
自然资源开采					
分类变化					
其他变动					
灾害损失					
统计方法变化					
重估价引起的持有损益①					
期末存量					

① 重估价引起的持有损益，只在价值核算中才有意义。

对环境存量来说，直接的数量核算只能在有限范围内进行，价值估算也是很难实现的。表 3-7 只是环境存量及变化核算的一个示意表式。期初和期末存量实际上表述的是该时点上环境的数量和质量状态，主要包括面积、种群等数量指标，也可以设计分组构成指标和直接表征质量水平的物质含量指标。在核算期间内，一方面是数量变化，另一方面是质量变化，变化的原因既和经济利用、排放引起的污染有关，同时也存在经济之外的原因。

表 3-7　环境资产：环境容量和生态功能存量及变化核算示意表

	土地生态系统	水体生态系统	大气系统	动植物（数量）
期初存量				
数量变化				
自然原因				
经济原因				
其他因素				
质量变化				
自然原因				
经济原因				
其他因素				
期末存量				

自然资产存量核算的结果，是得到各种资源（如矿物资源）的资产存量总价值以及自然资产（主要是自然资源）存量总价值。以此资产存量总价值为基础，可以对传统国民经济核算之资产负债核算的国民资产总价值和国民财产净值进行总量调整，调整的结果在概念上比较接近于世界银行所定义的“国家财富”（但不涉及人力资本和社会资本），可以在更完整意义上反映一国所拥有的物质财富。

由于资产范围的扩展，经调整的资产核算结果肯定会加大原来核算的资产总量。但是，由于自然资产中有一部分原来就属于经济资产（只是可能不属于生产资产），因此，不是按自然资产总价值进行调整，而是按照对经济资产之扩展部分的总价值进行调整，就是说，资产总价值不是按照自然资产总价值而扩大，而是按照经济核算原来未包括部分之价值而扩大。即：

调整后的资产总价值＝经济资产总价值＋扩展部分资产的总价值

（4）以 EDP 为中心的总量核算表。进行国民经济核算，会形成一组以国内生产总值为中心的综合性指标。与此相对应，进行资源环境经济核算，客观上特别需要开发出功能上类似 GDP 的指标体系，即以“经资源环境因素调整的国内产出——EDP”为中心的总量指标体系。

从 GDP 到 EDP，其间的调整是把经济活动对资源环境的利用消耗价值（即所谓经济活动的资源环境成本）予以扣除。与前面关于 EDP 的概念说明相一致，进行 EDP 总量核算需要明确以下几点：

第一，从理论上，进行资源环境因素调整的基数不是国内生产总值（GDP）而是国内生产净值（NDP），“经资源环境因素调整后的国内产出——EDP”应该是绿色 NDP 而不是绿色 GDP。但是，考虑 GDP 在现实中应用的广泛性，比较现实的做法是在总量基础上定义 EDP，计算绿色 GDP。

第二，资源环境成本计量有不同层次，EDP 的核算也具有层次性。以资源耗减价值进行扣减，可得到“经资源耗减调整的国内产出”；以资源管理与环境保护支出进行扣减，可得到“经资源管理与环境保护支出调整的国内产出”；以环境退化价值进行扣减，可得到“经环境退化调整的国内产出”。

第三，和 GDP 有 3 种计算方法一样，“经资源环境调整的国内产出”也可以在 3 个方向上表示。生产法的计算思路，是从总产出中依次扣除中间消耗和资源环境成本；按照收入法的计算思路，劳动报酬、生产税不发生变化，资源环境成本应该从营业盈余中扣减；在支出法计算中，资源环境成本要抵减的主要是资本形成，即要考虑资源环境补偿对投资积累的影响。具体见以下关系式：

生产法：EDP＝总产出－中间消耗－资源环境成本

收入法：EDP＝劳动报酬＋生产税净额＋固定资本消耗＋营业盈余－资源环境成本

支出法：EDP＝最终消费＋资本形成＋净出口－资源环境成本

将上述考虑予以综合，形成所谓“绿色 GDP”核算表。表 3-8 是仿照 GDP 核算总表模式的 EDP 总量核算表。

要将环境成本调整落实到各产业部门，需要计算各产业之“经资源环境因素调整的增加值”，即 EVA。表 3-8 给出了立足生产法和收入法的计算表。

在 EDP 基础上，可以进一步计算经资源环境因素调整的可支配收入、储蓄、投资等一系列其他总量，其中，“经资源环境因素调整的收入”相当于相关文献所称的可持续收入；“经资源环境因素调整的储蓄”在思路上接近于相关文献所称的真实储蓄；“经资源环境因素调整的投资”在思路上类似于相关文献所称的真实投资。其间关系如下所示：

经资源环境因素调整的收入＝EDP＋分配性收入－分配性支出
＝国民可支配收入－资源环境成本

经资源环境因素调整的储蓄＝经资源环境因素调整的收入－最终消费
＝国民储蓄－资源环境成本

经资源环境因素调整的投资＝经资源环境因素调整的储蓄±净借入/净贷出
＝资本形成总额－资源环境成本

表 3-8 EDP 总量核算表/货币单位

生　产	使　用
生产法：	支出法：
总产出	最终消费
中间投入（－）	居民消费
国内生产总值	政府公共消费
资源环境成本（－）	经资源环境因素调整的资本形成
经资源环境因素调整的国内产出	资本形成总额
收入法：	固定资本形成
固定资本消耗	存货
劳动报酬	资源环境成本（－）
生产税净额	净出口
经资源环境因素调整的营业盈余	出口
营业盈余	进口（－）
资源环境成本（－）	
	统计误差

表 3-9 产业部门 EVA 核算表/货币单位

	产业部门 1……
总产出	
中间投入（－）	
增加值	
环境成本（－）	
经资源环境因素调整的增加值	
固定资本消耗	
劳动报酬	
生产税净额	
经资源环境因素调整的营业盈余	
营业盈余	
资源环境成本（－）	

3.3.3.3 有关说明

基于上述中国资源环境经济核算体系的内容设计，进一步需要说明以下两个问题：① 组成该内容框架四个组成部分之间的关系；② 这样设计的内容框架与联合国 SEEA-2003 有何不同。回答前一个问题，是为了更全面地理解该体系，明确其功能及其相互关系；关于后一个问题，则是要说明这个架构的设计对该领域研究所增加的新经验。

（1）资源环境经济核算体系各组成部分之间的关系。说明上述 4 个部分之间的关系，是一个很重要的问题。它既涉及能否准确理解和应用资源环境经济核算，使之发挥应有的、最大的作用，又关系到核算体系实施方案的制订，还关系到能否按照资源环境经济核算原理，针对所选择的领域进行局部意义上的主题核算设计。一个最直接的作用就是，我们不能片面地强调某一方面（如绿色 GDP）的核算，而是要将相关内容联系在一起做整体理解和把握。

关于上述 4 个部分之间的关系，有以下要点需要特别关注。

➢ 资源环境经济核算中包括两条线索，分别对应着现实中经济与环境之间的两个方向上的关系：前面我们曾经一再提及，按照对资源环境的影响性质，经济活动可以区分为两类：利用资源环境获得经济产品的活动，利用经济投入保护资源环境的活动，两者对资源环境的影响方向正好相反（图 3-2）。资源环境经济核算就是要分析这两类活动，描述其对资源环境的影响，其中，第一组核算表（资源环境-经济流量实物核算表）是针对经济过程利用资源环境过程进行的核算，第二组核算表（资源管理和环境保护活动流量核算表）主要体现了关于保护资源环境之经济活动核算的内容；第三组核算表（自然资产存量及变化核算表）记录资源环境存量及其变化，体现了上述两类活动的结果。所以，从涉及内容上看，这三组核算表之间在逻辑上形成了一个体系[①]。

① 注意，这里是说在逻辑上形成了一个体系，并不是在数量核算关系上是一个体系，因为其中有些是实物量核算，有些是价值量核算，有些是经济活动本身的核算没有具体体现对资源环境的影响，三者之间还不是一个完全数量对应的关系。

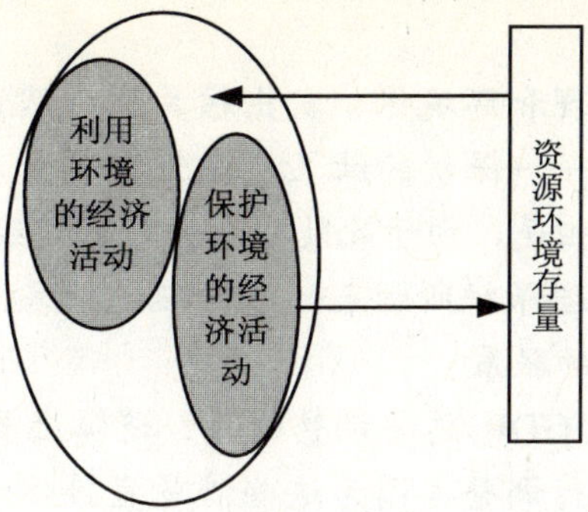

图 3-2　经济与环境的关系示意图

- 用资源环境经济核算表征可持续发展状况，需要关注以下两个要点：一个是自然资产存量及其变化，另一个是经过资源环境因素调整后的经济产出总量。对应上述各个组成部分可以看出，第三组账户（自然资产存量及变化核算表）和第四组账户（以 EDP 为中心的总量核算表）分别给出了关于这两个要点的详细信息。而且，这两组账户之间存在着逻辑上和数量上的关系。如图 3-3 所示，如果忽略其他因素，可以说，自然资产从期初到期末的减少部分，就是从 GDP 到绿色 GDP 过程中应该扣除的对象，即所谓资源耗减价值和环境退化价值。

图 3-3　自然资产核算与绿色 GDP 核算的关系

把上述两方面的关系合起来，可以看到整个资源环境经济核算 4 个组成部分之间的相互关联。图 3-4 形象地概括了其间联系，其中，实线代表在核算上存在数量关系，虚线则是指仅在内容上具有逻辑联系。可以看到：

- 从资源环境流量核算到自然资产核算，其间关系是：流量发生是导致存量变化的直接原因，尤其在资源上表现得最为直接。

➢ 从资源管理和环境保护支出核算到自然资产核算，逻辑上存在联系——保护的结果表现为自然资产的增加（或抵减减少），但是，由于此处核算的内容是经济意义上的支出，并不是管理保护所带来的资源环境结果，因此两者之间没有数量上的联系。

➢ 如何实现 GDP 总量调整核算？逻辑上要依据环境-经济流量核算进行调整，因为这些流量直接体现了经济生产过程中的资源环境消耗。但实际核算的数量关系并非如此，因为，从 GDP 中扣除的资源耗减价值和环境退化价值只有在存量变化意义上才能进行核算。资源管理和环境保护支出核算对总量调整也有意义，体现了除资源耗减价值、环境退化价值调整之外的另一种总量调整思路。

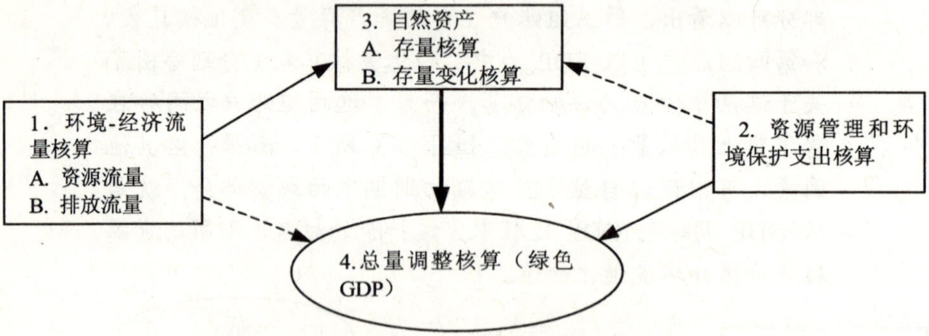

图 3-4 资源环境经济核算体系各组成部分的联系

（2）中国资源环境经济核算体系内容框架的特点。中国资源环境经济核算体系内容框架的设计脱胎于联合国 SEEA-2003 所归纳的 4 组账户，但同时又与之不尽相同，而是体现了自己的特点。这些特点有些是对 SEEA-2003 内容的改造，有些则是其设计的具体化。

➢ 关于资源消耗—经济产出—废弃物排放实物核算和混合核算表，其间差别可以归纳为以下几点：① SEEA-2003 按照物质流动方向设计，行向表现各产业的产品产出和废弃物排放，列向表现各产业对产品的消耗和对资源的消耗，中国核算表的设计对废弃物排放的处理不是置于水平的产出方向，而是与资源消耗一起垂直列于投入方向，表现各个产业在生产过程中不仅消耗产品和资源，还排放了废弃物；

② SEEA-2003 的设计是以投入产出表为基础的，中国混合核算表则是在供应与使用表基础上形成的；③ SEEA 表中不仅包括资源消耗、废弃物排放，还包括生态投入，中国核算表的设计中没有考虑生态投入。

- 关于资源管理和环境保护支出核算表，其间差别主要体现在：① 针对与资源管理和环境保护有关的交易和活动，SEEA 涉及两个部分的内容，一是资源管理和环境保护支出，二是与资源环境有关的转移（主要是税费）和无形资产（如排污权、捕捞权），中国核算表在设计上只包括前一部分，没有涉及后一部分；② 关于资源管理和环境保护支出核算表，SEEA 只笼统地定义环境产业，然后讨论支出核算，中国核算表设计则明确地将整个核算分为两个步骤，首先是资源管理和环境保护产业投入产出表，然后才是支出核算表，后者是以前者为基础的。
- 关于绿色 GDP 总量核算表，SEEA 不强调一定要进行核算，同时也没有设计相应的核算表。中国核算框架比较强调绿色 GDP 的核算，不仅设计了总量调整核算表，还针对不同产业涉及了绿色增加值核算表；在核算表中，不是简单地体现从 GDP 到绿色 GDP 的扣除过程，而是进一步按照 GDP 计算的 3 种方法，使资源环境成本扣除在 GDP 的不同构成项目中得到体现，比如，在收入法中体现在营业盈余的扣除上，在支出法中体现在资本形成的扣除上；进而，还依照 SNA 关于从 GDP 推导其他总量的核算思路，在绿色 GDP 基础上进一步给出了对收入、储蓄、投资进行调整的关系式。

上述特点产生于以下方面的原因。① 为了简化。由于资源环境国民经济核算的复杂性，实际实施难以面面俱到，作为一个核算初级阶段的框架，需要突出基本内容的核算，为此简化了一些难以实现，或者尚不显著的内容，比如生态投入的核算，资源环境使用产权的核算。② 要考虑中国进行资源环境经济核算的目标、重点和所具备的核算基础。比如 SEEA 对绿色 GDP 的核算持不置可否的态度，但中国现实管理对此却有着明确的、强烈的需求，因此必须突出此方面内容的设计；比如中国并不编制供应使用表，因此混合核算只能以投入产出表为基础。③ 为了具体化。SEEA 有时给出的仅仅是一个思路，要将其思路转化为中国具体核算框架，必须明确相关核算关系，给出清晰的核算表。

3.4 资源环境经济核算应用分析

建立核算体系的目的是为了系统提供数据信息资料，作为管理和分析的基础。所以，资源环境经济核算的一个逻辑延伸，就是对核算数据的开发应用分析。系统的分析将有赖于结合实际核算结果予以讨论，在此，主要依据上述核算框架，原则性地勾勒应用分析可能涉及的层次和方面。

3.4.1 应用分析的不同层面

资源环境经济核算进行什么样的应用开发，在很大程度上取决于应用分析者的角色定位和分析目的，同时还取决于核算数据的详细程度能够给予应用分析多大的支持。

3.4.1.1 不同角度的应用分析

谁是资源环境经济核算数据的应用分析者？资源环境经济核算是对资源环境-经济关系的系统描述，涉及经济和资源环境这两个相对独立的领域，两者在可持续发展战略之下被联系在一起，因此，着眼于管理，总体看应该存在着两类应用分析者，要从两个角度实施应用分析。

（1）从资源环境角度的应用分析。那些关注资源环境领域动向、进行资源环境管理的人员，可能希望利用资源环境经济核算数据回答诸如下述问题：① 本国资源环境的存量状况如何？② 资源环境存量的变化速率有多快？③ 资源环境承受着来自经济过程的压力有多大？④ 各种资源环境要素之间是否具有功能竞争和相互影响？⑤ 各种资源环境要素的可持续性如何？⑥ 经济过程所采取的资源管理和环境保护活动对维持资源环境的可持续性有多大影响？

（2）从经济角度进行的应用分析。那些关注经济过程、进行经济管理的人员，希望利用资源环境经济核算数据回答的问题可能会体现其经济本位：① 本国拥有的资源环境优势和劣势是什么？② 经济过程对各种资源环境消耗的强度有多大？③ 各种资源环境存量状况及其对经济发展的支持程度有多高？④ 经济发展在多大程度上将受制于资源环境的稀缺性？⑤ 为了应对资源环境的有限供给需要进行怎样的经济结构调整和技术创新？⑥ 经济过程应该付出怎样的经济代价以维护一个可持续的资源和环境并保证经济发展的可持续性？

3.4.1.2 不同层次的应用分析

资源环境经济核算所提供的信息可以支持什么层次的应用分析？这将取决于核算的详细程度和系统程度。数据越详细，资源环境与经济过程之间、不同资源环境要素之间的配合衔接越密切，可能支持的应用分析空间就越大。例如，如果我们可以在比较详细的产业分类层次上提供资源消耗和污染物排放数据，或者可以按照比较详细的类别提供资源存量及其消耗的数据、废弃物或污染物数据，就可以就经济过程与资源环境之间的关系进行各种层次的分析。又如，如果我们可以系统地得到关于水的系统核算数据，包括水资源存量与供应、水产品的生产和消耗、废水排放及处理，以及水质量、水生态系统等，那么就可以针对水进行系统的应用分析，支持关于水的综合决策。

总体来看，资源环境经济核算的应用分析可以区分为两个层次。

（1）所谓描述性分析。这是比较接近于传统统计的分析层次，主要涉及指标体系的开发，需要按照不同资源环境或经济主题进行具体设计和分析应用。例如，能源主题的指标体系设计和分析，农业主题的指标体系设计和分析，矿产资源的指标体系设计和分析，废水排放主题的指标体系设计与分析，等等。这样的分析应用门槛较低，不需要什么复杂的统计计量技术，对数据的要求不高，可以“因地制宜”，利用不甚系统的核算资料，也可以达到基本分析目的。

（2）建模分析。这是描述性分析的扩展，常常涉及比较大的主题，分析目的是要对资源环境与经济之间关系给出系统的结论，对数据的量和系统性均有较高的要求，需要掌握比较高级的统计分析计量技术，常常需要多部门、跨学科专家共同合作才能完成。

3.4.2 具体内容的应用分析

下面结合资源环境经济核算所包括的 4 个基本组成部分，从描述性分析层面，简要介绍可能实施的应用分析。需要注意的是，应用分析的内容总是与特定的目的相伴随的，因此现实中的实际分析并不一定是按照这样的模式进行，这里的介绍也难以涵盖绿色国民经济核算应用分析的所有方面。

（1）资源环境-经济流量实物核算和混合核算的应用分析。资源环境-经济流量实物核算和混合核算的主要功能是给出了进入经济过程的资源数量和排出经济过程的废弃物数量，并将这些信息和经济活动本身的投入产出信息衔接起来，显示出资源—经济—环境之间的流量关系。

基于这些数据信息，可以在两个关系上建立分析框架。第一是资源消耗与经济过程的关系，第二是经济过程与废弃物排放的关系。还可以针对不同主题将这两个关系衔接起来进行分析。

具体分析可以在两个层次上展开。

- 以实物核算数据为基础：可以设计比例指标，分析资源消耗的部门结构和废弃物排放的部门结构。比如，计算水资源消耗的部门分配结构，可以将部门按耗水量从大到小排列；计算废水排放的部门结构，可以将部门按污染物排放量从大到小排列。
- 基于混合核算数据：可以将资源消耗、废弃物排放规模与经济活动规模结合起来，计算单位经济产出的资源消耗和废弃物排放，如单位农业产出耗水，以此反映不同经济活动的资源消耗强度和废弃物排放强度。

如果具备投入产出的详细核算数据，可以进一步构造分析模型。如构造结构分解模型，在更深层次上分析经济过程对资源消耗、废弃物排放形成的压力。

（2）资源管理和环境保护支出核算的应用分析。资源管理和环境保护支出核算可以核算经济体系提供了多少资源管理和环境保护产出，花费了多少支出。由此反映出经济过程针对资源环境管理保护所付出的努力。

基于这些数据信息，首先可以构造描述性分析指标。例如，可以计算资源管理和环境保护支出占 GDP 的比例，显示经济体系的资源管理和环境保护力度；可以计算环保产出的部门结构，显示哪些部门是资源管理和环境保护的主要实施者；可以就最终支出计算部门结构，显示哪些部门是资源管理和环境保护的主要资金承担者；可以就不同资源环境要素计算支出构成，反映当期资源环境管理保护的主要方向；还可以计算环保产业增加值占 GDP 的比重，反映环保产业成长对于经济增长的重要性等。

资源管理和环境保护支出代表为管理资源和保护环境而实际付出的成本，因此，如果具备资源和环境方面相应的变化数据，即可以进行资源环境保护的费用效益分析。这里进行的费用效益分析不同于微观费用效益分析，它具有宏观性质，如不是分析特定项目中造林的成本效益，而是从宏观上给出保护森林、进行森林可持续管理的成本效益。

（3）资源环境存量及变化核算的应用分析。通过资源环境存量及变化核算，可以提供各种资源和环境资产的存量信息，反映其拥有量和相应的质量状况，还可以反映这些存量的变化。这些存量构成了一个国家所拥有财富的重要组成部分。由于可持续性的一个重要表征就是保持财富的非负增长，因此，这部分核算为可持续发展的测度提供了不可或缺的基础资料。

要体现发展的可持续性，首先要设计存量变化率指标，反映自然资产是否在减少以及减少的速率。这些指标可以就自然资产总量计算，也可以与其他资产（像世界银行定义的国家财富那样）加总在一起计算，同时，如果数据可以支持，还应该区分不同资源环境要素分别计算。因为，按照所谓“弱”可持续性和“强”可持续性的区分，加总后的变动速率与单独计算的变动速率对于可持续发展具有不同意义。

经济活动规模在不断扩大，人口也在不断增加，仅仅总存量的非负增长，可能难以完全体现发展的可持续性。为此，需要进一步计算人均资产存量指标和与 GDP 相比的资产-产出比指标，然后以这些指标计算变动率，反映资产存量的可持续性。

资源环境存量与 GDP 相比，可以采用不同的指标形式。如果按照单位 GDP 所拥有的资源环境存量设计指标，可以反映资源环境存量对经济过程的支持程度，在特定的经济活动水平上，数据结果越大，说明经济发展的后备保障越高；如果把分子和分母颠倒过来，计算单位资源环境存量对应的 GDP，可以反映经济活动对资源环境所产生的压力，在特定经济活动水平上，数据结果越小，说明压力越小。

（4）GDP 总量调整核算的应用分析。GDP 总量调整核算的主要目的是分产业核算经“绿化”的增加值以及经“绿化”的 GDP，以此真实地反映经济活动的成果。基于此，应用分析主要围绕经济产出及其结构展开。

首先要设计指标，计算绿色 GDP 相当于传统 GDP 的比例，以此反映传统经济产出的虚假程度，反映传统经济产出的资源环境成本负担程度。这样的计算思路也适合于各个产业之绿色增加值与传统增加值的比例。

以绿色 GDP 为基础，可以沿用 GDP 的应用分析思路设计各种指标，分析各种比例关系。① 按照绿色增加值计算经济的产出结构，将其与传统计算的产业结构数据予以对比，观察各个产业对 GDP 和绿色 GDP 的贡献；② 按照调整后结果计算绿色 GDP 的支出结构，反映消费、投资比率，判断传统投资率的虚假程度；③ 按照调整后数据计算 GDP 的收入结构，反映分配状况，判断有多少资源环境成本价值在现实经济过程中作为营业盈余被实际分配。

以绿色 GDP 为基础，可以进一步计算经调整的收入、储蓄、投资指标，形成所谓可持续收入、真实储蓄、真实投资，以及真实储蓄率、真实投资率等指标，进行相应分析。

3.5 资源环境经济核算组织实施

3.5.1 选择核算的优先领域

鉴于资源环境问题的复杂性，以及资源环境经济核算在理论方法上尚不成熟，国际上一直倡导选择优先领域进行局部核算探索实践。表 3-10 列示了从各种国际文献中摘录的各种具体研究课题。

表 3-10　各国绿色国民经济核算案例

国家和国际组织	核算专题
德国	残余物及其再循环的核算
芬兰	木材和林产品物质流量核算
丹麦	氮流量实物投入产出表
	能源平衡和二氧化碳排放的核算
法国	水账户核算
澳大利亚	环保支出核算
美国	污染物削减和控制支出核算
	环境保护投入产出表
德国	环境保护投入产出表
菲律宾	鱼类、森林和矿物资源账户
巴布亚新几内亚	环境和自然资源核算研究
加拿大	自然资源存量、自然资源使用、废弃物产出和环境保护支出账户
韩国	环境经济核算研究
日本	环境经济核算体系框架研究和局部估计
荷兰	包含环境账户的国民核算矩阵
印度尼西亚	森林、石油和土地核算研究
加拿大	环境经济核算研究
墨西哥	环境经济核算研究
世界银行	国家财富和真实储蓄研究

中国经济的快速发展和不平衡发展，导致所面临的资源环境问题具有特别的复杂性；同时，中国在国民经济核算方面以及在资源环境统计方面的基础还比较薄弱。因此，中国资源环境经济核算体系的实施必将是一个逐步探索、逐步规范的过程。近期看，应该根据实际需要和现实可能，确定相应的主题，进行局部核算研究。通过局部研究探索，改善核算的数据基础，确定具体核算方法，为整个核算体系的实施积累经验。例如，可以从不同环境要素类别考虑，进行森林资源核算、矿物资源核算、水资源核算、土地资源核算、污染物排放及影响核算等；可以从不同类型的经济活动考虑，围绕能源生产和消费进行核算、以农业为主题进行资源环境核算；可以先进行实物核算，等具备条件时再开展价值核算；还可以在存量核算和流量核算之间做出取舍。

面对不同主题，核算的着眼点不同，所采取的路径也会有所区别。以下仅举两例。

以污染为主题的环境核算体系，首先是废弃物排放流量的实物核算，然后可以延伸到为防止排放及污染的环境保护活动核算，最后是对污染所造成的环境退化价值的核算，并以此为基础进行 GDP 总量调整，即“经污染调整的 GDP”。在环境退化价值计算中，可以考虑采用治理恢复成本方法，或损害价值方法，或两者同时采用。

以森林为主题的资源环境核算体系，需要从森林存量核算入手，从森林实物量核算过渡到价值量核算；以此为基础，可以进行森林资源管理维护支出的核算，森林耗减和退化价值核算，森林产出核算，并进行相应的总量调整。

3.5.2 核算实施的组织保证

资源环境经济关系具有复杂性，涉及多个层面。例如，从自然中取水，这是资源问题；排放废水，这是污染问题；过度取水和过度排放，都会引起水体生态系统问题。现实中，这些不同方面的管理问题对应着不同管理机构的职能，如水利部门、地矿部门、林业部门、海洋管理部门、农业部门、环保部门等。从核算来看，国家统计局系统是总揽统计和核算的管理部门。从理论方法研究看，大专院校和科研机构中的研究人员是不可忽视的力量。

无论是全面的资源环境经济核算，还是分主题的局部核算，都需要不同机构之间的合作配合，这是核算得以实施的组织保证。在合作配合之中，进行核算理论方法的研究，搜集和规范核算资料来源，开发核算数据的应用分析。

可以按不同方式实施核算。第一种是统计局系统牵头，相关部门和科研机构介入；第二种是管理部门牵头，统计部门和科研机构介入；第三种是科研机构牵头，相关部门和统计部门介入。结合具体实施阶段考虑，在资源环境经济核算初期，主要是各种主题式的核算，适宜由各主管部门牵头组织、国家统计局协调、有关科研机构介入的方式，在统一的绿色国民经济核算框架下组织实施；在具备一定核算基础之后，着手建立全面的资源环境经济核算时，适宜由国家统计局统一组织、各主管部门和科研机构配合的方式，以保证核算的全面和完整。

第4章
环境经济核算

本章在资源环境经济核算体系整体框架基础上，就狭义环境主题（不包括资源）进一步设计了核算的框架，即“基于环境的中国绿色国民经济核算体系”，简称“中国环境经济核算体系”，力图以污染和生态破坏为对象，给出具体的概念定义和核算表式，为进行环境经济核算提供框架指南。

4.1 基本概念

4.1.1 环境容量与污染排放

环境容量是一个复杂的反映环境净化能力的量，其数值应能表征污染物在环境中的物理、化学变化及空间机械运动性质。特定的环境（如城市、水体等）的容量与该环境的社会功能、环境背景、污染源位置（布局）、污染物的物理化学性质以及环境自净能力等因素有关。通常所指的环境容量是在保证不超出环境目标值的前提下，区域环境能够允许的污染物最大允许排放量。

环境系统一般都具有一定的自净能力。如一条流量较大的河流被排入一定数量的污染物，由于河中各种物理、化学和生物因素的作用，进入河中的污染物浓度可迅速降低，保持在环境标准之下。这就是环境（河流）的自净作用使污染物稀释或转化（降解）为非污染物的过程。环境的自净能力越强，环境容量就越大。

不过任何特定环境对污染物的容量都是有限的。环境容量与环境空间的范围，各环境要素的特征，污染物本身的各种性质有关。环境空间越大，其对污染物的净化能力就越强，它的环境容量就越大，可接纳的污染物就越多，反之则越少；污染物的物理和化学性质越不稳定，环境对它的容量也就越大。

污染物的排放，必须与环境容量相适应，否则就要采取控制排放方式、排放浓度和排放量等环境保护措施。研究环境容量对控制环境污染很有用处。由于环境有一定自净能力，经过严格测算，可允许一部分污染物稍加处理后排入环境，让环境将这些污染物消化掉。排放污染物时间、地点、方式要合适，排放的数量不得超过环境容量。因为环境容量总是有限的，如果超出它的限度环境就会被污染。了解某一环境对各种污染物的环境容量很重要，根据环境容量可以制定出经济有效的污染控制方案，确定哪些污染物由环境去净化，哪些必须先进行处理，以及处理到何种程度为宜。

同样，研究环境容量对于环境经济核算具有很重要的作用。通常，如果污染物排放量在环境容量范围之内，不损害环境功能，对环境不造成损失，则不需要进行环境退化价值核算。只能当污染物排放量超过环境容量限度，使环境质量下降，环境功能退化，才进行核算。因此，在环境经济核算时，必须考虑环境容量这一重要因素，否则，可能会多算了环境成本。在本研究框架中和环境经济核算中，考虑到环境容量这一因素很复杂，对此不作考虑。

4.1.2 环境功能退化成本

环境对经济及人类提供了若干方面的功能：① 提供了自然资源；② 接纳了经济过程所排放的废弃物，包括废气、废水和各种固体废弃物；③ 为包括人类在内的所有生物提供了生态服务，如用于呼吸的空气和生态水，这些功能统称为环境功能。

人类活动破坏或污染了环境，使环境原有的一些功能退化，给社会带来了危害，造成了经济损失，这就是环境破坏或污染的经济损失，也称为环境功能退化成本，简称为环境成本。如人类活动使大气中 SO_2 超过了一定的浓度，使农作物产量减少、金属设备和建筑物遭到腐蚀造成的经济损失，工业水源污染使工业供水短缺，造成开工不足、产品质量下降以及给水预处理的费用增加等造成的经济损失。

目前计算环境退化成本的方法有两种：① 利用治理成本法计算治理未经处理排放污染物需要花费的治理成本，在本核算体系中称为虚拟治理成本；② 通过污染损失估算，计量污染物排放造成环境功能退化所引起损失的经济价值，如对产品产量、人体健康、生态环境等的影响，并以货币的形式量化这些影响，在本核算体系中称为环境污染损失或统称环境退化成本。后者需要进行专门的污染损失调查，利用一定的技术方法，确定当地环境质量恶化对环境功能退化产生影响的货币价值，从而确定污染所造成的环境退化成本。环境退化成本一般是以地域范围来计算的，它对 GDP 的调整仅限于总量层次，要分解到产生污染排放的各个部门有一定的困难。但从理论上来说，污染损失才是真正的环境退化成本，只有进行污染损失估算才能体现污染治理的效益。

4.1.3 环境成本与环境效益

由于人类生存和发展的需要，水、森林等可再生资源正在被过度地开发利用，耗减速度远远快于再生速度，使其逐渐失去了可再生性；石油、矿产等不可再生自然资源逐渐枯竭；自然资源遭受破坏影响生态环境资源的质量逐渐下降。当自然资源枯竭，生态资源恶化到一定程度时，必然会影响到可持续发展和人类的生存，因此环境资源问题成为人们关注的焦点，并迫切要求加强环境管理。资源环境一旦经过耗用，其价值就转化为环境成本。同时对资源环境的关注也转化为对环境成本核算的重视。通过对环境成本的核算，掌握自然资源的耗减速度和生态资源质量下降的程度，以及人类为保证可持续发展的物质基础所付出的代价等资料，为环境管理提供有关各项环境成本的综合信息。

中国环境经济核算体系参考了 SEEA 的做法，在环境经济核算中不考虑环境效益问题，而主要考虑环境成本的核算。SEEA 没有考虑环境效益核算因素，不是说环境效益的核算不重要，而是因为从两者的关系来看，环境效益核算可通过环境成本核算间接地表现出来。我们知道，环境效益是指一定时期内，环境资产给人类带来的直接或间接效用，从环境质量的角度考虑，环境效益是与环境成本相适应的一个概念，两者往往此消彼长，环境效益减少，环境成本必然上升。于是对于环境效益的核算，可以通过间接估计法，即可通过减少的环境成本来计量环境效益。因此，在本核算体系框架中，与 SEEA 做法一样，不考虑环境效益核算问题。

4.1.4 环境经济核算

环境经济核算是绿色国民经济核算体系框架的关键组成部分，主要核算国民经济活动对环境的影响，包括环境污染和生态破坏两大方面，同时分为实物量与价值量核算两个层次。通过价值量核算，用环境成本对部门和地区的国内生产总值等指标进行调整，得出经环境污染调整的绿色 GDP。通过环境经济核算这一过程的分析，引导建立正确的政绩观和领导考核制度，实现环境外部成本内部化，最终建立国家绿色国民经济核算体系。

4.2 思路与框架

4.2.1 目标与原则

4.2.1.1 总体目标

中国环境经济核算的总体目标是：结合国际经验和中国实际，建立环境经济核算体系的总体框架，阐明核算的基本思路与方法，确定基本核算内容，定义基本核算表式，为具体的、局部的环境经济核算提供总体框架指南。

4.2.1.2 具体目标

在总体目标基础上，可以分解为以下具体目标。

（1）环境实物量核算体系框架。按照环境经济核算体系框架的总体目标，确定环境实物量核算（包括环境污染实物量核算与生态破坏实物量核算）的目的、方法和内容，设计环境实物量总体核算表，明确环境实物量核算的数据来源及相关要求。

（2）环境价值量核算体系框架。按照环境经济核算体系框架的总体目标，确定环境价值量核算（包括环境污染价值量核算与生态破坏价值量核算）的目的、方法和内容，设计环境价值量总体核算表，明确环境价值量核算的数据来源及相关要求。

（3）环境保护投入产出核算体系框架。确定环境保护支出的主体、分类，设计在绿色国民经济核算总体框架内进行环境保护支出核算的思路和核算表，主要是环境保护活动投入产出表的设计，明确其核算的数据来源及相关要求。

（4）经环境调整的绿色 GDP 核算体系框架。以环境价值量核算结果为基础，确定用环境成本（具体包括环境退化成本、生态破坏成本、污染治理成本或环境保护成本以及环境总成本等）对传统国民经济核算中各总量指标进行调整的思路，形成相应经过环境因素调整后绿色 GDP 核算的表式与方法。

（5）近期开展核算的基本内容。从近期看，由于环境问题的复杂性，特别是对于生态破坏损失的核算，其基础还比较薄弱，所以，建议近期先开展框架中提出的一部分核算内容，主要包括环境污染的实物量核算、环境污染的价值量核算以及经环境污染调整的绿色国内生产总值（EDP）核算，对于生态破坏损失实物量与价值量核算、环境保护投入产出核算将暂不予考虑。

4.2.1.3 基本原则

实现上述目标，需要坚持以下基本原则。

（1）与中国绿色国民经济核算体系框架相吻合。环境核算的主要对象是国民经济活动对环境的影响，包括环境污染和生态破坏的实物量与价值量核算以及环境保护成本的核算，但不包括自然资源核算。对传统 GDP 总量的调整，也主要是以环境退化成本进行的局部调整，计算出部门和地区的绿色 GDP。也就是说，环境核算体系框架是中国绿色国民经济核算体系框架的一部分，当然是关键组成部分，其核算原理必须与整个绿色国民经济核算体系框架相吻合，在核算的指导思想、基本思路、基本概念、核算方法、核算内容、核算表式以及数据来源等方面都应符合绿色国民经济核算体系框架的要求。

（2）尽可能与联合国 SEEA 相关内容方法相接轨。世界各国围绕环境污染、生态破坏等方面的核算已经进行了大量研究探索，国际组织一直致力于这方面的研究和实践，其中影响广泛的就是在联合国主持下所进行的关于环境经济综合核算体系（SEEA）的 3 次整合，通过各次整合，形成了环境经济核算的理论框架，体现了从基本概念扩展到经环境调整之国内产出（EDP）的完整思路，从理论框架的提出开始向具体实践推进的进程。SEEA 为各国绿色国民经济核算的研究提供了起点和指导，对促进和规范国际范围内的绿色国民经济核算发挥了巨大作用。鉴于 SEEA 核算体系的指导意义，环境核算体系框架应尽可能与联合国推荐的综合环境与经济核算体系（SEEA）框架相接轨，在基本概念的定义、核算内容的确定、核算表式的设计、操作规程的制定等方面尽可能保持与 SEEA 框架相一致。

（3）与中国环境统计和国民经济核算相衔接。环境问题具有地域性特征和不同的管理目标，各国进行环境核算的基础也存在很大差异。因此，中国环境经济核算体系框架一方面要借鉴国际上的经验，尽可能与国际 SEEA 核算框架相接轨；另一方面要适应中国现实情况，在核算目标模式、核算内容、表式设计等方面都要依托中国国民经济核算体系和环境统计体系的特点以及开展绿色国民经济核算已经取得的实际经验，尽可能与中国的环境统计、自然资源统计、国民经济统计以及中国现有国民经济核算基础相衔接。中国环境经济核算体系必须要具有中国的特点，是未来中国国民经济核算体系的重要组成部分，服务于中国的社会经济与环境的协调发展。

（4）实物量核算和价值量核算相结合。从绿色国民经济核算方法上看，包含以下两个层次：一是实物量核算，二是价值量核算。所谓实物量核算，是在国民经济核算框架基础上，运用实物单位建立不同层次的实物量账户和经济-环境混合核算表，描述与经济活动对应的各类污染物排放量、生态破坏量。在价值量核算中，具体包括两个部分：① 对现存经济核算中有关环境的货币流量予以核算，主要包括污染物治理成本（或环境保护成本）核算；② 在实物核算基础上，估算环境退化成本和生态破坏的货币价值（生态破坏成本）。进而，将货币型核算的结果与国民经济核算的内容合并起来，对传统的宏观经济总量进行调整，进一步形成包含环境要素的宏观总量指标，即绿色 GDP。因此，可以说，实物核算与价值核算是中国环境经济核算体系框架的两个不可缺少的组成部分，实物核算是价值核算的基础，价值量核算是计算绿色 GDP 总量指标的基础。

（5）理论型框架和实用型框架相结合。关于绿色国民经济核算体系，国际上尚没有一个非常成熟的、具有高度可操作性的制度范式，各国研究和实践所着重的领域、所采用的方法也很不统一，还有许多问题没有得到解决。因此，建立环境经济核算体系框架，不能像 20 世纪 80 年代建立国民经济核算体系那样，将国际统一框架直接应用于中国，而是一方面需要最大限度地借鉴国际研究成果，首先形成适应中国特点的环境经济核算体系理论框架；另一方面需要立足中国实际，考虑不同区域的特点，考虑环境经济核算的实际难度以及数据资料的易得性，考虑现阶段的实际需要，选择优先领域和重点内容，建立环境经济核算体系的实用型框架，即确定近期开展核算的内容。

（6）污染防治核算与生态保护核算并重。随着环境保护工作的深入推进，中国的环境保护已经从传统的污染防治向生态保护和污染防治并重的方向转变，生态保护与污染防治已经成为各级政府环境保护工作的两大主要任务。因此，在中国环境经济核算体系框架中，所指的“环境核算”包括环境污染和生态破坏核算两方面的内容。这是因为一方面环境污染和生态破坏核算与自然资源核算一样均是绿色国民经济核算体系的主体内容；另一方面，世界各国以及我国绿色国民经济核算实践表明在自然资源核算方面进展较快，但在环境污染和生态破坏方面的核算进展较慢，成果较少。因此，有必要将环境污染与生态破坏的核算内容同时加入环境经济核算体系框架中。但考虑到生态破坏核算的基础工作较差，难度较大，依据理论与实用框架相结合的原则，可考虑在理论框架中设计生态破坏核算的体系框架，在实用型框架或者近期开展核算的内容中，对生态破坏核算可以暂不考虑。

（7）环境核算应具有明确的环境政策导向。中国环境经济核算与微观的会计核算体现的目的一样，即通过一系列核算表格和数据，提供有关部门决策管理所需的信息和技术资料。因此，环境核算不仅仅是为了核算而核算，而是要与国家、地区的环境政策导向一致，要为国家经济与环境管理服务。在设计环境核算体系框架时，在研究环境经济核算的指标时，在环境经济核算过程中，尤其是设计经环境调整的绿色GDP总量指标时，需要考虑到科学发展观的要求、循环经济的理念、领导政绩考核的改革、国民经济核算改革的趋势，以及国家环境保护的政策导向等因素。

（8）边研究边实践试点边逐步完善。环境经济核算体系框架重在勾画绿色国民经济核算体系的模式，为进一步的具体核算研究实践提供起点和总体平台，不纠缠于具体核算操作方法，这些具体操作方法和技术指南在实践中将逐步得以完善。同时，由于环境经济核算体系框架的建立不可能一蹴而就，而是要在不同层面、着眼不同主题、在不同区域进行各种探索实践。因此，核算框架的设计需要体现开放性原则，在实践中将不断吸收新的内容和方法。

4.2.2 基本思路

依据整个绿色国民经济核算体系框架建立的基本思路和建立中国环境经济核算体系框架的目标与原则，对于环境经济核算的基本思路，主要从以下几方面进行考虑。

（1）主要针对经济过程中排放的污染物以及生态破坏进行的核算。因此，它是狭义环境核算的组成部分，与自然资源核算没有直接关系。从核算的逻辑上看，是与自然资源核算相并行的核算。

（2）从存量核算和流量核算两个方面考虑，由于环境存量本身很难用数量表示，本核算将主要关注流量核算。对于环境污染的实物量核算和价值量核算、生态破坏的价值量核算以及环境保护成本核算是流量核算，而生态破坏的实物量核算既是存量核算也是流量核算。

（3）在核算手段上，分为实物核算和价值核算两个层次，实物量核算构成价值量核算的基础。实物量核算包括污染物排放量、处理量、产生量核算和生态破坏量核算；价值量核算主要核算环境退化成本、生态破坏成本以及污染实际治理成本和虚拟治理成本。

（4）按环境污染和生态破坏对环境核算进行分类。环境污染核算主要包括大气、水和固体废物 3 方面，分别从污染物的类别进行实物与价值核算。生态破坏核算主要从生态系统的种类和各类生态系统的服务功能要素去核算生态破坏的实物与价值损失，本方案考虑了森林生态系统、草地生态系统、沼泽湿地生态系统、耕地生态系统、河湖生态系统和海洋生态系统 6 大类生态系统。

（5）按产业部门和不同地区对环境核算进行分类。对于环境污染实物核算，可分为产业部门的环境污染实物量核算，不同地区的环境污染实物量核算。对应于生态破坏的核算，主要包括不同地区的生态破坏实物量核算，不同地区的生态破坏价值量核算。对于环境污染价值核算，其中污染治理成本可以按部门和地区核算。但对于环境退化成本核算，由于某个地区的环境质量退化是由来自不同部门的多个污染源共同造成的，一般来讲不能直接将污染的经济损失分解到部门，所以环境污染价值量核算以地区核算为主，但是可以通过一定的粗略的方法推算出部门对环境污染经济损失的贡献。

（6）要考虑现实经济活动发生的环境保护成本。环境保护成本从核算主体上可分为外部环保支出和内部环保支出，从核算对象上可分为运行费用和投资性支出，对环境保护成本进行核算时，需要从核算主体和核算对象进行考虑。同时，由于环境保护成本与环境退化成本不完全一样，环境保护支出可以带来诸如利税增加、营业盈余增加等效益，所以，构建了环境保护投入产出表，不但对环境保护成本进行核算，还考虑了环境保护支出带来的直接经济效益。另外，从宏观上对有关产业的环境保护内部支出进行核算时，需要从原来国民经济核算的相关产业中分离出有关环境保护支出，包括运行费用和投资性支出，并予以单独显示（近期开展核算的内容不必考虑这部分）。

（7）核算结果应该包括解析式和总量式两个类别的核算数据。① 解析式核算数据库，对所涉及的经济要素和环境要素进行详细分解，提供环境与经济之间关系的详细关系式，这是管理和决策所不可缺少的；② 要对核算结果进行高度综合，像国民经济核算中以国内生产总值（GDP）为中心的总量指标那样，形成以绿色国内生产总值（EDP）为中心的一组关键总量指标，用于对国民经济发展状况的评价和供有关部门的决策参考。

（8）从核算内容看，中国环境经济核算体系，会涉及以下 4 部分内容：环境实物量核算，环境价值量核算，环境保护投入产出核算，对国民经济问题进行的调整核算。但从近期可立即操作上看，环境保护投入产出核算、生态破坏损失的实物量核算和价值量核算可暂不考虑，所以本框架提出了近期开展核算的内容。

4.2.3 技术路线

本次核算拟采用的技术路线见图 4-1，计算步骤分为 3 步：① 污染实物量核算，包括污染物产生量、处理量和排放量；② 污染价值量核算，利用污染治理成本法计算实际污染治理成本和虚拟污染治理成本；利用污染损失法计算环境退化成本；③ 计算经环境调整的 GDP。

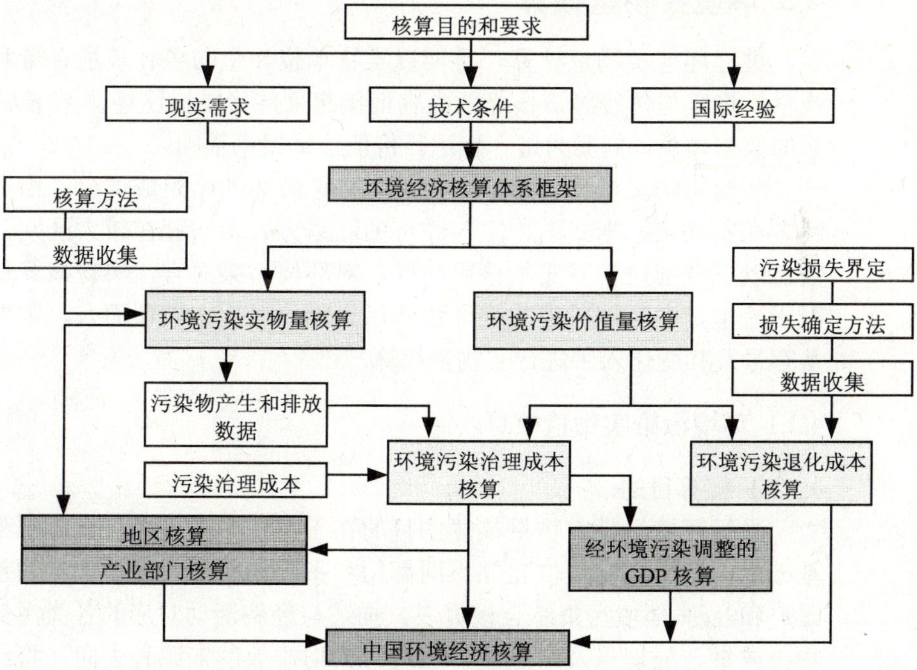

图 4-1　中国环境经济核算的技术路线

在本章中，采用两种方法来核算环境污染成本：① 利用治理成本法计算治理未经处理排放污染物需要花费的治理成本，称为虚拟治理成本；② 通过污染损失估算，计量污染物排放造成环境功能退化所引起损失的经济价值，如大气污染对人体健康的影响等，并以货币的形式量化这些影响，称为环境退化成本。

4.2.4 总体框架

中国环境经济核算体系总体框架由 4 组核算表组成：① 环境实物量核算表；② 环境价值量核算表；③ 环境保护投入产出核算表；④ 经环境调整的绿色 GDP 核算表。其中，环境实物量核算表又由环境污染实物量核算表和生态破坏实物量核算表组成，同样，环境价值量核算表也包括环境污染价值量核算表和生态破坏价值量核算表。环境污染实物量核算与价值量核算还分为各地区与各部门的核算表，而生态破坏实物量核算与价值量核算只分为各地区核算表。总体框架组成如图 4-2 所示。

4.3 环境实物量核算

进行环境实物量核算，是要以实物单位计量与各种环境存量和流量，将其与传统经济核算的内容衔接起来，形成描述环境-经济关系的数据体系，同时为进一步进行价值核算提供基础。

环境实物量核算包括环境污染和生态破坏两个组成部分，由于两者在实物表达形式上、在与经济的联系方式上均存在较大区别，因此以下分别讨论其实物核算问题。对环境污染而言，实物核算仅限于流量，即当期排放的废弃物和污染物；对生态破坏而言，则要从存量及其变化入手进行实物量核算。

4.3.1 环境污染实物量核算

4.3.1.1 核算目的

进行环境污染实物量核算的目的在于在资源环境经济核算框架基础上，运用实物单位建立不同部门和不同地区的环境污染实物量账户和经济-环境污染综合核算表，描述与经济活动对应的各类污染物排放量、处理量及产生量。通过污染物排放的来源和去向，将经济活动的发生与环境状况的变化联系起来，判断污染排放的主要部门和主要地区，核算部门和地区单位产出的污染排放强度，并为环境价值量核算奠定基础。

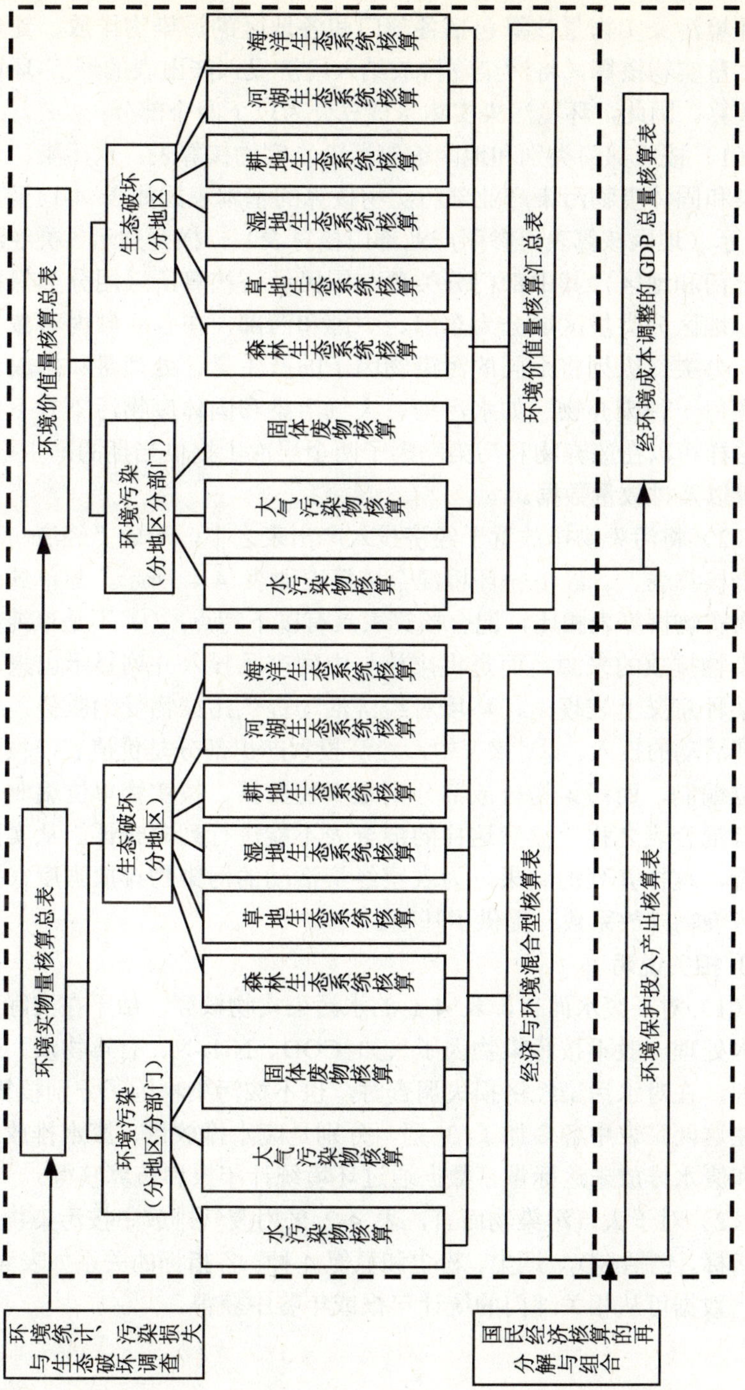

图 4-2　中国环境经济核算体系总体框架

4.3.1.2 核算内容

环境污染实物量核算包括各部门和各地区的污染物排放、处理与产生量实物核算，将污染物排放纳入经济投入产出表的经济-环境混合核算。因此，环境污染实物量核算分为以下两个部分：

（1）按照部门类别和地区编制污染物实物核算表。水污染、大气污染和固体废物污染产业部门实物核算的基本表式如表 4-1 至表 4-3 所示（地区核算表可参照产业部门核算表）。横行列示各类经济活动部门和地区，其中部门分类要与国民经济核算所采用分类保持一致，地区分类按区域分为东部、中部和西部，在各区域内再按省（市）分类；纵列将不同的污染物因子的产生量、处理量和排放量分别在每一种废弃物（如水污染、大气污染和固体废物污染）下列示，这样可以在废弃物和污染物因子两个层次上提供当期的产生量、处理量以及排放量数据。

（2）将污染物排放置于经济投入产出表之中，形成“经济—环境混合核算表”。经济—环境混合核算表如表 4-4 所示。与单纯的污染物实物核算表相比，混合核算表具有以下特点：① 不是单纯表现污染物排放的来源，而是将排放与中间产品投入并列显示出来。这在某种意义上表现出，环境对经济活动提供污染物受纳服务，也是经济活动的投入。② 该表中，经济投入产出部分是价值表，按货币单位编制，而污染物排放部分则是实物数据，按实物单位编制，因此有混合表之称，显然这样的混合表不能进行列向合计。从实际应用看，这样并列的结果，为观察经济活动的污染物排放强度（如计算污染物排放系数）提供了基础。

4.3.1.3 相关说明

（1）对于废水而言，表 4-1 的水污染实物核算，由于在实际中对废水处理一般不按污染物因子（如 COD、NH_3-N、有毒物质）分别处理，在对水污染经济损失调查时，也不按污染物因子分别核算，所以在这两张表中各多加了 3 列，分别是废水排放量、废水排放达标量和废水排放未达标量。数据通过环境统计年报和核算获得。

（2）对于大气污染物而言，表 4-2 采用废气排放中按污染物分类的指标，包括 SO_2、烟尘、粉尘和氨氮 4 种，各指标的关系如表 4-2 所示。数据可从相关部门的统计年报或年鉴中获得。

表 4-1 污染物产业部门实物核算表（水污染）

××××年度 / 实物单位

产业部门	水污染物[1)]/t									废水 /万 t		
	COD			…			重金属			排放量	排放达标量	排放未达标量
	产生量	去除量	排放量	产生量	去除量	排放量	产生量*	去除量*	排放量			
	（1）=（2）+（3）	（2）	（3）	（4）=（5）+（6）	（5）	（6）	（13）=（14）+（15）	（14）	（15）	（16）	（17）	（18）=（16）－（17）
第一产业 种植业 畜牧业 农村生活 小计												
第二产业 煤炭开采业 石油天然气开采业 黑色金属矿采选业 有色金属矿采选业 …… 自来水生产供应业* 建筑业* 小计												
第三产业												
城市生活												
合计												

注：1）水污染物包括 COD、NH_3—N、氰化物、石油类和重金属 5 类，重金属包括汞、镉、六价铬、铅和砷；

2）由于缺乏统计数据支持，重金属产生量和去除量不核算；

3）带*表示空核算项。

表 4-2　污染物部门实物核算表（大气污染）

××××年度/实物单位：万 t

产业部门	SO_2			烟尘			工业粉尘			NO_x		
	产生量	去除量	排放量	产生量	去除量	排放量	产生量	去除量	排放量	产生量	去除量	排放量
	(1)=(2)+(3)	(2)	(3)	(4)=(5)+(6)	(5)	(6)	(7)=(8)+(9)	(8)	(9)	(10)=(11)+(12)	(11)	(12)
第一产业												
种植业*												
畜牧业*												
农村生活												
小计												
第二产业												
煤炭采选业												
石油天然气开采业												
黑色金属矿采选业												
有色金属矿采选业												
……												
自来水生产供应业												
建筑业												
小计												
第三产业												
城市生活												
合计												

注：1）有条件的地方，核算氮氧化物（NO_x）；

2）带*表示空核算项。

表 4-3　污染物部门实物核算表（工业固体废物污染）

××××年度/实物单位：万 t

行业名称	产生量		综合利用量		处置量		贮存量		排放量	
	一般工业固废	危险废物	一般工业固废	危险废物	一般工业固废	危险废物	一般工业固废	危险废物	一般工业固废	危险废物
煤炭开采和洗选业										
黑色金属矿采选业										
有色金属矿采选业										
……										
化学原料及化学制品制造业										
黑色金属冶炼及压延加工业										
有色金属冶炼及压延加工业										
……										
燃气生产与供应业										
合　计										

表 4-4　经济—环境混合核算表　××××年度/货币单位、实物单位

产业部门	产业部门						最终消费	资本形成	净出口	产出总计
	种植业	煤炭开采业	建筑业	……	环境服务业	产业总计				
种植业 …… 煤炭开采业 …… 建筑业 …… 环境服务业										
产业总计										
增加值										
投入总计										
污染物排放										
水污染物：										
COD										
NH_3-N										
有毒物质										
废水排放量										
大气污染物：										
SO_2										
烟尘										
粉尘										
NO_x										
固体废物：										
工业废物										
危险废物										
生活垃圾										

（3）对于固体废弃物而言，首先按废弃物类别分为工业固体废物、危险废物和生活垃圾 3 种，核算的指标包括产生量、当年综合利用量、贮存量、当年处置量和当年排放量，各指标的关系如表 4-3 所示，数据从相关部门的统计年报中获得。

（4）要对污染物进行实物核算，数据来源很重要。为此，需要两个环节的统计和监测数据：① 各部门经济活动产生的各类污染物排放量、处理量和产生量数据；② 各地区的经济活动产生的各类污

染物排放量、处理量和产生量数据。在目前环境统计中，工业这部分数据较为齐全，但农业和服务业数据较少，因此，在实际试点核算时，可能找不到足够的数据对农业和服务业进行核算，需要进行重新监测或采用一定方法进行推算，以获取准确全面的数据资料。

4.3.2 生态破坏实物量核算

4.3.2.1 核算目的

进行生态破坏实物量核算的目的在于，在绿色国民经济核算框架基础上，运用实物单位建立不同地区的各类生态系统服务功能破坏（或改善）实物量账户，描述与经济活动对应的各类生态系统服务功能的实物破坏量。通过生态系统服务功能的实物破坏量核算，将经济活动的发生与生态系统质量状况的变化联系起来，并为生态破坏价值量核算奠定基础。

4.3.2.2 核算内容

表 4-5 列出了森林生态系统的生态破坏实物量核算表式。草地生态系统、沼泽湿地生态系统、耕地生态系统、河湖生态系统和海洋生态系统的生态破坏损失地区实物核算表可参照表 4-5。由于生态破坏损失按产业部门分类很难核算，所以这里只列示按地区的生态破坏损失实物核算表（其中，对于海洋生态系统，按东部海域、南部海域和北部海域进行列示），纵列按生态系统服务功能要素分别列示，横行按不同地区分别列示。

4.3.2.3 相关说明

（1）表 4-5 中，当期变化量＝期末存量－期初存量，期末存量是指当年年末时各生态服务功能要素的实物量，期初存量是指当年年初或去年年末时各生态服务功能要素的实物量。由于生态系统服务功能要素存在自然增长或减少的可能以及人类经济活动可能使其增加或减少等原因，当期变化量可能为正，也可能为负，为负时表示生态系统服务功能的下降。

（2）按不同的分类方法和标准，生态系统可以分为许多不同的类型，本方案是按生态系统的环境性质划分的，选择了 6 大类生态系统，即森林生态系统、草地生态系统、沼泽湿地生态系统、耕地生态系统、河湖生态系统和海洋生态系统。另外，对生态系统服务功能内容的描述也很多，表 4-5 只选择了每种生态系统几项最重要的、典型的服务功能要素，并不是面面俱到。

表4-5 森林生态系统生态破坏（或改善）（地区）实物核算表

××××年度/实物单位

地区名称	生态系统服务功能要素																							
	水土流失面积			涵养水源			物种			固碳制氧能力			调节气候			物质生产			保持营养物质循环			其他		
	期初存量	期末存量	当期变化量	期初存量	期末存量	当期变化量	期初存量	期末存量	当期变化量	期初存量	期末存量	当期变化量	期初存量	期末存量	当期变化量	期初存量	期末存量	当期变化量	期初存量	期末存量	当期变化量	期初存量	期末存量	当期变化量
东部：																								
北京																								
……																								
海南																								
东部小计																								
东部占全国比例/%																								
中部：																								
山西																								
……																								
湖南																								
中部小计																								
中部占全国比例/%																								
西部：																								
内蒙古																								
……																								
新疆																								
西部小计																								
西部占全国比例/%																								
合计																								

（3）对于有些生态系统，例如河湖生态系统、森林生态系统等，可能存在跨区域的问题，其并不属于某一个省或市，所以在按地区分类核算时，可适当进行一些省（市）的合并核算。

（4）由于生态系统服务功能的复杂性，要定义和获得每项生态系统服务功能要素的实物量（或物理量）数据，是比较困难的，除了要有详细的生态系统统计数据外，还需要借助于大量的野外试验与观测技术，同时，需要用到许多专业性的评估技术方法。

4.3.3 污染事故实物量核算

污染事故造成的实物量损失核算的主要内容：事故发生地区的人员伤亡、财产、资源损失量、为降低事故的损失投入的各种物资数量等。

4.3.4 环境污染实物量核算方法

进行分部门和地区的环境污染实物量核算的基础是环境统计数据，即通过核算得到：① 各部门经济活动产生的各类污染物排放量、处理量和产生量数据；② 各地区的经济活动产生的各类污染物排放量、处理量和产生量数据。针对实物量核算存在的技术难点，本指南提出的环境污染实物量核算思路为：以分地区的环境统计数据总量为主，以分别建立的相应水污染、大气污染和固体废弃物污染实物量核算模型为辅，建立一套完整有效的环境污染实物量核算方法，对各类污染物的产生、削减（处置）和排放量进行规范化的核算，获得全面的污染实物量数据资料。

4.3.4.1 水污染实物量核算

（1）核算范围。种植业、畜牧业、工业行业、第三产业废水和生活废水。

（2）核算对象。废水和废水中的污染物——COD、氨氮、石油类、重金属和氰化物。

（3）核算指标。废水排放量、废水排放达标量、废水排放未达标量以及污染物去除量、排放量和产生量。其中，工业废水核算COD、氨氮、氰化物、石油类 4 种污染物的产生量、去除量和排放量，以及重金属排放量；畜禽养殖业、种植业和生活废水仅核算 COD 和氨氮两种污染物的产生量、去除量和排放量。

（4）废水排放量、排放达标量和排放未达标量的核算方法。工业废水排放量以环境统计中各地区的工业废水排放量和各行业的废水排放量结构为基准，并修正排放达标率，进行废水实物量的核算；城市生活废水直接采用环境统计数据；种植业、畜牧业和农村生活废水分别采用耗水系数法、畜禽废水产生系数法和人均综合生活废水产生系数法进行推算。

（5）污染物产生、去除和排放量的核算方法。与工业废水排放量的核算方法相对应，以环境统计的实物量数据为基准、进行适当修正后完成工业废水中污染物的核算；城市生活废水污染物直接采用环境统计数据；种植业、畜牧业和农村生活废水污染物分别采用单位污染物源强系数法、畜禽污染物排泄系数法和人均综合生活污染物产生系数法进行推算。

（6）数据来源。中国环境统计年报、中国城市建设统计年报、中国和各省水资源公报、中国统计年鉴、中国畜牧业年鉴。

具体核算方法见第 5 章。

4.3.4.2 大气污染实物量核算

（1）核算范围。农业、工业行业、第三产业和生活废气。

（2）核算对象。SO_2、烟尘、工业粉尘和氮氧化物。

（3）核算指标。工业 SO_2、烟尘、粉尘和氮氧化物的产生量、排放量和去除量，以及第三产业和城市生活 SO_2、烟尘、和氮氧化物的产生量、排放量和去除量，农业和农村生活 SO_2、烟尘和氮氧化物的产生排放量。

（4）核算方法。采用环境统计与能源消耗衡算和排放系数相结合的方法。

（5）数据来源。中国环境统计年报、中国城市建设统计年报、中国能源统计年鉴、中国统计年鉴。

具体核算方法见第 5 章。

4.3.4.3 固体废物污染实物量核算

（1）核算范围。工业行业和城镇生活固体废弃物。

（2）核算对象。一般工业固体废物、工业危险废物和生活垃圾。

（3）核算指标。工业固体废物和危废的产生量、综合利用量、贮存量、处置量和排放量；城市生活垃圾的产生量、卫生填埋量、填埋量、无害化焚烧量、简单处理量和堆放量。

（4）核算方法。一般工业固体废物和危险废物利用环境统计数据，城镇生活垃圾利用城建年报统计数据。

（5）数据来源。中国环境统计年报、中国城市建设统计年报。

具体核算方法见第 5 章。

4.3.4.4 实物量核算的技术难点

实物量核算的技术难点主要源自于统计数据难以满足核算的需要，具体表现在各部门的统计数据相互矛盾、部门之间难以实现数据共享、环境统计数据质量和数量均存在缺陷 3 个方面。下面对以上 3 个问题做一简要剖析。

（1）我国各部门的统计指标体系和方法基本处于各自独立、自成体系的状态，这就造成了各部门的统计指标相互重叠、统计结果相互矛盾的后果。以工业用水量为例，目前我国有包括水利部、国家统计局、建设部和环境保护部 4 个部门在统计这个指标，但这 4 个部门的统计结果大相径庭。以 2002 年的工业用水量为例，水利部公布的数字为 1 143.38 亿 m^3，建设部公布的城市生产运营供水量为 220.99 亿 m^3，这就意味着乡镇企业消耗了全国 80%的工业用水；同时，环保统计部门按地区汇总的全国工业用水量为 741.21 亿 m^3，比水利部的数据低 400 亿 m^3，此外，国家统计局从 2002 年也开始统计工业用水量，与水利部的数据接近。因此，在进行工业用水量、废水排放量核算时就面临以哪套数据为准的问题，能源消耗和大气污染物核算也存在同样的问题。

（2）部门之间的数据不共享问题也给实物量核算带来一定的困难。以大气污染物实物量核算为例，电力部门作为能源消耗大户，对各地煤炭硫分和灰分含量有比较权威的统计分析基础数据，这些数据是各地进行污染物产生和排放量核定的关键技术参数，如果能够保证电力部门的污染物排放核算的准确性，那么工业废气的实物量核算准确度就有了七分保证。虽然环境部门经过多年积累也掌握部分参数，但与专业部门相比还不够全面，因此，如果两个部门能够实现数据共享，对提高大气污染物实物量核算的准确度具有重要的意义。

（3）对环境经济核算影响最大的就是环境统计数据难以满足核算要求的问题。现行的环境统计体系存在以下几个问题：① 环保考核与环境统计数据挂钩和环境统计手段落后造成统计数据失真的情况比较严重；② 现行的统计指标体系无法完全支持工业生产部门的环境实物量核算；③ 目前的环境统计中缺乏对城市第三产业、农业面源污染和畜禽养殖等污染问题的统计数据；④ 按工业部门和地区统计的工业污染物实物量数据不相等，即按工业部门统计的是重点污染源实物量数据，按地区统计的是经过推算得到的非重点污染源实物量数据和重点污染源实物量数据之和。其中，第②个和第③个问题给实物量核算带来较大的困难。

因此，如何在现有数据的基础上，建立一套科学合理的污染物产生量与排放量的核算方法，就成为实物量核算的关键问题。

4.3.4.5 实物量核算要点

环境统计数据由两部分组成，一部分是重点污染企业，另一部分是非重点污染企业，其中，重点污染企业的环境实物量数据根据基层企业统计汇总得出，非重点源的环境实物量数据由测算得出。重点调查数据与非重点核算数据相加，为工业污染总排放数据。

在目前的环境统计年报中，按工业行业统计的数据为重点源统计数据，按地区统计的工业污染物排放数据为重点源和非重点源相加的总排放量。因此，按地区统计的数据才能够代表所有的工业行业污染产生、处理和排放量情况。因此，在进行工业行业实物量核算之前，首先需要将按地区统计的污染物总量按工业行业统计的污染物产生、排放和处理量的行业结构进行重新折算和分配。即：

$$Q_{实工i} = Q_{地区} \times \frac{Q_{统工i}}{Q_{统工i}} \tag{4.1}$$

式中：$Q_{统工i}$——环境统计中行业 i 的污染物量；

$Q_{总工i}$——环境统计中所有工业行业的污染物量；

$Q_{地区}$——按地区统计的工业污染物量；

$Q_{实工i}$——经过折算后的行业 i 的实际排放量。

大部分污染物排放量的统计数据都符合上述规律，即按地区统计的工业污染物实物量大于按行业统计的污染物实物量，但也有个别污染物有按地区统计的实物量小于按行业统计的污染物实物量，当出现这种情况时，取两者中的大者。

全国计算时，二氧化硫和烟尘和固废实物量均以各地区统计数据为准，废水及其污染物均取行业和地区总量中的大者。

4.4 环境价值量核算

在环境实物量核算基础上，对环境污染和生态破坏进行相应的货币估价，将其结果与传统国民经济核算的内容衔接起来，进一步地为 GDP 总量调整提供前提，这就是环境价值量核算的内容。

和环境实物量核算一样，环境价值量核算也要区别环境污染价值量核算和生态破坏价值量核算两个部分。关于环境污染，主要是核算环境退化价值；对于生态破坏，则涉及生态功能存量及其变化价值的核算。

4.4.1 环境污染价值量核算

4.4.1.1 核算目的

由于环境质量本身没有市场价格，环境污染价值量核算是通过一系列价值估价方法对环境退化的价值量进行计量，进而计算经环境调整的绿色 GDP 总量。由于国民经济核算基本是一个价值量核算体系，在现实市场经济框架中，只有价值量核算才能使环境系统和经济系统按照同一计量单位合为一体，获得相应的总量指标，对经济发展过程和结果做出综合性评价。

4.4.1.2 核算内容

环境污染价值量核算内容具体包括 3 个部分：① 对现存经济核算中有关环境污染的货币流量予以核算，主要是污染物实际治理成本的核算；② 利用治理成本法计算治理未经处理排放污染物需要花费的虚拟治理成本；③ 用污染损失成本法估算因污染物排放而造成的污染损失成本和污染事故造成的损失成本。

表 4-6～表 4-8 分别是水污染部门价值量核算表、大气污染部门价值量核算表、固体废物部门价值量核算（水污染地区价值量核算、大气污染地区价值量核算表、固体废物地区价值量核算表可参照部门核算表），表 4-9、表 4-10 分别是污染事故地区价值量核算和环境污染的部门价值核算汇总表，环境污染地区价值量汇总核算表可参照表 4-10。

4.4.1.3 相关说明

（1）水污染、大气污染和固体废物污染的价值量核算主要包括实际治理成本的核算和虚拟治理成本的核算（污染损失成本另行计算），各项内容的关系如表 4-6～表 4-8 所示。

（2）虚拟治理成本的计算，需要利用污染排放数据和治理排放的单位成本，计算为治理所有的污染物排放而应该花费的成本，可按污染物类别分别计算，并归集到产生污染的各个部门，进而可对各部门的增加值进行调整，即易于与目前的国民经济统计部门相接口。但这种算法存在严重的理论缺陷，如采用这种算法等于默认治理污染的成本与污染排放造成的危害相等，治理与不治理没有差别，治理的效益无从体现，容易造成概念上的混淆。因此，从严格的意义上来讲利用这种思路计算得到的仅是防止环境功能退化所需的治理成本，是污染物排放可能造成的最低环境退化成本，并不是实际造成的环境退化成本。

表 4-6　部门水污染价值核算表（污染治理成本法）

××××年度/单位：万元

产业部门	水污染物										废水	
	COD		氨氮		石油类		重金属		氰化物			
	实际治理成本	虚拟治理成本	实际治理成本	虚拟治理成本	实际治理成本	虚拟治理成本	实际治理成本	虚拟治理成本	实际治理成本	虚拟治理成本	实际治理成本	虚拟治理成本
	（1）	（2）	（3）	（4）	（5）	（6）	（7）	（8）	（9）	（10）	（11）	（12）
第一产业												
种植业												
畜牧业												
农村生活												
小计												
第二产业												
煤炭开采业												
石油天然气开采业												
黑色金属矿采选业												
有色金属矿采选业												
……												
自来水生产供应业*												
建筑业*												
小计												
第三产业												
城市生活												
合计												

注：1）带*表示空核算项；

2）（11）=（1）+（3）+（5）+（7）+（9）；（12）=（2）+（4）+（6）+（8）+（10）。

表 4-7　部门大气污染价值核算表（污染治理成本法）

××××年度/单位：万元

产业部门	SO_2		烟尘		工业粉尘		NO_x		合计	
	实际治理成本	虚拟治理成本	实际治理成本	虚拟治理成本	实际治理成本	虚拟治理成本	实际治理成本	虚拟治理成本	实际治理成本	虚拟治理成本
	（1）	（2）	（3）	（4）	（5）	（6）	（7）	（8）	（9）	（10）
第一产业										
种植业										
畜牧业*										
农村生活										
小计										
第二产业										
煤炭开采业										
石油天然气开采业										
黑色金属矿采选业										
有色金属矿采选业										
……										
自来水生产供应业										
建筑业										
小计										
第三产业										
城市生活										
合计										

注：1）有条件的地方，核算氮氧化物（NO_x）。

2）带*表示空核算项。

3）（9）=（1）+（3）+（5）+（7）；（10）=（2）+（4）+（6）+（8）。

表 4-8　部门工业固体废物价值核算表（污染治理成本法）

××××年度/单位：万元

行业部门	实际治理成本		贮存废物虚拟治理成本		排放废物虚拟治理成本		总实际治理成本	总虚拟治理成本
	一般工业固废	危险废物	一般工业固废	危险废物	一般工业固废	危险废物		
	（1）	（2）	（3）	（4）	（5）	（6）	（7）=（1）+（2）	（8）=（3）+（4）+（5）+（6）
煤炭开采和洗选业								
黑色金属矿采选业								
有色金属矿采选业								
……								
化学原料及化学制品制造业								
黑色金属冶炼及压延加工业								
有色金属冶炼及压延加工业								
……								
燃气生产与供应业								
合 计								

表 4-9　污染事故地区价值核算表（按事故类型）

××××年度/货币单位

地区名称	水污染事故				大气污染事故				固体废物污染事故				噪声与振动污染事故				其他污染事故			
	次数	人身健康损失	财产物资损失	其他经济损失	次数	人身健康损失	财产物资损失	其他经济损失	次数	人身健康损失	财产物资损失	其他经济损失	次数	人身健康损失	财产物资损失	其他经济损失	次数	人身健康损失	财产物资损失	其他经济损失
东部：																				
北京																				
……																				
海南																				
东部小计																				
东部占全国比例/%																				
中部：																				
山西																				
……																				
湖南																				
中部小计																				
中部占全国比例/%																				
西部：																				
内蒙古																				
……																				
新疆																				
西部小计																				
西部占全国比例/%																				
合计																				

表 4-10　污染物（产业部门）价值核算汇总表（污染治理成本法）

××××年度/单位：万元

产业部门	水污染		大气污染		固体废物污染		合计	
	实际治理成本	虚拟治理成本	实际治理成本	虚拟治理成本	实际治理成本	虚拟治理成本	实际治理成本	虚拟治理成本
	（1）	（2）	（3）	（4）	（5）	（6）	（7）＝（1）＋（3）＋（5）	（8）＝（2）＋（4）＋（6）
第一产业								
种植业								
畜牧业								
农村生活								
其他								
第二产业								
煤炭开采业								
石油天然气开采业								
黑色金属矿采选业								
有色金属矿采选业								
……								
自来水生产供应业								
建筑业								
第三产业								
城市生活								
合计								

（3）污染损失成本的计算。需要进行专门的污染损失调查，采用一定的方法，确定污染排放对当地环境质量产生影响的货币价值，如对产品产量、人体健康、生态环境等的影响，并以货币的形式量化这些影响，从而确定污染所造成的环境退化成本。环境退化成本一般是以地域范围来计算的，它对 GDP 的调整仅限于总量层次，要分解到产生污染排放的各个部门有一定的困难。但从理论上来说，污染损失才是真正的环境退化成本，只有进行污染损失估算才能体现污染治理的效益。本课题将分别采用以上两种方法进行核算。

（4）对于环境污染价值量核算，污染治理成本可以按部门和地区核算。但对于污染损失成本核算，是否可以分为地区和部门核算，需要看采用的计算方法。如果采用维护费用法，则可按地区和部门核算，但如果采用污染经济损失评估方法，由于某个地区的环境质量退化是由来自不同部门的多个污染源共同造成的，一般来讲不能直接将污染的经济损失分解到部门，所以环境污染价值量核算以地区核算为主，但是可以通过一定的粗略的方法推算出部门对环境污染经济损失的贡献。

（5）核算数据来源。一是实物量核算数据，包括水污染物和大气污染物的去除量、排放量和产生量，废水的排放量、处理回用量、处理达标量、产生量，固体废物的当年排放量、产生量、当年综合利用量、贮存量、当年处置量等；二是各类污染物单位治理成本数据，由于不同污染物类别以及不同行业、不同地区的污染物单位治理成本不一样，所以需要通过抽样调查或用经验方法获得相关数据。

4.4.2 生态破坏价值量核算

4.4.2.1 核算目的

生态破坏价值量核算作为环境价值量核算的一部分，是在生态破坏实物量核算的基础上，通过价值评估技术将生态破坏实物量折算为生态破坏价值量，进而计算出生态破坏的价值损失，即生态破坏损失成本，与环境污染损失成本一起对传统国民生产总值（GDP）进行调整，从而得到相应的绿色 GDP 总量指标。

4.4.2.2 核算内容

表 4-11 是森林生态系统生态破坏损失价值量地区核算表，草地生态系统、沼泽湿地生态系统、耕地生态系统、河湖生态系统和海洋生态系统的生态破坏损失地区价值量核算表可参照表 4-11 编制，

表 4-12 是各生态系统的生态破坏损失地区价值量核算的汇总表。与实物核算一样，由于生态破坏损失按产业部门分类很难核算，所以这里只列示按地区的生态破坏损失价值核算表（其中，对于海洋生态系统，按东部海域、南部海域和北部海域进行列示），纵列按生态系统服务功能要素分别列示，横行按不同地区分别列示。

4.4.2.3 相关说明

（1）表 4-1 中，价值变化量＝上期价值量－当期价值量。上期价值量是指通过价值评估方法，对上期生态系统的各项服务功能要素评价得出的货币量；当期价值量是指通过价值评估方法，对当期生态系统的各项服务功能要素进行评价得出的货币量。同样，价值变化量可能为正，也可能为负，为负时表示当期生态系统服务功能丧失的货币价值，即生态破坏损失成本。

（2）对于生态破坏损失成本的核算思路有两个：一是直接将生态破坏实物量核算表中的“当期变化量”转化为“当期价值量”，即为该项生态系统服务功能损失成本；二是通过评估该项生态系统各项服务功能要素的上期价值量、当期价值量，两者相减得出当期生态系统服务功能价值变化量，即损失成本。两种思路在实际中根据不同的情况可灵活处理。

（3）在实际应用时，要定义和获取每项生态系统服务功能要素的价值量，需要对每项生态系统服务功能价值要素进行评估，即采用一定的价值评估方法，将生态系统服务的物理功能转化为经济功能。由于生态系统服务功能的复杂性和从物理量到经济量评估技术方法的不完善，要获取准确全面的数据比较困难。

4.4.3 污染事故价值量核算

污染事故造成的损失的价值量核算是建立在实物量核算的基础上，采用各种不同的价值化的方法，从而最终得到一个货币化的经济损失数据。污染事故仅按地区采用污染损失成本法进行，具体核算表式见表 4-9。

表 4-11　森林生态系统生态破坏（或改善）（地区）价值核算表

××××年度/万元

地区名称	生态系统服务功能要素																							
	水土流失面积			涵养水源			物种			固碳制氧能力			调节气候			物质生产			保持营养物质循环			其他		
	上期价值量	当期价值量	价值变化量	上期价值量	当期价值量	价值变化量	上期价值量	当期价值量	价值变化量	上期价值量	当期价值量	价值变化量	上期价值量	当期价值量	价值变化量	上期价值量	当期价值量	价值变化量	上期价值量	当期价值量	价值变化量	上期价值量	当期价值量	价值变化量
东部：																								
北京																								
……																								
海南																								
东部小计																								
东部占全国比例/%																								
中部：																								
山西																								
……																								
湖南																								
中部小计																								
中部占全国比例/%																								
西部：																								
内蒙古																								
……																								
新疆																								
西部小计																								
西部占全国比例/%																								
合计																								

表 4-12　生态破坏（或改善）（地区）价值核算汇总表　××××年度/万元

地区名称	生态破坏损失成本							合计
	森林生态系统	草地生态系统	湿地生态系统	河湖生态系统	耕地生态系统	海洋生态系统		
东部： 北京 …… 海南 东部小计 东部占全国比例/%						东部海域 东部占全国比例/%		
中部： 山西 …… 湖南 中部小计 中部占全国比例/%						南部海域 南部占全国比例/%		
西部： 内蒙古 …… 新疆 西部小计 西部占全国比例/%						北部海域 北部占全国比例/%		
合计								

4.4.4 环境价值量核算的方法

进行环境污染价值量核算，也就是核算环境污染成本。环境污染成本由实际污染治理成本和环境退化成本两部分组成。其中，污染实际治理成本是指在目前的治理水平下，处理生产和消费过程中所产生废弃物的实际已发生治理成本；环境退化成本是指在目前的治理水平下，生产和消费过程中所排放的污染物对环境功能造成的实际损害。污染物排放造成的环境退化成本是环境污染价值量核算中最关键也是最困难的部分，如前所述，本框架将分别采用治理成本法和污染损失成本法核算环境退化成本，前者称为虚拟污染治理成本，后者称为环境退化成本。

利用治理成本法计算虚拟治理成本，忽视了排放污染物所造成的环境危害，等于假设治理污染的成本与污染排放造成的危害相等，环境污染治理的效益无从体现。因此，从严格的意义上来讲，利用这种虚拟治理成本核算得到的仅是防止环境功能退化所需的治理成本，是污染物排放可能造成的最低环境退化成本，并不是实际造成的环境退化成本。

利用污染损失成本法计算环境退化成本，需要进行专门的污染损失调查，确定污染排放对当地环境质量产生影响的货币价值，从而确定污染所造成的环境退化成本。环境退化成本一般是以地域范围来计算的，它对 GDP 的调整仅限于总量层次，要分解到产生污染排放的各个部门有一定的困难。但从理论上来说，污染损失才是真正的环境退化成本，只有进行污染损失估算才能体现污染治理的效益。

环境污染价值量核算主要包括以下内容：各地区的水污染价值量核算、大气污染价值量核算、工业固体废物污染价值量核算、城市生活垃圾污染价值量核算和污染事故经济损失核算；各部门的水污染价值量核算、大气污染价值量核算、工业固体废物污染价值量核算和污染事故经济损失核算。其中，污染损失成本法仅按地区核算。

4.4.4.1 实际污染治理成本

（1）工业废水和废气的实际污染治理成本。采用统计数据，数据来源为中国环境统计年报。

（2）畜禽废水、工业固废、城市生活垃圾和生活废气的实际治理成本采用模型核算。实际治理成本的核算在理论上比较简单，为污染物处理实物量与污染物的单位治理运行成本的乘积，计算公式为：实际污染治理成本＝污染物治理（去除）量×单位实际治理成本。

污染物的治理或去除量通过实物量核算获得，因此，该核算的关键是单位治理运行成本的确定。本核算报告中所采用的单位实际治理成本为相关研究和调查数据。

4.4.4.2 虚拟污染治理成本

虚拟污染治理成本是维护环境不发生退化需要花费的治理成本，是对环境退化成本的最低估计。计算方法与上述实际污染治理成本的计算方法相同，利用排放数据和单位治理成本，计算为治理所有要排放的污染物应该花费的成本。采用这种方法，可按污染物类别分别计算，并归集到产生污染的各个部门，进而可对各部门的增加值进行调整，即易于与目前的国民经济统计部门相接口。但这种算法核算结果偏小，如采用这种算法等于默认治理污染的成本与污染排放造成的危害相等，治理与不治理没有差别，治理的效益无从体现，容易造成概念上的混淆。因此，从严格的意义上来讲，利用这种思路计算得到的仅是防止环境功能退化所需的治理成本，是污染物排放可能造成的最低环境退化虚拟成本，并不是实际造成的环境退化成本。

4.4.4.3 环境退化成本

在本书中，利用污染损失成本法计算得到的被称为环境退化成本。采用这种方法，需要进行专门的污染损失调查，采用一定的技术方法，确定污染排放对当地环境质量产生影响的货币价值，如对产品产量、人体健康、生态环境等的影响，并以货币的形式量化这些影响，从而确定污染所造成的环境退化成本。环境退化成本一般是以地域范围来计算的，它对 GDP 的调整仅限于总量层次，要分解到产生污染排放的各个部门有一定的困难。但从理论上来说，污染损失才是真正的环境退化成本，只有进行污染损失估算才能体现污染治理的效益。

环境退化成本计算的数据主要来源于统计年鉴和污染损失调查的数据。

4.4.4.4 价值量核算的技术难点

（1）污染治理成本法的技术难点。污染治理运行成本在历年的环境年报中有比较完整的统计，通过比例系数折算法可以获得 GDP 核算所需要的中间消耗、人力资本和固定资产折旧等指标，同时关于污染治理运行费用的专题研究也比较丰富，相关研究成果可以直接为本课题借鉴引用。

但由于各工业行业的“三废”治理重点和治理水平差别较大，仅靠环境年报难以获得令人信服的不同工业行业的“三废”治理运行成本系数，相关研究的时效性也不能满足核算的需求，因此，本次核算有必要对工业“三废”治理运行成本系数展开重点调查研究。

污染治理运行成本拟采用两种方法——企业调查法和专家经验推算——相结合计算得出。首先，通过向一定数量不同行业、规模、经济类型的企业发放问卷，调查获得微观层面上各行业处理废气、废水和固废平均治理运行成本；然后，请有关专家根据实际治理运行成本和调查结果，对不同行业的总治理运行成本进行宏观估算和平衡，提出适用于全国环境污染经济核算的技术参数。

（2）污染损失成本法的技术难点。污染损失计算所面临的技术难点主要表现在以下 4 个方面：

➢ 相关基础研究薄弱，关键技术环节-剂量反应关系亟待完善：由于剂量反应关系的缺乏，计算污染损失时，往往用个别案例污染区与清洁对照区的比较结果推广到全国，这样做的直接后果就是计算结果的可信度大打折扣。目前各相关领域剂量反应关系的研究现状是：水环境污染与健康的剂量反应关系的研究几乎为空白；大气环境污染与健康的剂量反应关系缺乏全国代表性；仅有南方地区的酸雨和 SO_2 与材料腐蚀的剂量反应关系，缺乏北方地区 SO_2 与材料腐蚀的剂量反应关系；酸雨和 SO_2 与森林材积生长量的剂量反应关系有待完善和再证实；仅有简单的污灌与农作物产量和质量影响的剂量反应关系，不能支持每年滚动型的污染损失计算；没有可用的水污染与渔业和畜牧业影响之间的剂量反应关系。

➢ 损失计量必需的存量与技术参数有待规范化和标准化：材料的存量以及维修费用和周期、固体废物占地、替代水源成本、水资源数量与质量、森林草场等生态资源的数量和质量等都是计算环境污染和生态破坏损失必不可少的基础信息和技术参数，只能通过大量的实际调查才能获得，并进而在此基础上，提出计量损失时应该采用的规范化、标准化的技术参数或指标。

➢ 国内健康损失的经济计量方法不利于国际比较：健康经济损失在污染损失中占有较大的比例，但国内研究与国际研究的计算结果相差甚远，其原因在于国外大多采用生命风险评价法——支付意愿法，而国内缺乏对因污染而早死的价值损失计量的研究，目前大多数研究直接利用美国的死亡风险价值，通过两国的 GDP 比值折算我国的生命风险的价值，理由不充分，存在较大争议，不利于计算结果的比较。

➢ 核算范围界定比较困难，容易造成重复计算：由于污染影响的终端有时难以界定，很容易导致重复计算。比如，有些研究中，同时计算污灌对农业的减产降质损失和人食用污染物超标食物对人体健康的危害损失，而实际上，人食用污染物超标食物引起的健康经济损失属于二次污染，并不是水污染造成的负面健康效应，水污染造成的直接负面健康效应是饮用水对人体健康的危害。因此，在实际计算中，需要严格界定污染损失的核算范围，避免造成重复计算。

4.5 环境保护投入产出核算

4.5.1 核算目的

对环境保护投入产出进行核算，一方面是要核算现实经济活动为保护环境而花费的经济成本，即环境保护投入，包括经常性投入（运行费）和投资性投入两部分；另一方面要核算出环境保护活动所带来的效益和对经济发展的贡献，即环境保护产出核算，包括经济效益、环境效益和社会效益。通过对环境保护活动投入产出进行核算，可以反映一个国家环境保护投入的规模、结构、方向和对环境保护的重视程度，并可用来分析与预测环境保护对经济发展的贡献和影响，包括对经济增长、产业结构调整、就业水平、税收等的影响，从而制定科学的环境保护投入政策和环境管理政策。

4.5.2 有关概念

4.5.2.1 环境活动

在 SEEA-2003 中，环境活动（environmental activities）指的是以减轻或消除环境压力，或更有效地使用自然资源为目的的活动。这里的环境概念是指自然环境，因此不能将其他环境问题（如社会环境、投资环境等）置于其中考虑。基于这个定义，SEEA-2003 认为环境活动的范围包括：

（1）环境保护活动（environmental protection activities）。是指为了减少污染物排放，或保护生态系统功能完好，提升环境质量，即减少因经济活动对环境产生的负面影响而采取的各种行动。

（2）自然资源管理与利用活动（natural resource management and exploitation activities）。是指为实现自然资源的持续利用而采取的相关活动。自然资源管理活动包括对自然资源的研究、监测、控制与监督、资料收集与统计、自然资源管理的行政费用等。具有环境保护目的与性质的活动不包括在内，而是归于环境保护活动。

（3）提升环境效益的活动（environmentally beneficial activities）。这种活动的最初目的不在于保护环境，但结果却产生了环境效益的活动，如节约能源、节约用水、减少原材料使用等设备的投资。

（4）减少天然灾害的活动（minimization of natural hazards）。与环境保护活动类似，减少天然灾害活动的主要目的在于减少天然灾害发生次数及影响程度，天然灾害包括森林火灾、气象灾害（含风灾、水灾、旱灾等）、地层下陷、地震灾害等。减少天然灾害的活动包括研究发展、灾害发生危险度评估、防灾预警系统、灾情调查等。

4.5.2.2 环境保护活动

上文提到，环境保护活动（environmental protection activities）是指为了减少污染物排放，或保护生态系统功能完好，提升环境质量，即减少因经济活动对环境产生的负面影响而采取的各种行动。由此可见，环境保护活动包括两方面：① 以改善环境质量为中心的污染物排放预防与治理活动，简称污染防治活动；② 以保护生态系统为目的的生态保护活动。这样的界定与中国环境经济核算体系框架中将环境核算分为环境污染和生态保护两部分是相吻合的。

（1）从环境保护活动的主体来看，可以分为内部环境保护活动和外部环境保护活动。内部环境保护活动是指企业自身为了防治污染而采取的行动，投入主体和受益主体都是企业自身，在国民经济行业中，通常体现在第一产业、第二产业中。外部环境保护活动是指公共管理机构为了防治污染而采取的行动，如城市污水处理、城市生活垃圾处理、集中供热等，投入主体是政府、民间或中介组织等，受益主体是社会公众，在国民经济行业中，通常体现在第三产业（或城市生活）中。

（2）从环境保护活动的发生方式看，可以分为单独环境保护活动和综合环境保护活动两种。单独环境保护活动是专门针对环境保护而采取的活动，是以环境保护为直接目的的活动，它常常以单独的环境污染治理或环境保护设施为标志，如运用污水处理设备所进行的活动。综合环境保护活动则是融入一般经济活动之中的环境保护活动，这时，该项活动的主要目的可能不是环境保护，但确实产生了环境效益。例如，在生产中使用具有环境保护效果或提高资源利用效果的新技术，在消费中购买不污染环境的消费品。理想的环境保护投入核算应该以所有环境保护活动为对象，不仅包括单独环境保护活动，也应包括综合环境保护活动，但由于综合环境保护活动很难区分，核算起来很困难，所以在现实中和本书中，一般以单独环境保护活动为重点。

4.5.2.3 环境保护投入

环境保护投入，也被称为环境保护支出，是指由于环境保护活动而发生的支出。根据环境保护活动的界定，环境保护投入可分为污染防治投入和生态保护投入两部分。另外，根据环境保护活动的发生方式，可将环境保护投入分为单独环境保护投入和综合性环境保护投入。此外，根据投入的时间长短和是否形成固定资产，可将环境保护投入分为投资性支出（环境保护投资）和经常性支出（运行费用）。在我国，环境保护投入一般包括环境保护投资和环境保护设施运行费用两部分。

由此可见，环境保护投入核算所面临的主要问题在于清楚界定环境活动范围和相关投入项目。不同的国家，由于国情不同，对核算范围的选定可能不一样，SEEA-2003 特别建议各国根据本国的国情选定核算的范围。到目前为止，关于环境保护投入的范围界定，各个国家并没有取得完全一致。在 SEEA-2003 核算体系中，环境保护投入核算的范围主要包括：① 大气污染防治和应对气候变化；② 水污染防治；③ 废弃物治理；④ 土壤污染防治；⑤ 减少噪声和振动控制；⑥ 生态保护；⑦ 防止辐射；⑧ 环境研究与开发；⑨ 其他环境保护活动，包括一般环境管理、教育培训等。在欧盟国家，凡是具有环境保护为原始目的的活动都包含在内，即包含了污染防治支出、生态保护的投入，另外，节能和节省原材料的设备投资，若其目的为环境保护，则也包含在内。而 OECD 国家多以污染防治支出（pollution abatement and control expenditure）作为环境保护投入统计核算的主要范围。

4.5.2.4 环境保护投资

环境保护投资是国民经济和社会发展的固定资产投资的重要组成部分，就主体而言，它属于政策性投资，是指社会各有关投资主体从社会的积累资金和补偿资金中，拿出一定的数量用于防治环境污染、维护生态平衡及其相关联的经济活动，其目的是促进经济建设和环境保护的协调发展，使环境得到保护和改善。

从环境保护投资的内涵来看，凡是用于防治污染，保护生态的投资都应属于环境保护投资。但是，从国内外环境保护的实践来看，环境保护投资的范围并不统一，各国情况各不相同。在美国，没有区分环境保护投资和环境保护运行费用的差别，把一切用于环境保护的资金都归为环境保护投入。他们把环境保护投入分为 4 种，即损害费用、防护费用、消除费用和预防费用。日本的环境保护投资除包括工厂治理污染的投资外，还包括很大一部分用于城市公用基础设施的投资。在瑞典，环境保护投资除了包括企业自身进行污染治理的投资外，还包括进行环境科研、环境管理、城市污水处理、野生动植物保护以及风景名胜区建设等的投资。综上所述，各个国家环境保护投资的范围各有不同，但它们的共同之处，就是环境保护投资都包含污染防治和一部分城市公用基础设施的投资，而植树造林、水土保护等恢复生态和改善生态的投资一般都未包含进来。

在我国，迄今为止也没有明确环境保护投资的范围，对环境保护投资没有统一的定义，存在多种表达方式，且没有可操作性、针对性的明确规定来具体界定环境保护投资范围和口径。这种情况给环境保护投资的统计、分析和决策带来很大困难，严重影响了环境保护投资工作及其相关的环境经济、规划工作的开展。按照目前中国环境保护投资统计的口径，环境保护投资范围主要包括以下 3 个方面：① 城市环境基础设施建设投资。指用于城市排水、集中供热、燃气、园林绿化、市容环境卫生等方面的投资，往往直接采用城市建设年报数据；② 工业污染源治理投资。产生污染物的老企业结合技术改造和清洁生产，投入一定的资金用于污染防治，数据来源于环境统计；③ 建设项目“三同时”环境保护投资。法律规定，凡属产生污染物的新建项目，其防治污染设施必须与主体生产设施同时设计、同时施工、同时投产（即所谓的“三同时”制度），这部分投资是环境保护投资中的重要组成部分，数据来源于环境统计。

在全国各地，对环境保护投资的统计也存在多个口径，其差别主要集中在以下几个方面：① 运行费用是否纳入环境保护投资口径；② 生态保护和建设投入是否纳入环境保护投资口径；③ 环境管理能力建设和环境管理服务费是否纳入环境保护投资口径；④ 具有环境效益的项目投资是否纳入环境保护投资口径；⑤ 清洁生产、环境保护友好产品生产项目建设是否纳入环境保护投资口径。

从环境保护投资的内涵及国内外情况综合分析，作者认为，确定中国环境保护投资应该遵从下列原则：① 目的性原则，确定一种投资是否是环境保护投资，应看其投资的主要目的是否是为了保护和改善环境；② 效果性原则，是否带来良好的社会效益和环境效益。由于环境保护涉及面十分广泛，涉及生产和生活活动的全过程，因而在这全过程的任何一个环节，都可以采取对环境保护有效果的措施，生产工艺和设备的改进。但有的工程设施既是生产工艺不可缺少的，又有明显的环境保护效果，很难确定哪一方面为主。在这种情况下，只有从制度上作出统一的规定，按规定来界定归属。

4.5.2.5 环境保护运行费用

环境保护运行费用，是指进行环境保护活动或维持污染治理运行所发生的经常性费用，包括设备折旧、能源消耗、设备维修、人员工资、管理费、药剂费及设施运行有关的其他费用等。

目前，关于运行费用，争议比较大、也比较难确定的是设备折旧是否应归属运行费用的问题。有的人认为，由于环境保护投资中已包含了设备投资部分，所以其折旧不应计入运行费用，否则会导致环境保护投入计算的重复。有的人则认为，从财务成本的角度考虑，设备折旧属于财务当期成本的一个组成部分，尽管在投资时进行了计算，但在当期运行费用中，应包括设备折旧。

综合各方面因素分析，作者认为，固定资产投资是按照收付实现制计算的当期支出，是实际发生的支出；固定资产折旧则是按照权责发生制计算的当期物质投入，是按照一定比例分摊的“支出”。由于本报告将环境保护投资和运行费用作为环境保护投入整体进行核算，并考虑到环境保护投入是当期实实在在的支出，所以在运行费用计算时，不考虑固定资产折旧部分，否则就会出现重复计算。

4.5.2.6 环境保护投入产出核算

环境保护投入产出核算不同于一般意义上的投入产出核算，它是针对环境保护主题所编制的投入产出表，是在一般投入产出表基础上针对环境保护投入的具体应用。同时，环境保护投入产出核算也不同于环境经济学中所运用的投入产出模型，它不是要反映经济活动与环境污染之间的投入产出关系，而是要将环境保护作为一类具有特殊意义的经济活动和一个产业部门，利用投入产出核算框架，描述经济活动中环境保护投入状况以及环境保护投入对经济活动的影响等问题。

环境保护投入产出核算的目的，① 立足于环境来研究环境保护问题，看现实中环境保护投入状况，与环境污染之间的差距，目的在于说明加大环境保护投入的必要性；② 研究环境保护的效益，说明环境保护对于经济、社会、环境产生的影响，定量描述环境保护优化经济增长的大小，从而转变人们对于环境保护与经济增长对立观的认识，推动人们从各个层面开展环境保护活动。环境保护投入的效益，与一般的固定资产投资或其他资金投入的效益，有着十分明显的区别。通常，环境保护投入效益包括环境效益、经济效益和社会效益 3 个方面。环境效益是环境保护投入的根本目的。

由此可见，环境保护投入产出核算具体包括以下几个特点：① 这是一种立足经济的描述，可以称为环境保护活动的经济核算，而不是仅仅着眼于环境来显示环境保护的过程和效果；② 这是一种宏观的统计描述，不是着眼于单项的环境的保护，不是针对某一类经济活动中的环境保护或某一个经济单位的环境保护，而是就一个经济整体意义上的环境保护活动的描述，这样的描述具有完整性，要服从国民经济宏观核算的规则；③ 在此核算中，不仅是对环境保护活动自身的统计，而是要将环境保护活动放到国民经济整体运行中去加以描述，是对环境保护活动及其与国民经济的关系予以描述；④ 要以投入产出表为基础，主要体现环境保护这一种特殊产业或经济活动的供应和需求，及其与其他产业部门的关系。

4.5.3 环境保护投入核算内容

4.5.3.1 核算的基本思路

环境保护投入核算的基本思路主要包括以下 4 个要点：

（1）需要明确核算的主体。根据不同的分类标准，核算主体各不相同。按环境保护活动分，核算主体由外部环境保护主体和内部环境保护主体组成，外部环境保护主体是指公共的环境保护部门，包括城市污水处理、城市垃圾处理以及环境管理与科研等单位；内部环境保护主体是指各个排污单位（生产企业），它们出于行政等压力而自行完成的环境保护，是这些单位的辅助活动。按环境要素分，核算主体包括水环境、大气环境和固体废物环境 3 类，对水环境，还可进一步细分为 COD、氨氮等污染物，同样，对大气环境也可按大气污染物类别进一步细分。按环境保护投融资来源分，核算主体可包括财政预算投资、环境保护专项资金、企业自行筹资、民间社会资本（利用外资、国内贷款）等。根据不同的核算主体，环境保护投入核算账户可形成不同类型。

（2）需要明确核算的对象。无论外部环境保护还是内部环境保护核算主体，无论是水环境还是大气环境核算主体，无论是政府投入还是民间社会资本投入，从核算对象看，环境保护投入都包括两个部分的支出，即经常性支出（运行费用）和投资性支出。

（3）建立环境保护投入核算账户体系。根据不同的核算主体和核算对象，从不同的应用角度，构建环境保护投入核算账户体系。明确核算账户体系各项内容及其相互关系，找出各项指标的数据来源。

（4）核算结果的应用分析。在环境保护投入核算账户体系建立的基础上，根据不同的需求，建立有关应用指标体系，对核算账户进行应用分析，这些指标可包括环境保护投入的产业结构、环境保护投入的规模结构、环境保护投入的来源结构等，也可对这些指标进行综合分析。

4.5.3.2 核算的基本账户

根据上述核算思路和要点，环境保护投入核算基本账户体系可由三组表组成：① 以环境保护活动为核算主体的环境保护投入核算表；② 以环境要素为核算主体的环境保护投入核算表；③ 以投融资来源为核算主体的环境保护投入核算表。基本核算表式的内容和格式分别见表 4-13、表 4-14 和表 4-15。其中，对表 4-13、表 4-14 和表 4-15 可进行适当组合，形成以环境保护活动主体和环境要素主体、环境保护活动主体和环境保护投融资主体的环境保护投入核算表，见表 4-16 和表 4-17。

从表 4-13 到表 4-15 中可看出，横行是按核算对象分为各类环境保护投入项目，包括经常性支出（运行费用）和投资性支出（包括基本建设投资和机器设备投资等）。纵列是按核算主体分的，包括外部环境保护主体和内部环境保护主体，外部环境保护主体又包括城市污水处理、城市垃圾处理和其他环境保护活动（主要是城市环境基础设施建设，如集中供热、燃气工程等），内部环境保护主体主要是第一产业、第二产业中各行业企业内部环境保护治理活动；环境要素主体，包括水环境（COD、氨氮、其他水污染物）、大气环境（SO_2、NO_x、烟尘粉尘等）和固体废物（工业固体废物、危险废物、生活垃圾等）污染治理等；环境保护投融资主体，包括财政预算投资、环境保护专项资金、企业自行筹资、利用外资、国内贷款等。

对于内部环境保护活动和外部环境保护活动，需要特别说明的是，在本研究中，为了与我国环境统计保持一致，在具体核算时，内部环境保护活动主要是指工业污染源治理投资和运行费用支出，外部环境保护活动主要是指城市生活部分，包括城市污水处理、城市垃圾处理、集中供热、燃气工程等，不包括排水工程、园林绿化工程、市容环境卫生工程等。

表 4-13　环境保护投入核算表（环境保护活动主体）

××××年度/货币单位

核算主体 核算对象	外部环境保护			内部环境保护			投入总计
	城市污水处理	城市垃圾处理	其他外部环境保护活动	第一产业	第二产业	产业总计	
运行费用：							
中间消耗							
原料/动力等							
……							
工人工资							
环境保护税费：							
资源税							
排污费							
培训费等							
运行费用合计							
投资性支出：							
基本建设投资							
固定资产购置等							
投资性支出合计							
环境保护投入总计							

表 4-14　环境保护投入核算表（环境要素主体）

××××年度/货币单位

核算主体 / 核算对象	水环境			大气环境			固体废物			投入总计
	COD	氨氮	其他	SO_2	NO_x	其他	工业固废	生活垃圾	其他	
运行费用：										
中间消耗										
原料/动力等										
……										
工人工资										
环境保护税费：										
资源税										
排污费										
培训费等										
运行费用合计										
投资性支出：										
基本建设投资										
固定资产购置等										
投资性支出合计										
环境保护投入总计										

表 4-15　环境保护投入核算表（环境保护投融资主体）

××××年度/货币单位

核算主体 / 核算对象	预算内资金	专项资金	企业自筹	国内贷款	利用外资	投入总计
运行费用：						
中间消耗						
原料/动力等						
……						
工人工资						
环境保护税费：						
资源税						
排污费						
培训费等						
运行费用合计						
投资性支出：						
基本建设投资						
固定资产购置等						
投资性支出合计						
环境保护投入总计						

表 4-16 环境保护投入核算表（环境保护活动主体与环境要素主体）

××××年度/货币单位

	环境保护投资				治理运行费用				投入总计
	水污染	大气污染	固体废物	投资合计	水污染	大气污染	固体废物	运行费用小计	
第一产业（内部环境保护活动） 种植业 养殖业 农村生活									
小计									
第二产业（内部环境保护活动） 煤炭 采矿 …… 其他工业 建筑业									
小计									
第三产业（外部环境保护活动） 城市污水处理 城市垃圾处理 集中供热 燃气等									
小计									
环境保护投入总计									

表4-17 环境保护投入核算表（环境保护活动主体与环境保护投融资主体）

××××年度/货币单位

	环境保护投资						治理运行费用				投入总计
	预算内资金	专项资金	企业自筹	国内贷款	利用外资	小计	预算内资金	专项资金	企业自筹	小计	
第一产业（内部环境保护活动）											
种植业											
养殖业											
农村生活											
小计											
第二产业（内部环境保护活动）											
煤炭											
采矿											
……											
其他工业											
建筑业											
小计											
第三产业（外部环境保护活动）											
城市污水处理											
城市垃圾处理											
集中供热											
燃气等											
小计											
环境保护投入总计											

另外，对于环境保护经常性支出（运行费用）和投资性支出，在实际核算时，由于很难获得能源原料消耗、折旧、工资、动力、药剂费等具体类别的运行费支出和基本建设投资和机器设备投资等投资性支出的数据，在本研究中，不再区分具体明细项目，只核算环境保护经常性支出（运行费用）和投资性支出的大类情况。

4.5.3.3 环境保护投入核算的有关说明

（1）在表 4-13 中，环境保护活动是发生在现实经济体系之中的，国民经济核算中已经包括了这部分活动的核算。因此，在对环境保护投入进行核算时，需要就原来国民经济核算的内容加以组合和调整，分离出有关产业部门环境保护投入项目予以单独显示。

（2）在表 4-13 中，“环境保护税费”主要以微观企业作为征收基础，所以此项支出在内部环境保护一栏中列示，外部环境保护投入主要包括固定资产折旧、工人工资和中间消耗以及投资性支出 3 项。

（3）在表 4-14 中，是按环境要素列出的环境保护投入，包括水污染、大气污染和固体废物处理运行成本和环境保护投资。在实际中，很少有对各行业部门的按环境要素的运行成本和投资支出的统计数据，因此，需要用一定方法进行推算。

各环境要素治理的运行成本与投资支出的核算方法是：根据实际调查得出单位污染物实际处理成本（包括固定资产折旧部分），并乘以污染物去除量，便得到污染物处理的实际环境保护投入。再根据固定资产折旧占环境保护投入的比例（一般占 25%）并乘以固定资产折旧年限（一般为 15 年），便可得环境保护投资性支出；用实际的环境保护投入减去环境保护投资支出，得出环境保护运行成本。

（4）表 4-13 和表 4-14 可进行适当组合，组合后的环境保护投入账户既反映按环境保护活动，又反映按环境要素的环境保护投资和运行费用支出情况；同时，表 4-14 和表 4-15 也可进行组合，既反映按环境要素，又反映按环境保护筹资主体的环境保护投入情况。组合后的环境保护投入核算表可以从不同角度全面反映环境保护投入来源情况，应用范围更加广泛。

（5）对于环境保护投入核算的数据需要借助环境保护投入产出表和《中国环境统计年报》以及企业排污申报数据汇总得出；同时，需要借用一定方法进行推算，在实际核算时需要灵活处理。当然，在实际应用中，由于统计数据来源的限制，很难对运行费用的组成，如原料消耗、动力消耗、工人工资等进行核算。同时，在运行费用中，也很难得到表 4-15 中如财政预算支出、专项资金支出、企业自筹支出等数据，只可能得到一些宏观的环境保护投资支出数据。本报告将尽量从多渠道获取环境保护投入的数据，编制尽可能详细的环境保护投入账户体系，以满足不同使用者的需求。

4.5.4 环境保护投入产出核算框架

4.5.4.1 环境保护投入产出核算的基本原理

（1）环境保护投资的乘数作用原理。社会投资对经济增长的贡献既有供给效应，又有需求效应。供给效应主要是指投资能增加有效供给，通过投资实现生产规模和生产能力的增加，从而提高有效供给，促进经济增长；投资的需求效应是指投资扩张使需求发生连锁式增加，能带动生产资料等相关产业的发展，生产资料等行业的发展又会带动就业的增加，提高收入水平，刺激消费等。

环境保护投资作为一类相对独立而又比较特殊的国民经济和社会发展投资，既具有一般固定资产投资的性质，又具有不同于一般固定资产投资的特殊性质。尤其在投资效益方面，两者差别较大，主要表现在：① 环境保护投资的主体与利益获取者往往不一致，环境保护投资的效益主要不表现在投资部门本身，而表现在环境保护投资区域内的工业、农业、社会福利事业等各个领域，表现在整个社会；② 环境保护投资效益主要体现在环境效益和社会效益上，经济效益并不明显。但据国内外有关专家研究，环境保护投资不但不会影响社会的整体利益，而且还会促进经济的发展；③ 环境保护投资对经济影响的机理与其他投资不一样，其对国民经济的影响主要是需求效应而不是供给效应，它对国民经济的贡献主要是通过拉动需求，带动生产资料等相关产业的发展，并通过收入的增减变化，刺激消费的增长，从而促进经济的增长。环境保护投资对需求的拉动作用具有乘数效应，如图 4-3 所示。

在图中，Δy 表示收入的增量，ΔI 表示投资的增量，当投资增加了 ME_1，投资曲线由 I_0I_0 上升到 I_1I_1，此刻收入的增加量 Y_0Y_1 是投资增加量 ME_1 的倍数；当投资减少了 NE_0，投资曲线由 I_0I_0 下降为 I_2I_2，此时，收入减少量 Y_0Y_2 是投资减少量 NE_0 的倍数。在投资的乘数原理中，投资与收入的函数关系表达式为：

$$Y=(\alpha+I)/(1-\beta) \tag{4.2}$$

式中：α、β——自发性消费和边际消费倾向。

若用δ表示$\alpha/(1-\beta)$，用$k=1/(1-\beta)$为投资乘数，则上式表示为：

$$Y=\delta+kI \tag{4.3}$$

投资乘数反映着经济系统的潜在投资效率，其效应一般来讲需要数月乃至更长一段时间才能显示出来，要使投资的乘数效应全部显示出来，需要的时间更长。

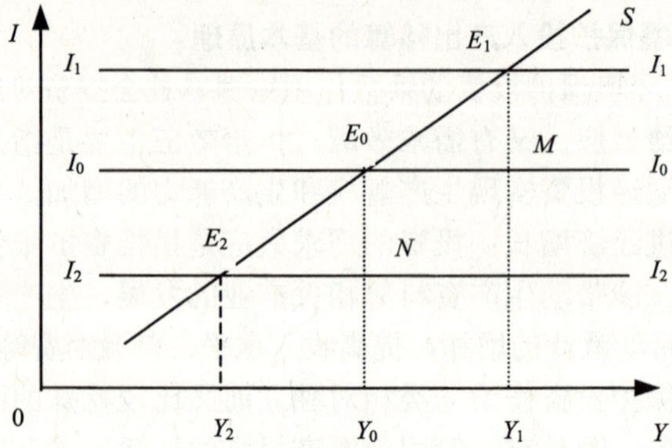

图 4-3 环境保护投资乘数的作用原理

（2）环境保护运行费用对经济作用原理。与环境保护投资对经济的作用原理不同的是，污染治理的运行费用，如消耗电力、化学试剂和其他材料，加大了产品生产的中间消耗，减少了增加值和利税，对经济增长造成负面影响。对于污染治理运行消耗的电力、化学试剂和其他材料的行业来讲，扩大了需求，也有正面影响。但是总体上，污染治理运行的中间消耗对 GDP 的影响是负值。虽然，污染治理的运行增加的中间消耗对 GDP 或增加值是负面影响，但增加的劳动工资支出和折旧对 GDP 或增加值却是正面影响，而污染治理运行增加的中间消耗、工资支出和折旧对利税的影响都是负面影响。

4.5.4.2 环境保护投入产出核算的基本账户

（1）部门与活动的重新划分。为了更全面、完整地理解经济活动中的各种投入产出关系，在充分考虑经济活动对资源环境所产生的负面影响（环境污染）的同时，还必须考虑人们为消除这些负面影响而进行的种种努力。因此，在新的环境保护投入产出表设计中除考虑纯经济活动及其相应产业部门之外，还应考虑反映人们环境保护活动的部分。

对于环境保护活动，一方面可通过加入若干污染治理部门来反映（即外部环境保护活动），这里的治理部门均独立于各生产部门而存在，如现实中污水处理、垃圾处理等环境保护产业部门，它们均为具有自己独立经济利益的单位，以垃圾处理部门为例，不仅可以利用垃圾焚烧发电，还可以利用垃圾来生产汽油、柴油、建筑材料等，具有良好的经济效益和社会效益。另一方面是对内部环境保护活动的处理，即把内部环境保护服务从它们所依附的产业活动中分离出来，作为独立的环境保护活动合并到环境保护产业部门，一并记录其投入和产出。通过内部环境保护活动分离，内部环境保护活动的产出和投入将按照总产出等于总投入的平衡关系，分别在相关的行和列中显示出来。其结果，整个经济的总产出增加了，但其总增加值并不随之增加，因为那些环境保护产业所增加的增加值，会由内部环境保护活动原本所依附的产业的增加值的减少所抵消。

（2）环境保护投入产出表的建立。通过加入若干污染治理部门（外部环境保护）和将环境保护活动从各产业部门分离出来后（内部环境保护），就可以编制环境保护投入产出表。环境保护投入产出表横行反映各产业部门的“环境保护产品”使用去向：被其他产业部门消耗、用于最终消费、积累以及出口国外；纵列反映各产业部门环境保护活动的投入：消耗各种中间产品，创造增加值等。基本的环境保护投入产出表如表 4-18 所示。

表 4-18 基本的环境保护投入产出表 ××××年度/货币单位

投入 产出			环境保护活动部门					产业总计	最终消费	资本形成		净出口	投入总计
			外部环境保护			内部环境保护				外部环境保护	内部环境保护		
			城市污水处理	城市垃圾处理	其他环境保护活动	第一产业	第二产业						
环境保护活动部门	外部环境保护	城市污水处理											
		城市垃圾处理											
		其他环境保护活动											
	内部环境保护	第一产业											
		第二产业											
产业总计													
固定资产折旧 劳动者报酬 生产税 营业盈余													
产出总计													

另外，也可直接在原国民经济投入产出表的基础上扩展编制环境保护投入产出表，将各产业部门分离出的内部环境保护活动作为污染物治理部门，将外部环境保护活动作为产业部门的一类，即环境服务业。在新编制的环境保护投入产出表的基础上，建立相关的投入产出模型，可应用求出环境保护投入对经济社会的贡献度。在原投入产出表基础上扩展建立的环境保护投入产出表见表 4-19。

表 4-19　扩展的环境保护投入产出表　　××××年度

投入 / 产出		中间使用			最终消费	资本形成		净出口	投入总计
		产业部门	污染治理	环境服务业		污染治理	环境服务		
中间投入	产业部门	X_{ij}	E_{ij}	G_{in}		S_i	Q_i		X_i
	污染治理	P_{ij}	F_{ij}	D_{in}		M_i	C_i		P_i
	环境服务业	R_{nj}	W_{nj}	H_{nn}		B_i	Z_i		R_n
增加值		V_j	N_j	L_n					
产出总计		X_j	E_j	G_n					

（3）有关说明。

- 环境保护活动是发生在现实经济体系之中的，国民经济核算中已经包括了这部分活动的核算。因此，在对环境保护投入产出核算时，需要就原来国民经济核算的内容加以组合和调整，分离出有关产业部门间环境保护投入与消耗予以单独显示。
- 对于环境保护活动，一方面会发生环境保护投入，另一方面由于环境保护投入会带来各种环境与经济效益，如改善环境、对 GDP 的贡献、对税收的增加、对就业的拉动、对居民消费的增加、对进出口的影响等。但由于环境保护投入带来的环境与经济效益具有滞后性，核算起来较为复杂，所以在表 4-18 和表 4-19 中只考虑了环境保护投入带来的直接经济效益（增加值），包括增加值的增加、劳动者报酬、税收增加等，对于间接的经济社会效益需要通过模型方法模拟求得。
- 对于环境保护投入产出表的数据，主要来源于经济活动部门投入产出表有关数据，而环境保护投入核算表中的数据需要借助环境保护投入产出表和《中国环境统计年报》，同时，需要用一定方法将环境保护投资和运行费用从经济活动部门投入产出表中的数据分离出来，在实际核算中需要灵活处理。

4.5.5 环境保护投入产出核算模型

为了研究污染治理的投资和运行成本对经济的贡献度，本书在现行的国民经济核算体系中将污染治理的投资和运行成本从现有的投入产出表中单独分离出来，建立环境—经济投入产出模型，研究污染治理投资及设施运行对经济的贡献和影响。

（1）经济产品-废弃物（污染物）排放模型。为了研究污染物排放与经济活动的关系，将污染物排放量（或产生量）与各行业的生产联系起来，由此，可以计算行业污染物直接和完全排放（或产生）系数，在已知未来产业部门产值时预测未来污染物排放量（或产生量）。各行业污染物排放量计算式：

$$PD = \rho \cdot X \tag{4.4}$$

$$\rho_{ij} = \frac{PD_{ij}}{x_j} \tag{4.5}$$

$$PD = \rho(I - A)^{-1} Y \tag{4.6}$$

式中：PD——各种污染物排放量向量；

ρ——污染物直接排放系数向量；

X——中间产品消耗矩阵向量；

Y——最终产品消耗矩阵向量；

A——投入产业直接消耗系数矩阵。

（2）扩展的环境保护投入产出模型：扩展的环境保护投入产出表见 4-19，产出核算计算式：

$$X_j = X_{ij} + P_{ij} + R_{nj} + V_j \tag{4.7}$$

式中：X_j——部门产出；

X_{ij}——i 主业部门对 j 产业部门的投入，即 j 产业部门消耗 I 产业部门的产品；

P_{ij}——i 污染治理部门对 j 产业部门的投入，即 j 产业部门消耗污染治理部门的产品；

R_{nj}——n 环境服务业部门对 j 产业部门的投入，即产业部门消耗环境服务业的产品；

V_j——j 产业部门的增加值。

$$E_j = E_{ij} + F_{ij} + W_{nj} + N_j \tag{4.8}$$

式中：E_j——污染治理部门（内部环境保护部门）产出；

E_{ij}——治理部门消耗产业部门的产品，即产业部门对治理部门的投入；

F_{ij}——治理部门消耗其他治理部门的产品，即其他治理部门对该治理部门的投入；

W_{nj}——治理部门消耗环境服务部门的产品，即环境服务部门对治理部门的投入；

N_j——治理部门的增加值。

$$G_n = G_{in} + D_{in} + H_{nn} + L_n \tag{4.9}$$

式中：G_n——环境服务业部门（外部环境保护部门）的产出（不包括为最终消费服务的环境服务业，如生活污水处理）；

G_{in}——环境服务业部门消耗产业部门的产品，即产业部门对环境服务部门的投入；

D_{in}——环境服务业部门消耗污染治理部门的产品，即污染治理部门对环境服务业部门的投入；

H_{nn}——环境服务业部门消耗其他环境服务业部门的产品，即环境服务业对其他环境服务业部门的投入；

L_n——环境服务业部门的增加值。

（3）污染治理投资对经济的影响模型。为了研究污染治理投资对经济的影响，将污染治理投资从投入产出模型中的固定资产投资中分离出来，再运行模型，即在减去污染治理投资的情况下，计算各行业增加值的变动及其增长率的变动等。其主要计算式：

$$Y_1 = Y_0 - Y_{\mathrm{p}}\,,\quad Y_{\mathrm{p}} = P \cdot S \tag{4.10}$$

式中：Y_1——减去污染治理投资后的最终需求向量（含乘数效应）；

Y_{p}——污染治理投资引发的最终需求变动量向量；

P——污染治理投资额；

S——污染治理投资消费系数向量。

$$X_1 = (I - A_0)^{-1} Y_1 \tag{4.11}$$

式中：X_1——减去污染治理投资后的各行业总产出向量。

$$V_1 = X_1 \cdot \lambda\,,\quad \lambda = 1 - \sum_{i=1}^{n} a_{ij}^{0}\,,\quad \Delta V_1 = V_1 - V_0 \tag{4.12}$$

式中：V_1——减去污染治理投资后的各行业增加值向量；

ΔV_1——污染治理投资引发的各行业增加值变动量向量，其他符号意义同上。

$$W_1 = W_0 - W_p \quad (4.13)$$

式中：W_0——包括了污染治理的投资和运行费用的各行业从业者的从业收入向量；

W_1——减去污染治理投资后的各行业从业者的从业收入；

W_p——污染治理投资引发的各行业从业者的从业收入变动量向量。

$$G_1 = G_0 - G_p \quad (4.14)$$

式中：G_p——包括了污染治理的投资和运行费用的各行业折旧向量；

G_1——减去污染治理投资后的各行业折旧变向量；

G_p——污染治理投资引发的各行业折旧变动量向量。

$$T_1 = T_0 - T_p \quad (4.15)$$

式中：T_0——包括了污染治理的投资和运行的各行业利税向量；

T_1——减去污染治理投资后的各行业的利税向量；

T_p——污染治理投资引发的各行业的利税变动量向量。

$$T_p = \Delta V_1 - W_p - G_p \quad (4.16)$$

（4）污染治理运行费用对经济的影响模型。为了研究污染治理运行费用对经济的影响，将污染治理运行的消耗从投入产出模型中的部门中间消耗中分离出来，再运行模型，即在减去污染治理运行成本情况下，计算各行业增加值的变动及其增长率的变动等。其主要计算式：

$$a_{ij}^{1} = a_{ij}^{0} - a_{ij}^{w} \quad (4.17)$$

式中：a_{ij}^{1}——减去污染治理运行成本后的投入产出直接消耗系数；

a_{ij}^{w}——污染治理运行成本引发的投入产出直接消耗系数变动量。

$$a_{ij}^{w} = \frac{w_{ij}}{X_j}, \quad Y_2 = Y_0 - Y_w \quad (4.18)$$

式中：w_{ij}——污染治理运行的中间消耗；

Y_2——减去污染治理运行成本后的最终需求向量；

Y_w——污染治理运行成本引发的最终需求变动量向量。

$$X_2 = (I - A_2)^{-1} Y_2 \quad (4.19)$$

式中：X_2——减去污染治理运行成本后的各行业总产出向量；

A_2——减去污染治理运行成本后的投入产出直接消耗系数矩阵。

$$V_2=X_2\cdot\lambda\,,\quad \lambda=1-\sum_{i=1}^{n}a_{ij}^{1}\,,\quad \Delta V_2=V_2-V_0 \tag{4.20}$$

式中：V_0——包括了污染治理的投资和运行成本的各行业增加值向量；

V_2——减去污染治理运行成本后的各行业增加值向量；

ΔV_2——为污染治理运行成本引发的各行业增加值变动量向量。

$$W_2=W_0-W_w \tag{4.21}$$

式中：W_2——减去污染治理运行成本后的各行业从业者的从业收入向量；

W_w——污染治理运行成本引发的各行业从业者的从业收入变动量向量；

$$G_2=G_0-G_w \tag{4.22}$$

式中：G_2——减去污染治理运行成本后的各行业折旧向量；

G_w——污染治理运行成本引发的各行业折旧变动量向量；

$$T_2=T_0-T_w \tag{4.23}$$

式中：T_2——减去污染治理运行成本后的各行业的利税向量；

T_w——污染治理运行引发的各行业的利税变动量向量。

$$T_w=\Delta V_2-W_w-G_w \tag{4.24}$$

（5）污染治理对经济的贡献度计算模型。污染治理对经济的贡献度是指每增加一单位的污染治理投入（污染治理投资或运行费用）所增加的 GDP 值（行业增加值）、利税收入、居民消费、进出口净额等，它反映了污染治理投入对国民经济的贡献大小，同时也表明环境保护优化经济增长的大小。各指标的计算公式为：

$$R_V=\frac{(V_t-V_{t-1})+(V_t^{'}-V_{t-1}^{'})}{PI_t+PC_t} \tag{4.25}$$

式中：R_V ——污染治理投入对 GDP 或增加值的贡献度；

（V_t-V_{t-1}）——当期由于污染治理投资所带来的 GDP（或增加值）增量；

（$V_t^{'}-V_{t-1}^{'}$）——当期污染治理运行费用所带来的 GDP（或增加值）增量（减少额）；

PI_t ——当期污染治理投资大小；

PC_t ——当期污染治理运行费用大小。

$$R_T=\frac{(T_t-T_{t-1})+(T_t^{'}-T_{t-1}^{'})}{PI_t+PC_t} \tag{4.26}$$

式中：R_T ——污染治理投入对利税的贡献度；

（T_t-T_{t-1}）——当期由于污染治理投资所带来的利税增量；

（$T_t^{'}-T_{t-1}^{'}$）——当期污染治理运行费用所带来的利税增量（减少额）；

PI_t ——当期污染治理投资大小；

PC_t ——当期污染治理运行费用大小。

$$R_C=\frac{(C_t-C_{t-1})+(C_t^{'}-C_{t-1}^{'})}{PI_t+PC_t} \tag{4.27}$$

式中：R_C ——污染治理投入对居民消费的贡献度；

（C_t-C_{t-1}）——当期由于污染治理投资所带来的居民消费增量；

（$C_t^{'}-C_{t-1}^{'}$）——当期污染治理运行费用所带来的居民消费增量（减少额）；

PI_t ——当期污染治理投资大小；

PC_t ——当期污染治理运行费用大小。

$$R_I=\frac{(I_t-I_{t-1})+(I_t^{'}-I_{t-1}^{'})}{PI_t+PC_t} \tag{4.28}$$

式中：R_I ——污染治理投入对进出口净额的贡献度；

（I_t-I_{t-1}）——当期由于污染治理投资所带来的进出口净额增量；

（$I_t^{'}-I_{t-1}^{'}$）——当期污染治理运行费用所带来的进出口净额增量（减少额）；

PI_t ——当期污染治理投资大小；

PC_t ——当期污染治理运行费用大小。

4.6 基于环境的 GDP 调整核算

4.6.1 核算目的

进行国民经济核算，会形成一组以国内生产总值（GDP）为中心的综合性指标。与此类似，进行绿色国民经济核算，客观上需要开发出功能上类似 GDP 的指标，即绿色 GDP。所以，经环境调整的绿色 GDP 核算的目的，就是把经济活动的环境成本，包括污染损失成本、虚拟治理成本和生态破坏损失成本以及环境总成本从 GDP 中予以扣除，并进行调整，从而得出一组以“经环境因素调整的国内产出”（Adjusted Environmentally Domestic Product，EDP，即绿色

GDP）为中心的综合性指标，为社会经济与环境协调发展服务。

4.6.2 有关概念

在核算经环境污染调整的绿色 GDP 总量指标之前，我们有必要了解国民经济核算中的以下几个重要概念，这对于我们在实际核算绿色 GDP 时，可以知道哪些环境成本应该用于 GDP 调整，哪些不应用于 GDP 调整，应该如何调整等都具有重要意义，同时，可以将绿色 GDP 核算与传统国民经济核算相接轨，有助于相互联系与比较。

（1）国内生产总值和净值。国内生产总值是按市场价格计算的国内生产总值的简称。它是指一个国家（或地区）所有常住单位在一定时期内生产活动的最终成果。国内生产总值有 3 种表现形态，即价值形态、收入形态和产品形态。从价值形态看，它是所有常住单位在一定时期内生产的全部货物和服务价值超过同期投入的全部非固定资产货物和服务价值的差额，即增加值之和；从收入形态看，它是所有常住单位在一定时期内创造并分配给常住单位的初次分配收入之和；从产品形态看，它是最终使用的货物和服务减去进口货物和服务。

国内生产总值与国民生产总值不同，国内生产总值是个生产的概念，而国民生产总值是个收入的概念，它们之间的关系是：国民生产总值＝国内生产总值＋来自国外的初次分配收入净额。

国内生产净值等于国内生产总值减去固定资产折旧。

（2）生产法、收入法和支出法。生产法、收入法和支出法是国内生产总值核算的 3 种基本方法，3 种方法分别从不同方面反映国内生产总值及其构成。按根据总产出等于总收入的原理，支出法和收入法核算的国内生产总值应该基本相等，且等于生产法按国民经济各总部门增加值总和核算出的国内生产总值。

- 生产法：生产法是从生产过程中创造的货物和服务价值入手，剔除生产过程中投入的中间货物和服务价值，得到增加值的一种方法。国民经济各产业部门生产法增加值计算公式如下：

  生产法增加值（GDP）＝总产出－中间投入

- 收入法：收入法也称分配法，这种方法从生产过程形成收入的角度，对常住单位的生产活动成果进行核算。国民经济各产业部门收入法增加值由劳动者报酬、生产税净额、固定资产折旧和营业盈余四个部分组成。计算公式为：

收入法增加值（GDP）＝劳动报酬＋生产税净额＋固定资产折旧＋营业盈余

➢ 支出法：这种方法是从最终使用的角度反映一个国家一定时期内生产活动最终成果的一种方法。最终使用包括最终消费、资本形成总额和净出口三部分，计算公式为：

支出法 GDP＝最终消费＋资本形成＋净出口

与计算 GDP 一样，经环境污染调整的绿色国内生产总值（EDP）也应用这三种方法表示。其计算关系如下：① 生产法：EDP = 总产出 − 中间投入 − 虚拟污染治理成本或环境退化成本；② 收入法：EDP = 劳动报酬 + 生产税净额 + 固定资本消耗 + 营业盈余 − 虚拟污染治理成本或环境退化成本；③ 支出法：EDP = 最终消费 + 资本形成 + 净出口 − 虚拟污染治理成本或环境退化成本。按照计算环境成本方法的不同，可形成“按污染治理成本法计算的经虚拟污染治理成本调整的 EDP”和“按污染损失成本法计算的经环境退化成本调整的 EDP”。

（3）中间投入核算。国内生产总值核算的生产法需要考虑产业部门中间投入的核算。中间投入指常住单位在一定时期内生产过程中消耗和使用的非固定资产货物和服务的价值，包括生产经营过程中所耗用的原材料、燃料、动力及各种服务的价值。中间投入也称为中间消耗，反映用于生产过程的转移价值，一般按购买者价格计算，计入中间投入的货物和服务必须具备两个条件：① 与总产出的计算范围保持一致；② 本期一次性使用的。从中间投入的概念与核算出发，对于环境污染的实际治理成本实际上已在传统 GDP 中进行了核算，所以经环境污染调整的绿色 GDP 核算将不调整环境污染的实际治理成本，而只对环境污染的虚拟治理成本进行调整。

（4）增加值核算。增加值指常住单位生产过程中创造的新增价值和固定资产的转移价值（即固定资产折旧）。即总产出减去中间投入后的差额，反映一定时期各产业部门生产经济活动的最终成果。按收入法计算，它等于劳动者报酬、生产税净额、固定资折旧和营业盈余之和。从增加值的概念和核算出发，对于按污染治理成本法计算的虚拟污染治理成本，理论上讲，如用于对 GDP 进行调整，使用总值而不是净值（NDP）的概念时，则应是不包括固定资产折旧的虚拟污染治理成本，但在实际核算中，对于虚拟污染治理成本的计算，要区别开固定资产折旧是很困难的，所以并不进行严格区分。

4.6.3 核算内容

4.6.3.1 环境价值量汇总核算

将前面的水污染价值核算、大气污染价值核算、固体废物污染价值核算等按行业和地区进行汇总，从而为经环境污染调整的绿色 GDP 总量核算奠定基础。同样，环境价值量汇总核算也需要按污染治理成本法和污染损失成本法两种方法进行。

（1）污染治理成本法。污染治理成本法核算环境价值量的思路很简单，即如果所有污染物都得到治理，则环境退化不会发生，因此，已经发生的环境退化的经济价值应为治理所有污染物所需的成本。按污染治理成本法核算环境价值意味着假设环境退化所带来的危害与治理污染的成本是等同的。显然，在现实中这一假设并不能实现，事实上，环境退化的危害几乎总是要大于治理污染所需的成本，但也正因为如此，从数值意义上看，污染治理成本规定了环境价值的下限。

由前面分析可知，污染治理成本法的特点在于其价值核算过程的简捷、容易理解和核算基础的客观性。污染治理成本法核算的环境价值包括两部分：一是环境污染实际治理成本；二是环境污染虚拟治理成本。基本公式可表达为：

污染实际治理成本＝∑（水污染实际治理成本）＋∑（大气污染实际治理成本）＋∑（固体废物污染实际治理成本）

污染虚拟治理成本＝∑（水污染虚拟治理成本）＋∑（大气污染虚拟治理成本）＋∑（固体废物污染虚拟治理成本）

污染实际治理成本和污染虚拟治理成本可按国民经济行业部门或地区进行汇总核算。

（2）污染损失成本法。用污染损失成本法对环境价值量进行汇总核算，是指通过污染损失调查和污染损失核算，将水污染经济损失、大气污染经济损失、固体废物污染经济损失以及污染事故经济损失按行业或地区进行汇总核算，以为经环境调整的绿色 GDP 核算奠定基础。

污染损失成本法核算环境价值的基本公式可表达为：

污染损失总成本＝∑（水污染经济损失成本）＋∑（大气污染经济损失成本）＋∑（固体废物污染经济损失成本）＋∑（污染事故经济损失成本）

其中，

大气污染经济损失＝∑（大气健康经济损失成本）＋∑（大气农业经济损失成本）＋∑（大气材料损失成本）＋∑（大气森林经济损失成本）

水污染经济损失成本＝∑（水健康经济损失成本）＋∑（水农业经济损失成本）＋∑（水资源经济损失成本）

污染事故经济损失＝∑（污染事故直接经济损失成本）＋∑（污染事故间接经济损失成本）

污染损失成本法环境价值量汇总核算分别按行业和地区，如附表 17 和表 18 所示。

（3）经环境污染调整的绿色 GDP 核算。计算 GDP 有 3 种方法，其计算关系如下：

- 生产法：GDP＝总产出－中间投入。
- 收入法：GDP＝劳动报酬＋生产税净额＋固定资本消耗＋营业盈余。
- 支出法：GDP＝最终消费＋资本形成＋净出口。

与计算 GDP 一样，经环境因素调整的绿色国内生产总值（EDP）也可以用这 3 种方法表示。其计算关系如下：

- 生产法：EDP＝总产出－中间投入－环境成本。
- 收入法：EDP＝劳动报酬＋生产税净额＋固定资本消耗＋经环境成本扣减的营业盈余。
- 支出法：EDP＝最终消费＋经环境成本扣减的资本形成＋净出口。按照所扣减的环境成本不同，可以分别给出“经污染损失成本调整的 EDP”、“经虚拟治理成本调整的 EDP”、“经生态破坏损失成本调整的 EDP”和“经环境总成本调整的 EDP”等指标。

将上述计算方法予以综合，形成经环境调整的绿色国内生产总值（EDP）核算表。表 4-20 是仿照 GDP 核算总表模式设计的经环境调整的国内生产总值（EDP）产业部门核算表，主要是将环境成本调整落实到各产业部门，计算出各产业部门绿色增加值（EVA）和绿色国内生产总值（EDP）指标；表 4-21 给出的是立足于生产法（或收入法）和支出法的经环境调整的绿色国内生产总值（EDP）总量核算表。

表 4-20 经环境调整的国内生产总值（EDP）产业部门核算表

××××年度/货币单位

项 目	序号	产业部门			合计
		第一产业	第二产业	第三产业	
生产法：					
总产出	（1）				
中间投入（—）	（2）				
增加值	（3）＝（1）－（2）				
虚拟治理成本（—）	（4）				
经虚拟治理成本调整的增加值 EVA	（5）＝（3）－（4）				
污染损失成本（—）	（6）				
污染损失占增加值的比例 PEV_1	（7）＝（6）/（3）				
生态破坏成本（—）	（8）				
生态成本占增加值的比例 PEV_2	（9）＝（8）/（3）				
环境退化成本	（10）＝（6）＋（8）				
环境退化成本占增加值的比例 PEV	（11）＝（10）/（3）				
收入法：					
劳动报酬	（12）				
生产税净额	（13）				
固定资本消耗	（14）				
营业盈余	（15）				
国内生产总值	（16）＝（12）＋（13）＋（14）＋（15）				
虚拟治理成本（—）	（17）				
经虚拟治理成本调整的国内生产总值 EDP	（18）＝（16）＋（17）				
污染损失成本（—）	（19）				
污染损失占国内生产总值的比例 PEP_1	（20）＝（19）/（16）				
生态破坏成本（—）	（21）				
生态成本占国内生产总值的比例 PEP_2	（22）＝（21）/（16）				
环境退化成本（—）	（23）＝（19）＋（21）				
环境退化成本占国内生产总值的比例 PEP	（24）＝（23）/（16）				

注：EVA（Eco-Value Addition）表示经环境调整的产业部门增加值；EBP（Eco-Business Profit）表示经环境调整的产业部门营业盈余；EDP（Eco-Domestic Product）表示经环境调整的产业部门绿色国内生产总值。

表 4-21　经环境调整的国内生产总值（EDP）总量核算表

××××年度/货币单位

生产		使用	
项目	序号	项目	序号
生产法：		支出法：	
总产出	（1）	最终消费	（1）=（2）+（3）
中间投入（—）	（2）	环境服务	（2）
国内生产总值	（3）=（1）—（2）	政府公共消费	（3）
虚拟治理成本（—）	（4）	资本形成总额	（4）=（5）+（6）
经虚拟治理成本调整的国内产出 EDP	（5）=（3）—（4）	固定资本形成	（5）
污染损失成本（—）	（6）	存货	（6）
污染损失占国内产出的比例 PEP_1	（7）=（6）/（3）	净出口	（7）=（8）+（9）
生态破坏成本（—）	（8）	出口	（8）
生态成本占国内产出的比例 PEP_2	（9）=（8）/（3）	进口（—）	（9）
环境退化成本（—）	（10）=（6）+（8）	虚拟治理成本（—）	（10）
退化成本占国内产出的比例 PEP	（11）=（3）—（10）	经虚拟治理成本调整的国内生产总值 EDP	（11）=（1）+（4）+（7）—（10）
收入法：			
劳动报酬	（12）	国内生产总值 GDP	（12）=（1）+（4）+（7）
生产税净额	（13）		
固定资本消耗	（14）	污染损失成本（—）	（13）
营业盈余	（15）	污染损失占国内生产总值的比例 PEP_1	（14）=（13）/（12）
国内生产总值	（16）=（12）+（13）+（14）+（15）	生态破坏成本（—）	（15）
虚拟治理成本（—）	（17）	生态成本占国内生产总值的比例 PEP_2	（16）=（15）/（12）
经虚拟治理成本调整的国内生产总值 EDP	（18）=（16）+（17）	环境退化成本（—）	（17）=（13）+（15）
污染损失成本（—）	（19）	环境退化成本占国内生产总值的比例 PEP	（18）=（17）/（12）
污染损失占国内生产总值的比例 PEP_1	（20）=（19）/（16）		
生态破坏成本（—）	（21）		
生态成本占国内生产总值的比例 PEP_2	（22）=（21）/（16）		
环境退化成本（—）	（23）=（19）+（21）		
环境退化成本占国内生产总值的比例 PEP	（24）=（23）/（16）		

注：ECF（Eco-Capital Form）表示经环境调整的资本形成；EBP（Eco-Business Profit）表示经环境调整的营业盈余；EDP（Eco-Domestic Product）表示经环境调整的绿色国内生产总值。

4.6.4 相关说明

（1）经环境调整的绿色国内生产总值（EDP）核算的逻辑基础。经济活动获得预期产出的同时，也排放了污染环境的污染物，反过来，是环境为经济活动提供了接纳其污染物的服务。这样，在计量当期经济活动成果时，不仅要从当期所获得的产品产出价值中扣除各种中间投入，也要扣除由此引起的环境资源投入；或者可以说，当期所获得的产出价值以及由此形成的收入，不仅要补偿生产过程中的中间消耗，还要补偿环境资源的消耗（即环境成本），所余部分才是可以进行消费和积累的价值。

（2）中国环境经济核算不是一个全面的绿色国民经济核算。因此，对经济总量只是局部调整，是就环境退化成本、污染物实际治理成本（或环境保护成本）和生态破坏损失成本进行的调整，因此，全称是经环境调整的绿色国内生产总值（EDP）。

（3）本方案中“经环境调整的绿色国内生总产总值 EDP”是一个“总值”而不是“净值”的概念，从上述 EDP 核算调整关系式可以看出，在对国内生产总值进行环境成本调整时，没有对人工的固定资本消耗进行扣减。

（4）就像 GDP 是国民经济核算的顶点一样，经环境调整的 EDP 总也是绿色国民经济核算的最后成果，其实现要依赖于前面的基础工作，包括国民经济核算的 GDP 总量，尤其是按产业的增加值核算；污染物排放实物量核算；环境退化成本估算以及环境保护成本的核算。

（5）国民经济核算包括围绕 GDP 的一组经济总量，包括国民收入（GNP）、可支配收入、储蓄、投资等总量指标，这些指标从不同角度表达了不同的含义，有不同的应用。对 GDP 进行的环境成本调整，也应该延伸到对这些指标的调整，即收入的环境成本调整、储蓄的环境成本调整、投资的环境成本调整。其调整关系式为：经环境调整的国民收入（可持续收入）＝可支配收入－环境成本；经环境调整的国民储蓄（真实储蓄）＝储蓄－环境成本；经环境调整的投资（真实投资）＝资本形成－环境成本。

4.7 环境经济核算的应用分析

实行环境经济核算的目的是通过对有关数据的量化分析，对经济状况或环境状况进行正确的评价，从而为经济与环境决策提供科学的依据。这种评价应是通过评价指标体系来完成，包括实物量、价值量、绝对量、相对量、平均量、变化量等多种指标相结合的评价方式。

4.7.1 指标体系设计

对于通过污染治理成本法和污染损失成本法的环境经济核算指标体系如表 4-22 所示。

表 4-22　环境经济核算分析指标体系

分项指标	绝对量指标/总量	相对量指标/%	平均量指标		变化量	变化率/%
			人均指标	单位增加值		
1. 实物量						
大气污染	○			○	○	○
水污染	○			○	○	○
固体废物污染	○			○	○	○
2. 实际治理成本						
水污染	○	○	○		○	○
大气污染	○	○	○		○	○
固体废物	○	○	○		○	○
合计	○	○	○		○	○
3. 虚拟治理成本						
水污染	○	○	○		○	○
大气污染	○	○	○		○	○
固体废物	○	○	○		○	○
合计	○	○	○		○	○
4. 环境退化成本						
水污染	○	○	○		○	○
大气污染	○	○	○		○	○
固体废物	○	○	○		○	○
污染事故	○	○	○		○	○
合计	○	○	○		○	○

注：表中“○”表示需要核算的指标。绝对量指标需要按行业、按地区分类核算，相对量指标需要计算单项指标占总量指标的比例，变化量和变化率需要比较前后两年的数据。

4.7.2 评价与分析方法

参照上述环境经济核算评价指标，并根据环境经济核算的范围和结果，可进行相应的指标评价与分析。

（1）对总量指标的评价与分析。通过对国内生产总值（GDP）调整前后进行比较，并通过评价与分析，可以得出一些有益的结论。总量指标的比较如表 4-23 所示。

表 4-23　2004 年总量指标的比较（地区）　　单位：亿元

项目	序号	调整前	调整后	调整后/调整前/%
总产出	1			
中间消耗	2			
虚拟治理成本	3			
环境退化成本	4			
国内生产总值 1（生产法）	5	5＝1－2	5＝1－2－3	
国内生产总值 2（生产法）	6	6＝1－2	6＝1－2－4	
统计误差	7			
固定资产折旧	8			
国内生产净值 1（生产法）	9	9＝5+7－8	9＝5+7－8	
国内生产净值 2（生产法）	10	10＝5+7－8	10＝6+7－8	

（2）对环境污染实物量的分析。对于环境污染实物量分析，主要是结合经济核算有关指标进行对比分析。根据环境污染实物量核算的结果，确定了如下指标进行评价与分析，如表 4-24 所示。

表 4-24　地区（或行业）环境污染实物量分析表

项目	总量		单位增加值排放量		变化量	变化率/%
	2001 年	2004 年	2001 年	2004 年		
水污染物：						
COD						
NH_3-N						
有毒物质						
废水排放量						
大气污染物：						
SO_2						
烟尘						
粉尘						
NO_x						
固体废物：						
工业废物						
危险废物						
生活垃圾						

（3）对污染实际治理成本的分析。对于环境污染实际治理成本分析，主要是结合经济核算有关指标进行对比分析，分析当年用于环境污染实际治理成本占 GDP 的比例。根据环境污染实物量核算的结果，确定了如下指标进行评价与分析，如表 4-25 所示。

表 4-25　地区（或行业）环境污染实际治理成本分析表

项目	总量/亿元		占当年 GDP 比例/%		变化量/亿元	变化率/%
	2001 年	2004 年	2001 年	2004 年		
水污染物：						
COD						
NH_3-N						
有毒物质						
废水						
小计						
大气污染物：						
SO_2						
烟尘						
粉尘						
NO_x						
小计						
固体废物：						
工业废物						
危险废物						
生活垃圾						
小计						
合计						

（4）对环境污染虚拟治理成本的分析。对于环境污染虚拟治理成本分析，主要是结合经济核算有关指标（GDP）进行对比分析。根据环境污染虚拟治理成本核算的结果，确定了如下指标进行评价与分析，如表 4-26 所示。

（5）对环境退化成本的分析。对于通过污染经济损失成本法核算的环境退化成本，根据核算的结果，确定了如下指标进行评价与分析，如表 4-27 所示。

表 4-26　地区（或行业）环境污染虚拟治理成本分析表

项目	总量/亿元		占 GDP 比例/%		变化量/亿元	变化率/%
	2001 年	2004 年	2001 年	2004 年		
水污染物：						
COD						
NH_3-N						
有毒物质						
废水						
小计						
大气污染物：						
SO_2						
烟尘						
粉尘						
NO_x						
小计						
固体废物：						
工业废物						
危险废物						
生活垃圾						
小计						
合计						

表 4-27　地区（或行业）环境退化成本分析表

项目	总量/亿元		占 GDP 比例/%		变化量/亿元	变化率/%
	2001 年	2004 年	2001 年	2004 年		
水污染经济损失：						
水健康						
水农业						
水资源						
小计						
大气污染经济损失：						
大气健康						
大气农业						
大气材料						
大气森林						
大气生活						
小计						
固体废物污染经济损失：						
占用土地						
土壤污染						
小计						
污染事故经济损失：						
直接经济损失						
间接经济损失						
小计						
总环境退化成本						

第 5 章

环境价值核算技术

绿色核算技术与方法，特别是环境价值核算技术是绿色国民经济核算的核心，也是最困难所在。本章对环境价值量核算体系与计算方法做了系统的阐述和解释，特别是对污染健康损失评估、物质生产力损失评估等核算技术与方法进行了详细论述，提出可操作的方法指导。

5.1 环境价值评估技术体系

环境价值寓于环境的生态系统服务功能之中，人类的生产和生活活动破坏了生态环境或污染了环境，就是损坏了环境的生态系统服务功能，使环境功能退化，对环境的价值造成损害。环境被污染或破坏后造成环境价值的减少称为环境功能退化价值。环境决策往往关心的是采取某一个行动或计划，或实施某一项政策后，能够带来多少环境正效益或造成多少环境负效益，即环境功能价值的增加量和减少量。所以，在讨论环境价值时我们关注的不是环境价值存量，而是环境价值流量，即环境被污染或破坏后环境价值的减少部分。

5.1.1 环境功能退化价值评估技术分类

联合国出版的《综合环境与经济核算 SEEA（2003）》一书中，环境功能退化价值评价方法主要有两大类：一是基于成本的技术；二是基于损害的技术。

5.1.1.1 基于成本的技术

人们的经济活动和生活活动会排放大量污染物，客观上已经造成环境功能的退化。基于成本的环境功能退化价值评价技术有两种，即避免成本法和恢复成本法，分别从避免环境功能退化和恢复已被污染的环境功能两个不同的角度评价所需要投入的成本，将避免成本和恢复成本作为环境功能退化的价值。

避免环境功能的退化又可以有结构调整和消除污染两个途径。基于成本的环境功能退化价值评价技术分类见表 5-1。

表 5-1 基于成本的环境评估技术分类

技术	途径	方法	操作
避免成本法	结构调整	在获得同样产出的条件下，减少活动或完全节制	通常用建立模型的方法进行模拟，预测改变后的效果及需要的成本
		在获得同样产出的条件下，改变生产或消费模式	通常用建立模型的方法进行模拟，预测改变后的效果及需要的成本
	消除污染	在获得同样产出的条件下，替代投入或改变工艺	通过微观层次的模拟，预测改变后的效果及需要的成本
		虚拟处理成本	模拟治理引起环境污染的污染物排放，预测需要的虚拟治理成本
恢复成本法	恢复环境功能	测算恢复已造成功能退化的环境需要的成本	因地而易，对具体环境的具体问题，确定具体的恢复方法，测算恢复具体环境功能需要的成本

（1）避免成本法。结构调整的避免成本法需要建立宏观计量经济模型，通过模型的模拟计算来比较不同情景的成本，以获得与实际经济系统同样产出而环境功能没有退化的情况下，需要多投入的成本，作为环境功能退化的成本。这种方法比较复杂，实际上也是一种虚拟的成本。

消除污染有替代投入——替换产生污染的原材料——和改变工艺，以及对污染物进行虚拟处理两种途径。替代投入或改变工艺的途径，对于一个复杂的经济系统而言，由于行业很多，每个行业又有许多工艺，操作起来十分复杂。

虚拟治理这种途径是假设对排放到环境中的所有污染物都进行治理，以达到消除污染的目的，这种方法把因虚拟治理增加的治理成本作为环境退化的价值。相对而言，这种方法比较简单，因而得到更广泛的应用。

（2）恢复成本法。由于环境的多样性，恢复环境的成本因地而宜。对具体环境中的具体问题，需要确定具体的恢复方法，才能测算出恢复已造成功能退化的环境需要的成本。这种方法对于宏观核算来讲比较困难，并不实用。

5.1.1.2 基于损害的技术

环境污染使环境的功能退化，损害了人们正常的经济和生活活动，这是已经发生的客观事实。基于损害的环境功能退化价值评价技术，是从环境被污染后，功能退化对人们的经济和生活活动造成损害的角度来评价环境功能的退化价值。通常这种技术也被称为污染经济损失评价技术。

由于环境资源往往没有市场价值，很难直接用市场价格来计量环境功能退化的价值。经济学告诉我们，价值是人们对物品/服务能满足人的欲望的主观估计，即人们对物品/服务提供的效用愿意支付的价格——支付意愿。环境资源的价值可以用人们对环境改善的支付意愿，或忍受环境危害的接受赔偿意愿来计量。计量人们对物品或服务的偏好，或支付意愿的途径主要有 3 种：① 通过直接受到影响的物品或服务的相关市场信息来计量，称为市场价值技术；② 通过其他替代物品或服务揭示的有关信息来计量，称为揭示偏好技术；③ 直接调查个人的支付意愿或接受赔偿意愿，称为陈述偏好技术。

（1）市场价值技术。常用的市场价值技术包括直接市场价值法、恢复费用法、医疗费用法、人力资本法、影子工程法和机会成本法 6 种。

- 直接市场价值法——通过可交易物品产出的变化计量：环境是一个重要的生产要素。环境质量的变化导致生产力的变化，从而导致在特定的条件下产品产量和利润的变化，而产量和利润是可以用市场价格来计量的。直接市场评价法利用计量因环境质量变化引起的产量和利润的变化，来计量环境质量变化的经济效益或损失。
- 恢复费用法——通过恢复危害直接增加的支出费用计量：直接评价环境污染造成的损失（或环境质量改善带来的效益）在很多情况下是非常困难的。实际上，许多有关环境质量改善的决策是在“为了消除或减少有害环境影响的经验费用”中获得的。例如酸雨和 SO_2 对建筑物造成的危害

（材料腐蚀），可以通过修复（例如涂漆）花费的费用来计量。我们可以把修复或恢复受污染损害资产到原来状况下所需要的费用作为环境污染造成的经济损失的最低估计。

➢ 医疗费用法：许多环境影响，如大气和水污染，对人体健康都产生危害，例如使人致病。这部分危害可以通过治疗疾病花费的费用来计量，称为医疗费用法或疾病成本法，通常包括治疗费用、住院费用、病人和陪护人员的工作日损失费用等。显然这种方法估算的损失没有包括病人因病痛带来的痛苦，也是对健康损失的一种低估。医疗费用法与恢复费用法类似，恢复费用法是针对实物受污染的危害，而医疗费用法是针对人受污染的健康危害。

➢ 人力资本法：传统的人力资本法是国际上特别是发展中国家，计算由于环境污染引起人口过早死亡的经济损失常用的方法。人力资本是指由劳动者的文化知识、技术水平、健康状况和年龄等方面体现出的个人综合资本，在人力资本法中个人被视为经济资本单位，个体由于污染缩短寿命的劳动价值用个人未来收入的贴现值表示。

修正的人力资本法从社会的角度来看，环境污染引起了人群的过早死亡，降低了人口的统计寿命年，减少了人力资源要素对 GDP 的贡献，因此损失一个统计生命年对社会而言就是损失了一个人均 GDP。

➢ 影子工程（虚拟工程）法：影子工程法是恢复费用法的一种特殊形式，也称重新安置成本法。影子工程法是在某个环境被破坏以后，虚拟人工建造一个工程来代替原来的环境功能。例如，一个旅游海湾被污染了，失去了原有的景观功能，虚拟另建一个海湾公园来代替它。这种情况是经常发生的，例如，就近的水源被污染了，失去了饮用功能，就另建一个水库作为替代饮用水源。用这个虚拟的影子工程或替代工程的建造费用作为环境破坏的经济损失。

➢ 机会成本法：任何一种自然资源的利用都存在多种互相排斥的方案，例如水资源的环境功能有：工业用水的水源，饮用水水源，污染物的排放场所等。选择了 A 种利用方案就放弃了其他的利用方案，也就失去了其他方案获取效益的机会。通常把其他利用方案中效益最大者称为这种资源的A种利用方案的机会成本。

（2）揭示偏好技术。在人们的日常经济生活中，我们可以很容易地发现，环境质量已经成为某些物品或服务的重要因子，人们在消费这类物品或服务时，已经将环境质量纳入购买的物品或服务中，例如人们对环境质量好的地区房屋愿意支付较高的价格；愿意花费较多的钱到风景优美的旅游地休闲度假，等等。随着人们生活水平的改善和环境意识的提高，这种倾向越来越明显。揭示偏好法（revealed preference approach）就是通过考察人们对与环境质量有密切联系的物品所支付的价格信息，间接推断人们对环境的偏好，以计量环境质量变化的经济价值。

- 资产品质评价法（hedonic property value）：资产品质评价法，也称享受性价值评价法。通常，资产具有多种品质或特性，它们决定着资产的价值，有些资产除了一般品质之外，环境质量也是一个此类资产的一个重要品质。例如，决定房屋价格的品质除了建筑面积、布局、建筑材料、交通便利性之外，环境质量也是决定消费者支付意愿的一个重要品质。环境经济评价中的资产品质评价法就是通过资产市场调查，收集资产价格与资产品质，包括环境质量品质的信息，运用多元回归的数学方法分析，以资产的一般品质作为控制变量，分析资产价格与其环境质量的关系，得出环境质量变化对资产价格变化的贡献，从而对环境质量的变化进行估价。
- 防护支出费用法：面对环境质量的恶化，人们为了防止环境质量恶化对自己造成危害往往会采取相应的措施，因此而支出的费用间接地反映了对改善环境质量的支付意愿。防护支出费用法是通过调查人们为了防止环境质量恶化对自己造成危害而实际支付的费用，来揭示环境质量恶化的经济损失。面对环境质量的恶化，人们可以采用的防护措施有多种多样，因此防护支出费用法的应用也有多种形式。
- 旅游费用法：在评价一个没有市场价格的自然景点或环境资源时，往往运用旅游费用法来揭示人们对自然景点或环境资源的支付意愿。人们愿意到一个自然景点去旅游，需要支付门票以及到达目的地的交通费和时间，即使有的自然景点不要门票，交通费和时间是必须要付出的，旅游者为此而付出的代价可以看作对这个环境商品或服务的实际支出。

➢ 工资差额法：工资差额法利用劳动力市场中各种具有不同致病或死亡风险的工种之间的工资差异信息，作为人们对不同致病或死亡风险的支付意愿，来评估致病或死亡风险增加的成本。工资差额法的一般方法是通过调查劳动力市场中不同风险工种的工资水平和平均事故死亡率数据，运用一组解释变量——包括个人特点、工作特征以及与职业有关的健康危害或死亡风险——对工人的工资进行回归。职业风险变量的系数就代表了估算一个统计生命的（隐含）价值。

（3）陈述偏好技术——支付意愿调查评价法。揭示偏好法是通过考察在真实市场中人们对与环境质量有密切联系的物品所支付的价格信息，间接推断人们对环境的偏好，以计量环境质量变化的经济价值。而陈述偏好技术是人为构建一个虚拟市场，通过问卷或其他形式直接询问被访问者对与环境质量有关的问题，从中得到被访问者对环境质量变化的支付意愿（WTP），由此对环境质量进行价值评估。所以陈述偏好技术也称意愿调查评价法（Contingent Valuation Method，CVM）。

健康风险的价值评估是应用陈述偏好技术的一个典型，用于评价因环境污染使人们先于期望寿命而死亡的经济损失。在这里，我们研究的经济问题不是对确定性死亡的支付意愿，而是对死亡风险的支付意愿，不是一个确定性问题，而是一个概率问题。一般情况下，大多数人都愿意支付自己所有的财产避免确定性死亡。应特别指出的是生命价值是难以计量的，也就是说生命是无价的，用“生命价值”来描述我们研究的问题是不确切的，或者说没有反映问题的真实属性。应当说，这种方法评价的是减少死亡风险的支付愿望，而不是生命的价值。

5.1.2 环境功能退化价值评估的对象和步骤

环境功能退化价值评估可以通过基于成本的技术和基于损害的技术来核算，从实际应用的可行性出发，基于成本的技术实际应用较多的是虚拟治理成本法，基于损害的技术实际应用较多的是污染经济损失法，简称污染损失法。

5.1.2.1 虚拟治理成本估算的对象和步骤

（1）虚拟治理成本法的估算对象。虚拟治理成本是治理排放到环境中的污染物所需要的虚拟治理成本，估算的对象是污染物。污染物可以根据污染物排放的主体来归类，又可以按行业和地区进行估算。

（2）虚拟治理成本法的估算步骤。虚拟治理成本法估算的具体操作步骤如下：

- 确定各种污染物的实物量：在宏观层次上，主要通过环境统计获得各地区和行业的不同污染物的排放实物量。
- 确定各种污染物的具有代表性的治理方法：通过环境统计和咨询环境工程专家，确定各种排放污染物的具有代表性的治理方法。
- 确定各种污染物典型治理方法的处理费用系数：可以通过抽样调查，结合环境统计，获得某种污染物的典型治理方法的单位处理费用系数。
- 计算虚拟治理成本：利用以第 1 步获得的各种污染物的需要处理的实物量乘以第 2 和第 3 步获得的相应治理技术的处理费用系数，即得到该污染物的虚拟治理成本，计算公式如下：

虚拟治理成本 = 污染物排放量×单位虚拟治理成本

5.1.2.2 污染损失法估算的对象和步骤

（1）污染经济损失的估算对象。污染经济损失法是针对环境功能退化的危害对象进行估算的，例如大气污染和水污染对人体健康的危害、大气污染和水污染对农作物的危害、大气污染对建筑材料的危害，等等。同时，不同的污染因子，如大气污染中的颗粒物（PM_{10}、SO_2、降尘等）对环境的危害不同，在确定污染经济损失的估算对象时要同时考虑污染介质和污染因子。实际估算中，确定环境污染影响的主要对象要遵循以下原则：

- 因地制宜：虽然中国的环境问题有其普遍性，但是不同地区的环境问题不尽相同，确定环境污染影响的主要对象要根据各地的特点，不可照搬照套。
- 突出重点：环境问题多种多样，但是不同地区有各自的重点环境问题，计算环境污染损失要根据各地区不同的环境问题和经济社会特征，抓住主要问题，不必样样都算，事倍功半。在具有环境污染损失计算基础、掌握了环境污染损失结构比例的地方，可以只计算贡献较大的几种污染损失，进行快速计算。

- 具备科学计算的基础：环境污染损失计算需要许多基础科学的支持，例如计算中需要的暴露（浓度）反应关系等，只有具备了这些条件污染损失计算才可能进行，否则计算缺乏科学性，结果不可信，没有实用意义。
- 具备信息和数据的支持：环境污染损失计算需要大量的环境质量监测信息和社会经济数据，只有具备了可靠的数据来源，才能进行污染损失计算，否则巧妇难为无米之炊。

根据目前所具备的基础科学研究和相关数据信息，建议进行表5-2中几方面的污染损失计算。

表 5-2　各项污染经济损失的核算范围

污染表现形式	核算损失项
大气污染	健康危害
	农业损失
	材料损失
	生活损失
水污染	健康危害
	农业损失
	工业损失
	生活损失
	污染型缺水损失
固体废物	占地损失
污染事故	渔业
	其他

（2）污染经济损失法的估算步骤。通常，污染经济损失估算有6 个步骤，① 确定污染因子和危害对象；② 弄清污染状况和污染暴露范围；③ 建立污染危害的暴露反应关系；④ 调查和统计在污染暴露区受污染危害对象的数量；⑤ 通过③和④项，估算污染的实物危害；⑥ 将实物危害转化为货币损失。估算程序见图 5-1。

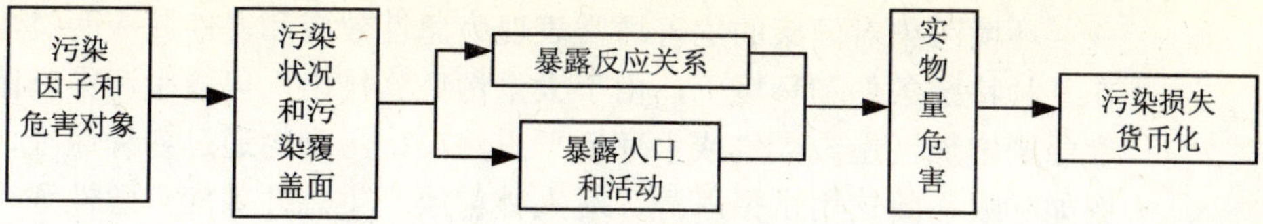

图 5-1　污染经济损失估算程序

5.2 污染健康损失评估

环境污染对人体健康的危害是最重要的环境危害，保护环境就是保护人类自己。人类的这个警觉来之不易，是用惨痛的代价换来的。在人类发展的进程中，随着西方发达国家凭借工业化的迅速崛起，在经济水平得到迅速提高的同时，环境也遭到严重的污染。从 1930 年代到 1960 年代，震惊世界的环境污染事件频繁发生，使众多人群非正常死亡、残废、患病的公害事件不断出现，最著名的八大公害事件见表 5-3。一般来说，污染健康损失是各项污染损失中最高的损失项，因此近几十年来，环境污染造成的健康损失评价受到包括学术界在内的社会各界的高度重视。

表 5-3　八大环境污染公害事件

地　点	时　间	污染物	健康危害
马斯河谷，比利时	1930 年 11 月 1—5 日	SO_2（100 mg/m^3）	一周内有几千人发病，63 人死亡
洛杉矶，美国	1943 年 5—10 月	汽车废气产生的光化学烟雾	400 人死亡
多诺拉，美国	1948 年 10 月 26—31 日	SO_2（5 mg/m^3）	17 人死亡，4 天内 42%的居民患病
伦敦，英国	1948 年 12 月 26—30 日	SO_2，颗粒物	700 人死亡
伦敦，英国	1952 年 12 月 5—9 日	SO_2（4mg/m^3），颗粒物	4 000 人死亡
熊本县水俣湾，日本	1953—1968 年	汞污染河水	近万人中枢神经疾患，其中甲基汞中毒患者 283 人中有 66 余人死亡
四日市，日本	1961 年 3 月	SO_2，颗粒物	哮喘病的发病率大大提高，10 人死亡
爱知县，日本	1963 年 3 月	多氯联苯混入米糠油内	13 000 多人中毒
富山，日本	1955—1968 年	镉污染河水	引起“骨痛病”，死亡 207 人

环境污染对健康的危害通常表现为急性效应和慢性效应两类。在某种特定条件和环境下，由于大量污染物排出，环境中污染物浓度急剧增加，造成大气或水环境严重污染，污染物通过各种途径，例如呼吸、随饮用水摄入等，对人体健康产生急性效应。急性危害在某些情况下表现为某种或某些毒物的急性中毒直接影响，使人致病或者死亡。在污染物浓度比较低的情况下，一般表现为慢性效应。其特点是多因子、多介质、低剂量、长期作用导致人们患病甚至死亡。大量的毒理学、流行病学研究都证明污染物对健康有明显的危害。然而，环境污染对人群健康的影响非常复杂，同时，生命价值评估也面临诸多难题，因此，环境污染造成的健康损失评估是一个既重要又十分艰巨的任务，是世界各国环境研究的热门课题。

5.2.1 污染健康经济损失评估的基本方法与程序

5.2.1.1 污染健康经济损失评估的基本方法

污染健康经济损失评估包括污染健康危害评估和健康危害的货币化两部分。

污染健康危害评估通常采用国际上通用的危险度定量评价方法，健康危险（度）评价（HRA）的定义是利用现有最新毒理学、流行病学及实验研究的一切成果，按一定准则，对有害环境因素作用于某特定人群的不良健康效应进行综合定性与定量评价的过程，包括危害认定、暴露评价、剂量-反应关系评价和危险度特征分析。

健康危害的货币化是将健康的实物量损失转换为价值量的过程，应用的基本方法主要有：疾病成本法、人力资本法和支付意愿调查法。

5.2.1.2 污染健康经济损失评估的程序

根据图 5-1 所示污染经济损失估算程序，结合健康危害评估的方法，污染健康经济损失评估的程序见图 5-2。

（1）健康危害认定。污染健康经济损失评估首先要认定污染对健康的危害。健康危害认定属于定性评价，它是鉴定是否有证据表明受评价污染物会对暴露人群健康产生危害。主要依赖于环境医学、环境毒理学、生态毒理学、药物动力学，以及环境监测技术的发展。目前对健康风险评价研究最多的是有毒有害化学物质的风险影响，通常采用的评估方法是：确定其理化性质和接触途径与接触方式，代谢与药代动力学实验，短期动物实验，长期动物实验和人类流行病学研究等。

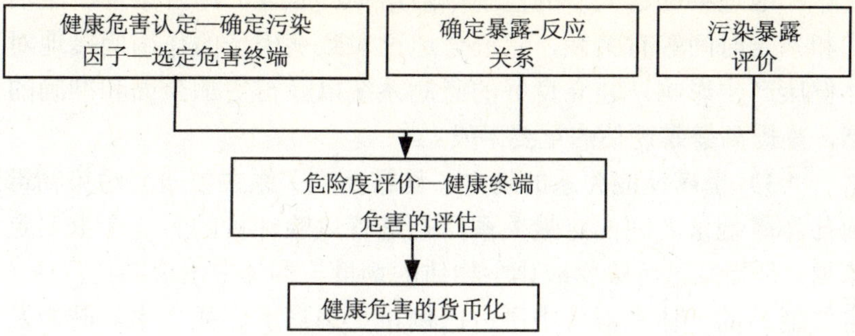

图 5-2　健康危害经济评估的程序

通过评审化学物质的毒理学和流行病学的研究资料，确定其是否对人体健康造成损害。根据其毒性大小及人群暴露程度进行风险物质危害类型判断及危害等级的划分。暴露于不同剂量的化学物质或污染物后，机体会出现从轻微生理、病理改变到死亡等不同程度、类型的毒性反应。在方法学上常用流行病学资料、动物实验资料、体外实验资料和病例收集等进行鉴定，流行病研究的资料可直接反映人群暴露后所产生的有害影响特征，不需要进行种属的外推，是危害鉴定中最有说服力的证据。

（2）污染暴露评价。暴露评价是研究人体（或其他生物）暴露于某种化学物质或物理因子条件下，对暴露量的大小、暴露频度、暴露的持续时间和暴露途径等进行测量、估算或预测的过程。暴露评价是进行风险评价的重要定量依据，其准确性直接关系着定量评价的可靠性。暴露评价通常是根据污染物的排放量、排放浓度以及污染物的迁移转化规律等参数，利用环境监测数据或利用一定的数学模型进行估算。污染暴露评价应对接触人群（或生物）的数量、分布、活动状况、接触方式以及所有能估计到的不确定因素进行描述。还应考虑过去、当前和将来的暴露情况要特别注意暴露的开始时间和持续时间，它们与毒性效应的诱发时间和潜伏期有很大的关系。一般通过测定环境中有害物质的水平即外暴露量，就能够初步了解人群的暴露情况。通过暴露评价可估计人群对某一化学物质暴露的强度、频率和持续时间，也可预测新型化学物质进入环境后可能造成的暴露水平。

在环境污染暴露评估中，风险人口的暴露量与暴露人口的空间分布、地理条件、人口的性别年龄结构、职业、经济条件、生活方式和暴露时间等有关系，它们会通过对致病因子的作用间接地对人体健康产生影响，建立良好的监测系统以获得更加全面和准确的数据，是提高暴露评估的重要手段。

（3）暴露反应关系的确定。暴露反应关系主要研究污染物毒效应与暴露剂量之间的定量关系，是进行风险评价的另一个重要定量依据，是指某一污染物或化学物质的剂量与群体中出现某种反应（危害终端）的个体在群体中所占比例，如患病率、死亡率、肿瘤发生率等。通常用污染因子每升高 1 个单位质量浓度（如 1 $\mu g/m^3$）危害终端变化的百分数。

环境污染的暴露-反应关系评定是通过人群研究的资料，确定适合于人的暴露反应曲线，并由此计算危险人群在某种暴露剂量下的危险度。主要应用的方法是人类流行病学调查。环境污染的暴露-反应关系评定常应用 Meta 分析技术，它综合了各种研究的成果，可以更准确地得出环境对健康影响的剂量反应关系，克服单个研究的偏差和应用局限。

（4）危险度评价。危险度评价是对前 3 个阶段的结果进行综合分析，分析判断人群发生某种危害的可能性大小。健康危险度评价每一阶段可信度的大小直接关系到最终评价结果的可信程度，因此应对整个危险度评价过程中的可信程度和不确定性进行讨论。危险度定量分析可以针对一种或多种污染物或化学物质进行，有时还需要进一步将危险度与暴露浓度和暴露人口关联起来，对暴露人群总的危险作出评估，得到危害终端的总体健康负担，例如污染造成的某疾病的早死人数或住院人数等。

（5）健康危害的货币化。最后将健康负担的实物量损失通过价值评价方法转换为货币化的价值量，基本的方法有疾病成本法、人力资本法和健康风险减少的支付意愿调查法。

5.2.1.3 污染健康经济损失评估的基本模型

相对于人群来说污染引起的疾病或死亡的发生都是小概率事件，符合统计学上的泊松分布。因此，目前污染的流行病学研究多基于泊松回归的比例危险模型。

污染健康危害的评估基本模型为：

$$f_{pi} = f_{ti} \cdot \beta_i \cdot \exp(C_{pi} - C_{ti}) \tag{5.1}$$

式中：f_{pi}——污染物实际浓度下健康效应终端 i 的发生率（如死亡率、住院率、发病率等）；

f_{ti}——污染物参考浓度下健康效应终端 i 的发生率；

β_i——剂量反应关系系数；

C_p——污染物的实际浓度；

C_t——污染物的健康阈值或参考浓度值；

由于环境污染与人群健康终点的统计学关系一般为弱相关，即 β 值一般很小，在此条件下，如果 C_p 和 C_t 的浓度差值不大，上式可以简化成直线关系，即：

$$f_{pi} = f_{ti} \cdot [1 + \beta_i \cdot (C_{pi} - C_{ti})]$$

归因于环境污染物的健康影响即为 f_{pi} 和 f_{ti} 的差值，如果 β_i、f_{pi}、C_p 和 C_t 是已知的，就可以求出 f_{ti}，从而求得归因于污染的健康危害。总的健康危害为各健康效应终端之和。

$$E = \sum_{i=1}^{n} \left(f_{pi} - f_{ti} \right) \cdot P_e \tag{5.2}$$

式中：E——空气污染的各健康效应终端危害合计；

n——健康效应终端 i 的数量；

P_e——暴露人口。

5.2.2 大气污染造成的健康经济损失

5.2.2.1 影响健康的空气污染因子及其阈值

（1）空气污染评价因子。空气污染的标志物，主要是可吸入颗粒物（PM）、SO_2 和 NO_2，由于它们之间的化学和生物相关性，在很多情况下被视为空气污染混合物。但由于已有暴露反应关系的研究多为单一污染物与健康终端的一一对应关系，因此，给健康污染损失评估带来很大的问题。目前学术界就这一问题有两种观点，一种是建议分别估算 PM_{10} 和 SO_2 的健康危害损失，并取其高者作为最后的健康经济损失，以避免重复计算；另一种观点倾向于将这两种污染物的健康危害损失单独计算，然后相加。

目前我国大气环境质量监测指标包括 SO_2、TSP、PM_{10}、氮氧化物（NO_2）浓度。以往关于大气污染和暴露反应关系的研究以 SO_2 和 TSP 居多，但近年来 PM_{10} 开始逐渐取代 TSP 成为常规监测项目，因此，笔者建议选取 SO_2 和 PM_{10} 作为空气污染健康影响因子分别估算 SO_2 和 PM_{10} 的健康危害损失，并取其高者作为最后的健康经济损失。

（2）污染因子的阈值。污染的阈值是指污染物可能产生影响的最小浓度值。大量的流行病学研究结果显示，大气污染达到一定浓度时，人群的相应发病和死亡率会出现变化。某种污染物导致出现人群健康不利效应出现时的污染物浓度，一般即指某种污染物（因子）产生人群健康影响的阈值。

大气污染物是否存在影响阈值的问题，是健康影响评价中的一个关键问题。WHO1987 年颁布的《空气质量准则》（Air Quality Guideline，AQG）认为存在导致健康危害的临界值，并建议采用准则中的大气环境质量标准作为阈值。但是，近些年来许多研究表明 PM_{10} 和臭氧没有明显的阈值，即健康的暴露-危害函数可以延伸到最低污染水平，很少找到令人信服的存在阈值的证据。美国癌症协会波珀（Pope）等人队列研究表明 PM_{10} 可以观察到的对人体健康有影响的最低浓度为 15～20 μg/m³。包括 WHO 在内的许多国际研究，选用 15～20 μg/m³ 为 PM_{10} 的健康效应阈值。2005 年 WHO 颁布的修正的《空气质量准则》（Air Quality Guideline，AQG），将颗粒物用 $PM_{2.5}$ 或 PM_{10} 为污染因子，建议的 $PM_{2.5}$ 和 PM_{10} 的基准值分别为 10 μg/m³ 和 20 μg/m³。但是，不同人种对疾病的耐受性和敏感性差异可能会导致中国与国外研究结果表现出一定的系数差异（见图 5-3）。

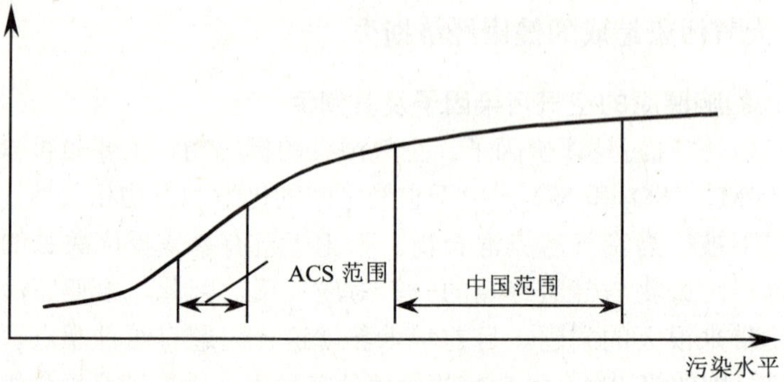

图 5-3 健康影响和空气污染水平之间的关系示意图

5.2.2.2 健康终端

大气污染造成的健康危害，健康是危害对象，但是健康的范畴很广，具体的健康危害通常用健康终端来限定。

选择大气污染健康效应终端的基本原则，是能够敏感而准确地反映某种大气污染物对人群健康的不利效应。但是由于大气污染物的种类很多，对人体健康的危害机理和特点不尽相同，实际上这样的健康效应终点选择常常是比较困难和复杂的。对大气污染健康效应终端的选择，必须根据评价和研究的目的以及实际情况确定选择终端的基本原则和条件。大气污染造成的健康经济损失评价以大气污染的长期慢性健康效应的经济损失为主要目的，选择健康效应终端时应遵循以下几个原则：

（1）优先选择根据国际疾病分类（International Classification of Diseases，ICD—9，10）进行统计和分析的健康和疾病数据。在我国，这类资料主要包括县及县以上卫生机构统计的人群死亡率、医院住院人次和门急诊人次的数据。

（2）选择国内外研究文献中已知与大气污染物存在定量的暴露-反应关系的健康效应终点。

（3）选择可与国外类似研究进行比较的健康效应终点。

（4）考虑获得可靠数据的可能性。

根据上述基本原则，通常主要选择与大气污染相关性较强的一些呼吸系统疾病和心脑血管系统疾病作为健康效应终端，主要包括死亡率、住院人次、门诊人次、未就诊人次和因病休工等可计量指标。具体包括：① 因污染造成的全死因[①]死亡增长率（%）；② 因污染造成的呼吸系统和脑血管疾病病人的住院增长率（%）及休工增长率；③ 因污染造成的慢性支气管炎的发病增长率（%）。

5.2.2.3 暴露反应关系

（1）基本概念和假设。大气污染对人体健康的影响用污染物与健康危害终端的暴露-反应函数表示，即大气污染水平同暴露人口的健康危害终端之间呈统计学相关关系，在控制了其他干扰因素后，通过回归分析，估计出主要污染物单位浓度变化对暴露人口的健康危害终端的相关系数β。

大量的流行病学研究结果显示，环境污染物的浓度与人群相应的不良健康效应发生率之间存在一定的相关关系，并在一定条件下符合统计学规律，可以用统计学的方法进行定量的评价，在大量环境和健康统计数据的基础上建立某种大气污染物和相应健康效应的统计学定量关系。目前的研究认为，大气污染健康终端的相对危险度（RR）基本上符合一种污染物浓度的线性或对数线性的关系

① 全死因指除损伤和中毒等外部原因之外的疾病全死因。

（Ostro，2004），即

线性关系：$RR=\exp(\alpha+\beta C)/\exp(\alpha+\beta C_0)=\exp[\beta(C-C_0)]$

当 β 比较小时，$RR=1+\beta(C-C_0)$

对数线性关系：$RR=\exp[\alpha+\gamma\ln(C)]/\exp[\alpha+\gamma\ln(C_0)]$

$$=\exp[\gamma(\ln C-\ln C_0)]=\exp[\gamma\ln(C/C_0)]$$

$$=\{\exp[\ln(C/C_0)]\}^{\gamma}=(C/C_0)^{\gamma} \quad (5.3)$$

为了避免上式中出现 $C_0=0$ 的情况，在分子分母上各加 1，即

$$RR=[(C+1)/(C_0+1)]^{\gamma} \quad (5.4)$$

这里 C 是某种大气污染物的当前浓度水平；C_0 是其基线（清洁）浓度水平，RR 是大气污染条件下人群健康效应的相对危险度；在 β 比较小的情况下，即线性关系中，β 是污染物浓度变化 1 个单位（如 PM_{10} 变化 1 μg/m^3）健康终端变化的百分数；在对数线性关系中，污染物浓度变化 1 个单位引起健康终端变化的百分数不是常数，因此在（5.3）式中该系数用 γ 表示。经典的大气污染与健康暴露-反应关系模式见图 5-4，E 和 E_0 是污染条件和清洁条件下的人群健康效应。

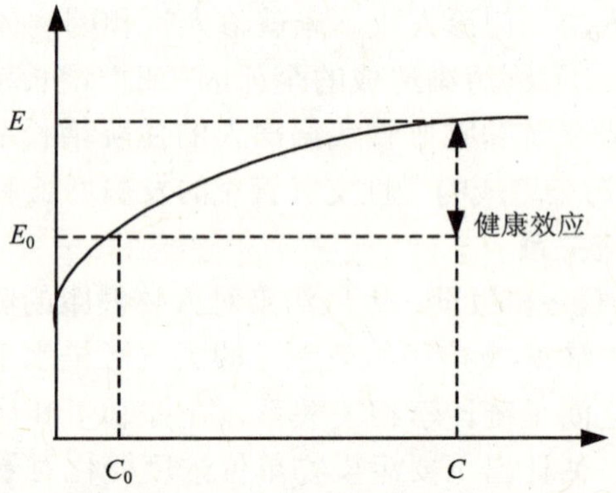

图 5-4　大气污染与人体健康效应的暴露-反应关系模型

从图 5-4 我们可以看出，大气污染物与人群健康效应的相关关系实际上是一条曲线，但在浓度范围比较小的情况下，为了简化计算，一般可以按照直线计算健康效应和经济损失。

（2）暴露-反应关系模型。

- 暴露-反应关系模型的建立方法：大气污染对健康影响的定量评价模型，一般要求推算出某种大气污染物与相应健康效应终点的直线相关系数，再计算随大气污染物质量浓度

每增高一个单位（1 mg/m³ 或 1 μg/m³），相应的健康终端人群死亡率或患病率增高的比例（%），以此作为推算人群健康效应的基础。

- 大气污染健康效应的暴露-反应关系模型建立一般可采用两种方法：① 环境流行病学的方法，在需要评价的地区进行环境流行病学调查研究，同时收集相应的大气污染监测数据和相关的各种健康效应终端的数据，以及其他危害人群健康的混杂因子，对数据进行统计学分析，获得两者之间暴露-反应关系的统计学模型及相关系数，作为效应评价的基础。这种方法又分为长期队列研究和时间序列研究；② 采用健康危险度评价的基本方法，收集国内外有关研究文献的数据资料，根据一定的统计学方法（如 Meta Analysis）得到大气污染物与相关健康效应终点的暴露-反应关系模型。
- 有关暴露－反应关系的研究成果：大气污染对人体健康的影响包括长期暴露后的慢性效应和短期暴露的急性效应两部分。前者主要应用于污染引起过早死亡的危害评价，后者主要运用于污染引起的住院和门急诊的危害评价。在过去的 20 多年里，大量的研究尤其是短期的时间序列研究，报告了大气污染暴露和人体健康之间的暴露反应关系。长期队列研究是评价大气污染对人体健康慢性效应的最好的方法，而时间序列研究适合于揭示空气污染水平短期波动的急性影响。队列研究报告的暴露反应关系系数明显大于时间序列研究报告的暴露反应关系系数，一般认为队列研究中得到的死亡长期效应包含了时间序列研究得到的短期效应。

在过去的 20 年里，国内外发表了大量的时间序列研究成果，但只有少数几项队列研究。在中国的某些大城市，如北京、上海、沈阳和重庆，大多开展的是时间序列研究，也称为生态学研究。

- 长期暴露队列研究：队列研究利用空气污染浓度的空间变异来比较长期暴露与不同大气污染水平的人群中疾病发病率和死亡率。通过对大量人群的长期随访，队列研究可以估计归因于大气污染的死亡数和平均寿命的降低。

  应用最多的长期暴露队列研究成果是 Pope 等 2002 年报告的美国癌症协会扩展研究，主要结论：当 PM_{10} 质量浓度在 40 μg/m³ 以下时，全因死亡率的 β 值为 0.002 4，即 PM_{10} 质量浓度每增加 1 μg/m³，人群全因死亡率增加 0.24%。

- 大气污染与人群健康的生态学研究：中国没有开展过大气污染对人群健康影响的队列研究，但有 3 项生态学研究，这些研究在某种意义上可以反映长期大气污染暴露对健康的影响。井立彬等和徐肇翊等分别在沈阳和本溪研究了大气污染对人群健康的长期影响。研究中采用生态学比较方法或生态学趋势方法，通过比较污染最严重地区和最清洁地区的污染物质量浓度，估计相对危险度。通过 Meta 分析，主要结论：当 PM_{10} 质量浓度在 150 μg/m³ 以上时，全因死亡率的β值为 0.001 2，即 PM_{10} 质量浓度每增加 1 μg/m³，人群全因死亡率增加 0.12%。
- 短期暴露的时间序列研究：时间序列研究被用来分析每日健康事件的发生率（如住院率或死亡率），与每日或几日内大气污染物质量浓度以及其他危险因素（如气象因素）之间的关系。在时间序列研究中，由于个体因素，如吸烟、营养、行为和遗传特征等，在整个研究期间内通常保持不变，因此不太可能成为混杂因素。研究者采用各种回归方法来估计大气污染暴露与健康结局间的关系。常用的回归分析方法是对反应变量，如日死亡人次或住院人次，进行对数变换，来估计相对危险度，或污染物质量浓度每变化一个单位健康结局改变的比例。表 5-4 是根据中国文献利用 Meta 分析方法得出的 PM_{10} 与大气污染相关疾病发病的暴露反应关系。

表 5-4　PM_{10} 与大气污染相关疾病发病的暴露反应关系

健康终端	疾病	β	标准差
住院	呼吸系统疾病 RD	0.12	0.02
	心血管疾病 CVD	0.07	0.02
发病	慢性支气管炎 CBD	0.48	0.04

注：β 单位污染物质量浓度（1 μg/m³）变化引起健康危害变化的百分数，%。

（3）建议的暴露反应关系。国内外的研究人员对大气污染与全因死亡的暴露反应关系做了比较深入的研究，因此，最终选定全死因死亡增长率作为评价终端。同时，选用呼吸系统和心血管疾病住院增长率和慢性支气管炎发病率作为患病评价终端。

➢ 长期暴露与死亡率间的暴露反应关系系数：与中国的研究相比，美国的研究中 PM_{10} 浓度较低，而中国的研究中 PM_{10} 浓度较高。中国有 600 多个城市，污染物浓度变化范围相当大，都采用低浓度的 β 值会高估健康危害，而都用高浓度的 β 值又将低估健康危害，因此全国使用统一的暴露反应关系系数并不合适。为了充分考虑在估计中国大气污染对死亡率的长期影响的不确定性，从而为政策制定者提供更多的信息，建议应用健康效应与污染物浓度的对数线性方程式 5.5，其中的有关参数用中国的暴露反应关系来确定。

当 PM_{10} 污染物浓度 C=150 μg/m³ 时，RR= exp[0.001 2×（150－15）]＝1.175 9，则[（150+1）/16]$^{\beta}$＝1.175 9，β＝0.072 17

即
$$RR=[(C+1)/(16)]^{0.07217} \tag{5.5}$$

为了验证式 5.5 的可信度，将它的低浓度值与美国的队列研究结果进行对比：① 当 PM_{10} 质量浓度 C＝40 μg/m³ 时，利用式 5.5 计算得到的 RR 为 1.070；② 利用式 5.2，RR＝exp[β（C－C_0）]＝exp[（0.002 4×（40－15）]＝1.062。计算结果表明，两种方法的误差不到 0.8%，说明利用式 5.5 评价长期污染暴露引起的死亡率增加是合适的。

图 5.5 是利用 pope、中国自己和式 5.5 三种暴露反应函数系数计算得到的 RR 值。从图中可以看出，利用式 5.5 计算大气污染暴露的相对危险度避免了利用 pope 的 β 值低估健康危害、利用中国的 β 值高估健康危害的问题。

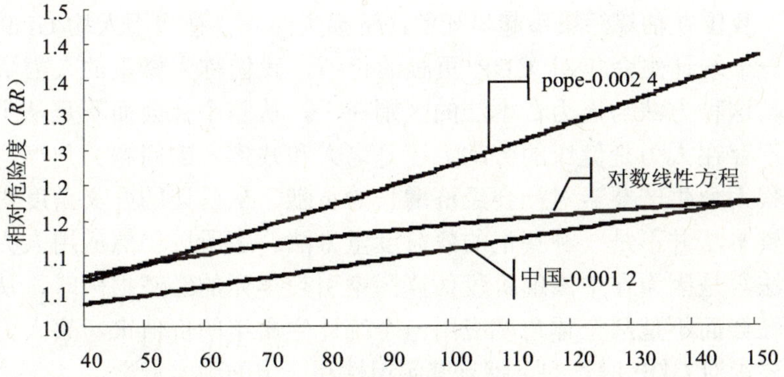

图 5-5　大气污染造成的全死因死亡率相对危险度

> 短期暴露与发病之间的暴露反应关系系数：对于短期影响，采用 Aunan 和 Pan（2004）对中国研究的 Meta 分析的结果，见表 5-4。

5.2.2.4 健康经济损失的评价方法

评估大气污染对人体健康危害的经济损失，西方发达国家倾向于使用支付意愿法（WTP），在非完全市场经济的发展中国家，研究方法通常采用疾病成本法和修正的人力资本法。它是基于收入的损失成本和直接的医疗成本进行估算的，对于因污染造成的过早死亡损失采用修正的人力资本法，患病成本采用疾病成本法。它所得的计算结果应是大气污染造成的健康损失的最低限值。

（1）疾病成本法。疾病成本是指患者患病期间所有的与患病有关的直接费用和间接费用，包括门诊、急诊、住院的直接诊疗费和药费，未就诊患者的自我诊疗和药费，患者休工引起的收入损失（按日人均 GDP 折算），以及交通和陪护费用等间接费用。

就诊费用＝就诊人次×（人均就诊直接费用＋人均就诊间接费用）

住院费用＝住院人次×（人均住院直接费用＋人均住院间接费用）

未就诊费用＝未就诊人次×人均自我治疗费用

（2）修正的人力资本法。在经济学中，人力资本是指体现在劳动者身上的资本，主要包括劳动者的文化知识和技术水平以及健康状况。在人力资本法中，个人被视为经济资本单位，个人的收入被视为是人力投资的一种回报。环境经济学在应用人力资本法时，主要注重污染导致环境生命支持能力降低，对生命健康造成损害，表现为生病或过早死亡造成的收入损失。

我国在估算污染引起早死的经济损失时，往往应用人均 GDP 作为一个统计生命年对 GDP 贡献的价值，我们称为修正的人力资本法。这种方法与人力资本法的区别在于，从整个社会而不是从个体（不存在人力是健康的劳动力还是老人和残疾人的问题）角度，来考察人力生产要素对社会经济增长的贡献。从确切的含义角度讲人力资本法并不是一种真正的效益度量方法。之所以仍然应用人力资本法，是因为在中国现阶段估算污染引起早死的经济损失时，从整个社会而不是从个体角度应用一个统计生命年的价值来考察人力生产要素对 GDP 增长的贡献有其实用性和一定的现实意义。

污染引起的过早死亡损失了人力资源要素，因而减少了统计生命年间对 GDP 的贡献。因此，对整个社会而言，因此损失一个统计生命年对社会而言就是损失了一个人均 GDP。修正的人力资本损失相当于损失的生命年中的人均 GDP 之和。

计算中要解决 3 个问题：① 人的过早死亡损失的生命年数是社会期望寿命与平均死亡年龄之差，而社会期望寿命随着时间的推移逐步增加，要对社会期望寿命进行合理的预测；② 未来的社会 GDP 也需要进行预测；③ 健康损失计算的是现值，未来的社会 GDP 需要贴现，贴现率的选择对评价结果的影响较大。

污染引起早死的经济损失计算方程式：

$$C_{\mathrm{ed}} = P_{\mathrm{ed}} \cdot \sum_{i=1}^{t} \mathrm{GDP}_{\mathrm{pc}i}^{\mathrm{pv}} \tag{5.6}$$

式中：C_{ed} ——污染引起早死的经济损失；

P_{ed} ——污染引起早死人数；

t ——污染引起早死平均损失的寿命年数；

$\mathrm{GDP}_{\mathrm{pc}i}^{\mathrm{pv}}$ ——第 i 年的人均 GDP 现值。

$$\mathrm{GDP}_{\mathrm{pc}i}^{\mathrm{pv}} = \frac{\mathrm{GDP}_{\mathrm{pc0}} \cdot (1+\alpha)^i}{(1+r)^i} \tag{5.7}$$

式中：r ——社会贴现率；

α ——人均 GDP 年增长率；

$\mathrm{GDP}_{\mathrm{pc0}}$ ——基准年人均 GDP。

人均人力资本 HC_{m} 的计算公式见式 5.8。

$$HC_{\mathrm{m}} = \frac{C_{\mathrm{ed}}}{P_{\mathrm{ed}}} = \mathrm{GDP}_{\mathrm{pc0}} \sum_{i=1}^{t} \frac{(1+\alpha)^i}{(1+r)^i} \tag{5.8}$$

5.2.2.5 大气污染健康经济损失的计算模型

与 5.2.2.2 节提出的健康终端相对应，大气污染健康危害实物量和经济损失由 3 部分组成：大气污染造成的全死因过早死亡人数和死亡损失（$\mathrm{EC_{a1}}$），经济损失利用人力资本法评价；大气污染造成的呼吸系统和心血管疾病病人的住院增加人次和休工天数及其经济损失（$\mathrm{EC_{a2}}$），经济损失利用疾病成本法评价；大气污染造成的慢性支气管炎的新发病人人数及其经济损失（$\mathrm{EC_{a3}}$），经济损失利用患病失能法（DALY）评价。

（1）大气污染造成的全死因过早死亡经济损失（$\mathrm{EC_{a1}}$）

大气污染造成的全死因过早死亡人数

评估大气污染损失时，根据某一地区的大气环境污染水平、健康危害终端和暴露——反应函数，先求出该地区的健康危害背景值，大气污染对健康的危害即为扣除了健康危害背景后的值，如式5.9。

$$P_{\mathrm{ed}} = 10^{-5}(f_{\mathrm{p}} - f_{\mathrm{t}})P_{\mathrm{e}} \tag{5.9}$$

$$f_{\mathrm{p}} = f_{\mathrm{t}} \cdot RR \tag{5.10}$$

$$P_{\mathrm{ed}} = 10^{-5} \cdot [(RR-1)/RR] f_{\mathrm{p}} P_{\mathrm{e}} \tag{5.11}$$

式中：P_{ed}——现状大气污染水平下造成的全死因过早死亡人数，万人；

f_{p}——现状大气污染水平下全死因死亡率，1/10 万，中国卫生统计年鉴；

f_{t}——清洁浓度水平下全死因死亡率，1/10 万；

P_{e}——城市暴露人口，万人，中国城市统计年鉴；

RR——大气污染引起的全死因死亡相对危险归因比。

大气污染造成的全死因过早死亡经济损失

$$\mathrm{EC}_{\mathrm{a1}} = P_{\mathrm{ed}} \cdot \mathrm{HC}_{\mathrm{ma}} = P_{\mathrm{ed}} \cdot \sum_{i=1}^{t} \mathrm{GDP}_{\mathrm{pc}i}^{\mathrm{pv}} \tag{5.12}$$

式中：t——大气污染引起的全死因早死的平均损失寿命年数，根据分年龄组的与大气污染相关疾病的死亡率，得到平均损失寿命年数为18年；

$\mathrm{HC}_{\mathrm{ma}}$——城市人口的人均人力资本，万元/人；

$\mathrm{GDP}_{\mathrm{pc}i}^{\mathrm{pv}}$——第 i 年的城市人均GDP，中国城市统计年鉴。

（2）大气污染造成的相关疾病住院经济损失（$\mathrm{EC}_{\mathrm{a2}}$）

大气污染造成的相关疾病住院增加人次和休工天数

$$P_{\mathrm{eh}} = \sum_{i=1}^{n}(f_{\mathrm{p}i} - f_{\mathrm{t}i}) \tag{5.13}$$

$$f_{\mathrm{t}i} = \frac{f_{\mathrm{p}i}}{1 + \Delta c_i \cdot \beta_i / 100} \tag{5.14}$$

$$P_{\mathrm{eh}} = \sum_{i=1}^{n} f_{\mathrm{p}i} \frac{\Delta c_i \cdot \beta_i / 100}{1 + \Delta c_i \cdot \beta_i / 100} \tag{5.15}$$

式中：n——大气污染相关疾病，呼吸系统疾病和心血管疾病；

$f_{\mathrm{p}i}$——现状大气污染水平下的住院人次，万，中国卫生统计年鉴；

β_i——回归系数，即单位污染物浓度变化引起健康危害 i 变化的百分数，%，见表 5-4；

Δc_i——实际污染物质量浓度与健康危害污染物质量浓度阈值之差，$\mu g/m^3$。

大气污染造成的相关疾病住院和休工经济损失

$$EC_{a2} = P_{ed} \cdot (C_h + WD \cdot C_{wd}) \tag{5.16}$$

式中：C_h——疾病住院成本，包括直接住院成本和交通、营养等间接住院成本，元/人次，根据全国第 3 次卫生服务调查获得，呼吸系统疾病人均住院日 17 天，循环系统疾病人均住院日 25 天；

WD——疾病休工天数，根据全国第 3 次卫生服务调查获得，呼吸系统疾病人均休工 3 天；

C_h——疾病休工成本，元/天，疾病休工成本＝人均 GDP/365。

（3）大气污染造成的慢性支气管炎发病失能经济损失（EC_{a3}）

大气污染造成的慢性支气管炎新发病人数

大气污染造成的慢性支气管炎的新发病人人数的计算方法见式 5.15，其中，β 见表 5-4，取值 0.48。在计算慢性支气管炎的新发病人人数需要讨论的一个参数是基准发病率。

中国卫生统计年鉴没有慢性阻塞性肺疾病患病率的数据记载，但是 2003 年第三次卫生服务调查通过问卷调查了慢性呼吸疾病患病情况，其中有老慢支的报道——城市平均 0.82，数据明显偏低，表明我国有相当一部分慢性阻塞性肺疾病的病人没有得到诊断，服务调查中没有反映出来。根据有关文献和中华医学会呼吸病分会主持的 2002—2005 年全国性慢阻肺流行病学调查，发现 COPD 的总患病率为 8.2%，其中，城市患病率 8.8%，农村患病率 7.8%。

为了将中华医学会主持的调查结果在我国城市大气污染健康损失中应用，要将结果转换为全人口的患病率，转换中需要考虑 40 岁以上的人群在城市人口中的结构和患者的年龄结构（表 5-5），经过转换，得到我国城市慢性阻塞性肺疾病患病率为 3.29%，略低于模型计算结果。

大气污染造成的慢性支气管炎发病失能经济损失

国内外相关研究表明，慢性支气管炎是慢性阻塞性肺疾病（COPD）的一种，是一种最常见的慢性呼吸系统的疾病，患病人数多，病死率高。其病情呈渐进性发展，它不仅严重影响患者的劳动能力和生活质量，更为重要的是，它常发展为慢性肺源性心脏病。

表 5-5　我国城市慢性阻塞性肺疾病患病率

年龄	城市人口年龄构成/%①	患者年龄结构/%②	患病率/%
≥40	33.35	89.09	8.8
全人口	100	100	3.29

注：① 2000 年人口普查数据；

② 第三次卫生服务调查老慢支患病年龄别构成。

国外研究人员认为慢性支气管炎对人体的伤害极大，病人患病之后将忍受终生的病痛折磨，且随着病情的发展，病人将最终丧失工作能力、无法享受人生的乐趣，因此，在评价慢性支气管炎的经济损失通常以患病失能法来取代一般疾病采用的疾病成本法，相关研究表明，患上慢性支气管炎的失能（DALY）权重为 40%，即以平均人力资本的 40%作为患病失能损失，经济损失的计算模型见式 5.17。

$$EC_{a3} = \gamma \cdot P_{eb} \cdot HC_{mu} = \gamma \cdot P_{eb} \cdot \sum_{i=1}^{t} GDP_{pci}^{pv} \tag{5.17}$$

式中：t——大气污染引起的慢性支气管炎早死的平均损失寿命年数，根据分年龄组的 COPD①死亡率，得到慢性支气管炎平均损失寿命年数为 23 年；

γ——慢性支气管炎失能损失系数，0.4；

其他符号意义同上。

（4）大气污染造成的失能经济损失（EC_a）。

$$EC_a = EC_{a1} + EC_{a2} + EC_{a3} \tag{5.18}$$

5.2.2.6 大气污染健康经济损失估算的不确定性

以上提出了大气污染对健康造成影响的经济损失核算的初步模型，为进行大气污染健康影响的定量评价和分析提供了重要的基础。但目前建立的模型在应用上尚存在一定局限，计算结果有一定的不确定性。主要表现在以下几个方面：

（1）暴露-健康反应关系的不确定性。环境污染暴露-健康反应关系的建立是一个十分复杂的研究课题，研究方法、研究对象、研究对象所处的生活环境，如大气污染水平、总体生活水平等，都对暴露-反应关系的研究结果有较大的影响。本书所采用的暴露反应关

① 卫生服务调查中只有分年龄组的 COPD 死亡率，这里以 COPD 死亡率代替慢性支气管炎的死亡率。

系模型的主要依据是国内外相关文献中 5～10 年前的研究工作，将这些研究成果直接用来评价目前的大气污染对人体健康的影响存在以下 3 个问题：

- 研究对象存在局限性：目前研究依据的国内资料主要是个别大城市的研究报告，对中国大量的中小城市的大气污染健康影响状况没有反映，使模型的代表性受到一定的挑战，这部分暴露人群受大气污染的影响难以准确估计。
- 研究方法缺乏可比性：目前中国国内的研究文献中尚缺乏被国外所广泛采用的、设计严密周全、科学的大样本流行病学队列研究的结果，国内研究大多采用生态学方法，在大气污染与健康的因果关系推断上其把握度和可靠性受到局限，研究方法缺乏可比性。目前所采用的暴露关系模型中同时考虑了两种方法的研究结果，在分析大气污染的健康效应特征时产生较大的不确定性。
- 大气污染因子的不确定性：模型中所采用的特征污染物为 PM_{10}，而国内文献均是基于 TSP 监测资料所做的研究，国外文献所采用的特征污染物大多数是 PM_{10}，但污染物范围远远低于中国的实际污染水平。在利用国内研究成果和利用 Meta 分析方法建立暴露反应模型时都需要进行 TSP 与 PM_{10} 之间的转化，给模型的建立带来一定的不确定性。同时，一些城市的常规监测项仍然是 TSP，在利用模型计算时同样需要将 TSP 转化为 PM_{10}，通常认为我国 TSP 与 PM_{10} 的转换系数为 0.55，但监测数据表明不同城市的污染类型不同，转换系数也就不同，特别是南北方城市有明显差异。

（2）污染健康阈值的不确定性。在确定阈值和暴露反应关系的实际研究中，发现对健康造成影响的污染物阈值有一个较大的变化区间，不同种族、年龄段和体质的人群对污染物的耐受度有所不同，老人、儿童以及心脑血管疾病和呼吸系统疾病患者是大气污染的易感人群。评价健康危害时往往采用污染造成危害程度 5%时的暴露（污染程度）作为阈值，把它视为危害的起点。结合国内外研究和大气环境质量标准，设定了污染物的健康阈值，对不同的个体来讲，健康阈值存在一定的不确定性。

（3）经济损失评估中的不确定性。评估经济损失涉及的数据很多，包括环境、医疗、社会、经济等数据，数据的细化和具体化很重要。可收集到的数据存在很大的缺失，如不同经济水平地区的疾病的医疗费用、不同医疗机构的诊疗费用，不同医疗保险的人口的医疗费用等，平均的呼吸系统疾病的自我购药成本，每人次的平均休工天数等，如何能够较客观地反映各地区的疾病成本和疾病严重程度的休工状况，存在不确定性。死亡、诊疗、住院人次、患病的未就诊情况，呼吸系统疾病构成等，数据的来源分别是卫生统计年鉴和卫生服务调查，系统性和针对性不足，也会造成评估结果的不确定性。

由于中国城市的大气污染在世界上处于较高水平，大气污染类型存在差异，而且中国人的生活习惯和相对固定的居住条件，适宜于进行长期的大气污染对人体的健康效应研究，为进行室外大气污染与城市人群健康效应关系的研究提供了一个独特的条件。

5.2.3 水环境污染造成的健康经济损失

5.2.3.1 水污染对健康影响的途径和介水疾病

水与人体健康的关系十分密切，一方面水是维持人体健康的必需因素，另一方面水又是传播疾病的重要介质。水污染对健康的影响比空气污染对健康的影响复杂得多。空气污染直接被人吸入，影响人体健康，而水污染（人类活动排放污染物）要通过人饮用或通过食物或接触才能影响人体健康，这个过程长且复杂（介水疾病的传播途径见图 5-6），与人们的供水方式（如是否有自来水）、卫生条件（如是否有规范的厕所）和卫生习惯（如饭前洗手）以及生活方式（饮用烧开的水）有关。因而，介水疾病的复杂传播途径给计量水污染对健康的影响带来困难。

水中污染物主要有两大类：一类为生物性污染物，包括大肠杆菌，甲肝病毒等各类细菌和病毒；另一类为化学性污染物包括无机物汞、砷、铬、氟、铅和有机化合物如酚类化合物、苯类化合物、油类等。水体受到生物性污染后，最常见的危害是居民通过饮用、接触等途径而引起介水传染病的流行。这类疾病包括霍乱、伤寒、痢疾、肝炎等肠道传染病，以及血吸虫病等寄生虫病和钩端螺旋体病等。水体受到化学性污染后，主要的危害是循环系统和消化系统癌症，包括胃癌、肝癌、食道癌、结肠癌、膀胱癌等恶性肿瘤疾病。

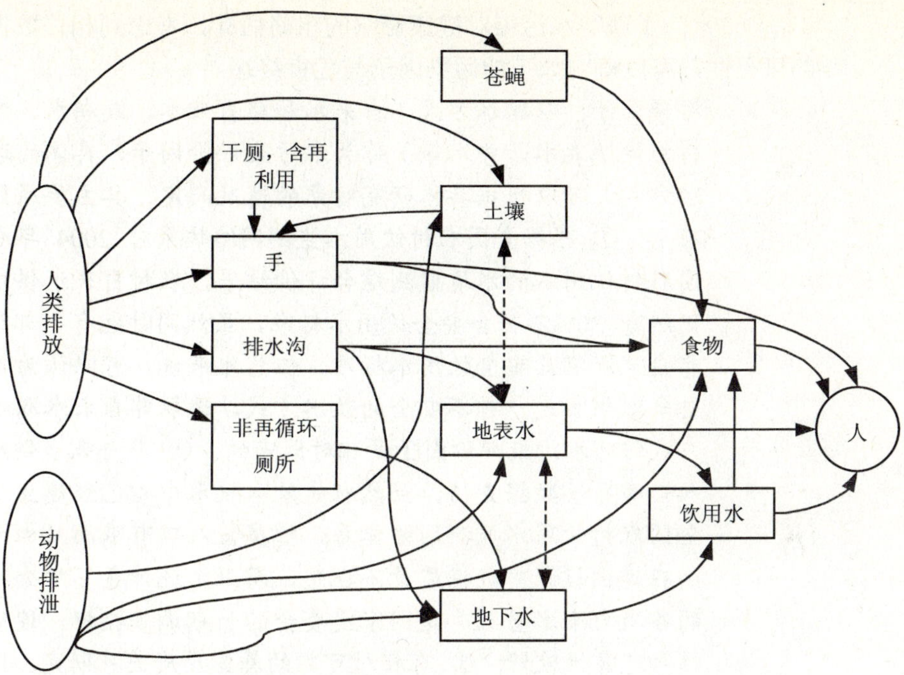

图 5-6　介水疾病的传播途径

5.2.3.2 水污染因子和健康终端的确定

ECM/VEHR 项目研究基本上收集了全国 20 年来所有的饮用水水质和疾病资料，但并没有获得理想的水污染健康暴露反应关系，据此可以得出以下结论：

（1）水污染对健康的危害很大，但水污染造成的健康经济损失估算面临两大技术难点。① 暴露-反应关系的科学依据尚不够充分，水污染与健康暴露反应的研究是一项极具复杂性和挑战性的工作，短期内还难以找到非常科学可靠的暴露反应关系，有待通过案例调查研究进行更深入全面的研究；② 由于从污染的水源到人饮用进入人体的过程复杂，受污染饮用水的暴露人口难以获得，若污染因子采用污染物浓度或污染物浓度综合指数，其对应的暴露人口就更难以获得了。

（2）虽然短期内难以解决水污染与健康暴露反应关系这一世界性难题，但考虑到水污染的主要健康危害对象是农民，2004 年农村自来水的普及率仅为 40%，如果不对这部分危害进行评价，将是污染损失评估的重大缺项，对于农村地区污染防治的政策建议不利。

（3）为了获得水污染对健康影响的粗略估计，考虑到相关数据的可得性，可以确定如下的污染因子与危害终端：

- 污染因子：以取水方式（自来水和非自来水，或湖水、农村河流地表水、井水等）作为水污染评价因子，具体的取水方式，可以根据具体研究对象的情况而定。其主要原因在于：① 根据全国农村饮用水监测网络体系对 2004 年全国农村饮用水的水质监测综合评价结果，农村自来水供水仍然有 30%不符合安全饮用水标准，虽然同时也有小部分非自来水满足安全饮用水标准，但总体来说，可以认为非自来水供水是一种不安全的饮水方式，选取非自来水取水方式作为水污染评价因子是相对保守的；② 非自来水供水人口有年鉴数据支持。虽然农村改水技术中心已经建立了全国农村饮用水监测网络体系，但覆盖人口有限而且由于尚在建设过程中数据质量不理想，而卫生统计年鉴中公布的各省自来水普及率是国家爱委会的长期调查指标，连续性和可靠性较好；③ 有相对可靠的暴露反应关系研究。国内有较多的文献以改水前后、不安全/安全饮用水或自来水/非自来水作为污染因子进行暴露反应关系的研究或效益的评价。
- 危害终端：① 生物性污染物引起的健康损害：肝炎、痢疾、伤寒和霍乱四类介水性传染病；② 化学性污染物引起的健康损害：循环系统和消化系统癌症，主要包括胃癌、肝癌、食道癌、结肠癌、膀胱癌等恶性肿瘤疾病总计。

5.2.3.3 水污染与介水疾病健康的暴露反应关系

为了探索水中污染物与人体健康的关系，国内外学者进行了大量的流行病学调查，调查研究方法主要包括两种：一种是用生态学的方法，分析人群健康指标如癌症的发病率、死亡率和水中污染指标的关系，被称为群体危险性研究；另一种是用病例对照研究和队列研究方法，研究暴露与健康效应的关系，称为个体危险性研究。国内外的众多研究结果显示，水体有机污染对人体比较公认的危害有各种癌症、不良生殖结局、心血管疾病、神经性疾病。

如上节所述，水体中污染物主要包括生物性污染物和化学性污染物，从理论上来说，应该选取肝炎病毒、痢疾杆菌、致癌物质等水体污染物作为水污染因子开展暴露反应关系研究，但国内外相关文献中很少有直接采用肝炎病毒和痢疾杆菌等直接致病病菌作为水污染因子开展研究的，主要原因是直接致病因子一般都不是常规的饮用水或水源水监测指标。

目前，对于水-健康暴露反应关系来讲，不仅国内还处于初级的研究阶段，在国际上也是一项难题，现成的、比较成熟的暴露反应关系几乎没有。

水与健康的关系按主题分可以分为恶性肿瘤、介水传染病、地方病、遗传学损害和其他 5 个方面的内容；从研究方法来看，主要有生态学研究、横断面研究、病例对照研究等方法；从健康效应终点来看，包括各种癌症、传染病、地方病、脑血管病等；从主要结论来看，主要有两方面：一是水质与健康终端相关性结论；二是不同影响因素的 *OR* 值。

我国的饮用水常规监测中仅有细菌总数和大肠菌群两个微生物指标，并没有具体的某种细菌或病毒的指标，并且由于资金和观念的限制，我国很少开展类似国外的志愿者实验，所以我国对于水中某种具体的微生物和相应健康效应的暴露-反应关系研究较少，仅有一些关于水污染与相应健康效应的典型案例报道或一些缺乏依据的主观臆断。我国的一些研究人员对于改水的成本效益开展过一些有益的研究，陶勇等对新疆和田县农村改水效益评价的研究表明，1995 年肝炎、痢疾、伤寒和霍乱 4 种传染病所造成的人均经济损失为 1.67 元；陈新峰等对张家港市改水前后肠道传染病效益的评估结果表明，1993—1998 年因改水少发生肠道传染病病人共 19 634 人，6 年间卫生改水的经济效益总和达 1 098 亿元。

关于恶性肿瘤病因学的研究较多，但探讨较多的是饮食因素，对于饮用水与恶性肿瘤的关系，相对研究较少，目前比较集中的有水污染与胃癌和肝癌的关系。有些医学实验证实硝酸盐氮与胃癌有正相关性，如 John 等对加拿大安大略省的 40 个生态区的胃癌发病率和含有阿特拉津与硝酸盐的饮用水的关系做了研究，发现男性的胃癌年龄标化发病率与饮用水的阿特拉津呈正相关。我国的王志强等人在胃癌高发现场福建省长乐县漳港乡 16 年定群回顾性调查资料表明，饮用河水人群其胃癌死亡率为 124.05/10 万，明显高于井水组 74.85/10 万。

相对危险度为 1.66，($P<0.01$)。王志强等人对福建省 11 个县胃癌高、中低发区地表水、地下水水质资料分析结果表明：高发区

水质有机物污染指标（氨氮、亚硝酸盐氮、氯化物、耗氧量等）及重金属（铅、汞）污染物含量明显高于中低发区。此外，还有许多研究指出中国原发性肝癌的主要危险因素是饮用水污染、乙型肝炎病毒感染和黄曲霉毒素污染。徐厚铨等开展了对南四湖区域人群肝癌危险因素的病例对照研究，研究表明：饮用湖水、作业接触湖水、饮酒和吃鱼为该区肝癌的危险因素，其比值比（*OR*）为 6.55、3.24、1.86 和 2.55；他们于 1992 年又开展对 1989—1991 年南四湖水质污染与肿瘤回顾性定群研究，结果表明，饮用湖水者，胃癌，食道癌和肝癌死亡率均高于饮井水者，其相对危险度分别为 1.56（$P<0.05$）、1.50（$P>0.05$）和 1.63（$P<0.01$）。

5.2.3.4 水污染健康危害的估算模型

（1）饮用水污染带来的恶性肿瘤死亡造成的过早死亡人数的计算

水污染造成的恶性肿瘤过早死亡人数计算模型：

$$P_{ed}=10^{-5}\bullet(f_p-f_t)P_e \tag{5.19}$$

$$f_p=f_t\bullet OR \tag{5.20}$$

$$P_{ed}=10^{-5}[(OR-1)/OR]f_pP_e \tag{5.21}$$

式中：P_{ed}——现状水污染造成的恶性肿瘤过早死亡人数，万人；

f_p——现状水污染条件下恶性肿瘤的死亡率，1/10 万；

f_t——清洁条件下恶性肿瘤的死亡率，1/10 万；

P_e——评价对象人口数量，万人；

OR——饮用水污染引起的恶性肿瘤相对危险比值比。

举例：南四湖调查地区，饮用湖水污染造成的恶性肿瘤过早死亡人数的计算。

山东医科大学卫生系徐厚铨等于 1992 年开展对 1989—1991 年南四湖水质污染与肿瘤回顾性定群研究，研究表明：饮用湖水人数 217 473 人，饮用湖水者胃癌、食道癌和肝癌死亡率均高于饮井水者，分别为 22/10 万、20/10 万和 18/10 万，其相对危险度分别为 1.56（$P<0.05$）、1.50（$P>0.05$）和 1.63（$P<0.01$）。

根据方程式 5.21，由于饮用湖水引起胃癌、食道癌和肝癌超额死亡人数为：

$$P_{ed}=[(1.56-1/1.56)\times22+(1.50-1/1.50)\times20+(1.63-1/1.63)\times18]\times217\,473\times10^{-5}=47$$

从上面的计算可以得到：南四湖调查地区 21.74 万人 1991 年由于饮用受污染的湖水，造成的恶性肿瘤过早死亡人数为 47 人。

（2）农村儿童中过高的腹泻发病率的估算。利用卫生部（MoH）卫生统计信息中心第三次国家卫生服务调查的数据来推算中国农村地区 5 岁以下儿童患腹泻的暴露-反应函数。该调查遍布中国 31 个省市自治区的 95 个县，调查的问题涉及家庭特征、个体因素、传染性疾病以及治疗成本。由于该调查没有包括与受调查水质直接相关的指标，因此，只能保守地认为在调查的各种取水方式中自来水是最安全的饮用水源，虽然自来水并不一定等同于安全、清洁的水源，饮用水质超标的情况也时有发生。但是，考虑到调查中缺乏有关水质的数据，只能用自来水作为安全水源的替代性指标。建立的多元模型对干扰因素有所控制，在分析中考虑了卫生设施的作用，引入了母亲的受教育程度和经济发展水平。然而，为了减少可能存在的疾病群聚效应，研究以农村家庭而不是以个人为基础进行的。

疾病结局　通过计算中国农村地区有 5 岁以下儿童、且有一个以上儿童腹泻病例的家庭占所有 5 岁以下儿童家庭的比例，来估算家庭腹泻发病率。

污染暴露评估　第三次国家卫生服务调查把饮用水源划分为 5 种，见表 5-6。尽管在中国除地表水（直接从河流、湖泊、池塘、运河、沟渠及住宅排水沟汲取的水）外所有水源均被看做是相对安全的，本研究却采取了更保守的方案，即把自来水当作唯一安全的饮用水源。据早期的一项调查估计，Ⅳ类农村地区约有 50%人口的饮用水仍然达不到国家卫生标准①。这意味着其中至少有 30%的人（考虑到地表水占近 20%）的饮用水源（包括手摇泵取水、井水即地下水和收集雨水）是不安全的，因此把自来水划分为唯一安全的饮用水源是最保守的方法。

抽样人口特征描述　经过对原始数据的筛选和加工整理后，对有 5 岁以下儿童的抽样农村家庭的调查数据进行描述性统计分析，发现受调查的一小部分家庭被政府列为贫困家庭，在这些家庭中有

① 由于缺乏地下水的相关资料，这里将评价范围缩小至地表水。

约84%的家庭年收入不足3 000元，其中一半家庭的健康支出超过500元。这些家庭中有 88%的母亲曾经受过某种程度的教育（大多是初等和中等教育水平）。受调查人口中有近五分之一没有安全的卫生条件，露天如厕。

表 5-6　中国农村地区的用水与卫生情况

调查样本数	水源	百分比/%
水（n=7，036）	自来水	33.6
	手摇泵	33.3
	井水	8.2
	收集雨水	3.3
	其他（地表水）	21.7

基于两周患病率调查的腹泻家庭　在过去两周内报告至少有一个 5 岁以下儿童曾患腹泻的家庭被认为是腹泻家庭。调查显示，2.2%的家庭报告在调查前两周内至少有一个儿童患过腹泻，即两周家庭患病率为 2.2%。

暴露-反应函数　研究利用了第三次国家卫生服务调查的资料，建立回归模型，估算没有自来水的家庭相对有自来水的家庭患腹泻的风险。模型把自来水作为暴露变量（比较有自来水和没有自来水的家庭），并且包括以下控制变量（混杂因素）：

- 卫生设施：用二元变量比较有卫生设施的家庭和没有卫生设施的家庭患腹泻的风险。
- 收入：用一个连续变量表示收入每增加一个单位腹泻风险的变化百分比。
- 母亲的教育程度：用序列分类变量比较母亲受不同程度的教育时相对于未受教育的基准组患腹泻的风险。

回归分析表明，有自来水（安全水源的替代性指标）的家庭面临腹泻的风险是没有自来水家庭的 0.66 倍（也就是说没有自来水供应的家庭面临腹泻的风险是有自来水家庭面临风险的 1.52 倍），该数据在 5%水平上具有统计显著性。

农村地区儿童过高腹泻发病病例的数量的估算模型　人群的健康归因危险百分比（AF_p）计算：

$$AF_{\mathrm{p}}=\left[P_{\mathrm{e}}(RR-1)\right]/\left[1+P_{\mathrm{e}}(RR-1)\right] \tag{5.22}$$

式中：AF_p ——人群归因危险百分比；

P_e ——暴露于风险因素的人口比例，根据调查，没有自来水供应家庭的比例为 66.4%，即 P_e＝0.664；

RR ——暴露人群健康结局的相对风险比，RR＝1.52。

$$AF_p = \left[0.664(1.52-1)\right] / \left[1+0.664(1.52-1)\right] = 0.255$$

这说明中国农村地区 5 岁以下的儿童中大约有 26%的腹泻发病病例都是由于缺乏自来水供应而造成的。

2.2%的家庭报告在调查前两周内至少有一个儿童患过腹泻，即两周家庭腹泻流行率为 2.2%。

我国农村地区 5 岁以下的儿童腹泻发病病例的计算：

$$C_{u5}=\alpha \cdot P_{u5}=26 \cdot \alpha_{2w} \cdot P_{u5} \cdot \gamma \tag{5.23}$$

式中：C_{u5}——农村地区 5 岁以下的儿童腹泻发病病例数；

α ——农村地区有 5 岁以下儿童的家庭腹泻年发病率；

α_{2w}——中国农村地区有 5 岁以下儿童的两周家庭腹泻发病率；

P_{u5}——中国农村地区有年龄在 5 岁以下儿童的家庭总数，据调查约为 5 036 万个；

γ ——有 5 岁以下儿童农村家庭拥有 5 岁以下儿童的数量，根据调查为 1.1 个。

根据式 5.23 计算我国每年农村地区 5 岁以下的儿童腹泻发病病例约为 3 129 万个。

（3）我国农村地区因缺乏自来水供应造成的 5 岁以下的儿童腹泻发病病例的计算

$$C_{pu5} = AF_p \cdot C_{u5} \tag{5.24}$$

式中：C_{pu5}——我国农村因缺乏自来水供应造成的 5 岁以下的儿童腹泻发病病例数。

根据计算，我国农村因缺乏自来水供应造成的每年 5 岁以下儿童腹泻发病病例总数大约为 800 万个。

5.2.3.5 水污染健康危害估算的不确定性

影响水污染健康危害估算的不确定性主要有以下两个方面：

（1）暴露反应关系的不确定性。

- 模型本身：计算水污染对健康造成的损失首先要建立两者之间的暴露反应关系，它是计算健康损失价值量的基础，但是，暴露反应关系的建立需要有科学合理的方法来引导，同时结合详尽的调查数据来支撑，才能够得到一个较为合理的结果。目前进行的研究，从方法来讲还不够严谨，还需要不断的完善和修改。
- 地域差异：由于任何一个关于暴露反应关系的研究，都是针对具体的案例而进行的，如一个具体的区域、某一受体、某一种污染物等。可以说，每个研究都是在一定的具体条件下得出其结果的。我国人多地广，各地区在人口素质、生活方式等方面存在较大的差异，所以在某一地区建立的暴露反应关系有一定的适用范围，并不一定适合其他地区，如何调整各地区之间的差异，也需要进一步的论证。
- 影响因素：水中的污染物有很多，包括无机、有机及生物性污染物等，不同的污染物对人体健康的影响差异巨大，指标选取少了，不能完全反映出污染物与健康之间的关系；指标选取过多，又会造成计算的不便，如何在暴露反应关系中选取准确合适的指标，还需要不断地验证。同时，不仅不同的污染物对人体健康的影响差异巨大，其他一些混杂因素，如性别、生活习惯、居住环境、工作环境、受教育水平等对人体健康的影响也给研究增加了难度。

因此，在暴露反应关系的研究中，应根据实际情况，采用特定的方法来控制这些相关因素对人体健康的影响，在实际应用中，根据所能得到的具体数据来选用合适的暴露反应关系。

（2）污染因子和污染暴露的不确定性。由于水污染的复杂性和目前我国水环境质量监测布点多集中在城市河流和大江大河处，饮水不安全多的农村地区缺乏水质监测，连饮用水水源类型的统计也不健全。结果造成了两个方面的不确定性：

- 污染因子：水污染健康的暴露因子多选用水质类型，这是十分粗略的分类，同一类型水源的水质也有较大差异，这样必然带来不确定性；
- 污染暴露因子：暴露人口统计饮用不同水源的水人口统计不健全又使暴露人口数量带来不确定性。

5.3 物质生产力损失评估

资源和环境关系到我国经济和社会的发展。实现全面建设小康社会的奋斗目标，需要良好的生态环境和充足的自然资源作保证。从生产函数的角度来看，人力生产要素与投资、自然资源和科技进步一起作为生产函数的四大生产要素。生产函数的表达式为：

$$\mathrm{GDP}=f_{\mathrm{p}}\left(S \cdot R \cdot N \cdot I\right)$$

式中：S——科技进步要素；

R——人力资源要素；

N——自然环境资源要素；

I——投资要素。

其中，自然环境资源包括水资源、土地资源和环境质量等。大气污染造成农作物的减产、水污染造成农作物的质量下降和减产、酸雨加快材料的腐蚀、水污染加剧了我国水资源短缺的局势、城市垃圾和工业固体废物的堆存占用的原本已十分紧缺的土地资源等环境污染问题严重地破坏了生产力，已成为制约我国经济发展的重要因素。

5.3.1 大气污染造成的农作物经济损失评估

1858年，英国伦敦化学家Robert Angus Simith首先观察到酸雨的危害，1872年Smith首次应用酸雨这个术语。1970年代初，瑞典政府给联合国人类环境提交了一份报告《跨国界的大气污染》，首先提出酸雨对生态的危害，引起了各国的关注。1982年6月在瑞典斯德哥尔摩举行国际环境会议，公认酸雨为当前全球性的重要环境污染问题。我国 SO_2 排放量占世界第一，是一个酸雨污染比较严重的国家，我国南方酸雨区是世界三大酸雨区之一。酸雨和 SO_2 污染对农作物的危害十分严重。

5.3.1.1 影响农业生产的空气污染因子与危害终端

环境质量是农作物生产的重要生产要素，环境质量的恶化将导致农作物产量的减少，农作物产量减少的经济价值可以用市场价值法来计量，以此作为环境质量恶化造成的农作物经济损失。

据有关报道，空气中的污染物，如酸雨、SO_2、O_3、VOCs和 NO_2 等都会对农作物的生长产生影响。在欧洲和美国进行的几项研究中，建立了酸沉降和臭氧对农业系统所造成危害之间的关系。臭氧被认为是对农作物伤害最大的空气污染物，但如前所述，由于缺乏系统的监测数据，本书没有包含臭氧造成的损失。此外，针对 VOCs 和

NO_2 与农作物减产之间的暴露-反应关系开展的研究也很少。因此，本书仅将酸雨和 SO_2 作为空气污染和农作物减产的标志污染物。

酸雨和 SO_2 对农作物的伤害分为急性和慢性伤害两种。在酸雨或 SO_2 与农作物接触，叶片在短时间内出现的可见伤害，称为急性伤害，这种伤害一般在污染物浓度较高的情况下出现。当农作物长期与低浓度的降雨或低浓度的 SO_2 接触时，出现叶绿素或色素变化，破坏细胞的正常活动，导致细胞死亡，以可见伤害症状或叶片过早脱落等形式表现，称为慢性伤害。

此外，虽然中国某些地区的土壤酸化问题已相当严重，但考虑到酸沉降的间接作用机理还不清楚，目前暂没有包括酸沉降引起的土壤间接伤害损失。

酸雨和 SO_2 污染对农作物的终端危害主要是：相对于清洁对照区，污染区各种农作物产量的减产百分数。

5.3.1.2 大气污染引起农作物减产经济损失的计算模型

$$C_{ac}=\sum_{i=1}^{n}a_iP_iS_iQ_{0i}/100 \tag{5.25}$$

$$a_i=f(X_1,X_2) \tag{5.26}$$

式中：C_{ac}—— 大气污染引起农作物减产的经济损失，万元；

P_i—— 农作物 i 的市场价格，元/kg；

S_i——农作物 i 的种植面积，万 hm^2（1 亩＝1/15 hm^2）；

Q_{0i}——对照清洁区农作物 i 的单位面积产量，kg/hm^2；

a_i——大气污染引起农作物 i 减产的百分数（暴露反应关系），%；

i——农作物种类；

X_1——大气 SO_2 质量浓度，mg/m^3；

X_2——酸雨的 pH 值。

其中，农作物价格、农作物种植面积、农作物的单位面积产量依据农业统计；农作物种类根据需要和数据支持确定；酸雨的 pH 值和大气 SO_2 质量浓度依据环境监测数据；暴露反应关系 a_i（大气污染引起农作物 i 减产的百分数）依据科学实验与调查获得。

5.3.1.3 暴露反应关系

近 20 年来，国内外就酸雨和 SO_2 污染对农作物的直接影响进行了大量的模拟研究。我国在“六五”到“八五”期间将酸雨列入国家重点科研课题，开展了 SO_2、酸雨污染对农作物产量的影响的盆栽实验，研究了酸雨对农作物影响的暴露反应关系。“八五”期间开展的盆栽实验酸雨模拟是以我国酸雨较为严重的浙江地区天然降雨的离子构成、降雨总量和降水频率为依据。降水平均离子质量浓度为：SO_4^{2-} 112.3、NO_3^- 13.5、NH_4^+ 68.2、Ca^{2+} 59.9、Mg^{2+} 7.6，pH 值用 SO_4^{2-} 和 NO_3^- 含量的质量比为 SO_4^{2-}∶NO_3^-＝8.32∶1 的混合酸调节。模拟研究对各种农作物以其整个生育期的降雨量处理，采用人工降雨器，每次降水持续时间平均 11～14 min，供试作物有油菜、菜豆、胡萝卜、白菜、大豆、棉花、小麦、水稻、大麦等。模拟酸雨量与上述农作物生育期接受的自然降雨量相一致。

通过盆栽实验结果，可以转化出不同 SO_2 质量浓度和 pH 值的减产率，得到 SO_2 质量浓度和 pH 值对农作物减产的剂量反应关系见表 5-7，用于计算酸雨和 SO_2 污染对农作物减产影响。

表 5-7　SO_2 和酸雨单独和复合污染对农作物产量影响的剂量反应关系

农作物	减产百分数/%		
	SO_2 污染/（mg/m^3）	酸雨污染/pH 值	SO_2 和酸雨复合污染
水稻	$10.96X_1$		$2.92+17.93X_1-0.182X_2$
小麦	$26.91X_1$	$27.59-4.93X_2$	$24.61+30.17X_1-4.3949X_2$
大麦	$35.83X_1$	$24.13-4.31X_2$	$24.90+45.08X_1-4.4466X_2$
棉花	$25.16X_1$	$22.67-4.05X_2$	$29.06+28.31X_1-5.1886X_2$
大豆	$28.78X_1$	$15.32-2.73X_2$	$26.32+31.91X_1-4.7X_2$
油菜	$50.80X_1$	$47.39-8.46X_2$	$34.57+43.92X_1-6.1724X_2$
胡萝卜	$53.96X_1$	$49.63-8.86X_2$	$29.16+41.71X_1-5.2064X_2$
番茄	$37.40X_1$	$22.52-4.02X_2$	$16.64+36.52X_1-2.9711X_2$
菜豆	$68.99X_1$	$79.90-14.27X_2$	$42.40+75.74X_1-7.5712X_2$
蔬菜	$53.45X_1$	$48.1-9.05X_2$	$29.4+51.32X_1-5.25X_2$

注：① X_1 为 SO_2 质量浓度，X_2 为酸雨的 pH 值；② 当 SO_2 质量浓度或 pH 值超过阈值时，分别使用上表中左、中列中的关系式；当 SO_2 质量浓度和 pH 值同时超过其阈值时，使用右列中的关系式；③ 蔬菜的剂量反应关系根据胡萝卜、番茄、菜豆 3 种蔬菜的剂量反应关系推导得出。

根据剂量反应关系对酸雨区 SO_2 质量浓度和 pH 值的关系式适用范围：当 SO_2 质量浓度≥0.04 mg/m^3 且 pH≤5.0 时，农作物处于酸雨和 SO_2 复合污染之下；当 SO_2 质量浓度≥0.04 mg/m^3 且 pH＞5.0 时，属于 SO_2 单一污染；当 SO_2 质量浓度＜0.04 mg/m^3 且 pH≤5.0 时，农作物损失来源于酸雨单一污染。

5.3.2 水污染造成农作物经济损失评估

水污染对农作物的危害主要表现为污灌对农作物的危害。我国水资源短缺问题比较严重，特别是北方地区，污水灌溉比较普遍。在我国水资源严重短缺的条件下，科学地应用污水进行农田灌溉不失为一种合理的选择，一方面可以解决缺水问题，另外还可以利用污水中的肥分，有一定增产效果。但是在应用污水灌溉时必须严格控制污水的水质，必须满足农灌标准，实行科学的灌溉方式，否则将带来严重的后果，不仅造成农作物的污染和减产，而且重金属的积累还将污染土壤。

本书称为污灌区的不包括污水经处理达到《农田灌溉水质标准》的污水，而是特指利用城市下水道污水、工业污水、排污河污水或因污染致使鱼虾基本绝迹的地表水等超过《农田灌溉水质标准》（GB 5084—1992）的污水灌溉并灌溉规模超过 20 hm^2 的灌区。为了掌握我国污灌区的详细情况，曾进行过两次污灌区调查。第一次是 1976—1982 年，第二次是 1996—1999 年。第二次污灌区调查是由全国污灌区面积普查和典型污灌区水质状况—土壤污染状况—农作物品质状况抽样调查两部分构成。

5.3.2.1 污灌的污染因子

确定污灌的污染因子通常的做法是用污水综合污染指数或者用加权的综合污染指数作为水污染的农作物损失的污染因子。但是，由于污灌区调查对水质的取样是在特定时间内的取样，污灌水质的数据不具有代表性，又没有常规监测数据，因此不能利用这些通用指标。

根据我国第二次污灌调查，目前污灌采用两种灌溉方式，即清污混灌（CSCI）和纯污灌（PSI）。所谓清污混灌是指用污水与地表水的混合水实施的灌溉，纯污灌是指用纯污水实施的灌溉。一般来讲，纯污灌水质较差，对农作物危害较大；清污混灌水质变化较大，清水有稀释污染物的作用，因而危害小于纯污灌。本书分别计算这两种灌溉方式对农作物的污染危害。

5.3.2.2 污灌的终端危害

污灌对农业生产的影响主要表现在两个方面：数量与质量方面的影响。数量方面的影响表现为水污染导致的农作物产量下降；质量方面的影响表现为两方面：① 污水中的重金属及有毒有害的化学物质导致农作物中污染物超标，不能食用；② 农产品中蛋白质、氨基酸、维生素等营养物质含量降低，提高了水稻的出糙率、碎米率，降低了小麦的出粉率和面筋含量，使蔬菜产生异味，提高了硝酸盐和亚硝酸盐含量。因此，水污染的农作物损失的终端危害为污灌造成的农作物减产百分数和因质量不合格引起的损失百分数。

5.3.2.3 污灌造成农作物损失的计算模型

污灌造成农作物损失的计算模型：

$$
\begin{aligned}
L &= \sum_{i=1}^{i}[a_{1i}P_iS_iQ_i + (1-a_{1i})a_{2i}\beta_{2i}P_iS_iQ_i + (1-a_{1i})a_{3i}\beta_{3i}P_iS_iQ_i]/100 \\
&= \sum_{i=1}^{i}P_iS_iQ_i[a_{1i} + (1-a_{1i})(a_{2i}\beta_{2i} + a_{3i}\beta_{3i})]/100
\end{aligned}
\tag{5.27}
$$

式中：L——污灌造成的农作物减产经济损失，10^4 元；

P_i——农作物 i 的市场价格，元/kg；

S_i——农作物 i 的种植面积，k/hm²；

Q_i——对照点农作物 i 的单位面积产量，kg/hm²；

a_{1i}——污灌造成农作物 i 减产的百分数，%；

a_{2i}——污灌造成农作物 i 污染物超标的百分数，%；

a_{3i}——污灌造成农作物 i 品质下降的百分数，%；

β_{2i}——污灌造成农作物 i 污染物超标的价值损失系数，通过不同质量农作物的销售价格计算获得；

β_{3i}——污灌造成农作物 i 品质下降的价值损失系数，通过不同质量农作物的销售价格计算获得。

5.3.2.4 计算模型中的暴露反应系数和有关参数的确定

由于缺乏环境监测数据和田间试验数据的支持，水污染的作物损失暴露反应关系是依据污灌区调查数据和有限的田间试验数据建立的。

（1）a_{1i}、a_{2i} 和 a_{3i} 的确定。

➢ a_{1i} 的确定：污灌引起作物减产的主要依据是仅有的田间试验，并根据田间试验结果对数据进行保守的调整。第一次《全国主要污水灌区农业环境质量调查》资料表明，清污混灌一般不引起作物减产，还有明显的增产效果，1 hm² 增产粮食在 450 ~ 750 kg 之间。主要是由于污水中含有一定量的作物生长发育所需要的 N、P、K、Cu、Zn 等营养元素。平均含量 N 素为 15.2 mg/L，P_2O_5 2.8 mg/L，K_2O 2.4 mg/L。纯污灌可引起作物减产，白瑛等人的田间试验表明，用凉水河、通惠河和万泉河的污水进行小麦田间试验，15 例试验结果中有 11 例减产，减产幅度在 8.0% ~ 17.1%。在有 20

多年污灌历史的通惠河高碑店段和凉水河亦庄段进行污灌和清灌小区对比试验，污灌小麦和水稻较清灌小麦和水稻的减产幅度达一成。污土污灌与清土污灌进行了比较，小麦和水稻分别减产 40.6%和 39.0%。说明用劣质污水进行灌溉可造成作物减产。

污灌影响水稻幼苗的发根率和幼苗发育，影响小麦的越冬和冬前分蘖数，小麦冬前的株高、根数、叶面积和干物质含量均较低。污灌还明显影响小麦每株的绿叶面积，故对小麦的光合作用不利。污灌对小麦水稻产量的影响主要是影响单位面积穗数、穗粒数和千粒重。考虑到清污混灌中清水可以清除污水的不利影响，一般不会引起作物明显减产。

- a_{2i} 的确定：污灌对农产品最大的影响和经济损失在于污水中的有毒有害物质在农作物可食部分中的积累，使数量可观的农产品变为劣质产品，甚至成废弃产量。第二次全国污灌区的环境质量调查表明，污灌区的主要污染物仍为重金属，如 Hg、Cd、Pb、Cu、Cr、As 等。小麦中的主要超标污染物是 Pb、Cu、Hg、F、Cd，水稻的主要超标污染物是 Pb、F、Hg、Cd，玉米的主要超标污染物是 Pb、Cd、Hg、As，蔬菜中的主要超标污染物是 Cd、Pb、Hg、As、F。4 种作物污染物的产量超标率列于表 5-8。田间试验表明，污灌区蔬菜中 NO_3^- 和 NO_2^- 的含量明显超出清水灌区。

表 5-8　第二次污灌调查中各种作物的污染物超标的产量比例

作物种类	污灌类型	调查总产量/t	超标产量/t	产量超标率/%	标准差/%
小麦	混灌	305 466	52 218	17	44.66
	纯污灌	291 540	84 603	29	40.15
玉米	混灌	789 766	128 608	16	16.05
	纯污灌	242 912	43 608	18	50.17
水稻	混灌	187 480	79 442	42	37.59
	纯污灌	182 267	92 321	51	30.83
蔬菜	混灌	188 723	22 838	12	48.00
	纯污灌	160 580	42 755	27	49.88

表 5-8 表明，混灌区和纯污灌区小麦的超标率分别为 17%和 29%，水稻的超标率分别为 42%和 51%，玉米的超标率分别为 16%和 18%，蔬菜的超标率分别为 12%和 27%。可以

看出，无论是清污混灌还是纯污灌，农产品的污染都相当严重。小麦、玉米、水稻和蔬菜纯污灌的超标率均大于相应的清污混灌的超标率。污灌不仅造成巨大的农业经济损失，对人体健康也会造成十分严重的潜在危害。一些污灌区这方面的危害已经显现出来。值得说明的是，我们在计算农业经济损失时仅计算对减产、超标和品质下降所造成的直接经济损失。而对生态破坏和人体健康等所造成的损失未包括在内。

➢ a_{3i} 的确定：田间试验和调查均表明，污灌提高水稻的粗糙率和碎米率，降低净谷率，并使大米产生异味。污灌使小麦中的面筋含量降低，出粉率下降，引起小麦蛋白质含量降低。

污水中悬浮物（SS）对土壤中的空气空隙度（SA）有明显的影响，降低小麦根系的活性和呼吸强度，使小麦中的粗蛋白质含量降低。水稻系沼生植物，其根部的氧气不仅从土壤空气中获得，而更重要的是通过水稻体内导气组织将空气从叶片经茎干扩散到根部，因而污灌不仅不会影响到稻谷中粗蛋白质含量，还会使其含量增加。污灌使蔬菜中维生素 C 的含量下降，硝酸盐含量明显增加，使蔬菜的品质下降。

综合考虑污灌对农作物产量和品质的影响，建立了如下的计量反应关系，见表 5-9。

表 5-9　污灌对农作物减产和降低品质的暴露反应关系

作物种类	污灌类型	作物减产幅度 a_{1i}/%	污染物超标农产品占百分数 a_{2i}/%	品质下降农产品占百分数 a_{3i}/%	主要污染物
小麦	清污混灌	0	17	0	Cd，Hg，Pb，Cu，As，Zn，F
	纯污灌	10	29	10	
玉米	清污混灌	0	16	0	Cd，Hg，Cu，Pb，As
	纯污灌	10	18	10	
水稻	清污混灌	0	42	0	Cd，Hg，Pb，Cu，Cr，As，F
	纯污灌	20	51	5	
蔬菜	清污混灌	0	12	5	Cd，Hg，Pb，Cr，Cu，F，NO_3^-
	纯污灌	15	27	15	

由于水污染对农作物的危害影响因素颇多，且缺乏系统的研究，以上暴露反应关系仅根据少量研究和第二次全国污

灌调查的数据，只是将污灌水质分为纯污灌和清污混灌两类，缺乏农作物损害程度对应的水质关系，因而有较大的不确定性。

（2）β_{2i}和β_{3i}的确定。

- β_{2i}的确定：β_{2i}为农作物污染物超标的价值损失系数。当小麦、玉米、水稻和蔬菜中的污染物超标，就不能食用，但粮食作物可以作为工业原材料，其β_{2i}值定为 0.5，而蔬菜只能作为废品，其β_{2i}值为 1。
- β_{3i}的确定：β_{3i}为农作物品质降低的价值损失系数。农产品的品质下降导致产品中的有效成分含量减少，由其加工成的食品营养价值变小，口感变差。从价值上看，只是部分的减少，因此将小麦、玉米和水稻的β_{3i}定为 0.2，蔬菜的β_{3i}定为 0.3。

（3）污灌区作物的种植面积（S）和单位面积产量（Q）的确定。污灌区作物的种植面积（S）最好用统计或调查数据，缺乏统计或调查数据时采用推算数据。单位面积产量（Q）用估算地区的统计平均数据。

5.3.3 酸雨和二氧化硫污染造成的材料经济损失评估

5.3.3.1 污染因子与危害终端

（1）污染因子和危害阈值。暴露在户外大气中的各种材料受到自然和大气污染两类因素的影响。自然因素如日光、风雨、气温等因素对材料造成的破坏是不可避免的。这部分损失值通常称为背景值。大气污染因素如酸雨和 SO_2 等污染进一步加剧了材料的损坏。本书界定在大气 SO_2 和酸雨两种污染因素对材料造成的经济损失。

魏复盛和王文兴的研究表明：① 当 $5.6<pH<7$ 时，雨水表现出非常弱的酸性，对生态环境没有危害，对材料有轻微影响；② 当 $5.0<pH<5.6$ 时，雨水表现出弱酸性，对生态环境没有危害，对材料有影响；③ 当 $4.5<pH<5.0$ 时，雨水为酸性，对材料有破坏作用，对生态环境没有急性危害，但对生态脆弱地区有长期影响；④ 当 $4.0<pH<4.5$ 时，雨水表现出强酸性，对生态环境有长期潜在危害，对材料有较严重的破坏作用；⑤ 当 $pH<4.0$ 时，雨水表现极强酸性，会对生态环境造成直接和间接伤害，严重破坏材料。

根据国家 SO_2 标准和以上酸雨与材料破坏作用之间的研究，建议

SO_2 和酸雨的材料损害阈值分别取：$[pH]_0=5.6$，即$[H^+]_0=10^{-5.6}$mol/L；$[SO_2]_0=0.015$ mg/m^3。

（2）危害终端。污染对建筑物和材料的损害包括退色、保护涂层脱落、刻纹细节的损失和结构缺陷，影响材料的使用寿命，其损失计算的终端危害为：污染条件下材料寿命的减少年数。

5.3.3.2 计算程序和计算模型

材料经济损失计算的程序见图 5-7。根据国家“七五”科技攻关酸雨课题的研究，图中清洁对照区的污染物环境为 SO_2 质量浓度＝0，雨水 pH＝5.6。计算清洁对照区的维修或更换周期是因为除了 SO_2 和酸雨之外其他因素也对材料腐蚀有贡献。

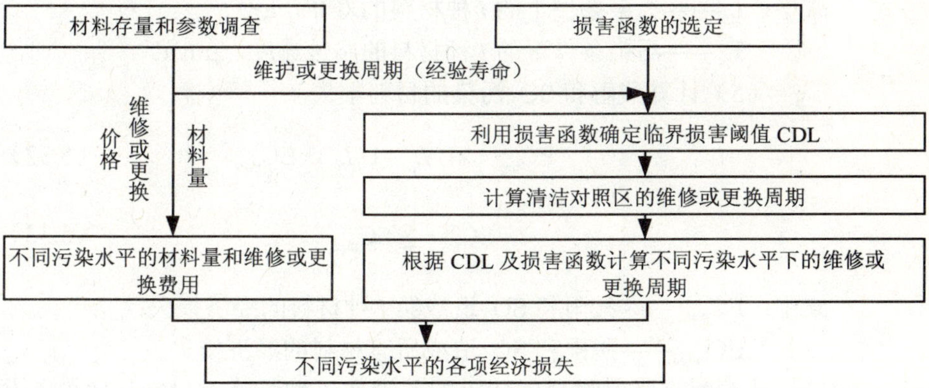

图 5-7　材料经济损失的计算程序

（1）计算一次维修或更换的总费用。首先通过调查，获得材料统计清单，得到各种材料的总存量及其分布，维修频率或更换频率及其费用。通过计算可以得到各种材料一次维修的或更换的单价。单价乘以存量得到总费用。计算公式：

$$\mathrm{EC}_{\mathrm{m}0i} = d_i \cdot S_i \tag{5.28}$$

式中：$\mathrm{EC}_{\mathrm{m}0i}$——$i$ 种材料一次维修或更换的费用，万元；

d_i——材料 i 一次维修或更换的单价，元/m^2；

S_i——材料 i 的存量，万 m^2。

（2）计算材料的临界损伤阈值

$$\mathrm{CDL}_i = Y_{\mathrm{pa}i} \cdot L_{\mathrm{pa}i} \tag{5.29}$$

式中：CDL_i——i 种材料的临界损伤阈值，μm；

Y_{pa}——材料调查条件下的腐蚀速度，μm/a，从剂量反应关系中获得；

L_{pa}——材料调查获得的材料经验寿命，a。

（3）计算对照清洁区的材料寿命

$$L_{0i} = CDL_i / Y_{0i} \tag{5.30}$$

式中：L_{0i}——对照清洁区 i 种材料的寿命，a；

Y_{0i}——对照清洁区 i 种材料的腐蚀速度，μm/a。

（4）计算污染条件下的材料寿命

$$L_{pi} = CDL_i / Y_{pi} \tag{5.31}$$

式中：L_{pi}——污染条件下的 i 种材料的寿命，a；

Y_{pi}——污染条件下的 i 种材料的腐蚀速度，μm/a。

（5）计算酸雨和 SO_2 污染的材料损失

$$EC_{mpi} = (1/L_{pi} - 1/L_{0i}) \times EC_{m0i} \tag{5.32}$$

$$EC_m = \sum_i EC_{mpi} \tag{5.33}$$

式中：EC_{mpi} ——酸雨和 SO_2 造成第 i 种材料的经济损失；

EC_m ——酸雨和 SO_2 造成所有材料的经济损失。

计算酸沉降对材料的危害的关键在于酸沉降对材料损害的剂量反应关系和材料存量及其维修或更换费用和周期的调查。

5.3.3.3 暴露反应关系

欧洲和美国对酸沉降对材料危害的暴露反应关系进行了大量研究，我国在“七五”、“八五”也开展了国家酸雨重点科学研究课题。在“七五”国家酸雨重点科学研究课题，进行了酸雨对各种材料腐蚀的挂片室内模拟实验和现场暴露实验。酸沉降对材料的危害与气候因素密切相关，考虑到国家“七五”酸雨重点科学研究课题是中国实地实验和调查的结果，更符合中国的实际情况，本书主要采用该课题提供的剂量反应关系，但是由于这项课题研究仅限于中国南方酸雨区，而且材料种类不全，因此，还同时参考 ECON 报告（ECON，2000）基于欧洲研究推荐的剂量反应关系，提出本研究使用的暴露反应函数，如表 5-10 所示。

5.3.3.4 暴露材料存量和其他系数

（1）暴露材料存量系数。材料存量是计算酸雨和 SO_2 污染造成材料经济损失的不可或缺的重要信息。虽然，1980 年代我国酸雨科技攻关课题在两广地区做过有关材料存量参数的调查，但是 20 多年来，我国城市建设发展很快，存量参数发生了明显变化。目前我们可以参考的近期的调查有 1990 年代广州、2003 年济南和 2004 年山西太原市的材料存量调查数据。

表 5-10 建筑物暴露材料损失计算的剂量反应关系

序号	材料	腐蚀速度 Y /（μm/a）
1	水泥	如果$[SO_2]$< 15 μg/m³，40～50 μm/a
2	砖	如果$[SO_2]$< 15 μg/m³，65～70 μm/a
3	铝	$Y=0.14+0.98[SO_2]+0.04\times10^4[H^+]$
4	油漆木材	$Y=5.61+2.84[SO_2]+0.74\times10^4[H^+]$
5	大理石/花岗岩	$Y=14.53+23.81[SO_2]+3.80\times10^4[H^+]$
6	陶瓷和马赛克	如果$[SO_2]$＜15 μg/m³；65～70 μm/a
7	水磨石/水泥	如果$[SO_2]$＜15 μg/m³，40～50 μm/a
8	油漆灰	$Y=5.61+2.84[SO_2]+0.74\times10^4[H^+]$
9	瓦	如果$[SO_2]$＜15 μg/m³，40～45 μm/a
10	镀锌钢	$Y=0.43+4.47[SO_2]+0.95\times10^4[H^+]$
11	涂漆钢	$Y=5.61+2.84[SO_2]+0.74\times10^4[H^+]$
12	涂漆钢防护网	$Y=5.61+2.84[SO_2]+0.74\times10^4[H^+]$
13	镀锌防护网	$Y=0.43+4.47[SO_2]+0.95\times10^4[H^+]$

计算材料存量 S_i 时有两种方法，一种是利用单位建筑面积的材料暴露量，如式 5.34 所示，另一种是利用人均建筑物材料暴露量，如式 5.35 所示。

$$S_i = \lambda_i \times M \qquad (5.34)$$

$$S_i = K_i \times P \qquad (5.35)$$

式中：λ_i——单位建筑面积中材料 i 所占比例，%；

K_i——材料 i 的人均占有量，m²/人；

M——总建筑面积，万 m²；

P——人口。

从济南材料调查的结果来看，利用单位建筑面积的材料暴露量计算材料存量得到的结果精确度更高。但由于现有的统计资料缺乏城市建筑面积的数据，而城市人口的统计数据容易获取，因此，在最终计算时，采用了后一种方法，即以人均建筑物暴露材料量乘以城市人口来计算城市建筑物暴露材料存量。广州市、太原市和济南市是近期开展过建筑物暴露材料调查的 3 个城市，从调查结果来看，人均暴露材料量广州最高，达到 227 m^2/人，而太原和济南比较接近，分别为 108 m^2/人和 93 m^2/人，反映出广州的发展水平明显高于太原和济南。在计算时，东部发达地区采用广州的调查数据，其他欠发达地区采用济南的调查数据，具体取值见表 5-11。

表 5-11 计算采用的人均占有建筑暴露材料存量 单位：m^2/人

材料	东部	其他
1.水泥	7.25	18.34
2.砖	18.51	10.83
3.铝	10.03	3.20
4.油漆木材	1.24	0.56
5.大理石/花岗岩	9.14	0.47
6.陶瓷和马赛克	40.97	7.76
7.水磨石	22.51	15.17
8.涂料/油漆灰	4.61	18.26
9.瓦	2.36	3.28
10.镀锌钢	0.29	0.00
11.涂漆钢	6.69	0.28
12.涂漆钢防护网	13.82	13.82
13.镀锌防护网	9.21	9.21

（2）建筑物暴露材料的临界损伤阈值。在酸雨课题的研究中，调查了各种材料的使用寿命，通过相应的剂量反应关系计算得到了一系列材料的临界损伤阈值，见表 5-12，供参考。

表 5-12 建筑物暴露材料的临界损伤阈值

材料	材料的临界损伤阈值（CDL）/μm
水泥	—
砖	—
铝	10.0
油漆木材	13
大理石/花岗岩	160
陶瓷和马赛克	—
水磨石/水泥	—
涂料/油漆灰	13
瓦	—
镀锌钢	7.3
涂漆钢	13
涂漆钢防护网	13
镀锌防护网	7.3

5.3.4 大气污染造成的清洁成本评估

5.3.4.1 污染因子与危害终端

（1）污染因子。大气污染的一个直接表象是空气变脏，导致与之直接或间接接触的建筑物、生产设备和人们衣物、身体等的脏污速度加快，进而导致所需清洁人力、物力和清洁频率的增加，从而使得大气污染引起的清洁和劳务费用增加。

大气污染涉及的污染物很多，如 SO_2、CO_2、NO_x 等均可包括在内，但与清洁问题相关的大气污染物则主要是各种颗粒物，即常说的“尘”。在核算大气污染造成的清洁成本增加时，用降尘量，即每月每平方公里面积上降落尘埃的吨数来判断大气的清洁度比较合适。目前我国尚没有统一的降尘分级标准，同时，降尘也不是常规监测项目，本指南结合《环境空气质量标准》（GB 3095—1996）和目前的环境状况，以 PM_{10} 和 TSP 为污染因子提出核算大气污染引起清洁费用增加的城市大气清洁度的级别，具体对应关系如表 5-13 所示。

表 5-13　清洁对照城市、轻污染城市与重污染城市的划分

大气清洁度	TSP 质量浓度年均值/（mg/m^3）	PM_{10} 质量浓度年均值/（mg/m^3）	降尘量/[t/（km^2·月）]	区域性质定位
优	0～0.08	＜0.04	0～6	清洁城市
良	0.08～0.20	0.04～0.1	6～12	较清洁
轻度污染	0.20～0.3	0.1～0.15	12～20	轻污染城市
重污染	＞0.3	＞0.15	＞20	重污染城市

（2）危害终端。大气中各种颗粒物浓度的升高对人们日常生活产生的影响主要表现为个人卫生、衣物清洗、居室卫生、生产和作业设备（如各种车辆）、道路清扫以及建筑物（主要指其外立面）等额外增加的清洁费用，大气污染引起的生活清洁成本终端即为个人、家庭以及社会因污染引起的清洁费用支出和劳务支出的增加。

当核算该项额外支出时，即找到污染物增加所引起的个人以及社会清洁费用和劳务支出增加，需要建立污染物浓度与清洁劳务费用之间的剂量-反应关系。

由于常规统计数据无法将上述危害终端的相关清洁和劳务费用分离出来，不能为污染物浓度与清洁劳务费用之间的剂量-反应关系

的建立提供必要的基础数据，只能通过调查获得因大气污染导致的清洁劳务费用增加。

5.3.4.2 家庭清洁费用增加的核算

大气污染引起的家庭清洁增加费用是指随着大气中污染物浓度的升高，将会加快人们日常生活（如个人卫生、衣物清洗、居室卫生及洗车等）的脏污速度，导致清洁所需的人力、物力和频率的增加，从而造成家庭清洁费用的增加。本指南主要解决计算全国及不同城市地区大气污染引起的家庭清洁增加费用时，所需要的技术参数、计算模型等问题。从费用支出内容看，家庭清洁费用主要包括居室清洁费用、个人清洁费用和衣物清洁费用等，部分家庭还将涉及私家车的清洁费用。

（1）家庭基准清洁增加费用估算。本节分别针对因污染增加的水费、电费、洗涤剂费以及社会服务费给出了核算模型，其中，相关技术参数根据专项调查获得，仅供参考使用。

1）城市家庭家用洗衣机电费估算

$$C_1 = R_m \cdot (365/f_m) \cdot N_m \cdot (P_m/1\,000) \cdot (T_m/60) \cdot P_e \cdot H \quad (5.36)$$

式中：C_1——城市家庭家用洗衣机电费，万元；

R_m——洗衣机平均使用比例，%；

f_m——平均每户洗衣机洗衣频率，d/（次 · 台）；

N_m——平均每户的洗衣机台数，台/户；

P_m——洗衣机平均功率，kW/h；

T_m——洗衣机平均洗衣时间，min/次；

P_e——电价，元/（kW · h）；

H——城市家庭户数，万户。

其中，洗衣机平均使用比例、洗衣频率、洗衣机台数、洗衣机功率和平均洗衣时间等参数通过调查获得，电价根据当地实际情况确定，城市家庭户数来源于中国城市建设统计年鉴。

2）城市家庭清洗用水水费估算

$$C_2 = (E_w \cdot 12) \cdot R_c \cdot H \quad (5.37)$$

式中：C_2——城市家庭清洗用水水费，万元；

E_w——平均每户每月水费，元/（月 · 户）；

R_c——平均每户清洗用水占生活用水量的比例，根据北京市的专项调查，该比例为0.67。

其中，平均每户每月水费通过调查获得，其他符号意义同上。

3）城市家庭洗涤剂费用估算

$$C_3 = E_c \cdot 12 \cdot H \quad (5.38)$$

式中：C_3——城市家庭洗涤剂费用，万元；

E_c——平均每户每月洗涤费用，元/（月·户）。

每月洗涤费用通过调查获得，其他符号意义同上。

4）家庭的社会服务费用估算：家庭社会服务费用包括衣物送洗衣店清洗、雇人上门清洁服务、在外洗浴以及洗车费用等，下面分别介绍其估算方法。

在外洗衣费用（C_{4l}，万元）

$$C_{4l} = R_l \cdot (365/f_l) \cdot E_l \cdot H \quad (5.39)$$

式中：C_{4l}——洗衣店洗衣费用，万元；

R_l——洗衣店洗衣比例，%；

f_l——洗衣店洗衣频率，d/次；

E_l——每户平均洗衣店费用，元/（次·户）。

其中，洗衣店洗衣比例、洗衣店洗衣频率、洗衣店费用通过调查获得，城市总户数根据中国城市建设统计年鉴获得。

请人打扫费用（C_{4s}，万元）

$$C_{4s} = R_s \cdot (E_s \cdot 12) \cdot H \quad (5.40)$$

式中：C_{4s}——请人打扫费用，万元；

R_s——城市家庭请人打扫家庭占家庭总数的比例，%；

E_s——平均每月请人打扫卫生费用，元/（月·户）。

其中，每月请人打扫卫生的家庭比例、每月请人打扫卫生费用通过调查获得，其他符号意义同上。

在外洗浴费用（C_{4b}，万元）

$$C_{4b} = R_b \cdot (365/f_b) \cdot E_b \cdot P \quad (5.41)$$

式中：C_{4b}——在外洗浴费用，万元；

R_b——在外洗浴比例，%；

f_b——在外洗浴频率，d/次；

E_b——在外洗浴费用，元/（次·人）；

P——总人口，万人。

其中，在外洗浴比例、在外洗浴频率和在外洗浴费用通过调查获得，城市总人口采用与大气污染健康损失计算相同的数据。

洗车费用（C_{4v}，万元）

$$C_{4v} = R_v \cdot R_{vo} \cdot (E_v \cdot 12) \cdot H \quad (5.42)$$

式中：C_{4v}——在外洗车费用，万元；

R_v——有车家庭比例，%；

R_{vo}——在外洗车比例，%；

E_v——在外洗车费用，元/（月·户）。

其中，有车家庭比例、在外洗车比例、在外洗车费用通过调查获得，其他符号意义同上。

5）家庭清洁增加费用合计：根据上述计算公式，分别计算各调查城市清洁用水费、电费、洗涤剂费以及社会服务费，将各部分累加求和，即为各城市家庭用清洁劳务费用。这里需要注意的是，家庭成员的劳务费用没有计算在内。

（2）家庭清洁劳务增加费用估算。家庭清洁劳务费用除了与城市的清洁程度有关外，主要与城市经济发展水平有关。通过对试点地方调查数据进行相关分析，发现平均每户清洁劳务费用与城市人均 GDP 呈显著正相关（$P<0.01$），因此，在推算全国各城市的平均家庭清洁费用时，将平均每户清洁劳务费用与人均 GDP 的比值乘以 100 定义为清洁费用系数α，见表 5-14。调查同时发现，在经济发展水平中等、以下以及人口规模小于 500 万的城市中，α值与城市空气清洁水平呈正相关关系，即越脏的城市α值越大；在经济发展水平高以及人口大于 500 万的城市中，α值与城市空气质量没有相关关系。α值的选用说明如下：

- α_0：α_0是经济水平中等及以下城市中清洁对照区的基准清洁费用系数，根据调查数据，α_0取值为 0.876。
- α_1~α_3：分别为经济水平中等及以下城市中较清洁、轻污染以及重污染城市的清洁费用系数。
- α_4：对于城市人均 GDP 超过 25 000 元以及人口超过 500 万的大城市，取调查城市的均值 0.971。

大气污染城市由于污染造成的家庭清洁劳务增加费用根据式 5.43 计算：

$$C_h = H \cdot \mathrm{GDP}_{pc} \cdot (\alpha - \alpha_0) \qquad (5.43)$$

式中：C_h ——家庭清洁劳务费用的增加，万元；

H ——城市总户数，万户；

GDP_{pc} ——城市人均 GDP，万元/人；

α ——清洁费用系数。

其中，城市人均 GDP 采用与大气污染健康损失计算相同的数据，其他符号意义同上。

表 5-14 不同城市地区的清洁费用系数

城市人均 GDP	α	大气质量状况	清洁费用系数
人均 GDP＜25 000	α_0	清洁城市	0.876
	α_1	较清洁城市	1.275
	α_2	轻污染城市	1.656
	α_3	重污染城市	1.543
人均 GDP＞25 000（或人口＞500 万）	α_4		0.971

5.3.4.3 社会清洁费用和劳务成本

大气污染也会导致长年暴露于室外的各种基础设施和室外作业设备设施的脏污，包括道路、建筑和车辆等。本节分别针对因污染增加的公交车辆、出租车辆、道路和建筑清洁费用给出了核算模型，其中列出的相关技术参数根据专项调查获得，仅供参考使用。

（1）公交车辆清洁费用增加的估算

$$C_b = \Delta C_b \cdot Q_b \tag{5.44}$$

式中：C_b ——污染城市公交车辆增加的总清洁费用，万元；

ΔC_b ——污染城市平均每台车增加的清洁和劳务费用，元/(台 • a)；

Q_b ——污染城市公交车辆标准运营车数，万标台。

其中，公交车辆标准运营车数来源于中国城市建设统计年报，污染城市每辆车平均增加的清洁和劳务费用为通过调查获得的基准清洁费用和不同污染程度城市的清洁费用增加系数的乘积。根据调查结果分析，公交车的清洁劳务费用主要与城市的经济发展水平和污染程度有关，首先，根据对北京、天津、淮南、黄山、佛山、潮州、韶关、广州、抚顺、盘锦、沈阳、海口、三亚和沧州 14 个被调查城市的 18 家公交公司的有效样本数据整理，得到了不同经济发展水平城市公交车辆的基准清洁和劳务费用，即按人均 GDP 将城市分为发达、较发达、欠发达和落后 4 类，分别确定基准清洁费用，具体见表 5-15；然后，根据城市的 PM_{10} 或 TSP 质量浓度以及表 5-13 中的城市大气污染划分等级，确定城市的大气污染等级，并根据表 5-14 中的清洁费用增加系数，计算污染城市每辆车的平均增加清洁和劳务费用ΔC_p根据计算，即ΔC_p＝公交车基准清洁费用×公交车清洁费用增加系数。其中，不同污染程度城市的清洁费用增加系数根据公交车、出租车、街道和建筑物外立面清洁费用调查结果综合分析获得。

表 5-15　公交车基准清洁费用与清洁费用增加系数

基准清洁费用			清洁费用增加系数		
城市经济水平分级	城市人均GDP/元	基准清洁费用/[元/（台·a）]	城市污染水平分级	PM_{10}质量浓度年均值/（mg/m^3）	清洁费用增加系数
发达	＞35 000	1 600	清洁城市	＜0.04	0.00
较发达	35 000～25 000	1 300	较清洁	0.04～0.1	0.10
欠发达	25 000～15 000	1 000	轻污染城市	0.1～0.15	0.25
落后	＜15 000	700	重污染城市	＞0.15	0.45

（2）出租车辆清洁费用增加的估算

$$C_t = \Delta C_t \cdot Q_t \tag{5.45}$$

式中：C_t ——污染城市出租车辆增加的总清洁费用，万元；

ΔC_t ——污染城市平均每辆出租车增加的清洁和劳务费用，元/（辆·a）；

ΔC_t ——出租车基准清洁费用×出租车清洁费用增加系数×出租车清洗次数；

Q_t ——污染城市出租车辆标准运营车数，万辆。

其中，出租车标准运营车数来源于中国城市建设统计年报，污染城市每辆出租车平均增加的清洁和劳务费用通过调查获得。根据调查，出租车辆的清洁劳务费用主要与城市的经济发展水平和污染程度有关，出租车的年均清洗次数与城市人口有关。根据对北京、天津、邯郸、沧州、秦皇岛、抚顺、沈阳、黄山、佛山、海口和三亚 11 个城市 2 373 个有效样本点数据的整理分析，得到了不同经济水平城市的出租车基准清洁劳务费用以及不同城市规模的出租车清洗次数，见表 5-16，其中，基准清洁费用按司机自己洗、请人或洗车店清洗的比例以及自己和请人洗的洗车费用加权获得。不同污染程度城市的出租车清洁费用增加系数同公交车。

表 5-16　出租车基准清洁费用与清洁费用增加系数

出租车基准清洁费用			清洁费用增加系数			清洗次数	
城市经济水平分级	城市人均GDP/元	基准清洁费用/[元/（辆·次）]	城市污染水平分级	PM_{10}质量浓度年均值/（mg/m^3）	清洁费用增加系数	城市人口/万人	清洗次数
发达	>35 000	5.2	清洁城市	<0.04	0.00	>260	120
较发达	35 000～25 000	4.9	较清洁	0.04～0.1	0.10		
欠发达	25 000～15 000	4.6	轻污染城市	0.1～0.15	0.25	<260	90
落后	<15 000	4.3	重污染城市	>0.15	0.45		

（3）道路清扫费用增加的估算

$$C_s = \Delta C_s \cdot L_s \tag{5.46}$$

式中：C_s ——污染城市道路增加的总清洁费用，万元；

ΔC_s ——污染城市单位道路面积平均增加的清洁和劳务费用，元/m^2；

L_s ——城市道路总面积，万 m^2。

其中，城市道路总面积来源于中国城市建设统计年报，污染城市单位道路面积平均增加的清洁和劳务费用通过调查获得。根据调查，城市道路的清洁劳务费用主要与城市的经济发展水平和污染程度有关。根据对北京、天津、邯郸、秦皇岛、抚顺、沈阳、淮南、黄山、佛山、潮州、惠州、韶关和广州 13 个城市 130 个有效样本点数据的整理分析，得到了不同经济水平城市的道路基准清洁费用，见表 5-17，不同大气污染水平城市的道路清洁费用增加系数同公交车。

（4）建筑清洁费用增加的估算

$$C_c = \sum_{i=1}^{n} \Delta C_{ci} \cdot S_i \tag{5.47}$$

式中：C_c——污染城市建筑物暴露面积增加的总清洁费用，万元；

ΔC_{ci}——污染城市 i 种材料的单位建筑物暴露面积平均增加的清洁费用，元/m^2；

S_i——i 种建筑材料的暴露面积，万 m^2；

n——建筑材料种类，共包括玻璃、水泥、砖、铝、塑钢、油漆木材、大理石/花岗岩、陶瓷和马赛克、水磨石以及涂料/油漆灰 10 种建筑材料。

其中，建筑物暴露面积计算方法与 5.3.3 节大气污染建筑材料损失评价中建筑物暴露面积的计算方法基本相同，建筑物暴露面积主要与城市规模和经济发展水平有关，在原国家环保总局与国家统计局联合开展的试点省市绿色国民经济核算与环境污染损失调查工作中，在广州、韶关和重庆针对建筑物材料存量开展了专项调查，结合原有调查数据对建成区建筑暴露材料存量进行了修正。同时，由于调查样本有限，调查只得到了全国平均的单位建筑物暴露面积的基准清洁费用，因此，与公交车、出租车以及道路清洁基准费用按城市人均 GDP 分级给定基准清洁费用不同，建筑物外立面基准清洁费用主要根据各地区的个人用品及服务消费价格指数对全国平均单位建筑物暴露面积的基准清洁费用进行调整。不同大气污染水平城市的建筑物外立面清洁费用增加系数同上。

表 5-17　城市道路基准清洁费用与清洁费用增加系数

基准清洁费用			清洁费用增加系数		
城市经济水平分级	城市人均GDP/元	基准清洁费用/（元/m²）	城市污染水平分级	PM_{10}质量浓度年均值/（mg/m³）	清洁费用增加系数
发达	＞35 000	2.8	清洁城市	＜0.04	0.00
较发达	35 000～25 000	2.3	较清洁	0.04～0.1	0.10
欠发达	25 000～15 000	1.8	轻污染城市	0.1～0.15	0.25
落后	＜15 000	1.3	重污染城市	＞0.15	0.45

5.3.5 污染型缺水造成的经济损失评估

5.3.5.1 污染型缺水的概念

我国的缺水可归纳为 3 种类型，即资源型缺水、设施型缺水和污染型（也称水质型）缺水，但这 3 种类型缺水不是同一层次的问题。水资源是第一层次，没有水资源，就谈不上供水设施不足和水污染的问题；设施不足和水污染是在水资源不缺乏情况下的第二层次问题。

资源型缺水是指当地水资源总量不能适应当地人民生活、经济发展和生态环境保护的需要。设施型缺水是指在水资源合理开发利用程度的范围内因已建水源工程和供水管网不配套或设施功能的作用得不到充分发挥而造成的缺水。污染型缺水，又称水质型缺水，是指在当地拥有水资源，并且其开发利用程度小于合理开发利用程度的情况下，由于水污染使水资源无法利用而造成的缺水。

目前我国的缺水情况很复杂，某地区的缺水可能是其中一种原因造成的，但大多数情况下往往是两种、甚至三种原因综合作用的结果。

5.3.5.2 污染型缺水经济损失的计算模型

环境污染对水资源造成的经济损失的终端危害为污染型缺水量。评估污染型缺水造成的经济损失需要 3 个参数：缺水的程度、污染造成的缺水量，水资源的影子价格，污染型缺水量和水资源的影子价格相乘即为粗略估算的污染型缺水造成的经济损失。计算模型如下：

$$EC_p = Q_{Lp} \cdot P_s \tag{5.48}$$

式中：EC_p——污染型缺水造成的经济损失；

Q_{Lp}——污染型缺水量；

P_s——水资源的影子价格。

$$Q_{Li} = Q_{Ri} - Q_{si} \tag{5.49}$$

式中：Q_{Li}——i 地区的理论缺水量，万 m^3；

Q_{Ri}——i 地区的需水量，万 m^3，由地方水利部门提供，或利用 5.3.5.3 节的计算方法获得；

Q_{si}——i 地区的实际供水量，万 m^3，由地方水利部门提供，注意这里的供水量不包括超采的地下水供水量。

5.3.5.3 模型参数的确定

（1）需水量的确定。

$$Q_{Ri} = \frac{365WI_i \cdot P_i}{100c_i} \tag{5.50}$$

式中：WI_i——地区单位人口最高综合用水量指标，万 m^3/（万人/d）；

P_i——地区规划应供水人口，万人；

c_i——用水日变化系数，见表 5-19。

➢ 人均最高综合用水量 WI_i：WI_i 是一个反映人均最高综合用水量的标化指标，这里“综合”是指各种用途的用水量，如起居生活、工业生产、公共服务、市政工程和绿化等都包括进来。以《室外供水设计准则》（GBJ 13—1986）为基准，根据现状供水配额，同时综合考虑当地经济和社会发展规划、水资源状况和供水工程建设状况，确定最终的人均最高综合用水量。《城市给水工程规划规范》（GB 50282—1998）（以下简称《规范》）考虑了上述因素确定的单位人口最高综合用水量指标见表 5-18。

表 5-18　城市单位人口最高综合用水量指标

单位：万 m^3/（万人/d）

	特大城市	大城市	中等城市	小城市
一区	0.8～1.2	0.7～1.1	0.6～1.0	0.4～0.8
二区	0.6～1.0	0.5～0.8	0.35～0.7	0.3～0.6
三区	0.5～0.8	0.4～0.7	0.3～0.6	0.25～0.5

注：① 特大城市指市区和近郊区非农业人口 100 万及以上的城市；大城市指市区和近郊区非农业人口 50 万及以上不满 100 万的城市；中等城市指市区和近郊区非农业人口 20 万及以上不满 50 万的城市；小城市指市区和近郊区非农业人口不满 20 万的城市；

② 一区包括：贵州、四川、湖北、湖南、江西、浙江、福建、广东、广西、海南、上海、云南、江苏、安徽、重庆；二区包括：黑龙江、吉林、辽宁、北京、天津、河北、山西、河南、山东、宁夏、陕西、内蒙古河套以东和甘肃黄河以东的地区；三区包括：新疆、青海、西藏、内蒙古河套以西和甘肃黄河以西的地区；

③ 经济特区及其他有特殊情况的城市，应根据实际用水情况，用水指标可酌情增减（下同）；

④ 用水人口为城市总体规划确定的规划人口数（下同）；

⑤ 本表指标为规划期最高日用水量指标（下同）；

⑥ 本表指标已包括管网漏失水量。

➢ 用水日变化系数 c_i：引入日用水变化系数 c_i 的主要目的是反映某一地区的用水量变化情况。《规范》中对该系数有明确的规定，如表 5-19 所示。

表 5-19　日用水变化系数

特大城市	大型城市	中型城市	小型城市
1.1～1.3	1.2～1.4	1.3～1.5	1.4～1.8

（2）水资源开发利用率的确定。水资源作为一种可再生的战略性资源，有其不同于其他可再生资源的特殊性。因为水资源除作为生产要素之外，其本身又是人类赖以生存的基础自然资源，是生态环境的控制性要素之一。

判定某地区是否属于设施型或污染型缺水，就要看本地区的可利用水资源是否已达到其合理的开发利用极限，如果还有开发潜力但已经缺水，就可以认为缺水是由于设施缺乏或污染造成的。

国内外的实践经验表明，当一个流域的水资源开发利用率超过 40%时，就会出现水资源短缺及水体自净能力下降、水质变坏、河口自然生态环境恶化等一系列问题。而且由于水资源年际变化的影响，实际用水量也很难再有提高。结合我国的自然、地理特点以及经济发展和开发利用现状，可把全国大致分为五类地区，见表 5-20。第一类地区包括东北黑龙江和吉林两省（区内主要有黑龙江、鸭绿江等国际界河和松花江）以及西北伊犁河、额尔齐斯河等出境河流域，即新疆西北部地区，水资源利用率最低，为 5.5%；第二类地区为长江、珠江、东南沿海诸河，水资源利用率为 16.9%；第三类地区为西南诸河片（同时包括雅鲁藏布江、怒江、澜沧江、红河等国际界河或出境河流域）等流域，统称为西南区，供水量仅占水资源量的 8%；第四类地区包括黄河、淮河、海河及辽河等流域，统称为北方区，水资源利用率已达到 80%～90%；第五类地区主要为西北内陆河地区，简称为内陆区，水资源利用率达 49.2%。

表 5-20　各地区水资源开发利用率及合理开发极限

类别	地　区	水资源开发利用率/%	
		现状	合理开发极限
第一类	东北黑龙江和吉林两省（区内主要有黑龙江、鸭绿江等国际界河和松花江）以及西北伊犁河、额尔齐斯河等出境河流域，即新疆西北部地区	5.5	20
第二类	长江、珠江、东南沿海诸河	16.9	20
第三类	西南诸河片（同时包括雅鲁藏布江、怒江、澜沧江、红河等国际界河或出境河流域）等流域	8	20
第四类	黄河、淮河、海河及辽河等流域	80～90	80
第五类	西北内陆河地区	49.2	50

（3）缺水量的确定。理论上来说，一个地区的缺水量为需水量与实际供水量之间的差值。但在我国，为了满足工农业发展的需要，超采地下水的情况比较普遍，特别是在北方缺水地区。这样就出现理论上的缺水量小于实际地下水超采量的情况，因此，在确定缺水量时，首先，利用式 5.49 计算理论缺水量（Q_L），如果理论缺水量小于地下水超采量（Q_{ow}），则地下水超采量就是缺水量，否则，计算得到的理论缺水量为缺水量。

（4）污染型缺水量的确定原则。确定了缺水量后，另一个需要确定的参数就是污染型缺水量占总缺水量的比例，这是评价污染型缺水造成经济损失的一个难点。为了简化问题，这里不考虑设施型缺水的问题。下面介绍确定污染型缺水量（Q_{Lw}）的逻辑步骤：

对于南方地区，由于水资源量非常丰富，不应该出现缺水，如果出现缺水情况，则可以认为所有的缺水量都为污染型缺水量；

对于北方地区，情况比较复杂，必须区分污染型缺水和资源型缺水。

第一，对于水资源开发利用率大于 40%的流域，如果可提供水资源量<缺水量，即无水可供，污染型缺水量＝可提供水资源量×超标水量比例（α）；反之，如果可提供水资源量＞缺水量，即有水可供，污染型缺水量＝缺水量×超标水量比例。

对于水资源开发利用率下于 40%的流域，全部缺水量都计为污染型缺水量，原因在于本来有水资源可以开发，但仍然缺水，那么缺水就是由于污染造成的。

第二，对于水资源开发利用率大于 40%的北方地区，需要确定可提供水资源量。可提供水资源量（Q_a）的确定分两种情况：① 如果可开发水资源量（Q_e）＜已供水量，说明除了被污染的水外已经无水可用，Q_a＝地表水资源量×地表水水质超标比例－不满足水源水水质要求的供水量；② 如果可开发水资源量（Q_e）＞已供水量，Q_a＝可开发水资源量（Q_e）－已供水量（Q_s）＋地表水资源量×地表水水质超标比例－不满足水源水水质要求的供水量。

第三，确定可开发水资源量。可开发水资源量（Q_e）＝水资源总量×合理的水资源开发利用率。关于水资源开发利用率的讨论见下节。

最后需要确定的是超标水量比例。目前大多采用河长的水质超标比例来对某地区或流域的综合水质进行评价，难以获得水量的水质超标比例，因此这里以超标河长比例取代超标水量比例进行评价。评价上限取满足生活用水 3 级标准的河长比例，下限取满足工业用水 4 级标准的河长比例。

5.3.6 固体废物堆存造成的占地经济损失评估

对环境的污染主要表现为对和土壤的污染以及占用土地，固体废物对大气和水体的污染损失已经包括在前面叙述的大气和水环境污染的经济损失之中，对土壤的污染损失目前还没有涉及，因此固体废物的污染损失在此仅考虑固体废物堆存造成的占地经济损失。

5.3.6.1 土地资源的特征

土地在国民经济中是一种特殊的投入物，国民经济的发展和人民生活离不开土地。从土地经济学的角度分析，土地具有以下特征：

（1）土地资源的不可移动性。土地资源是不可移动的，是固定在它所在的地域而不能变更的，从而决定了土地市场的竞争是区位性质的竞争，即土地的可替代品只能是相邻土地之间的竞争，而不可能是全部土地的竞争。土地的不可移动性决定了土地价格的地域性，不同地区土地的影子价格不同，有些地区土地的影子价格相差很多。例如 2000 年城市住宅土地的影子价格，天津市接近 6 000 元/m^2，而湖北通山县仅为 200 元/ m^2。

（2）土地资源的稀缺性。土地资源的稀缺性表现在土地不可再生，其总量是不能增加的，特别是对我们这种一个人口众多、人均耕地稀少的国家，更是如此。然而，由于我国经济的快速发展和人口不断增加，对土地资源的需求却在不断增加，土地供需矛盾十分尖锐，因而我国执行世界上最为严格的耕地总量控制政策。

5.3.6.2 **占地当年损失计算方法**

当土地被固体废物堆存就失去了土地做其他使用的机会，固体废物堆存造成的经济损失就是占用面积与其影子价格的乘积，计算公式为：

$$L_{当年}=\sum_{i=1}^{n}E_i\bullet S_i \qquad (5.51)$$

式中：$L_{当年}$ ——固体废物占地当年造成的经济损失，万元；

E_i ——第 i 种土地类型的影子价格，万元/hm^2；

S_i ——当年固体废物贮存、排放占用第 i 种土地类型的面积，hm^2；

i ——占用土地的种类，如耕地、园地、林地等。

固体废物占用土地具有长期性，因此其带来的损失需要考虑长期效应。在此，假定土地被占用后就永远丧失了其作为生产作物使用功能的机会。计算时假设未来每年的经济损失不变，仅考虑价值贴现，则占地总损失计算方法为：

$$L_{总}=L_{当年}+\frac{L_{当年}}{1+\gamma}+\frac{L_{当年}}{(1+\gamma)^2}+\cdots+\frac{L_{当年}}{(1+\gamma)^{\infty}}$$

式中：$L_{总}$——固体废物占地损失的长期累积现值，万元；

γ ——贴现率。

设 $\alpha=\dfrac{1}{1+\gamma}$，则

$$L_{总}=L_{当年}+\alpha L_{当年}+\alpha^2 L_{当年}+\cdots+\alpha^{\infty}L_{当年}$$

根据等比级数求和公式：

$$L_{总} = \frac{L_{当年}}{1-\alpha} = \frac{1}{1-\alpha} \cdot \sum_{i=1}^{n}(E_i \cdot S_i)$$

我国 1993 年颁布的建设项目经济评估参数，社会贴现率为 10%。根据最新出版的《建设项目经济评价参数研究》中推荐的建设项目经济评估参数，将贴现率γ从 10%改为 8%。则固体废物占地造成的损失长期累积现值为：

$$L_{总} = 13.5 \cdot \sum_{i=1}^{n} E_i \cdot S_i \quad (5.52)$$

5.3.6.3 土地的影子价格

根据资源的影子价格定义，土地的影子价格严格地讲应该是，土地被使用时能够得到最优利用时的边际收益价值。但是，因为土地的不可移动性特征，目前国际上的流行做法是，将土地的机会成本就视为土地的影子价格，即农业用地的影子价格（单位面积的净收益）等于土地现实的不同用途中，能够取得最大收益用途的土地净收益，农用土地影子价格的测算思路如下：

根据农业不同用途的土地的产量以及相应产品的价格，测算不同地区农业不同用途的土地的产值。在土地作为耕地使用时，计算年产量要考虑各地的耕作制度，中国的耕作制度有间种、混种、复种和套种等。因此，按耕地面积计算单位面积的年产量时，需要考虑复种指数。

- 复种指数＝（某作物同一年内播种总面积－绿肥作物播种面积）/某作物占用耕地总面积。

  某作物单位面积年产量＝某作物单位播种面积产量×复种指数。
- 根据投入物的数量及其价格，测算不同地区农业不同用途土地的投入。
- 不同用途的土地单位面积净收益等于单位面积的总收益减去单位面积的总成本，根据产值和投入物的成本测算农业不同用途的土地的净效益与机会成本。
- 从不同用途的土地的净效益与机会成本中，选择最大者就是该农用土地的影子价格。

第6章 绿色核算制度

绿色国民经济核算从概念的提出到现今，已有较长时间，但实施起来比较困难。其中的原因除了绿色国民经济核算技术与方法的复杂性之外，就是与绿色国民经济核算的相关制度安排还不完善。具体表现在：一是现行的资源环境统计制度还不完善；二是开展绿色国民经济核算的工作制度还未真正建立；三是绿色国民经济核算的法规标准制度还是一片空白；四是企业环境会计制度还未形成，无法为宏观的绿色核算提供基础。本章主要对上述绿色国民经济核算的四项制度基础进行论述，并提出完善各项制度的建议。

6.1 环境统计制度

环境统计的意义在于通过各种资源、环境的统计资料和数据，为有关方面和社会公众提供相关信息，从而把握资源、环境的基本状况。绿色国民经济核算的基础数据主要来源于环境统计，环境统计制度是实施绿色国民经济核算的基础。然而，现行的环境统计数据无论在质量上还是统计范围上都不能满足绿色国民经济核算的需要，应进一步完善。

6.1.1 环境统计在国外的发展现状

随着可持续发展思想的广泛传播、深入以及环境问题的日益严峻，环境统计在世界各国越来越受到重视。目前，在国际统计活动和交流中，也越来越占据重要的位置。1973 年 3 月，联合国统计署和欧洲经济委员会首次在日内瓦举行了关于环境统计的国际会议。在这次会议上，第一次提出了编制国际环境统计资料的建议。会议决定根据现有资料着手编制《环境统计手册》，提出为建立较为完善的环境统计资料系统，应优先开展与污染有关的统计工作，并就环境统计工作的开展情况进行国际的交流。联合国统计署还提出了有关环境统计领域的国际工作计划草案，并决定把工作重点放在与环境统计资料的需要和可得性有关的方法准则的制定方面。1981 年联合国统计署和环境规划署联合制订了第一份国际性纲要草案，并在若干国家进行了环境统计资料编制纲要的应用试点。

从当前世界各国环境统计的发展看，发达国家环境统计建立比较早。他们对环境统计进行了比较深入的研究，建立了较为完善的环境统计指标体系、统计方法、调查方法以及数据质量控制体系，并注重环境统计工作的法规制度建立和信息发布。比如，欧盟各国在环境统计指标体系、数据收集和测算方法、信息上报和发布、履行公约和法律法规方面都大体遵循被国际或欧盟承认的、统一的协议和技术规范。所有欧盟国家的环境信息均按规定格式定期上报至欧盟环保署。经过两年（3 个阶段）的不断改进，建立了环境统计的统一“核心指标体系”，由最初的 400 个指标形成了目前的 37 个核心指标。同时，欧盟在环境统计体系的各个方面几乎都有相应的技术方法指南，从而保证环境统计数据的科学性和一致性，并具有完善的环境监测、调查和信息发布制度。挪威在环境统计方面，已建立起了包括能源、鱼类、森林、大气污染物排放、水污染物排放、废旧物品再生利用、环境保护支出等项目的详尽统计制度，并采用重点调查和总量估算的统计方法，其中污染控制局负责核实重点污染源，统计局负责核算总量。这些重污染源的环境监测和污染物排放计算是企业按照国家制定的监测规范和统计方法自行开展。意大利的环境统计分类较为广阔，包括了农业环境、林业环境、能源环境、交通环境、旅游环境、工业环境、大气污染、生物圈、水环境、固体废物、辐射环境、噪声、自然生态、环保产业、环境监管机构、环境宣传与文化、环境健康等领域的指标与信息。这些环境统计数据的发布，既包括了质量和数量方面的状态指标，也包括了影响与反应方面的分析指标或指数，给决策者提供的信息较为全面。德国也十分重视环境统计工作，值得借鉴的做法是计算并发布环境综合指数（DUX）。

然而，大多数发展中国家，由于经济发展水平和国民生活质量与发达国家差距较大，因而对环境问题的重视程度不够，在环境统计方面研究投入不足，许多发展中国家在国家环境统计资料的编制方面几乎空白。进入 1990 年代以后，联合国有关组织及一些发达国家开始关注发展中国家的环境和环境统计问题，并提供资金、技术援助和经验，帮助发展中国家开展环境统计与自然资源的核算工作，并取得了一些积极的成果。如，近几年来，德国、挪威、美国、加拿大等发达国家支持中国开展资源环境统计和核算工作，对中国环境统计制度的完善和资源环境经济的核算起到了重要促进作用。

6.1.2 中国环境统计的基本情况

中国的环境统计制度以及统计信息发布制度从 1980 年代初建立到现在，已有 20 多年的历史。作为一个发展中国家，我国的环境统计起步较晚，环境统计基础比较薄弱，但是经过 20 多年来的不懈努力，目前已取得了较大的进展。1980 年代初，国务院环境保护领导小组办公室和国家统计局联合建立了环境保护统计制度。从 1980 年代最初仅发布简单的几页环境统计数字，到 1980 年代后期开始编制《中国环境年鉴》并于每年的世界环境日公布年《中国环境状况公报》，以及 1990 年代开始出版内容不断丰富充实的《中国环境年鉴》、《中国环境统计年报》和《中国资源环境统计年鉴》等，直至现在可以发布重点城市的空气质量日报和总体环境质量月报，我国的环境统计与信息发布制度一直处在持续变革与逐步完善的过程当中。特别是近年来，随着环境监测制度和监测能力水平的不断提高，环境统计无论从统计质量还是从指标数量来看，进步都非常显著。此外，国务院各有关部门，如农业部、国土资源部、水利部、国家林业局等也都相继建立了自然环境统计制度。

总结 1990 年代以来的环境统计体系，大体可以分为 3 个阶段，1991—1995 年为第一阶段，1996—2000 年为第二阶段，2001 年至今为第三阶段。其中，1995 年以前，即第一阶段，按工业行业和地区分类统计汇总的指标有差别。以废水排放统计指标为例，按地区汇总的指标比较详细，具体包括：废水排放量、废水处理量、处理回用量、处理排放达标量、污染物去除量、污染物排放量，而按工业行业汇总的指标则比较粗，仅有废水排放量、排放达标量、污染物排放量等指标。表 6-1 列出了上述 3 个阶段按工业行业分类的“三废”主要统计指标。

综观我国环境统计指标体系的改革变动，总体上是朝着不断全面、详细和完整的方向发展的。统计范围从第一阶段只统计县及县以上工业企业的排污治污情况到第二阶段将排污大户乡镇企业也涵盖进来，第三阶段将工业行业分类从 19 大类重点排污行业调整为与国民经济统计体系相一致的 39 类工业行业，以及将氨氮等重要污染物纳入统计指标，都是重大的进步。

表 6-1 不同阶段按工业行业分类的三废主要统计指标与统计口径

统计项目与口径		第一阶段（1991—1995 年）	第二阶段（1996—2000 年）	第三阶段（2001 年至今）
实物量指标	废水	废水排放量（其中：排放达标量、入江河湖库量、入海量、入污水处理厂量）、污染物排放量	废水排放量（其中：排放达标量、入海量）、废水处理量、处理回用量、处理排放达标量、污染物去除量、污染物排放量	废水排放量（其中：排放达标量、入海量）、污染物去除量①、污染物排放量
	废气	废气排放总量、燃料燃烧排放量（其中：消烟除尘量）、生产工艺过程废气排放量(其中：净化处理量)、SO_2排放量（其中：工艺过程排放量）、SO_2去除量（其中：工艺过程去除量）、烟尘排放量和去除量、粉尘排放量和回收量	废气排放总量、燃料燃烧排放量（其中：消烟除尘量）、生产工艺过程废气排放量（其中：净化处理量）、SO_2排放量（其中：工艺过程和燃烧过程排放量）、SO_2去除量（其中：工艺过程和燃烧过程去除量）、烟尘排放量和去除量、粉尘排放量和去除量	废气排放总量（其中：燃料燃烧和生产工艺排放量）、SO_2排放量（其中：工艺过程和燃烧过程排放量）、SO_2去除量（其中：工艺过程和燃烧过程去除量）、烟尘排放量和去除量、粉尘排放量和去除量
	固废	产生量、综合利用量、贮存量、处置量（其中：处置往年堆存量）、排放量、占地面积（其中：占耕地面积）	产生量、综合利用量、贮存量（其中危险废物贮存量）、处置量（其中：危险废物处置量）、排放量（其中：危险废物处置量）、占地面积	产生量、综合利用量、贮存量（其中危险废物贮存量）、处置量（其中：危险废物处置量）、排放量（其中：危险废物处置量）
污染物种类	废水	汞、镉、六价铬、铅、砷、挥发酚、氰化物、石油类、硫化物、COD、悬浮物	汞、镉、六价铬、铅、砷、挥发酚、氰化物、石油类、硫化物、COD、悬浮物	汞、镉、六价铬、铅、砷、挥发酚、氰化物、石油类、COD、氨氮
	废气	SO_2、烟尘、粉尘	SO_2、烟尘、粉尘	SO_2、烟尘、粉尘
	固废	冶炼废渣、粉煤灰、矿渣、煤矸石、化工废渣、尾矿、放射性废渣	危险废物、冶炼废渣、粉煤灰、炉渣、煤矸石、尾矿、放射性废渣、其他废物	危险废物、冶炼废渣、粉煤灰、炉渣、煤矸石、尾矿、放射性废物、其他废物
治理成本	污染治理当年投资②	无	建设项目“三同时”治理投资	无
	运行费用	无	有	有
燃料（原料煤）消耗量		耗煤量	燃料煤消费量、原料煤消费量、燃料油消费量	燃料煤消费量、原料煤消费量、燃料油消费量
“三废”综合利用		“三废”综合利用产值和利润	“三废”综合利用产值	“三废”综合利用产值
统计范围		县及县以上工业企业	县及县以上工业企业，乡镇企业③	县及县以上工业企业，乡镇企业
行业分类		19 个重点污染行业（此外，还包括：水泥制造和火力发电）	19 个重点污染行业（此外，还包括：水泥制造和火力发电）	和国家行业分类标准相一致的 39 个行业（此外，还包括：水泥制造和火力发电）

注：① 废水中污染物去除量只有氰化物、石油类、COD、氨氮、挥发酚 5 类污染物的去除量，没有汞、镉、六价铬、铅、砷等有毒有害物质的去除量，10 种污染物的排放量都有；

② 2002 年以前，只统计老工业污染源的当年污染治理投资，在统计年报中只汇总按地区分类的当年完成的治理废水、废气、废渣、噪声和其他的投资数据，没有按工业行业统计汇总该项数据；

③ 实际是从 1997 年开始包括乡镇企业的数据。

但有些问题在历次改革中都未引起足够的重视，如各工业行业当年用于污染治理的直接投资在统计中始终都是空白；有些指标体系的设立不进反退，如第三阶段废水实物量指标中连废水处理量这一重要的衡量废水处理能力的指标都没有，可以说是一个很大的倒退。因此，下面着重就当前环境统计工作中存在的主要问题进行分析，进而对改革环境统计指标体系、完善环境统计制度提出相应的意见与建议。

6.1.3 现有环境统计存在的问题

随着我国可持续发展战略的逐步推进和经济发展方式的转变，社会各界对环境统计信息的需求越来越多，并且要求越来越高。但是由于我国环境统计工作起步晚，基础弱，目前还存在较多问题。

6.1.3.1 环境统计制度较为落后

我国环境统计目前还是以政府部门的统计为主，带有比较明显的传统经济的色彩。在统计制度、统计内容、统计方法、统计指标和数据质量控制方面，不适应当前形势任务的需要，突出表现在：基层数据填报制度不完善，数据审核制度有待提高。

我国目前环境统计数据的收集，主要是通过现行的环境统计报表制度，采用布置环境统计报表的方式进行，由基层企事业单位根据报表制度和规定内容，定期填报原始资料，并经逐级汇总上报，集中到政府环保部门，最终由政府环保部门形成环境统计资料。这种环境信息资料的获取，主要采用的是自下而上逐级汇报的传递方式，采集数据的周期较长，且多是由环保系统提供资料，极少顾及横向环境信息资料的收集。由于宏观统计汇总制度缺乏对微观原始统计数据的有效审核机制，导致汇总数据可能会产生一些原则性的错误。如 1996 年环境统计年报中，印刷业的废水处理量仅为 414 t，废水处理排放达标量却达到了 505 t，又如，2000 年的环境统计年报中，采掘业的砷和六价铬去除量分别达到了 63.505 t 和 14 707.612 t，约为历年的 10 倍和 200 倍，机械电子设备制造业的六价铬去除量也达到了历年数据的 200 倍之多。这些错误可能是印刷错误，但也完全可能是由于几个原始数据发生数量级错误，而导致简单加总后出现的荒唐结果。

同时，这些环境信息主要是为政府部门环境数据资料的需要服务，对社会其他方面的环境统计需求未能给予充分的考虑，对许多服务部门的环境统计重视不足，造成环境统计信息不完善，数据缺口较大，不能满足社会各方面对环境统计的需要。

根据我们对 2000 年重点污染源企业数据库中数据的分析，发现数据的完整性和准确性不理想。首先，各项统计指标都填写齐全的记录仅占原始数据库总记录的 60.03%，反映用水和废水排放处理情况的许多指标都为空或为零，如工业用水量这项指标若为零，则这条数据显然错误；其次，从对数据的抽样分析来看，数据的准确性也不容乐观，因为从数据的填写、申报到数据的录入会由于多种人为因素而造成误差，根据我们对 2000 年原始数据的审核校验，发现约 7%的原始记录行业代码大类填写错误，而小类填写有误的占到了 27.6%。

可能造成错误的原因包括：① 被调查者对有关规定或指标解释理解有误而出现的填报错误，如某些指标之间的逻辑性错误——废水处理量＜回用量＋处理排放达标量，显然是由于基层工作者对各项指标的理解有误造成的；② 由于报表填写人员、数据录入人员的粗心大意所造成的抄录或汇总错误，此类错误包括两种情况，一是填写或录入时的笔误或键盘敲击错误，二是由于填报人员没注意到对各项指标单位的规定而造成的填报错误，如废水治理运行费用的单位为“万元”，如按“元”或“百万元”填报则造成数量级的错误，从而严重地影响了分析结果的准确性；③ 被调查者有意虚报或瞒报调查数据，这种误差在环境污染数据的统计调查中尤其值得重视。

根据最近对 2003 年重点污染源企业数据库中数据的抽样，发现此种情况尚未得到根本性改观。建立在这种质量的原始数据上的汇总年报的质量，令人担忧，现有的统计制度亟待改革。

6.1.3.2 环境统计指标体系不完善

我国目前还没有建立独立的环境统计指标体系，现行的环境统计指标是作为经济统计指标的一部分于 1980 年代初建立的。它仅局限于对部分环境现象进行简单的、直接的反映，如各地的自然资源拥有量、气候条件、城市环境卫生等。即使是各地“三废”排放及处理情况，也仅以实物量指标直接反映，缺少对已知的环境现象进行系统分析的综合评价指标体系，也没有可在不同时期对不同地区之间进行比较分析的相对量评价指标体系，使得环境指标难以发挥环境统计的整体功能和参与宏观调控的作用。

另外，在现有的统计指标体系中，汇总统计指标体系不全面。

通过对原始数据库指标和年报汇总指标的对比分析，发现有些指标在原始数据库中有，而汇总年报中却没有。以治理投资这项指标为例，在统计年报中只有按地区分类汇总的当年完成的分别用于治理废水、废气、废渣、噪声和其他污染的投资数据，却没有按工业行业统计汇总该项数据，给按工业行业进行考虑环境因素后的国民经济核算和投入产出表改革造成极大的不便。

6.1.3.3 **环境统计与政策分析需求相脱节**

进行环境统计的最终目的是为环境决策和环境管理服务，即通过对统计数据的研究分析，发现目前环境治理与管理工作中的问题，找出未来的环境治理重点和环境管理的发展方向。因此，统计指标的设立主要应从研究分析的需求出发，根据环境监测能力与水平的不断提高，适时加以调整与完善。

从当前环境统计指标来看，问题主要集中在两个方面：① 废水统计指标体系极不完整，亟待补充完善；② 工业行业污染治理投资仍然是一本糊涂账。建立绿色国民经济核算体系，是决定可持续发展观能否真正落实以及宏观环境经济决策是否科学的基础性工作，这项研究的工作内容与流程见图 6-1。从图 6-1 中可以看出，环境实物量统计数据是进行这项研究必不可少的基础数据。

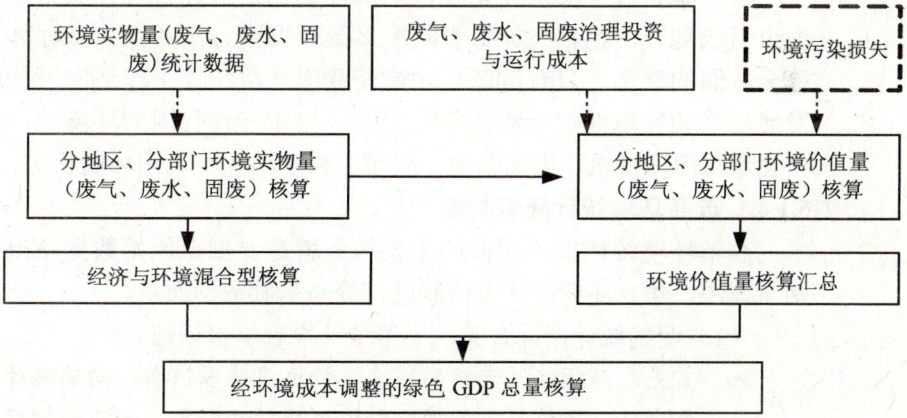

图 6-1 绿色国民经济初步核算体系的工作内容与流程

其中，从表 6-1 不同阶段的数据统计情况可知，废气和固废的实物量统计指标体系连续性较好，基本可以满足完成近年核算的要求。实物量数据的问题主要集中在废水及废水中污染物产生、处理和排放量，由于 2001 年以后不再统计处理排放达标量和处理回用量等指标，导致无法根据统计指标计算废水产生量、处理量等重要指标，同时由于缺乏汞、镉、六价铬、铅、砷等有毒有害物质去除量的统计数据，也无法核算其产生量。

对于绿色国民经济核算体系的建立，由于废水产生量、处理量等数据的缺乏，导致实物量就核算不清，价值量核算也就更缺乏依据。对于国家环境经济系统的中长期预测，一方面，需要用历史数据推算未来废水产生系数；另一方面，还需要了解废水回用率、处理率、处理效率（处理达标率）、污染物去除率等技术参数的现状，为确定未来治理目标提供依据。其中，几个主要技术参数的计算公式为：① 回用率＝回用量/处理量；② 处理率＝处理量/应处理量；③ 处理达标率＝（处理排放达标量＋回用量）/处理量；④ 污染物去除率＝污染物去除量/（污染物去除量＋污染物排放量）。目前由于基层统计指标的缺乏，不仅给类似绿色 GDP 核算等研究课题的开展带来极大难度，同时，也导致上述衡量废水处理水平的重要指标无从得出，不能不说是现行统计指标体系的一个重大缺憾。

6.1.4 完善环境统计制度的建议

改革和完善环境统计制度，从根本上说是统计管理体制改革的一个组成部分，包括统计报表制度、统计调查方法和统计指标体系等全方面的改革。只有改革，才能使我国环境统计工作适应可持续发展战略和环境保护形势任务的需要，也才能使我国的环境统计工作逐步与国际接轨，更加全面、系统、科学地反映我国环境状况。

6.1.4.1 改革环境统计报表制度

改革环境统计报表制度的主要任务就是要规范原始数据填报规则与程序，建立环境统计审核制度，提高基础数据质量。

（1）明确统计指标含义，完善统计报表填报规范。

- 首先，必须编写专门的环境统计填报技术指南，明确统计指标含义，严格界定各项指标填写数据的含义，如某些指标为空或为零的含义是有所区别的。以原始数据中各项污染物的填报为例，同一行业中几个企业会产生某项污染物，而其他大部分企业却没有。这种情况可能是由于这部分企业排放的废水中确实没有该项污染物，也可能是根本没有这些企业排放废水的监测数据，或仅有 COD、悬浮物等少数几项主要污染物的监测数据，但在原始报表却都为 0。由于数据质量不理想，使最终的数据处理结果存在较大的误差。以煤炭开采业小型企业为例，如把 COD 排放系数为 0 的视为无效数据，则行业汇总时，COD 排放系数为 17.99 t/元；如把 COD 排放系数为 0 的视为有效数据，则行业汇总时，COD 排放系数为 8.51 t/元。因此，在填报原始数据时对此种情况应加以区别，如监测后确无该项污染物则为 0，如没有监测则应为空。

➢ 在“九五版”《环境统计报表填报指南》中，关于废水数据统计指标之间的逻辑性校验共有 4 条，缺少 3 条，包括：① 废水处理量⩾回用量＋处理排放达标量；② 处理排放达标量⩽排放达标量；③ 处理回用量⩽重复用水量。此外，其中一条有关新鲜水量应大于等于排放量的逻辑性校验，对采掘业并不适用，应加以说明。

（2）提高基层管理人员素质，建立环境统计审核制度。

➢ 建立完善的环境统计审核制度。地方环保局作为基层管理监督部门，在收集企业调查表时必须严把数据质量关，数据填写不完整的应予以退回重填；同时，作为最了解基层企业排污基本状况的监督者，县级环保局还应该审核数据的可靠性和真实性，尽可能地排除由于人为因素所造成的错误。

➢ 地方环保局有责任对填报工作进行指导并普及环保统计知识，在数据处理的过程中发现的诸如逻辑性错误、行业代码错误等问题，均是由于企业工作人员基本概念不清而造成的。

➢ 通过加强职业教育，提高有关人员对统计工作重要性的认识，尽量减少由于填写或录入失误而造成的难以排除的错误。

➢ 建立严格的环境统计奖惩制度。将数据质量与企业和各级管理部门的专项统计人员的经济利益挂起钩来，奖惩制度必须起到错一罚十、百甚至千的震慑作用，对连续两年出现统计错误的人员给予解聘开除等严厉的惩罚措施。

（3）开发方便快捷的专用统计软件，提高数据统计水平。在统计汇总工作中，开发方便快捷的专用统计软件，利用计算机建立严格科学的数据审核体系，对于改进统计水平、提高工作效率具有十分重要的意义。一套高效科学的计算机统计管理系统，不仅应该包括方便快捷的数据录入、修改、查询、汇总、统计分析和打印功能，还应该具备完整科学的数据校验功能，安全可靠的使用性能以及灵活机动的扩展空间。如前所述，基层数据的逻辑性错误通过完备的数据有效性检验模块筛选，完全可以得到根本解决，大大提高数据质量。

6.1.4.2 完善环境统计指标体系

建立完善的环境统计指标体系：① 不能直接套用社会经济统计指标体系，而应根据环境变化特有的现象和规律以及社会不同方面的应用需要，来确定环境统计指标体系的指标项目、指标数量、统计口径等，力求正确完善地反映环境变化的客观实际；② 要从环境活动与经济社会活动的紧密关系出发，既要使环境统计指标体系与经济社会统计指标相适应，又要考虑环境统计指标为经济社会发展提供基础，全面反映经济社会活动的环境影响及变化趋势；③ 环境统计指标一经确定，应保持相对稳定，保持前后指标的可比性。

结合绿色国民经济核算体系的建立，一套科学、完整的环境统计指标体系的基本框架可分为 3 个层次：① 反映自然资源的统计指标。自然资源包括土地资源、煤、石油、天然气及矿产等地下资源，森林、海洋、野生动物等生物资源，地上及地下的水资源等。对这些自然资源应就其资源存量、资源耗损量两部分价值分别核算，以便于开展资源存量的均衡分析。② 反映生态环境的统计指标。生态环境是与自然资源相对应的，可分为土地生态环境、森林生态环境及水生态环境等。生态环境的核算包括生态环境效益与损耗两方面，其中效益是客观存在的，例如森林生态环境可以防止水土流失、防止土地沙化，把这些效益折合为价值即为生态环境的效益价值。环境损耗是指生产活动破坏生态环境造成的损失价值。③ 反映环境污染的统计指标。包括环境监测、环境污染防治及环境污染造成的经济损失三部分。环境监测指标主要有大气中各种污染物含量和综合环境质量等，环境污染防治指标有用于环境污染防治的费用、已治理环境污染占环境总污染的比重等，环境污染造成的经济损失包括对人、公共设施、农、林等造成的损失。

6.1.4.3 改进环境统计调查方法

环境统计调查方法现在基本上以层层上报为主，即对统计范围内的所有基层单位进行全面调查。环境调查方法的改进，应以全面调查为主，并重视环境基础调查，辅以抽样调查、多种调查方法相结合。根据原国家环保总局与国家统计局联合开展的 10 个试点省市环境污染损失调查，从绿色国民经济核算的角度出发，今后环境统计调查方法的改进应从以下 3 个方面进行：

（1）调查方案和技术参数需要进一步修订。环境污染损失调查工作涉及面广，时间紧，需更加注重调查的可操作性，调查指标尽量简单、适用。同时，在价值量核算中，在一些关键技术参数的确定方面，还有待更多的调查和研究。如种植业和畜禽养殖业的耗水系数、污染物的水体流失系数、土壤残留系数、粪便还田率等进行废水和污染物核算用到的技术参数，不同燃料和不同炉型的废气污染物排放因子，水资源影子价格、不同行业污染物的排放系数、工业用水额外治理平均成本、污染物平均单位治理成本、农田和山地的机会成本以及固废堆放量占用农田和山地的比例、水污染对人体健康的剂量反应关系等重要参数和方法有待进一步研究。

（2）环境基础调查研究工作需要进一步加强。要做好全国污染源普查、全国地下水污染调查和全国土壤污染调查等基础性调查工作，以补充统计的缺憾。加快改进现有的环境监测体系。在现在环境监测体系下，加强对广大农村大气和水环境质量、不同行业用水水质数据、不同供水方式的人口数、不同农作物的种植面积等的例行监测，加强对水资源、森林材木存量、建筑物材料存量等的调查工作，为开展年度的绿色核算提供数据基础。

（3）应广泛运用现代技术和分析方法。如采用回归分析、统计质量控制等统计学的数量分析方法，对通过调查所取得的数据资料进行科学估算和推算。在科学、合理地组织调查的基础上，还应建立统计数据质量评估控制机制，对统计数据质量，特别是一些重要的统计数据质量开展评估。

6.1.4.4 完善和加强环境统计技术，获取科学准确数据

环境数据从产生、收集、分析到发布的全过程都离不开相关技术的支持，环境统计技术水平在一定程度上决定了数据质量。首先，数据产生方式主要有 3 种，即监测（连续自动监测或传统监测）、排放系数和物料衡算法。监测技术、排放系数和物料衡算方法的科学性、准确性和适用性都将影响获得数据的科学性和准确性；其次，信息收集和交流平台、数据检验软件、数据分析和发布技术水平不

但影响环境统计的效率而且影响数据质量。因此，应加强环境统计全过程的技术支持体系建设，提高环境统计技术水平。同时，开发环境统计技术指南，指导技术应用，包括：环境统计数据产生、填报技术规范、质量保证和质量控制技术规范、产排污系数及其使用指南、物料衡算指南、数据报告指南、数据分析方法指南、数据标准、数据发布规范和数据使用指南等。

为了提高环境信息管理的科学性、准确性、系统性和实用性，实现环保部门内部及其与相关部门之间的数据共享，提高环境信息管理的效率和效果，充分发挥环境信息为政府决策、科学研究和公众服务的功能，建议搭建综合环境信息管理平台。通过该平台规范信息收集、检验数据质量、进行数据分析和处理、提高数据质量，从而提高环境信息综合管理能力。

6.2 核算工作制度

6.2.1 建立绿色核算工作制度的经验

通过近几年来绿色国民经济核算的研究与试点工作，我们充分认识到，绿色国民经济核算是一项全新的、涉及多部门的工作，需要各部门之间、各课题组之间以及国际国内之间的协调配合，建立目标明确和高效的工作制度，搭建跨学科、跨部门的统一工作机构是绿色国民经济核算构建成功的保证。无论从国家层面，还是从各试点省市层面都表明，试点工作的领导重视、组织管理有效、部门之间的沟通协调在推动调查与核算工作的顺利进行发挥了重要作用。实践证明，那些领导充分重视、组织管理有序、部门沟通协调较好的试点省市工作进展较快，取得的成效也较好。相反，领导重视不够、组织管理混乱、部门之间沟通不畅的省市工作进度较慢。

为了保证项目的顺利进行，在国家层面，原国家环保总局与国家统计局之间建立了很好的关系，不定期对一些问题进行沟通协调。同时，财政部和科技部专门启动了科技攻关和专项研究课题，在技术与资金上支持这项工作的开展。此外，在工作进展的过程中，还得到了国家发改委、卫生部和水利部等部委的支持。为了加强沟通，取长补短，我们还建立了绿色国民经济核算工作信息通报机制，不定期召开进度协调会，不定期编制绿色核算工作简报，并在网站开辟了绿色国民经济核算工作专栏，为增进沟通与协作，搭建了平台。

课题组还与国际社会加强密切合作，世界银行专门设立了技术援助项目支持建立中国绿色国民经济核算体系研究，联合国统计署、环境署、亚太经合会，欧盟、加拿大、挪威、荷兰、环境经济核算伦敦小组以及中国环境与发展国际合作委员会等对中国开展绿色国民经济核算研究给予了肯定和鼓励。

在 10 个试点省市中，为了使各部门成员达成共识，更好地开展工作，有些省市专门建立了联席会议制度，不定期组织有关成员单位、技术单位召开研讨会和协调会议，充分发挥各部门的职能优势，利用现有成果，研究解决试点工作的要点和难点。同时按照工作计划和技术方案的要求确认工作任务，明确各自的分工和职责，建立联系人制度，通过网络邮件、工作简报、网站等多种形式，宣传、沟通和跟进工作进展情况。各省市的试点工作初步形成了责任到人，分工协作的良好氛围。

6.2.2 完善核算工作制度的建议

然而，绿色国民经济核算的意义并不在于仅仅进行一两次核算和试点工作，而是能够作为经常性的长期的工作，与国民经济核算结合在一起付诸实施。为了实现这个目标，就必须建立绿色国民经济核算的工作制度，使之形成一项日常工作。这些基础性工作主要有以下几个方面：

6.2.2.1 搭建跨学科、跨部门的统一工作平台

由于绿色国民经济核算是一个跨学科、跨部门的社会系统工程，处于众多学科的研究范围，涉及许多部门，搭建跨学科、跨部门的统一工作机构是绿色 GDP 核算体系构建成功的保证，任何一个部门想要单独进行绿色国民经济核算的研究和核算几乎是不可能的。国家统计局作为国民经济统计与核算的最高权威部门，是绿色 GDP 核算的主导者、总设计师和总协调员。在诸如总体核算框架设计、总体要求、法规标准的建立、部门核算协调、核算与统计制度改革等工作方面应发挥主导作用。同时，国家统计局要建立跨部门的工作领导小组和由发改、财政、环保、统计、农林、水利、矿产、国土、建设等有关部门组成的统一工作平台，下设若干核算专题小组，包括水资源核算、森林资源核算、矿产资源核算、土地资源核算、环境污染和生态破坏损失核算等专题，在统一协调部署下，共同制订工作方案及目标，并负责组织实施工作。

6.2.2.2 建立数据收集和信息交换机制

实施绿色国民经济核算，必须在各有关部门相应地建立起收集相关数据资料的工作制度，并实现数据信息共享，才能确保为核算提供符合要求的、全面的数据资料。建议由国家统计局作为牵头单位，建立绿色国民经济核算的数据收集和信息交换机制，积极争取环境保护部、水利部、卫生部、农业部、林业局、海洋局等部门的支持，为后续研究和核算工作提供数据保证。

6.2.2.3 成立绿色国民经济核算中心

要实施绿色国民经济核算，任务十分艰巨，必须有专门的人力、物力和机构来支持。为此，建议成立绿色国民经济核算中心来承担这项长期性工作。绿色国民经济核算中心的主要任务是：① 汇总、整理和分析有关绿色核算所需的数据资料；② 按照绿色核算的步骤、方法，完成绿色国民经济核算；③ 对核算结果进行审核，并发布核算结果。

6.2.2.4 建立稳定的经费保障制度

开展绿色国民经济核算和环境污染损失调查工作没有先例可循，没有现成的经验可供借鉴。在这项工作进行中，环保部门和统计部门经受了很大的压力，更多的、令人想不到的困难来自于实际工作中，其中一个重要的困难是资金筹集。许多试点省市由于经费未得到落实，导致调查任务未全部完成，拖了整个核算工作的后腿。在未来，由于经费不能落实，个别省市也表示无法再继续核算。绿色国民经济核算是为了解决资源环境约束问题、推动环境保护与经济发展相协调寻找策略和方法，我们建议有关部门应大力支持这个利国利民的研究项目，无论从国家层面，还是地方省市，都要为这项工作的持续开展提供稳定的经费支持。

6.2.2.5 建立稳定的国际合作机制

目前，国际上掀起了新一轮的开展绿色国民经济核算的浪潮。联合国环境署、统计署正在建立综合环境经济核算工作组，推动发展中国家开展绿色国民经济核算。世界银行、欧盟、经济合作与发展组织、亚洲开发银行、挪威、韩国、国合会都十分感兴趣，希望与中国合作开展中国绿色国民经济核算的工作。我们应该充分利用这种良好的国际合作平台，把绿色国民经济核算研究工作做好做实，建立一个与国际接轨的绿色国民经济核算体系。

为争取国际社会对我国这项工作的更大支持，下一步，我们应在以下几个方面开展国际合作：① 学习国际社会在绿色 GDP 核算方面主流的、规范的做法，例如联合国推荐的综合环境与经济核算体系（SEEA-2003）；② 可直接引进欧盟等国际组织和国家的一些成熟的核算技术方法，推荐一些成熟的核算技术指南或者手册直接翻译出版，供中国核算技术人员参考；③ 在具体的核算领域进行合作，如环境实物量核算、环境污染经济损失核算、生态破坏经济损失核算、重要物质流核算（MFA）和资源流核算（RFA）、企业环境会计制度等。④ 在环境经济核算能力建设方面的合作，如帮助中国培训有关核算技术人员，建立相关核算技术支持机构等。

6.3 环境会计制度

国民经济核算从概念、框架及记账方法等方面，都不同程度地吸收了会计核算的思想，现行的国民经济核算越来越依赖会计信息，很多资料直接采用会计核算资料。同样，绿色国民经济核算需要比 GDP 核算更多的环境基础资料，因此，建立企业环境会计制度，尤其是环境成本核算制度将有利于促进绿色国民经济核算体系的建立。

6.3.1 国外环境会计的发展动态

环境会计制度最早是在欧美国家里兴起来的，它是一种把用于环境保护的投资和由此而获得的经济效益的定量测定、分析并加以公布的制度。1992 年，“世界环境与发展国家首脑会议”通过了保护世界环境的 4 个纲领性文件，掀起了世界性的环境会计核算研究高潮。环境会计就是将自然资源、生态环境资源纳入企业的会计核算对象，从而使自然资本和社会效益通过会计核算反映出来，以便评估企业的资源利用率和社会及环境代价，有效引导企业走环保之路。它是一种核算企业社会资源成本的手段，对企业拥有的环境资源进行货币计量，并用会计方法加以记录，提供企业因经济活动而对环境资源的消耗和补偿情况。环境会计要求企业站在社会的角度上承担对环境资源保护的责任，合理开发和配置资源，发挥会计核算、监督的职能。

联合国国际会计和报告标准政府间专家工作小组第 15 次会议指出：披露环境成本和环境负债对于清晰反映或进一步解释报表项目是很重要的。由于没有公认的环境会计准则，如何在会计上揭示环境成本和环境负债，成为许多国家和社会公众关注的问题。为了进一步推动环境会计在各国的发展，一些与会代表建议由会议制订一个环境会计和报告的基本框架，建立环境会计指南，作为各国环境会计标准的基础。因此，在第15次会议上，讨论通过了《环境会计和报告的立场公告》这一文件，这是国际上第一份关于环境会计和报告的系统的完整的国际指南，其中包括与环境有关的主要会计概念的定义、环境成本和环境负债的确认和计量、环境成本和环境负债的披露等内容。

此外，鉴于环境会计的重要作用和环境保护问题已成为企业经营中不可忽视的重要因素，因此，有越来越多的国外企业把建立环境会计制度作为经营管理项目之一。日本是一个非常重视环境保护的国家，一方面在环境保护方面制定了许多法律、法规和制度；另一方面不断学习英、美等国的先进经验和做法，如近年来在日本悄然兴起的环境会计制度就是如此。为了促进和规范这一活动，日本政府于2000年制定了《引进环境会计系统指南》。日本环境省的调查结果表明，到2001年3月底，已有350家企业采用了环境会计制度，比一年前增加了12倍。

6.3.2 建立中国环境会计的建议

国际社会对环境会计问题的热切关注，无疑对我国环境会计的创建是有力的促进。我国环境会计的建立和实施，虽然在政府方面还没有实质性的动作，但在会计理论界已经取得了重要进展，许多会计界和环境经济界的专家学者开始提出在我国建立和实施环境会计的各种设想。从我国的实际情况来看，推行环境会计应从以下几个方面入手。

6.3.2.1 进一步加强环境会计的理论研究

《环境会计和报告的立场公告》的提出，给世界各国实施环境会计提供了一个统一的行动指南。这个行动指南对我国推行环境会计无疑具有理论上的指导意义。但是，《环境会计和报告的立场公告》中所涉及的环境会计理论只是一个概要，许多具体的理论问题，还需世界各国的会计学界进一步进行探讨和研究。从世界各国环境会计理论的发展情况看，发达国家的环境会计理论出现较早，而且在实践上已有所尝试。我国应当在借鉴发达国家环境会计理论研究成果的基础上，结合我国实际和环境会计需要解决的具体问题，展开深入的理论探讨，以环境会计理论的不断完善来促进环境会计实务的推广。在这方面，可由政府部门和会计学界共同主持课题进行专项研究，促使环境会计理论尽早与会计实务相结合。

6.3.2.2 做好推行环境会计实务的制度准备

面对环境会计，企业的态度不一致。有许多企业愿意主动地公布尽可能多的环境会计信息，以树立企业在社会公众中良好形象。但也有一些企业出于种种考虑，不愿对外提供环境会计信息。对于这种情况，政府部门应加强引导，采取有针对性的措施：一方面应对真实公布环境会计信息的企业进行鼓励；另一方面对企业环境会计信息公布的内容，作出明确和强制性的规定。推行环境会计实务，首先必须建立环境会计制度体系。这项工作应由政府部门来主导进行，具体的实施办法可以有多种选择。如由财政部牵头，与环保、税务等各方共同筹划制订《环境会计准则》，或对现有的《企业会计准则》进行修订，增加与环境会计相应的准则内容。也可以制订独立的环境会计制度，或对现行行业会计制度补充有关环境会计的内容。有了统一的具有可操作性的环境会计制度，才能在实践上统一规范环境会计核算及报告形式，做好推行环境会计实务的制度准备。

6.3.2.3 逐步规范环境会计信息的披露

在实施环境会计的初级阶段，要求企业一下达到很高的环境会计信息披露水平是不现实的。因此，只能要求企业逐步提高和规范财务报告的环境信息披露形式和内容。首先，在环境会计信息的披露形式上，可以先要求企业在财务报告的文字说明或附注部分以补充资料的形式公布主要环境信息，以后再逐步以正式报表进行反映。其次，在环境会计信息披露的内容上，可以先要求企业报告最基本的和易操作的内容，如国家规定的环境保护标准是否已达到，环境保护支出、环境污染罚款与损失，环保改进措施带来的收益，对污染损失的赔付以及其他各种环境负债等，以后再逐步扩大到环境会计核算对象的全部内容。再次，在环境会计的核算方式上，可以先不要求企业作正规的专门记录，只要求能够从现有会计记录以及其他有关资料中摘取部分资料形成环境报告，以后再逐步过渡到依据统一的环境会计准则，建立完整的会计确认、计量、报告体系。最后，在环境会计的实施范围上，可以先从规模较大，管理较为规范，且资源消耗大、污染严重的“两高一资”的企业或行业开始，再逐步过渡到全部企业。

6.3.2.4 实施对环境会计的审计

环境审计的产生可追溯到 1970 年代初期，当时，西方一些企业自发地制定了一些审计计划，作为检查、评价本企业环境问题的内部管理手段。这些审计计划虽然独立性很强，且尚未形成统一的方法，但正是从那时起，环境审计作为一种新的审计门类在实践中飞速发展起来。现在，美国、加拿大和欧洲的许多企业都建立了正式的环境审计计划，为高层管理当局及有关监管机构提供企业遵循政府和行业制定的各种环境标准的信息。到目前为止，开展环境审计的国家已超过 20 个，开展环境审计的企业已达 1 000 多个，这些审计项目在帮助企业制定和加强内部环境成本控制方面起到了很大的作用。在我国，为了使环境会计的实施工作从一开始就受到应用的重视，强化企业实施环境会计的自觉性，在实行环境会计的同时，就应实施对环境会计的审计工作，以便对环境会计的实施情况进行监督。环境审计应是国家审计机关依据有关环保法律、法规及环境会计准则，对企业环境会计的合理性、合法性、全面性及真实性进行审查和鉴定。国家审计机关应定期或不定期地对企业环境会计准则的执行情况进行审计或检查，对企业环境保护措施和环境会计准则的落实，作出权威性的评价，并把审计和检查结果向社会公众公布。环境审计工作的推行，可以更好地促使企业积极实行环境会计。

6.3.3 实施环境成本核算的思路

环境成本核算是环境会计的核心问题，也是绿色国民经济核算的直接微观基础，主要包括环境成本的确认、环境成本的计量、环境成本的会计处理和环境成本的报告等内容。在我国实行环境会计，需要通过环境会计准则的确立对环境成本核算的上述几个方面作出明确的规定。

6.3.3.1 环境成本的确认

环境成本的确认是环境成本核算的基础，其中最重要的是环境成本确认方法问题。

（1）确认原理。研究企业环境成本的确认，首先，要使它满足会计学成本要素的定义，因为其性质本身就是一种耗费。其次，环境成本是一种可用货币计量的支出，其数额的显示应当是明确的、符合可计量性标准的。再次，环境成本与一般的产品成本具有较大差别，反映的是企业在环境保护活动中的一种资源耗费，能随着使用者的决策不同而有差别地存在，并且这种差别是信息使用和管理决策中不可缺少的内容。最后，环境成本的信息应具有可验收性。因此，按会计学的确认理论来研究环境成本的确认问题是符合实际的。会计学理论对费用的计量常见的是采用历史成本、现行价值（重置成本）、变现价值 3 种计量属性，其计量单位一般采用货币充当记账的单位和通用标准。研究环境成本核算，同样要遵循上述 3 个计量属性和货币计量单位。

（2）确认方法。环境成本的确认要贯穿产品的整个生命周期，从对设备、原材料、能源等的采购活动开始，到产品的设计，产品的生产、包装，至产品的销售、回收。也要体现在产品的整条供应链上，从供应商和销售、分销商的选择上都要考虑到环境的因素，做到绿色采购、绿色生产和绿色营销。

要将环境成本信息应用于管理决策，先要对与产品、过程、系统的工厂等相联系的环境成本进行确认和计量。不同的企业可以根据不同的目的，或考虑环境成本信息的不同应用范围，对环境成本进行确认。对于制造型企业，最经常发生的环境支出项目包括排污费、按法规要求对原有设备改造和重置的环保支出、新投资项目的环保设施支出和临时性或突发性环保支出。一般来讲，这些环境支出项目即可确认为企业的环境成本。

上面所确认的环境成本，只是企业的内部环境成本，即企业对环境影响负担的费用和预防措施开支，是企业实实在在已经支付或未来将要支付的成本，而不包括企业没有实际支付，但是由企业生产经营活动所造成的对环境影响的成本，即企业的外部环境成本。而后者的数额可能远大于前者，如果对企业外部环境成本不予关注和披露，将起不到环境会计约束和控制企业环境影响的职能，对日益突出的环境问题，环境会计的作用只能是有限和无力的。因此，环境会计应在加强核算和管理企业内部环境成本的基础上，确认企业的外部环境成本，促使企业外部环境成本不断内部化，从而明确企业的社会责任，达到保护环境，优化资源配置的目的。

传统的财务会计将与环境有关的支出视为一项不可避免的期间费用，因而在其实际发生时将其计入营业外支出等科目，或在金额较大时作为待摊费用处理。随着企业环境支出量的迅速增长，环境支出在整个企业的经营活动中的重要性已影响到企业的整个经营活动，企业逐渐意识到不应将其视为一项不可避免的营业成本，而应把它作为一项与经营相关的成本。一种理想的环境成本核算制度是制定详细的成本记录，将环境成本分配到各种活动中，并最终计入产品成本，以反映产品的真实劳动耗费，加强环境成本的管理。随着作业成本法（Activity-based costing）和生命周期成本法（life-cycled costing）的出现，这种理想的环境成本核算制度已成为一种现实。

作业成本法是将间接成本和辅助资源更准确地分配到作业、生产过程、产品、服务及顾客中的一种成本计算方法。作业成本在环境成本核算的应用，就是在划分作业成本库和确立成本动因时，注意将产生环境影响的作业专门设立，形成专门的环境作业成本库，最后通过成本动因将环境作业成本分配到不同的产品中去。产品生命周期成本法是计算发生在产品生命周期内全部成本的过程，全部成本包括预计成本和产品投产后的累积成本。生命周期成本不但考虑了生产过程中的耗费，还包含了产品开发的废置成本，是成本计算在时空观上的拓展。生命周期成本在环境成本计算中的运用，是将产品生命周期各个阶段的环境成本累积起来分配到产品成本中。

从生命周期成本的定义中我们可以看出，在废置成本中包含巨大的环境成本的情况下，用生命周期成本替代传统的制造成本是必要的，它能扩大我们对成本的理解范围，有效地管理控制这些成本，并最终判明某种产品是否有利可图。在生命周期成本法下确认内部环境成本有 3 种方式：① 为达到环境保护法规所强制实施的环境标准费用；② 在国家实施经济手段保护环境时，企业所发生的成本费用，如排污费、检测监控污染情况的成本，因违反环境法规而缴纳的罚款等；③ 废置成本中的环境成本和已对环境造成污染或损害，而按法律规定在未来将发生的某种支出。对于第一类、第二类成本可从账簿中直接取得，并分析成本发生的动因，按作业成本法分配计入有关产品。对于第三类成本，可以采用一定的预测方法估计其数值，采用合理的折现率将其折算为现值，并按成本动因分配到有关产品中去。

对于企业的外部环境成本的处理是环境会计中最棘手的部分，因为这部分成本是企业没有实际支付的社会成本，要企业把这部分成本纳入实际成本中，并在社会成本的基础上组织生产是非常困难的。但是，环境会计如果只注重对企业内部环境成本的核算，而对企业生产造成的外部环境影响置之不理，必然起不到环境保护的目的。如果对企业活动的外部不经济性听之任之，必将受到自然的报复。为了约束和控制企业的上述环境影响，环境会计提出将企业对于外部环境所产生的各种本来无须企业自身加以报告并为之负责的影响加以确认、计量并作为企业的成本加以报告，进而使企业为之承担起经济责任与社会责任。

在环保问题日趋严重的今天，企业确认外部环境成本，不仅具有外在压力，也具有内在动力。其外在压力是政府或其他组织要求企业在财务报表中披露社会责任。如联合国跨国公司中心所属的国际会计与报告准则专家小组于 1982 年在《联合国跨国公司行为准则草案》中，对社会责任的披露提出了较为全面的建议。经济合作与发展组织在其《跨国公司指南》中也提出了有关社会责任的非财务信息披露的建议。在我国，1999 年中国证监会“关于发布《公开发行股票公司信息披露内容与格式》的通知”中“发行人的重大债权、债务关系”中规定，要说明发行人是否因环境保护、知识产权、产品质量、劳动安全、人身权等原因产生侵权之债；“发行人的环境保护和产品质量标准”规定，要说明发行人的生产经营活动是否符合有关环境保护的要求，近 3 年来是否因违反环境保护方面的法律、法规而被处罚。客观地说，我国上述法规内容过于笼统，应加强强制企业披露外部环境影响的立法工作。

企业实行外部环境成本确认的另一原因是内部动力。在国外，企业会因开展环境会计工作、编报环境报告、请第三方审计或审核等而增加不少费用开支，但它们也会因向外部提供有关的环境报告而缓解来自政府与社会公众的压力，提高企业的社会声誉，吸引绿色投资者的注意而受益匪浅，有效管理企业的环境风险，当环境会计与报告的收益大于成本时，它们就会自愿开展环境会计工作，对外编制环境报告。在我国加入 WTO 后，一些企业想走上国际舞台参与竞争，而欧美一些发达国家对通过 ISO 14000 环境管理认证的企业采取优先进口其产品的对策，而要获得这一认证，就必须确认和披露企业的外部环境成本。

6.3.3.2 环境成本的计量

环境成本计量是环境成本核算与控制研究中最为困难的环节，其计量方法的科学性直接影响到企业利益与社会利益。虽然企业环境成本的发生是大量的、经常的，但在会计上从未对其进行系统地、综合地、准确地计量，从而不能反映和控制环境的耗费与补偿，这给环境成本核算带来了很大的困难，同时也不利于企业开展环境管理，企业环境成本计量的思路需要考虑以下两方面的问题：

（1）对理论方法的考虑。环境成本计量主要包括计量理论的建立和计量方法的选择。环境成本核算的各个要素，需要采用一定的方法折算为货币进行计量。按照劳动价值理论，只有用来交换的商品，其价值才能以社会必要劳动时间来衡量，而对于非交换、非人类劳动的物品，是不能计量的，会计也不需要对其进行核算。然而这些非交换、非人类劳动的物品，有相当一部分是环境成本的核算对象，因此环境成本必须建立能够计量非交换、非劳动物品的价值理论。环境成本的对象大多数不是人类劳动的产物，而是自然界千百年长期演变的结果，按照劳动价值理论，环境资源只有使用价值，没有交换形成的价值和价格。因此，建立在劳动价值理论基础上的财务成本计量方法，就难以对环境成本要素进行计量。

（2）对环境特点的考虑。如何对环境成本进行计量，关键是根据环境资源的特点来建立计量的理论。由于环境资源中有相当一部分虽然不是劳动的物品，没有交换形成的价值和价格，但对人类有一定的效用，环境资源的效用是与稀缺程度结合在一起的。以资源的稀缺性为标准对环境资源进行划分，可分为自由取用资源和经济资源。随着人类的繁衍和经济的发展，一方面，人类对自然资源的需求量越来越大，已远远超出自然界自身的再生能力；另一方面，人类排放到环境中的废弃物也越来越多，超出了环境的承受力。在这种情况下，良好的环境已成为经济意义上的稀缺资源，也就成为了经济资源。当环境资源成为经济资源时，环境资源是有价格的，使用环境资源就必须付出相应的费用。在资源稀缺的情况下，人类要维持其效用，就会自觉不自觉地寻找替代物，如利用太阳能替代现有能源，使环境资源又具有替代性的特点。

从环境资源的效用性、稀缺性、替代性、非交易性等特点来看，在建立环境成本计量理论时，效用性构成了环境资源的价值源泉，稀缺性决定了必须引进边际成本的概念，替代性决定了环境资源的价格，非交易性决定了环境资源的价格必须借鉴数学方法。因此，环境成本的计量方法可以建立在边际成本理论与劳动价值理论相结合的基础上，对于包含劳动结晶的环境成本要素，按劳动价值理论建立的计量方法计算，如环境保护成本，环境维护成本；对于不是劳动结晶的环境成本要素，按边际成本理论建立的计量方法计量，如环境降级成本、自然资源耗减成本等。

6.3.3.3 环境成本的会计处理

（1）难点问题。对环境成本进行计量与归集后，与其他财务成本一样，企业还应根据一定的原则对环境成本进行会计处理，为环境成本报告、环境成本审计和环境成本控制奠定基础。与财务成本不同的是，环境成本的会计处理更加困难，账户设置也更加复杂。环境成本的会计处理难点主要集中在以下几个方面：① 由会计期间引出的资本化与费用化的划分；② 由配比性引出的直接费用与间接费用的划分；③ 环境法规和会计法规的影响；④ 环境成本的归集和分配等。

（2）账务处理。环境成本的账务处理包括环境成本核算账户的设置以及环境成本会计处理的方法和内容。环境成本核算账户的设置主要有环境补偿成本、环境维护成本、环境发展成本、污染损失成本、环境折耗成本等。环境成本会计处理的方法主要有：① 资本化方法，就是将企业为实施环境预防和治理而购置或建造的机器、设备等作为资本性支出处理，计入固定资产账户；② 费用化方法，将环境费用作为当期损益的方法；③ 负债化方法，环境费用作为环境负债（或有负债）的方法，是指当与环境有关的将来可能支付的费用，能够被合理可靠地计量时，对其提前确认；④ 损失化方法，环境费用作为当前环境损失的方法，是指企业被罚款或被勒令停产、减产而发生损失时，发生的环境费用，作为当前营业外支出处理。

6.3.3.4 环境成本报告

作为环境报告的一个主要组成部分——环境成本报告，是指企业对某一时期（月度、季度、年度）的环境管理活动或环境项目（包括环境突发事件的处理）在成本方面进行系统分析和全面总结的书面文件，其作用是为有关信息使用者（如投资者、国家机关、金融机构、社会公众、企业管理当局等）提供环境成本信息，以便他们进行科学的决策，同时在完善环境会计理论体系，在调整国经济核算指标方面发挥着重要作用。

环境成本报告在西方发达国家企业中运用较早，特别是一些国际组织和社会组织的积极推动，使得环境成本报告在报告形式上、报告内容等方面都逐渐成熟，并逐步规范化。目前，环境成本报告（披露）已发展出 3 种不同的披露形式：① 在财务会计报表附注中披露，根据国际会计准则的要求，财务会计报表的附注部分是对财务报表公允性反映的必要补充，而环境成本报告（披露）对于企业会计报表的公允性的影响是随着企业外部会计环境的不断变化而变化的，披露的形式和内容也没有固定的做法。由于这种披露方法的灵活性，直到现在还是西方许多企业的环境成本的主要披露形式。② 以环境会计报表形式披露，这是以欧洲和日本企业为代表的对环境信息的披露方法，这种披露方法主要是详细披露企业在会计年度内的环境管理成果和现状。③ 以环境成本报告形式披露，这种方式主要用来对本年度的环境成本信息进行披露，这种披露方式的优点是简单易懂，比较容易被投资者和社会公众接受，缺点是披露的内容描述性的文字较多，缺少财务数据来支撑，内容不够详细。

环境成本报告的方式是随着信息使用者的要求不断变化而改变的，因此，在目前状况下，我国企业不必拘泥于某种固定的方式，但是，随着环境法规和企业财务会计准则的完善和可操作性的增加，以及企业对环境成本的界定、计量和披露的标准化，环境成本报告应作为企业环境会计准则的一部分，逐步规范化和标准化。

6.4 基础保障制度

绿色国民经济核算是关系到国家、地方、人民切身利益的事情，从核算工作实践来看，绿色国民经济核算除了上述几项重要制度需要建立和完善外，为保证核算过程及操作方法的科学性和合法性，进而保证最终计算结果决策导向的正确性，还必须建立和完善绿色国民经济核算技术方法的规范标准制度、核算过程和结果发布的审核监督制度、核算的激励奖惩制度以及环境宣传教育和公众参与等基础保障制度。

6.4.1 标准规范制度

绿色国民经济核算的研究与试点工作表明，现有的绿色国民经济核算框架体系，特别是环境经济核算的方法是基本可行的，因此，应将绿色国民经济核算作为一项长期的、规范的工作开展下去，并在实践中逐步完善。为在全国范围内推广实施，与国民经济核算体系一样，应尽早建立绿色国民经济核算的标准规范制度，对其中的基本概念、框架体系、核算内容、基本表式、技术方法等进行标准化和规范化。

6.4.2 审核监督制度

无论是 GDP 指标，还是绿色 GDP 指标，都是以统计数据资料来反映一个国家或地区社会经济的发展水平和资源环境代价，因此，统计数据的真实性和可靠性是至关重要的。长期以来，我国统计工作的一个严重问题就是弄虚作假的情况比较普遍。一些政府部门和领导干部，为了突出自己的“政绩”，以虚报、瞒报、伪造等手法“调整”统计数据，而凭借这些被“调整”的数据，他们又得到了提升。这就是老百姓所说的“官出数字，数字出官”。要从根本上制止这种恶劣现象继续发生，给人民群众一个满意的答复，保证最终计算结果决策导向的正确性，就必须建立绿色国民经济核算的审核监督制度，对核算的全过程进行审核把关。审核监督制度的内容主要包括：① 对绿色国民经济核算的各方面数据的质量进行监控和评估；② 对核算过程进行监督管理；③ 建立和完善绿色国民经济核算报告制度与核算结果的发布制度。

6.4.3 激励奖惩制度

为了推动绿色国民经济核算工作的开展，应制定一系列相关的激励奖惩制度，通过引导、鼓励和惩罚等措施来保障这项工作的实施。一方面，可将当地政府对绿色国民经济核算工作的落实情况作为奖惩的标准；另一方面，通过绿色国民经济核算，建立一系列与绿色 GDP 核算相关联的指标，如万元 GDP 的物质投入，万元 GDP 的能源消耗，万元 GDP 的水资源消耗，万元 GDP 的土地资源消耗，万元 GDP 的废水、COD、SO_2、CO_2 等污染物的排放强度等，通过比较分析，把握该地区的政府部门和领导干部对资源环境保护的重视程度和治理环境污染的努力程度，给予相应的奖励。相反，对那些仅以单纯 GDP 增长为业绩而不惜破坏资源环境的政府部门和领导干部，对那些只知道耗费财政和社会财富搞“形象政绩”、“窗口政绩”、“路边政绩”的政府官员，就要追究责任，并采取必要的惩罚措施。

6.4.4 宣传教育制度

推行绿色国民经济核算，是对我国国民经济核算方法和社会经济增长评价方法的重大改革，这个改革意味着我国发展观的重大转变。要实现这个重大的根本性转变，需要克服许多障碍，从宣传教育制度上进行必要的变革，并进行广泛深入的思想教育工作，否则是不可能成功的。

（1）要端正各级领导干部的指导思想，通过思想教育工作，转变各级领导干部的观念。新时期的领导干部应该具有可持续发展观念和环境保护意识，不应只考虑本地区 GDP 的增长，更应考虑长远利益和全局利益。有了这样的思想基础，就能认识到实施绿色国民经济核算的重要性，切实转变经济建设的指导思想。

（2）要唤起广大干部和群众的觉悟。实施绿色国民经济核算，除了端正各级领导干部对经济工作的指导思想外，还必须开展广泛的宣传教育工作，使保护资源和环境，走可持续发展道路的思想深入人心。要动员广大干部和群众自觉起来支持绿色国民经济核算工作的开展，为顺利实施绿色国民经济核算营造一个良好的社会氛围。

6.4.5 公众参与制度

世界各国环境管理的经验表明，要使国家的各项环境保护政策、法规和规划得到真正贯彻实施，仅仅依靠政府的力量是不够的，必须动员广大群众积极参与，这也是绿色国民经济核算真正得到贯彻落实的一个必不可少的重要制度。建立绿色国民经济核算的公众参与制度：① 应通过各种新闻媒体，定期向公众公布绿色国民经济核算的信息和结果，使广大人民群众能够及时获得真实、可靠和足量的信息，以便他们对绿色国民经济核算这项工作能够接受和理解，并对各级政府的环保工作实行民主监督；② 赋予公众，尤其是居委会、村委会等基层组织对本地区环境问题一定的监督权，包括了解环境污染及其治理情况，了解绿色国民经济核算的过程和结果，定期与政府负责人就有关环境污染治理问题进行对话，反映公众的意见、建议和要求，并要求得到反馈整改结果等方面信息；③ 在绿色国民经济核算有关数据调查过程中，特别是入户调查，要广泛征求公众的意见，与他们沟通交流，使他们尽量参与到这项工作中来，只有这样，才可获得真实可靠的核算数据。

第7章 绿色核算应用

绿色国民经济核算是实现可持续发展和科学发展观的重要制度保障。绿色国民经济核算既能为决策者提供大量的经济发展的资源环境消耗代价信息外，也能在促进树立科学发展观、建立科学发展评价体系、考核领导和政府绩效、制定环境经济政策、改进环境经济综合决策等方面发挥重要作用。本章首先对绿色国民经济核算研究中一些争论比较多的问题进行分析和提出看法，为绿色核算的应用打下基础；并重点探讨绿色国民经济核算在建立科学发展政绩考核体系、建立环境与发展综合决策体系方面的潜在应用。

7.1 对绿色国民经济核算的再认识

归纳起来，目前争论的一些问题主要涉及核算意义、认识观念、制度层面、技术方法等，下面从理论认识、核算方法和实际应用 3 个方面对目前较为关注的 14 个问题做进一步的再分析和再认识。

7.1.1 核算意义与理论基础

7.1.1.1 绿色 GDP 核算的现实意义

在关于中国当前开展绿色 GDP 核算到底有没有必要方面，存在着不同的观点。一些人认为当前中国还主要着眼于经济发展，在传统国民经济核算还没有完全搞清楚的情况下，超前搞绿色国民经济核算不符合中国实际。同时，认为绿色国民经济核算的许多技术方法还不成熟、不科学，特别是资源与环境没有严格的市场价格，环境污染和生态破坏经济损失计算方法的复杂性，资源环境统计制度还不成熟，因此对于资源环境进行核算必然相当复杂，核算结果也必然不准确，很难取得一致意见。

对于以上两种观点，我们认为，都存在片面的认识。首先，第一种观点认为，中国当前主要着眼于经济发展，这是不符合中国国情和国家发展战略的。结合中国现实考虑，近年来的经济高速增长凸显了经济发展与资源环境之间的矛盾，温家宝总理在第六次全国环保大会是提出了“三个历史性转变”新环保战略思想，进行绿色GDP核算对实施可持续发展战略、落实科学发展观、建立资源节约型与环境友好型社会都具有重要的现实意义，是最符合中国国情的。同时，我们认为，不能因为传统国民经济核算没有完全搞清楚，就不能开展绿色GDP核算。其实，两种核算制度对经济发展的指导作用是不同的，传统GDP核算体系是在经济系统内的市场框架下衡量经济系统运行的国民经济核算体系，它对指导国民经济的运行具有重要指导意义，绿色GDP核算建立在传统GDP核算体系的基础上，是在经济与环境大系统内，着重于核算资源与环境代价，它对于经济与环境协调发展更具有指导意义。正是中国发展的这种特殊阶段决定了在中国开展绿色GDP核算具有很强的现实意义。

由于中国进行国民经济核算的历史并不长，核算基础尚不算十分牢固，开始时制度安排和核算方法也是不成熟，经过多年的研究，现行的国民经济核算在原有基础上才逐步完善。随着社会经济的发展，传统国民经济核算需要研究和完善的内容和方法越来越多，在实践中总是不断地完善与发展。即使到现在，许多国内外专家对我国的国民经济核算，尤其是GDP的统计核算有着各种不同的质疑。同样，绿色国民经济核算由于研究的时间更短，基础更差，更需要逐步完善。不能因为技术方法和统计制度的不成熟就停滞不前，不研究绿色GDP核算体系。

7.1.1.2 绿色GDP核算的科学性

一些学者对绿色GDP核算的提法提出了质疑，认为这种提法或概念缺乏科学性。我们认为，绿色GDP是一种大众性的提法，它是与传统GDP的概念相对应的，比较适合被政府官员、公众和媒体接受。简单地说，绿色GDP就是传统GDP扣减掉资源消耗成本和环境退化成本以后的GDP。正如传统GDP是传统国民经济核算的一个重要指标一样，绿色GDP是绿色国民经济核算的一个重要指标，或者说是一个便于被公众广泛接受的指标。绿色GDP核算不等于绿色国民经济核算。绿色国民经济核算提供的政策信息要远多于绿色GDP本身包含的信息。

对于环保部和国家统计局两个部门开展的绿色国民经济核算试

点工作来说，从科学的意义上讲，最后核算出来的是一个“经环境污染调整后的 GDP”，是一个局部的、有诸多限制条件的绿色 GDP，是一个仅考虑环境扣减的绿色 GDP。严格意义上，我们只是提出了两个指标：① 经虚拟治理成本扣减的 GDP，或者是 GDP 的污染扣减指数；② 环境污染损失占 GDP 的比例。而且，我们第一步核算出来的环境污染损失还不完整，还未包括生态破坏损失、地下水污染损失、土壤污染损失等内容。完全意义上的绿色 GDP 是一项全新的、涉及多部门的工作，既包括资源核算，又包括环境核算，只能由国家统计局组织有关资源和环保部门经过长期的努力才能得到，是一个理想的、长期的核算目标。

7.1.1.3 绿色 GDP 核算的局部性和完整性

绿色 GDP 核算是一个复杂的体系。从国际研究进展看，绿色 GDP 核算一般是从局部核算开始，或者着眼于特定资源主题，或者着眼于特定环境主题。由于中国进行绿色 GDP 核算研究的历史并不长，核算基础十分薄弱，不具备完成所有资源、环境经济核算的条件，其实施也将是一个逐步探索、逐步规范的过程。对于绿色 GDP 核算研究，我们工作总体原则是“先易后难、重点突破”，从试点和局部开始，逐步完善，通过对这些局部核算经验予以总结，逐步完善中国绿色 GDP 核算理论与方法。因此，从这个意义上讲，目前任何有关绿色 GDP 核算的结果都只能是局部的，全面的绿色 GDP 核算是一个长期的、艰巨的、复杂的任务。

在核算内容的选择上，按照传统国民经济核算和国际上大多数国家通行的做法，首先选择目前基础较好、方法较为成熟的内容进行。对那些核算难度较大、不容易调查统计、基础较差和方法不完善的内容需要进一步研究。例如，对于自然资源核算，首先应选择森林资源、水资源、矿产资源、土地资源进行核算。对于环境核算，首先进行环境污染核算，再进行生态破坏核算。环境污染核算，又主要选择传统污染物（如 COD、氨氮、SO_2、NO_x 等）进行实物核算。在价值核算方面，目前主要利用污染损失评估法核算大气污染与人体健康、大气污染与农作物、大气污染与建筑材料、大气污染与清洁费用、水污染与人体健康、水污染与农作物、水污染与洁净水、水污染与工业预处理、固体废物与土地占用等 10 项污染经济损失。对于其他污染损失，如臭氧对人体健康和农作物造成的损失、物理污染对人体健康造成的损失等，由于研究基础较为薄弱、技术方法不成熟、调查统计困难，目前还没有进行核算。

在核算地区和时间选择上，从近期看，由于环境问题的复杂性，特别是对于生态破坏损失的核算，其基础还比较薄弱；另外，考虑到资金和时间的因素，要在全国 31 个省（市）中开展框架中提出的全部核算内容，也是比较困难的。因此，从地区方面，我们在全国选择了 10 个省（市）首先开展环境污染试点核算，而基于环境污染的绿色 GDP 核算只是完整绿色 GDP 核算中的一个部分。

7.1.2 核算技术和方法

7.1.2.1 绿色 GDP 核算与实物量和价值量核算

有人认为，由于价值量核算涉及资源环境的非市场价格问题，主观性较强，准确度难以把握，价值量核算不具有意义，因此绿色 GDP 核算只需进行资源环境的实物量核算就可以了。这种观点的局限性在于对绿色国民经济核算体系的理解不全面，没有完全认识到绿色 GDP 核算价值量核算的重要意义。

绿色国民经济核算包含两个层次：一是实物型核算；二是价值型核算。所谓实物型核算，是在国民经济核算框架基础上，运用实物单位建立不同层次的实物量账户和经济-环境混合核算表，描述与经济活动对应的各类污染物排放量、生态破坏量。在价值量核算中，具体包括两个部分：① 对现存经济核算中有关环境的货币流量予以核算，主要包括污染物治理成本（或环境保护成本）核算；② 在实物核算基础上，估算环境退化成本和生态破坏的货币价值（生态破坏成本）。进而，将货币型核算的结果与国民经济核算的内容合并起来，对传统的宏观经济总量进行调整，进一步形成包含环境要素的宏观经济总量指标，如经环境调整后的 GDP 总量指标。

因此，价值量核算与实物量核算是绿色 GDP 核算体系的两个不可缺少的组成部分，实物量核算是价值量核算的基础，又是环境保护和生态保护的落脚点，价值量核算是计算绿色 GDP 总量指标的基础，而绿色 GDP 总量指标是衡量环境与经济协调发展和可持续发展程度的综合性指标。只有进行价值量核算，才能称得上是真正的绿色 GDP 核算。

7.1.2.2 绿色 GDP 核算中的环境污染价格

绿色 GDP 核算与传统 GDP 核算一样，所涉及的许多问题不仅仅是技术性的，而且也涉及经济理论和原理等基本问题。在绿色 GDP

核算的研究与实践中，必须考虑到背后的经济理论基础，只有这样，才能深刻理解和认识绿色 GDP 核算的技术与方法。

传统 GDP 核算的理论基础是新古典经济学和凯恩斯宏观经济学，绿色 GDP 核算的理论基础是环境经济学和福利经济学。传统 GDP 核算是建立在市场价格的基础上，对市场经济活动的一种理性化的描述和说明。绿色 GDP 核算涉及核算资源与环境代价问题，而资源与环境往往没有在市场价格中得到全面地反映。因此，其核算必然以市场价格和非市场价格相结合为基础。对于资源环境代价，需要借助一定的方法，如机会成本法、人力资本法等，转化为以货币度量的经济代价。但是，这些方法的基础都是国民经济分析中采用的市场价格、影子价格和机会成本。因此，绿色 GDP 核算和传统 GDP 核算的价格基础是基本一致的，特别是我们提出的采用治理成本法核算的虚拟治理成本，价格基础与 GDP 核算是完全一致的。

7.1.2.3 绿色 GDP 核算的数据支持问题

绿色 GDP 核算作为一项新的国民经济核算制度，涉及统计学、经济学、环境科学、水利学、农业学、植物学和生态学等多学科领域，要反映资源环境的真实代价，不仅需要研究相关的核算技术和方法，还需要大量的多部门基础统计调查数据支持。

目前，世界各国对经济社会活动的统计都比较重视，而对于绿色 GDP 核算，应该用哪些指标来衡量，采用怎样的统计方法和调查体系来搜集数据，无论在理论方面还是实践方面都还比较薄弱。一般来说，针对经济管理本身而言，我国的经济统计已经相对比较成熟，但这样的经济统计并不是针对描述环境与经济的关系而建立的；近年来环境监测与统计有了长足的发展，但仍然无法全面地描述环境的现状及其变化；如果从环境与经济活动的对应关系上考虑，统计计量的完成程度就更加有限，或许存在特定场景下的个案记录，但这些基于个案记录的微观数据并不能满足一个宏观总体（如一个国家）的计量需求，这时就需要建立有关数学模型，在现有统计数据的基础上进行科学推算。传统国民经济核算体系对有关内容的处理也是这样做的。

我们认为，要建立绿色 GDP 核算体系，必须从基础工作抓起，统计部门应会同有关专业部门抓紧建立健全资源环境统计指标体系和相应的统计调查制度及工作体系，将各部门的核算基础数据统一归口到国家统计局。环境保护部要在环境经济核算方面统一负责基础数据工作，同时争取水利、卫生和农业等部门的支持，建立必要的数据信息交换机制，为后续研究和核算工作提供数据保证。对那些不能统计调查的资源环境代价，尤其是以货币量表示的资源环境成本需要进行一定推算，统计与核算同时运用，以便比较全面准确地对经济发展的资源代价和环境代价情况做出定量描述。

7.1.2.4 绿色 GDP 核算与环境效益核算

绿色 GDP 核算即绿色国民经济核算体系，是指在全面、协调和可持续发展观的指导下，把经济活动过程中的资源环境因素反映在国民经济核算体系中，将资源耗减成本、环境退化成本、生态破坏成本从 GDP 中加以扣除，同时加上环境保护的效益，是一种新的国民经济核算体系。由此可见，环境效益核算和环境成本核算在绿色 GDP 核算中都具有重要意义。

但是，目前开展的绿色 GDP 核算的重点主要着眼于环境成本核算，即对经济发展过程中的资源消耗、环境污染损失和生态破坏损失进行核算，这是由绿色 GDP 核算研究进程和中国所处的经济发展阶段所决定的。当前，中国经济正处于高速增长时期，是对资源消耗最快、对环境污染破坏最大的时期。如果将中国经济发展分为弱可持续发展阶段和强可持续发展阶段，现有经济发展阶段可以说是弱可持续发展阶段，从指导国民经济发展的方向和环境保护出发，主要核算经济发展带来的资源环境代价，即环境成本。在经济发展的更高阶段，到了强可持续发展阶段，应对环境效益进行核算，同时核算环境保护的投入与产出，以完善整个绿色 GDP 核算体系。

7.1.2.5 绿色 GDP 核算中的重复计算问题

在原国家环保总局和国家统计局开展的绿色 GDP 核算研究中，对污染经济损失共核算了 9 项，其中有专家对“因污染引起的工业预处理成本核算”提出质疑，认为在算绿色 GDP 时，这一项不应该被扣减，因为每个企业都会把在工艺流程中的成本消耗（不管是工艺费用或是设施添置）加在最终的产品价格中，在核算 GDP 时已经被作为中间投入扣除了，现在又核算一次，必然造成重复扣除。对于这个问题，需要从传统 GDP 核算和绿色 GDP 核算的理论基础去回答。的确，目前污染损失中的许多计算项都已经反映在传统的 GDP 中了，除工业用水预处理成本外，污染健康死亡损失、农业经济损失、林业经济损失等都已经实际扣减过了。如果直接从传统 GDP 核算理论上来说，如果再扣减，就是重复扣减。

然而，绿色 GDP 核算以环境经济学、效用价值理论为基础，一般来讲，环境资源（包括环境质量）没有市场价格，也没有实际的市场交换，对环境污染损失，即“环境代价”的评价是通过各种途径对经济外部性造成的环境功能的降级，即环境资源价值贬值或者环境资产品质退化的一种估计。例如，一台机床如果损耗，那么它的生产力必然退化，GDP 会减少，然而传统 GDP 还要通过固定资产折旧反映机床的损耗；污染造成环境的损耗，环境生产力的退化会对 GDP 造成损害，比如造成农作物减产、污染引起的工业预处理成本增加等，在传统 GDP 中有所反映，然而传统 GDP 却无法反映环境污染引起的环境价值损耗，而污染损失的计算恰恰是要反映环境价值的这种降级损耗，环境污染造成农作物减产、污染引起的工业预处理成本增加等，只是估算环境价值损耗的不同途径。因此，根据环境经济学理论，这种环境降级损耗（如由于污染引起的预处理成本增加、水污染造成农作物损失等）无论是否已在传统 GDP 中反映了，在绿色 GDP 核算中都应进行核算。这样，才能通过绿色 GDP 核算得到 GDP 核算不能揭示的信息，弥补传统国民经济核算体系的缺陷，以更好地反映经济发展带来的环境代价。

7.1.2.6 绿色 GDP 核算中的污染跨界和时效

从理论上说，单项污染损失加和就是总污染损失，但由于污染物之间存在着相互转化和影响、污染物存在着跨界污染的问题以及污染产生的影响存在着时间累积的问题等，因而，在实际计算中经常出现重复计算、漏算或错算以至于算不清楚的情况。此时，在建立污染剂量-反应关系模型时，就需要充分考虑污染物之间的转化关系、污染的空间地域转移特征和污染的时间累积效应等问题。

污染的空间地域转移。大气污染、水污染和固体废物污染都存在空间上的地域转移问题。在污染损失估算时，污染的空间转移问题向我们提出了挑战，在实际核算时，我们坚持“污染终端危害”的原则，即只计算当地发生污染损失费用。

污染的时间累积效应。污染问题大多表现为量变引起的质变，当污染物排放量小于环境容量时，一般是不会造成污染损失的。污染造成的质变往往是污染时间累积效应的体现。例如，人如果暂时生活在大气污染物浓度稍高于健康影响临界阈值之上的环境中，不会对人体健康造成明显的危害，但如果长期生活在这种暴露环境中，就会引起人体健康的负面反应；水体污染物对人体健康危害的时间累积效应尤其明显。污染型缺水肯定也不是一年污染造成的，而是长期排污造成的水环境容量超限造成的。

由于现有的科学研究还不能给诸如此类的问题一个确切的答案，在核算某一类污染物造成的某一年损失时就存在一个问题，即某一年的污染损失可能是多年污染累积而凸显出来的。在建立剂量-反应关系模型时，需要考虑到污染的这种慢性效应。通常，采用的剂量反应关系都考虑了污染的慢性效应，即已经考虑了累积效应对某一年污染损失的贡献，这种累积效应对下一年的污染损失仍有贡献。由于最终的污染损失价值量是流量的概念，即重在核算每一年环境质量的变化所引起的污染损失的增大或减小量。因此，在核算时指明基准年，后一年的减去前一年的，即为当年的损失，但在归因时对慢性累积效应不同情况加以具体说明。时间累积效应的一个特例是，固体废弃物堆积所造成的土地生产力永久性丧失，需要计算它的永久性机会成本，最后通过贴现计算出当年的污染损失。

7.1.3 实际操作和应用

7.1.3.1 绿色 GDP 与党政领导绩效考核

当前党政领导干部绩效考核指标中，已经纳入了环境和资源保护的指标，但是只是个别单一性指标，难以衡量发展的可持续程度。由于绿色 GDP 核算将自然资源耗减、环境污染与生态恶化造成的经济损失加以货币化，检验社会生产力发展得失同时，检验自然生产力的消长，可以督促决策者从根本上提高资源配置效率，解决资源、环境与经济相互制约的现状，构建与环境和谐的新经济体系。因此，绿色 GDP 是人们在经济活动中处理经济增长、资源利用和环境保护三者关系的一个综合、全面的指标，具有引导社会经济发展不但注重眼前效益、更追求长远利益的导向作用，它为干部政绩考核提供了科学依据。但是，目前绿色 GDP 纳入干部绩效考核指标尚不成熟，仍存在技术和制度上的困难，但主要是体制上的困难。

在体制与制度方面：① 现行的资源环境统计制度还不完善，统计数据无论在质量上还是统计范围上都不能满足绿色 GDP 核算的需要；② 绿色 GDP 核算方法和标准还没有统一规范、核算过程的监督管理制度、核算结果审核和发布制度等还没有建立。绿色 GDP 核算的体制和技术等诸多困难表明，在近期将绿色 GDP 指标纳入干部政绩考核制度时机还不成熟，但从长远来看，在“考核官员的环保绩效”已成为国际趋势的大背景下，绿色 GDP 纳入干部的政绩考核或评价制度具有重要意义。

绿色 GDP 核算体系的建立需要有一个过程，绿色 GDP 纳入干部的政绩考核制度也可以分步进行。在绿色 GDP 核算没有完全规范化之前，也可以选择一些与绿色 GDP 相关的、体现可持续发展的环境经济指标，纳入党政领导绩效考核指标体系中，如万元 GDP 能耗、万元 GDP 水耗、万元 GDP 土地消耗、万元 GDP 污染物排放、环境支出占 GDP 比例、主要水体水质达标、空气质量达标等指标。

7.1.3.2 绿色 GDP 核算中的部门协调问题

由于绿色 GDP 核算体系的构建对应的层次是“自然环境+社会经济”，处于生态学、环境学、资源学、经济学、社会学等众多学科研究的范围，同时，绿色 GDP 核算也是一项涉及多部门的工作，所以，需要进行跨学科研究，各部门之间、各课题组之间以及国际国内之间的协调配合。搭建跨学科、跨部门的统一工作机构是绿色 GDP 核算体系构建成功的保证。这也是正确引导目前绿色 GDP 核算研究“热”的一个重要措施。

国家统计局作为国民经济统计与核算的最高权威部门，是绿色 GDP 核算的总设计师和总协调员。在诸如总体核算框架设计、法规标准建立、部门核算协调、核算与统计制度改革等工作方面发挥主导作用。同时，国家统计局要建立跨部门的工作领导小组和有关部门参加的统一工作平台，下设若干核算专题小组，包括水资源核算、森林资源核算、矿产资源核算、土地资源核算、环境污染和生态破坏损失核算等专题，在统一协调部署下，共同制订工作方案及目标，并负责组织试点及实施工作。因此，从这一角度出发，开展完整绿色 GDP 核算是统计部门的工作职责。在绿色 GDP 核算中，环保部门是重要的参与者，主要开展环境经济核算工作。

7.1.3.3 绿色 GDP 核算的发布制度问题

在进行绿色 GDP 核算研究与实践中，我们逐步发现，现行体制的不完善成为建立绿色 GDP 核算体系的障碍之一。要建立绿色 GDP 核算体系，必须建立和完善相关的制度工作。① 要建立和完善环境监测、统计和审核制度，目前有关部门正在着手进行环保统计制度的改革，相信会较快地看到成效；② 要逐步提升绿色 GDP 核算方法的规范化和制度法，保证核算过程及操作方法的科学规范，进而保证最终计算结果决策导向的正确性；③ 建立和完善环境经济核算年度报告制度、核算过程监督管理制度和核算结果的发布制度。绿色 GDP 核算是关系到国家、地方、人民切身利益的事情，对此，必须建立畅通的信息沟通平台和完善的监督制度，建立绿色 GDP 核算结果发布制度。当前，比较适合的发布平台是研究机构发布，这样更能客观地评价地方政府的发展绩效。

7.1.3.4 绿色 GDP 核算与国际接轨问题

有人认为，到目前为止，还没有看到一个国家做出了完整的绿色 GDP 核算，更没有看到一个国家官方拿出了绿色 GDP 核算报告。目前，联合国、世界银行、国际货币基金组织、OECD 及欧盟等国际组织正在联合修订全球通用的国民经济核算体系（SNA1993），准备推出 SNA2008。由于条件不成熟，尚不具备可实施性，并没有将绿色 GDP 列入修订内容。

我们认为，世界各国围绕环境污染、生态破坏等方面的核算已经进行了大量研究探索，国际组织一直致力于这方面的研究和实践，其中影响广泛的就是在联合国主持下所进行的关于环境经济综合核算体系（SEEA）的 3 次整合，通过整合，形成了环境经济核算的理论框架，体现了从基本概念扩展到经环境调整之国内产出（EDP）的完整思路，从理论框架的提出开始向具体实践推进的进程。最近，联合国成立了环境经济核算委员会，继续推动 SEEA-2003 的修订工作，准备提出综合环境与经济核算体系 SEEA-2008 版本。SEEA 为各国绿色国民经济核算的研究提供了起点和指导，对促进和规范国际范围内的绿色国民经济核算发挥了重要作用。我国目前开展的绿色 GDP 核算与联合国推荐的综合环境与经济核算体系（SEEA-2003）框架是基本接轨的，在基本概念定义、核算内容确定、核算表式设计、操作规程制定等方面保持了与国际做法的一致性。

众所周知，环境问题具有地域性特征和不同的管理目标，各国进行环境核算的基础也存在很大差异。因此，中国的绿色 GDP 核算一方面，要借鉴国际上的经验，尽可能与国际 SEEA 核算框架相接轨，另一方面，要适应中国现实情况，在核算目标模式、核算内容、表式设计等方面都要依托中国国民经济核算体系和环境统计体系的特点以及开展绿色国民经济核算已经取得的实际经验，尽可能与中国的环境统计、自然资源统计、国民经济统计以及中国现有国民经济核算基础相衔接。中国绿色 GDP 核算必须要具有中国的特点，是未来中国国民经济核算体系的重要组成部分，服务于中国的社会经济与环境的协调发展。在核算结果的比较上，也主要着眼于国内地区之间的比较，主要引导地方真正落实科学发展观。

7.1.3.5 绿色 GDP 核算的研究探索性

面对复杂的环境经济关系，面对在技术方法上的困难，绿色国民经济核算目前仍然是一个充满探索、实验的研究领域，尚不是一套成熟、规范的统计实务。这就是说，绿色 GDP 距离可以实际准确计量，目前还存在着许多理论上和实践上的困难，尚难以像 GDP 那样作为经常统计的结果加以应用，更难以在不同经济层面上计量，满足各级政府的考核管理需要。因此，目前将绿色 GDP 核算主要定位于项目研究阶段，试点是一种探索性的研究，当然允许失败或成功。

尽管绿色 GDP 核算方法还不十分成熟，但我们可以通过逐步试点，探索和完善相应的核算方法和制度。在中国当前国情下，核算试点等相关工作的开展，必须通过政府部门主导才能顺利实施。首先，绿色 GDP 核算不仅仅是为了核算而核算，而是要与国家、地区的环境政策导向一致，要为国家和地区经济与环境管理服务。同时，我们知道，绿色 GDP 核算体系包括的核算内容繁多，涉及许多部门的管辖范围，需要政府各部门之间进行协调沟通；另外，绿色 GDP 核算要在我国 10 个省（市）甚至更大范围进行试点核算，光靠研究部门是不行的，需要国家和各级政府推动才能保证整个工作的顺利开展。因此，当前绿色 GDP 核算定位于项目研究，而且必须是政府主导下的项目研究，只有这样，才能保证绿色 GDP 核算体系在中国早日实施和应用。

7.2 促进建立科学发展的政绩考核体系

绿色国民经济核算和绿色 GDP 核算是在中国政府提出科学发展观这样一个发展战略下提出的。一些政府官员从一开始就期望直接建立基于绿色 GDP 的党政领导政绩考核体系。实践证明，建立绿色 GDP 考核体系是一个长期的、艰巨的任务，不能操之过急。

7.2.1 现行党政领导政绩考核存在的问题*

7.2.1.1 经济指标仍是评价干部政绩的核心

（1）存在制度安排失衡，即环保绩效在中央一级对党政领导干

---

* 这一部分内容是在环境保护部政策研究中心夏光研究员提供的《地方党政领导和政府环境保护考核制度调研报告》（2006）的基础上完成的。特此感谢。

部政绩的考核中还处于十分次要的地位。1995 年中央组织部制定了《县（市）党委、政府领导班子工作实绩考核试行标准》对经济建设、社会发展和精神文明建设和党的建设 3 个方面共 16 项内容对县（市）党委、政府领导班子工作实绩进行定性和定量考核。进入 21 世纪，党中央和国务院对环境问题高度重视。有关部门于 1999 年、2002 年和 2003 年会同国家环保总局，积极探索将环保指标纳入政府官员考核体系。环保考核内容作为社会发展和精神文明建设中的一项考核内容，具体要求是："实行环境建设和经济建设同步规划、同步实施、同步发展，有效治理和逐步减少大气环境与水资源污染。"考核指标为："'三废'治理达标率、森林和绿地覆盖率。"从上述规定可以看到，环境保护只是社会发展和精神文明建设中的一项指标，不具有计划生育在干部考核中所拥有的"一票否决制"的地位和作用，更没有体现出环境保护作为我国基本国策应有的地位和作用。可见，中央层次上的政策导向就存在偏差。

（2）干部升迁主要看经济绩效，这是一条虽未明文规定，但实际心照不宣的"潜规则"。虽然中央一级党政干部考核中包括了环保考核的内容，但由于经济建设内容突出，在地方具体实施过程中产生了一定的错误导向，存在干部考核中过分注重经济建设成绩的"潜规则"。在我们进行实地调研的河北、重庆、广东 3 省市都不同程度地存在干部考核制度严重失衡的问题，环保内容和环保考核在整个干部考核中都处于十分次要的位置。针对我国目前所面临的经济发展与环境保护矛盾日益突出的现实，上述干部考核体系难以在引导党政领导干部经济与环境行为上发挥有效的激励作用，不利于约束一些地方领导以牺牲环境利益单纯追求经济指标和个人政绩的不良行为。

7.2.1.2 考核结果没有与干部的使用挂钩

对于各级党政领导干部而言，环保绩效考核对其环保工作的激励作用主要来自 3 个方面：① 影响自己的政治前途；② 影响自身荣誉和形象；③ 可以带来一定的经济收入。其中，对政治前途的影响最具激励作用，它可以指挥和左右党政领导干部的思想和行动。因此，在各地党政领导干部环保绩效考核办法中，都对环保绩效考核结果的使用和奖惩办法作了明确的规定。但是，从各地环保绩效考核的实施情况来看，考核结果对党政领导干部的政治前途基本上不会产生影响，考核结果的激励作用还主要体现在影响自身荣誉和形象方面，经济奖励也基本上不会对党政干部产生有效的激励作用。

总的评价是：现行的党政领导干部环保绩效考核结果没有和干部的使用真正挂钩，激励作用不足。即使一些地区在党政领导干部环保绩效考核制度中对考核成果与领导干部的政治前途的因果关系作了明确的规定，但在具体落实上并未执行。事实上，考核结果基本上没有与干部的任用真正挂起钩来，这是一个普遍性而非个别性的问题。这样，就造成了环保绩效考核制度的力度和刚性不强，缺乏激励作用，甚至造成考核工作的形式化。例如，在我们进行实地调研的重庆、河北和广东三地，虽然环保绩效考核办法中都明确规定了考核成绩差的干部不能提拔任用或应降职处分，但在干部任用上上述规定几乎没有得到贯彻实施，在某些地区一些环保绩效考核中成绩很差的领导干部甚至得到了提拔任用。某些地区组织部门的领导甚至认为，“将环保绩效考核结果与干部任用和提拔挂钩”这个想法是“出圈”了。

7.2.1.3 领导干部环保绩效考核制度还不完善

（1）考核的对象还不全面，没有完全将环保责任落实到人。我国政体的基本特点决定了党政一把手拥有至高的权力，如果这种权力缺乏应有的环保职责制约，就很有可能造成地区的片面发展和环境破坏。因此，从某种意义上讲，地区环境问题是由地方长官一手造成的。同时，环保工作头绪多，牵扯到许多政府职能部门，如果没有地方党政一把手和有关部门一把手的配合，就难以协调各部门的利益和关系，环境保护工作就难以落到实处。因此，地方党政一把手在履行地方政府环保职能上具有的举足轻重的地位和作用；部门党政一把手也在履行部门环保职责方面发挥着重要的作用。从理论上讲，环保绩效考核的对象应主要针对各级和各部门党政一把手。但是，从目前考核制度的设计来看，考核主要针对市、县（市、区）两级党政主要领导，只有重庆和四川明确提出被考核对象是市、州、县（市、区）的党政一把手。很显然，考核对象的涉及层次有限，考核对象主要集中在块块方面，考核对象没有完全落实在对党政一把手上，针对性不够强。

（2）考核主体定位不够准确，考核组织实施缺乏力度，有部门考核之嫌。从“党管干部”和组织部门考核任用干部的角度出发，对党政领导干部的考核工作是由组织部门承担和负责的，党政领导干部环保绩效考核也不应例外。但从目前环保绩效考核工作的实际情况来看，考核主体的定位还不够准确。目前，考核主体为组织部门的只有山东一家，其他地区有的考核主体为省、市党委办公厅和省、市政府办公厅（如广东、四川、重庆等）；有的考核主体为则为省环保工作领导小组或其他的类似机构（如河北、上海等）。更为严重的是，在党政领导干部环保绩效考核的具体实施过程中，各地环保绩效考核的主体都几乎演变为环保职能部门，超越了环保部门的职能和权限。实际考核工作中由环保部门主持环保考核工作造成了考核定位不够准确，考核组织实施缺乏力度，有部门考核之嫌，因此，在进一步完善党政领导干部环保绩效考核制度安排上，至关重要的一条是要明确考核主体为组织部门，并要建立高效和强有力的考核组织实施机制。

（3）现行的环保绩效考核指标体系设计还不完善，不能真实、科学地反映党政领导干部的环保工作业绩。现行党政领导干部环保绩效考核工作存在的另一个重要问题是考核指标的设计还不完善，考核指标的针对性不强，还不能真实、准确地反映党政领导干部的环保工作业绩。考核指标体系存在的主要问题包括：① 一些地方环保绩效考核指标过于繁琐，造成考核内容和指标重点不突出，造成考核工作量大，增加考核成本。因此，环保绩效考核指标应突出重点，简化指标。② 现行考核指标体系主要以静态指标为主，缺乏动态性指标，不能真实反映党政主要领导干部的亲自抓环保工作的成绩和由此带来的地区环境质量的改善。例如目前对环境质量的考核主要以主要污染物的年平均值来反映，缺乏反映环境质量的动态变化指标。③ 对领导干部重视环保工作和综合决策等的考核主要以定性指标考核为主，对行为过程的重视似乎更重于成效。例如对领导对环保工作的重视只以是否召开过环保专题会议等过程性指标进行定性评价，缺乏能真正反映通过领导主观努力实现保护环境目标的绩效性指标，使考核成绩难以真实、全面地反映出领导环保工作的实际效果。④ 考核指标的针对性有待改进，不应过分强调环保技术指标，以免造成环保绩效考核成了考环保部门。对领导干部的环保绩效考核应该着重考核领导干部对环保工作的主观努力程度和客观取得的成效两个方面。因此，环保绩效考核内容和指标的设计必须更具针对性，一般的环保工作内容应该排除在党政领导干部的考核内容之外。⑤ 现有的考核指标中社会公众的意见没有得到充分的体现。目前只有重庆和调整后的创建环保模范城市、生态省和生态（县）的考核体系中设有反映公众对辖区环境满意程度的考核指标。作为监督环境保护的一支重要力量，公众的意见在某种程度上说是最真实的考核指标，今后在领导干部环保绩效考核中应该进一步地强化。⑥ 考核指标缺少反映环境与经济协调发展程度的综合性指标。目前，经济指标和环保指标两张皮的问题没有得到解决，考核指标还主要在环境指标本身上做文章。今后，随着绿色核算理论和实际统计基础性条件的不断完善，可以在考核中采用绿色 GDP 等指标作为考核的核心指标。

（4）考核程序不够简化，增加了考核的行政成本。据调查，各地的党政领导干部环保绩效考核工作普遍存在着考核程序过于繁琐，考核工作给地方相关部门带来工作负担和压力较大，造成考核相关部门人力、物力和财力的投入的较大，从而增加了考核的行政成本。因此，从提高工作效率和降低成本两方面考虑，在党政干部考核制度的完善工作中，要进一步简化考核程序，降低考核成本，提高党政领导干部环保绩效考核制度的效率。

（5）责任追究制度不落实。普遍来看，党政一把手环保工作实绩考核对环保实绩较差的地方主要领导或班子进行了通报，但未落实责任追究。对于干预环境执法、隐瞒重大环境污染事故、授意批准建设有污染的新建项目等的区县党政一把手未给予相应的行政和纪律处分，没有从任职上给予调整和警示，影响制度实施的力度。

7.2.1.4 考核制度只在有限的地区实行

根据有关部门对重庆市、河北省和广东省进行的实地调研过程中发现，各级环保部门对环保绩效考核十分支持，并普遍认为强化党政领导干部环保绩效考核是当前环保工作的头等大事之一。环保部门认为环保绩效考核能够全面推动地方环保工作。但非常可惜的是，目前党政领导干部环保绩效考核工作只是在河北、广东、重庆、山东、四川、上海等部分省（市）地区得以贯彻实施。作为一项被认为和证明为有效的考核制度，党政领导干部环保绩效考核制度目前还未在全国范围内实施，从某种程度上说影响了全国环境保护工作的开展。今后，应在总结各地环保绩效考核试点工作经验的基础上，抓紧党政领导干部环保绩效考核制度的建设和完善，尽快在全国范围内推行党政领导干部环保绩效考核制度。

7.2.2 以 GDP 为中心的政绩考核危害巨大

制度和机制是制约党政领导干部行为的决定性因素。合理的制度安排和机制可以对党政领导干部产生正面的引导作用；反之，不合理的制度安排和机制也可以对党政领导干部产生负面的激励作用。从我国目前的实际分析情况看，在党政领导干部政绩考核方面，无论是制度设计还是具体实施过程，都存在不同程度的“失衡”。

我国以 GDP 为核心的国民经济核算体系的应用时间并不很长。改革开放初期，为衡量经济增长实绩，适应当时商品经济发展需要，1985 年至 1992 年我国采用了前苏联、东欧社会主义国家的物质产品平衡体系（The System of Material Product Balances，MPS），以及西方市场经济国家以 GDP 为核心的国民经济核算体系（System of National Accounting，SNA）两种体系并存的方式，对经济进行核算。1993 年，为适应改革开放与社会主义市场经济的需要，我国以联合国发布的 SNA（1993）为基础，立足国情，设计并编制了新的国民经济核算体系，一直沿用至今。

以 GDP 为核心的国民经济核算制度和考评标准，极大地调动了各级政府、企业和所有经营者发展生产、搞活经济的积极性，为加速工业化和整个经济发展起到了重要的激励和促进作用，这是应当充分肯定的。但是，单纯追求 GDP 的快速增长而不顾及环境容量和自然生态承载力，不计算资源、环境付出的代价，由此而带来的不良后果也是严重的、惊人的。在这种考评标准和方法的影响下，一些地方、部门、单位的领导者把以经济建设为中心简单地理解为“以 GDP 为中心”，把“发展是硬道理”理解为“GDP 增长是硬道理”，在发展观上出现“以 GDP 论英雄”、在政绩观上陷入“以 GDP 论政绩”的误区。他们片面地认为，只要 GDP 上去了，就是先进的、好样的、了不起的，并把单纯的 GDP 的快速增长同政绩、荣辱以至名利、地位、升迁联系起来，变成不择手段、不顾后果地以牺牲生态、环境为代价追求经济快速增长的动力源。这是导致我国环境恶化、生态欠债日增的深层次原因。

7.2.2.1 资源破坏和浪费极其严重

多年来，一些地方为追求 GDP 超常规增长，不惜“竭泽而渔”，对资源实行“有水快流”掠夺式开发，包括对矿产资源、特别是煤炭，一哄而起，乱采乱挖，吃肥丢瘦，吃一半丢一半，甚至吃 1/3 丢 2/3，大大加快了资源枯竭进程；乱占滥用土地、耕地，超量增施化学物质，致使耕地面积大幅度减少、有机物质和地力下降；毁林毁草垦荒，造成大片生态绿地消失，带来沙化、荒漠化灾害；草原超载放牧，致使草场功能退化以致沙化；水域过度捕捞，加之水质污染，有些水域已无鱼可捕，甚至呈“荒漠化”状态，等等。所有这些都导致生态赤字、环境欠债加大，“旧债未还，又欠新债”。原本我国的自然资源人均占有低下、稀缺而金贵，用如此拼资源的方式追求 GDP 的高增长，难以持久，是不可持续的。

7.2.2.2 环境污染严峻形势前所未有

为加快 GDP 快速增长，有些地方只求发展，不顾环保，上了一批又一批污染项目，致使大气污染、水污染及土壤污染日益加重。有些地区已是“有水皆污”；相当一部分城市和工业园区、矿区的空气污染加重，危害居民身心健康。有些受害居民对“呼吸呛人的空气，喝不卫生的水，吃有害的食品”表示愤怒。目前，不少地方的大气、水源、土壤污染祸害，正在从城市向农村、从沿海地区向内地、从陆地向海域蔓延，并从地表水向地下水渗透。

7.2.2.3 “政绩工程”屡禁不止

有些地方不顾发展需要与可能，不惜耗费巨资和大量资源，大兴土木，修建奢华楼堂馆所、超大型广场、超宽马路和种种顶级景观，作为领导者的“政绩工程、形象工程”。这样做，既可以大幅度增加 GDP 指数，又能展示决策者的“气魄”、“才华”，可谓“名利双收”。岂不知，这些壮丽工程的社会、民生效益甚微，而留下的欠债、后患却大得很，所谓“前任政绩后任债”，“一任的政绩几任的包袱”。尽管国家三令五申，不准搞这种豪华、超标准的公用设施、项目，但有些地方并未止步罢手，仍然我行我素，照搞不误，甚至相互攀比，你搞了我也要搞，还要标准更高、更豪华。这种不正之风之所以难以刹住，也与政绩考评标准制度缺陷直接有关，为非理性的发展观、政绩观所驱使。

7.2.2.4 上报政绩浮夸作假

有些地方、单位的经济增长幅度本来已经够大了，年年两位数，但为了“争先”或者“赶上、超过”更高者，就在数字上做手脚，给政绩数字注水，“你高我更高”。据知情者反映，有的地方一夜之间增长数额“涨”了一两成；有的新项目尚无踪影，早已作为投资成绩上报；财政收入也层层加码，办法是银行贷款、企业上交、财政返还，名曰“空转”。之所以出现这种政绩造假虚报现象，归根到底与“以 GDP 论英雄”、“干部出数字、数字出干部”这种片面的政绩考核标准、办法是分不开的。

7.2.2.5 社会不安定因素增加

经济发展，生活改善，广大群众有口皆碑，满意高兴，而对资源浪费、环境污染、生态破坏则反感、不满，由此引发了不少社会矛盾，上访、闹事、争斗事件增加。据 2006 年山西省百县千企万民环境意识调查结果显示，有 37.34%的人对政府的环保工作表示不满意，要求政府加大环保工作力度；69.08%的人认为在保护环境方面政府负有较大的责任。近年来，因环保问题群众上访和投诉事件大幅度上升。事实表明，以牺牲生态、环境为代价追求经济高速增长所引发的种种矛盾，已经影响到社会和谐、稳定，影响到党群、政群、干群关系，成为政治领域里的一大公害。

国家统计局有关材料显示，在制定我国“十一五”规划过程中，全国 31 个省区市公布的“十一五”规划，预期 GDP 平均增速为 10.1%，最高的达 13%，最低的为 8.5%。一些地方按照规划的 GDP 增长率做起来，实际上还要加码、超过。如若不采取断然措施，在调整优化产业结构、转变落后生产方式、尽量采用高新技术和强化环境保护等方面有大的动作，那么，这些地方仍然可能继续走拼资源、拼环境的“高耗、低效、高污染”的老路子，其后果不堪设想。

综上所述，实行以 GDP 为核心的政绩考评标准和方法，对其不可替代的积极作用要充分加以肯定，但是其弱点缺陷也充分表明，这种考评标准、方法及由此而形成的发展观、政绩观，与“以人为本、全面、协调、可持续的科学发展观”、与“人与自然和谐”、“发展与环境同步、双赢”的要求，是相悖、相斥的，带来的资源浪费、环境污染、生态破坏、社会矛盾和干部作风等方面的危害是严重的，延续时日愈久，其危害也愈烈，已经难以为继。改革和完善以 GDP 为核心的政绩考评标准和方法，创立和实行以绿色 GDP 为核心的国民经济核算体系和考评标准、方法，实属当务之急，势在必行。

7.2.3 建立科学发展的党政领导政绩考核制度

7.2.3.1 破除以 GDP 为中心的政绩观

（1）从经济增长来看，没有 GDP 的增长，人民群众的生活水平就无法提高，就业问题就无力解决，我们也就不具备解决一系列社会问题的物质条件。因此，我们仍要坚持以经济建设为中心的发展道路。但单纯的 GDP 增长指标确有问题，它没有体现出经济增长过程中的环境损失和资源消耗成本，片面强调 GDP 增长会助长盲目消耗资源、破坏环境，造成社会失衡，反过来又使 GDP 的增长难以为继。世界上一些发展中国家的教训，至今令人记忆犹新。更为严重的是，单纯的 GDP 指标也会逐渐使执政党的合法性简单化，似乎 GDP 的增长是我们执政合法性与稳定性的唯一来源，这是不科学的。因为经济增长受制于客观规律，经济发展过程中存在着各种不可预测的客观制约因素，经济活动并不完全由政治所支配，因此政治也不应成为所有经济后果的责任承担者。西方国家发展史上，出现过多次严重的经济危机，但这并没有造成其政权的合法性危机，原因是其执政的合法性并不完全简单地等同于经济增长。执政的根本合法性，在于保障人民有一个良好安全的社会秩序，在于保障人民有一个发挥自己能力的空间。以人为本的执政观，将使人民更为全面深刻地理解执政党的执政宗旨，将使执政党真正扩大执政合法性的政治基础。

（2）从环境保护来看，环境权益是人民生存权的重要部分。国家已将环境保护列为基本国策，保护环境已成为各级政府管理者的职责所在，破坏环境等同于违法。如今，“考核官员的环保责任”已形成国际趋势，2002 年的南非可持续发展世界首脑会议强调建立各级政府的“环境保护问责制”。以人为本的可持续发展观，已要求我们将人与自然关系的和谐作为人与人关系和谐的基础，作为执政党与全社会关系和谐的基础。从长远来看，要使经济增长与环境保护得以统一，我们就要加大力量研究并采用绿色 GDP 的衡量指标，将环境成本从经济增长的数值中扣除，形成我们衡量选择政府官员更全面的标准；我们还要将公众环境质量评价、空气质量变化、饮用水质量变化、森林覆盖增长率、环保投资增减率、群众性环境诉求事件发生数量等指标纳入到政府官员考核标准；我们还要将当地政府对中央政府各项环保法规政策的落实情况也作为指标纳入政府官员考核标准。总之，环境政绩一定要与政府官员任免密切挂钩，尤其是各地各部门的主要管理者要成为环保考核的对象和环保责任的承担人。

（3）从社会发展来看，民主法制的进步是社会稳定的核心。如何既使社会稳定，又能切实推进民主法制的进步，应成为官员考核极为重要的指标。群众的上访次数和规模、刑事案发率、教育普及率、信息公开度、公众参与度、依法行政水平、道德文化建设等社会综合发展指标，最能有效地说明政府管理者的民主法制素质，也最能有效反映政府管理者的执政水平。

官员的考核指标是各级政府管理者工作方向的“指挥棒”。官员考核指标的设定是一项系统工程，要通过深入细致的调研，科学合理地设定。要引导政府管理者充分调动人民群众参与经济建设和社会发展的积极性；要引导政府管理者切实推动社会主义民主法制的进程；要引导政府管理者尽可能多地为人民群众办实事，解决实际困难；要引导政府管理者从单纯追求 GDP 的误区中跳跃出来，促进社会物质文明、政治文明、精神文明的全面发展；要引导政府管理者按照“五个统筹”的要求规划未来，立足长远；要引导政府管理者尊重自然规律，促进人口、资源、环境与经济社会的发展“共赢”。反过来说，新发展观所确立的新政绩观，要求我们对那些仅以单纯 GDP 增长为业绩而不惜破坏资源环境的政府官员，和那些只知道耗费财政和社会财富搞“形象政绩”、“窗口政绩”、“路边政绩”的政府官员，不能提拔重用。

7.2.3.2 建立科学发展的正确政绩观

1995 年，中央组织部制定了《县（市）党委、政府领导班子工作实绩考核试行标准》对经济建设、社会发展和精神文明建设、党的建设 3 个方面共 16 项内容对县（市）党委、政府领导班子工作实绩进行定性和定量考核。

2002 年，中共中央于颁布了《党政领导干部选拔任用工作条例》，突出了民主推荐、科学考察、党委集体讨论决定、纪律监督等重要环节，使官员考核任用程序更为科学民主。《条例》规定，考察政府领导职务的拟任人选，必须依据相关的任用条件和职责要求，全面考察其德、能、勤、绩、廉，尤其注重考察工作实绩。

2003 年，党的十六届三中全会上提出坚持以人为本，树立全面、协调、可持续的科学发展观，还提出“五个统筹”的要求，这是中国社会主义市场经济理论体系的一次重大升华。科学发展观是党中央在“三个代表”重要思想指导下，根据新形势，着眼新矛盾，与时俱进提出的新发展观。有了新的发展观，就有了明确的组织路线，就需要新的政绩观，就需要新的政府官员考核标准与考核机制。

2004 年，中央人口资源环境工作座谈会上，胡锦涛总书记又要求我们着眼于加快解决关系人民群众切身利益的人口资源环境问题，力求每年都要有新进展，特别指出“要研究绿色国民经济核算方法，探索将发展过程中的资源消耗、环境损失和环境效益纳入经济发展水平的评价体系，建立和维护人与自然相对平衡的关系”。

2005 年 6 月 23 日，中共中央政策研究室召开了绿色 GDP 考核办法座谈会，落实 2004 年中央经济工作会议期间中央领导提出落实科学发展观，建立体现科学发展观的党政领导考核体系。座谈会认为，绿色 GDP 考核尽管近期不可能纳入考核体系，但应该继续研究，要“敢为天下先”，争取早日把绿色 GDP 纳入党政领导的考核评价体系中。

2007 年，胡锦涛总书记在党的十七大报告中指出，我国社会经济发展中面临的第一个突出困难和问题就是“经济增长的资源环境代价过大。同时，提出“要不断深化干部人事制度改革，规范干部任用提名制度，完善体现科学发展观和正确政绩观的干部考核评价体系”，指明了党政领导考核制度改革的方向。

综上所述，以人为本，全面、协调、可持续的科学发展观的提出，要求我们加快建立充分体现科学发展、生态文明的正确政绩观。

7.2.3.3 实行绿色 GDP 考核制度的现实意义

2002 年，中国政府提出了要在 2020 年实现全面建设小康社会的战略目标。目前有关部门正在研究制定能够体现新发展观的全面小康社会的指标体系，并准备着手改革现行的政府政绩和干部考核制度，更换经济活动的“指挥棒”，完全突破过去单纯以 GDP 论英雄的做法，建立一个体现全面、协调和可持续发展的政府绩效考核体系。如今，“考核官员的环保绩效”已形成国际趋势，2002 年的南非可持续发展世界首脑会议强调建立各级政府的“环境保护问责制”。

绿色 GDP 是从传统的 GDP 中扣除自然资源耗减成本和环境退化成本的综合核算指标，能够更为真实地衡量经济发展的有效成果。一个地区一定时期内的绿色 GDP 值越大，意味着这个地区增加的真实财富越多、经济增长质量越高，人民群众所享有的社会福利越多。公正而论，一个地区或单位，如果只是经济增长指数高，而生态、环境遭到严重破坏，人民感觉不好，那么，这种发展就是不合格的，是又快又糟糕的发展，不文明的发展，应当给当地领导者的政绩减分，减到 60 分以下；而既有经济的适度快速增长，又保护优化了生态、环境，人民感觉也好的发展，则是合格的发展，又好又快的发展，文明的发展，应当加分，加到 90 分以上。

制定并实施绿色 GDP 核算和考评标准体系，将从根本上促使地方经济的发展由数量竞争向质量竞争转变，促使各级领导者致力于追求经济发展、环境优化、社会进步、人民幸福的政绩，致力于在发展经济的同时，努力偿还生态、环境欠债，切切实实地把科学发展观落到实处。

可以预见，不久的将来，随着理论创新、机制转换和技术进步，我国绿色 GDP 核算将逐渐扩大核算范围，并改善核算方法，形成符合我国国情的经济与环境综合核算体系，其绿色 GDP 的核算功能及对经济发展与资源、环境的调节功能也将越来越大。不仅可以有效弥补单纯 GDP 核算的不足，而且能促使人们更加深刻地认识经济增长中的生态破坏、环境污染、资源高耗的危害，改变不可持续的经济增长观和政绩观，加快转变经济增长模式，自觉偿还生态、环境欠债，实现又好又快、可持续发展。

7.2.4 探索绿色 GDP 的政绩考核制度

应当说，以 GDP 为核心的国民经济核算体系、绿色 GDP 核算体系和领导干部政绩考评体系，三者相互联系、相辅相成、互为补充，是融为一体的有机整体。衡量一个地区经济社会发展，GDP 是基础目标，绿色 GDP 是行为要求，政绩考评是主体导向。不能因为 GDP 的局限性就舍弃它，不能因为绿色 GDP 有待完善而弃之不用，而应当朝着人与自然和谐、发展与环境共赢的科学文明、可持续发展的方向目标，不断创新统计理论和方法，加快健全与推进绿色 GDP 核算体系进程，为全面准确评价不同地区发展水平和领导者政绩，提供强有力的制度保障。建立党政领导绿色 GDP 考核评价体系是一个长期的、艰巨的系统工程，需要注意解决以下问题。

7.2.4.1 政策层面：科学发展观

解决好思想认识问题。什么是政绩？简而言之，政绩就是从政的领导者、公务人员为国家、人民和社会服务做出的成绩。但不同的人对领导者的政绩有不同的看法和选择。据 2006 年某省百县千企万民环境意识调查结果显示，接受调查的 6 682 人对“某市财政收入全省领先，但环境污染日趋严重，您愿意让现任市长继续留任吗”的选择，表示“不愿意”的占参与调查总人数的 71.01%；相反，参与调查的市长（厅局长）中，有 90.8%选择“愿意”，选择“不愿意”的仅占 7.28%，另有 1.92%的人“拿不定主意”。这就是说，在经济增长和环境保护问题上，参与调查的绝大多数市长（厅局长）的选择与大多数民众的选择大相径庭，七成多的民众不愿让污染严重的市长留任，而九成多的市长意见却相反。难道这些市长们对环境问题的重要性认识不足？事实并非完全如此。在该项调查的其他问卷中，92%的市长（厅局长）知道和谐社会包含环境保护的内容；95%的市长（厅局长）知道环境污染会影响社会公平、引发社会不稳定；98%的市长（厅局长）认为环境保护是一件很紧迫的事。那么，为什么明知环境保护重要却不认真对待，还要任其污染、破坏，说到底还是与领导者利益挂钩的政绩考评标准有问题，以致形成了非理性的政绩观，认为只要有了GDP的快速增长，就有了良好的政绩，其他的可以不闻不问，而良好的政绩又与上级表彰、鼓励以至提拔重用密切相关。由于绿色GDP核算的本质是“减法”，把生态破坏、环境污染损失等因素考虑在GDP核算中，参与试点省市的“经济政绩”最终必然都要打折扣，难免引起某些领导者的反感，抱消极甚至抵制态度。因此，解决好各级干部、特别是某些领导干部的思想认识问题，消除种种片面、错误的思想观点以及私心杂念，则是实行新的考评标准、制度的重要前提条件。也就是说，要通过学习科学发展观和公仆政绩观，从理论与实践的结合上，真正弄清楚发展经济究竟是为了什么，是为广大人民群众谋福利，还是掺杂个人名利地位的追求？发展是单纯的经济增长，还是包括资源、生态、环境和社会、民生指标？什么是可持续发展，如何实现可持续发展等，把这些问题解决好了，认识提高了，思想统一了，实行绿色GDP考评标准和制度，才能真正变成各级各行各业领导者的自觉行动。

7.2.4.2 技术层面：核算标准化

解决好如何制定科学测算标准问题。科学设置领导政绩评价考核标准，应当注意把握以下几点：① 要把重视经济增长和重视资源、生态、环境和人文发展的指标同时加以考虑，突出以人为本、人与自然和谐类别指标的选择，如“城乡居民收入”、“万元GDP能耗”、“万元GDP水耗”、“地表地下水质达标率”、“大气环境质量”、“主要污染物排放削减完成率”、“三同时”执行合格率、生态乡镇村（居）建设等。将人民群众能否喝上干净的水、呼吸清洁的空气、吃上安全绿色食品、看得起病、上得起学，以及对交通、治安、就业、社会服务的满意度等，列入领导政绩考评指标。② 应当以“以绿色GDP比高低、论英雄”，通过减少GDP指标分量，提高资源、生态、环境、民生指标的分值，使地方领导者更加关注环境保护、生态优化和民生改善。在原有“计划生育”、“社会稳定”两项“一票否决”的基础上，应当按照广大人民群众的意愿，增加干部政绩考核上的环保“一票否决制”，使环境保护这个“软”指标真正“硬”起来。对于有乱批强征耕地、严重破坏生态、浪费资源、污染环境行为的领导干部，还要依照法纪追究其责任。③ 按照“十一五”规划纲要对国土 4 类主体功能区的发展要求，分别依据其区域经济发展和生态、环境的功能定位，研制出适宜区域特点的绿色 GDP 核算和考评指标及方法，并对考核指标赋予适合区域发展要求的权重值，形成具有区域特色的干部政绩考核计分标准，加强和改善区域调控，引导经济合理布局。特别是在生态破坏、环境污染严重的地区，应当把政绩考评重点放在控制经济增长速度，对土壤、大气和水资源等进行综合整治，以利于恢复生态功能、净化生存环境。在生态脆弱区、自然保护区，应当把政绩考评重点放在培育资源、优化生态、保护环境上，以利生态功能的恢复和增强。

7.2.4.3 操作层面：逐步推进

目前，全国一些省区市县，先后制定了体现科学发展观要求的党政领导班子和成员政绩考核评价办法，确定了评价考核对象、程序、方法、纪律与监督等内容，并开始发挥积极的导向作用。当务之急是把生态良好地区和较差地区的领导政绩考评标准进行合理划分，把生态脆弱区、环境污染重灾区、生态严重破坏区强制纳入绿色 GDP 核算、考评试点，在强化治理的同时，对原有 GDP 进行资源、环境成本方面的核算、核减。在此基础上，确立新的经济社会发展模式。在重点开发区域和优化开发区域，要大力推行节能减排；把生态脆弱区划定为禁止开发区域，严格依法保护，尽快遏制生态、环境的恶化；对确定为限制开发区域，要坚持保护优先；把偿还生态欠债作为这些地方领导者的主要政绩之一来对待。同时，对曾经认为是“领导政绩突出”、但实践证明是虚假政绩并造成重大资源环境损失的，要加以澄清、纠正，并酌情追究其责任。其次，应当确保数据采集和统计分析的真实、公平、公正。在绿色 GDP 指标数据的采集上，应当将量化指标的数据集中统一到统计部门、环保部门统计。数据的采集不应当来自考核对象的同级部门，而应由上一级的统计、国土、环保、卫生、劳动保障等部门提供。还应当注重综合分析和纵向比较。通过对当地发展状况的总体了解，在对不同地区之间进行横向比较的同时，应当重点对任期内的情况（包括显绩与潜绩）进行纵向比较，既对领导班子整体实绩进行考评，又对干部个人进行全面考评。

在当前建立绿色 GDP 指标考核制度条件不具备的情况下，根据建设资源节约型、环境友好型、经济生态型社会的要求，加快建立与 GDP 直接挂钩的环境资源考核或评价体系。这些指标主要有：万元 GDP 的物质投入，万元 GDP 的能源消耗，万元 GDP 的水资源消耗，万元 GDP 的土地资源消耗，万元 GDP 的 COD 排放、万元 GDP 的二氧化硫排放、万元 GDP 的二氧化碳的排放强度、环境保护投资占 GDP 比例等；也可将主要污染物排放总量控制、城镇污水处理率、地区空气质量二级天数、城市饮用水水源地达标、农村环境改善、植被覆盖率、群众性环境诉求事件发生数量等指标纳入到政府官员考核标准；还可将当地政府对中央政府各项环保法规政策的落实情况作为指标纳入政府官员考核标准。

7.2.4.4 公众层面：鼓励公众参与

（1）保护生态环境是每一个公民应有的权利与义务。必须落实人民群众在干部政绩考评工作中的知情权、参与权、选择权和监督权。只有领导干部政绩考评公开化，才能充分发挥人民群众监督、新闻媒体监督、网络信息监督、环保部门监督以及安全检查监督等作用，确保各级领导干部对自己的决策和各项职务行为负责，并使一切破坏生态、污染环境的机关、部门、企业和个体经营者暴露在阳光下，无处掩藏。其次，将政绩考评难以量化的有关内容，整合到民意调查中，通过群众满意度加以检验、评价。如北京市的“网评政府”，江苏省组织的针对政府的“万人评议”，福建省建立的政府绩效评估试点市，甘肃省委托独立第三方考评政府绩效等，都是行之有效的做法。应当逐步规范民意调查及其实绩分析方法，搞好民意测评工作。再次，在经济社会发展中，不同社会阶层、利益群体和社会成员之间，往往存在环境利益矛盾，如果各利益主体的利益表达渠道不通畅，沟通、反馈不及时，则会导致环境利益关系紧张、引发种种社会矛盾。因此，应当充分发挥基层社区、民间团体、中介组织和各类基金会的中介桥梁作用，在群众和政府间构建起方便、快捷、高效的环境利益表达渠道和完善的沟通反馈机制，形成合法的环境利益表达和诉求的制度性平台。一方面，使公众的环境利益诉求能够通过正当、规范的渠道进入公共决策过程，将社情民意真实地反馈给政府管理部门，以利于生态、环境法规的制定和实施；另一方面，综合运用法律、政策、经济、行政等手段和教育、协商、疏导等方法，把生态、环境矛盾化解在基层，解决在萌芽状态。

（2）解决好公民环境权益保障问题。环境权益是指各社会行为主体享有合法的环境使用权利及其相关权益。通俗地说，环境权益就是人们从环境质量中得到的福利或效益，并通过获得环境权益来提高自己的环境意识，增进对环境问题的理解、关注和行动。保障人民群众的环境知情权、议政权、监督权、索赔权等权益，必须坚持以人为本，执政为民，做好有关法律法规的制定和贯彻落实工作。当前，应当针对群众反映突出的工业污染反弹、城市污水超标排放、垃圾堆积和农村畜禽养殖场污染加重、重污染行业盲目发展以及高排放项目违规上马等问题，修订有关法规条款，并进行专项整治。对违反环境保护法律法规的地方保护主义的“土政策”，应当集中清理、整顿，并采取措施提高环保门槛，实施高起点规划，大力改善执法环境，做到“不欠新账”。进一步开通环保热线，受理群众举报，对那些严重污染环境又拒不治理的企业，应当依法勒令停产，直至关闭，并追究其领导人的责任。对严重危害公众利益的环境破坏者，应当绳之以法，不可庇护、姑息。凡涉及公众环境权益的开发规划和建设项目，政府应当公开有关规划和项目环境影响评价信息，扩大社会参与面，听取各类利益主体的意见，以强化社会监督和公共需求导向。

7.3 促进建立环境经济综合决策体系

建立科学合理的环境经济综合决策体系，首先要掌握科学详尽的环境经济基础信息。同样，制定科学合理的环境经济政策，也需要大量的环境经济信息，尤其是社会经济发展过程的环境和资源代价，包括地区环境污染损失、行业环境污染成本以及环境治理成本等核算信息。绿色国民经济核算的根本应用目的在于：通过核算过程和结果有关数据、信息的分析，揭示出有关的问题，为综合环境与经济决策提供参考依据，从而制定出有利于环境保护和经济发展“双赢”的战略和政策。

7.3.1 充分认识经济增长的资源环境代价

正如胡锦涛总书记在中国共产党十七大报告中指出的那样，我国社会经济发展中面临的第一个突出困难和问题就是“经济增长的资源环境代价过大”。绿色国民经济核算的核心就是核算经济增长的环境代价，让政府和公众真正了解环境代价的大小和分布，是体现从“经济增长”到“经济发展”转变的有效工具。通过绿色 GDP 核算，可以让我们了解哪些部门、哪些地区是资源消耗“高强度区”，哪些部门、哪些地区是环境污染和生态破坏“重灾区”。这样，我们就可以综合衡量各个部门和各个地区的环境退化成本和资源消耗成本，正确认识全国经济增长的资源环境代价问题。

例如，《中国绿色国民经济核算研究报告 2004》对全国各地区和 42 个行业的环境污染实物量、虚拟治理成本、环境退化成本进行了核算分析，结论认为，2004 年因环境污染造成的经济损失为 5 118 亿元，占 GDP3.05%。其中，水污染的环境成本为 2 862.8 亿元，占总成本的 55.9%，大气污染的环境成本为 2 198.0 亿元，占总成本的 42.9%；固体废物和污染事故造成的经济损失 57.4 亿元，占总成本的 1.2%。由于基础数据和技术水平的限制，此次核算没有包含自然资源耗减成本和环境退化成本中的生态破坏成本，只计算了环境污染损失。环境污染损失成本包括 20 多项，此次核算仅算了其中的 10 项（大气污染造成的健康、农业和材料损失，水污染造成的健康、工农业生产、人民生活和污染型缺水损失，以及固废侵占土地造成的经济损失等），地下水污染、土壤污染等重要部分都没有涉及。因此，虽然这次核算的结果只是整个结果的一部分，而且，在已经核算出的 10 项损失中还存在低估和缺项的问题。即便如此，损失也已经占到 GDP 的 3.05%，数字非常惊人，说明环境形势十分严峻，我国由于经济增长造成的环境代价十分巨大。

7.3.2 为制定环境保护投入和产业污染控制政策提供信息依据

（1）绿色国民经济核算对环境污染虚拟治理成本进行了计算，并与实际治理成本和投资相比较，提出了治理所有污染物所需要的环境保护投入，从而为国家环保投入规模的确定提供了科学依据。例如，从 2004 年核算报告来看，虚拟治理成本 1.8%换算为环保投资大约为当年 GDP 的 6.5%，也就是说如果 2004 年我们投入 1 万多亿元，才能基本解决工业和生活点源污染的问题。

（2）根据核算结果，可以为区域发展定位、产业结构调整、产业污染控制和环境保护治理提供政策建议。同时，分部门和分地区的核算结果对未来环境污染治理重点、污染物总量控制和加强重点源监控体系建设给予了进一步的确认。例如，2004 年环境经济核算报告从产业部门的角度，对三大产业、39 个工业行业的环境污染实物量进行了全面核算，对产业污染特征进行了真实评估；并从治理成本法的角度，对各产业部门的虚拟治理成本进行了核算，得出了经虚拟治理成本调整后的增加值及增加值污染扣减指数。通过产业部门的环境经济核算，可以让我们了解哪些产业部门是环境污染的大户，哪些产业部门在环境污染治理上还不合格，从而为产业结构调整、产业污染控制重点提供政策建议。

（3）通过核算结果，可以看出环境污染对人类生活和生命健康的危害程度，从而制定出“以人为本”的环境保护政策。例如，从2004 年核算结果来看，环境污染对人们的健康威胁时刻存在，污染损失造成的人类生活和生命健康危害的代价十分巨大。2004 年城市大气污染造成近36万城市居民过早死亡，新发慢性支气管炎病人25.6万人；2003 年农村自来水普及率仅为 40%，同时还有 20%的农民饮用沟塘水、窖水等不安全饮用水；2004 年由于饮用水污染造成农民癌症死亡人数为 11.8 万人；2004 年环境污染造成的健康损失占整个环境污染损失的 33%，这样的核算结果，可以为有关部门提供基础数据，从而更加重视环境与健康问题。

7.3.3 为制订生态补偿和资源有偿使用政策提供信息依据

绿色财富核算作为绿色国民经济核算的重要内容之一，通过对某个地区的自然资源资本（耕地资源、水资源、矿产资源、森林资源及草地资源等）和生态服务功能价值进行定量评估，可以使人们掌握绿色财富在总财富中的比重以及绿色财富中各部分的构成，从而为制订自然资源管理和生态环境保护政策提供参考；同时，通过绿色财富核算，对财政税收的改革有了新认识，对生态补偿、财政转移支付、资源和环境容量的有偿取得等政策的制定提供了定量分析基础，有利于鼓励自然管理和环境保护，维护绿色财富的稳定。

例如，通过对神农架林区 2004 年绿色财富的核算和对其绿色财富的构成进行分析，为有关部门制定自然资源管理与生态环境保护政策提供了重要的参考价值，具体表现在：① 在财富总量方面，提供了一个关于神农架绿色财富总量的概念，相对以往的定性描述而言，这是对神农架及类似生态地区价值进行定量描述的一个有益尝试，有助于我们对神农架及类似生态地区的价值判断，让我们对生态地区的贡献有了量化的概念。② 在财富结构方面，提供了一个关于神农架财富有机构成的概念。在这一点上，各种资源价值的构成比例，较之具体的数据，更有意义，更具有实用价值。③ 在财富成本方面，通过核算自然资源价值和生态功能服务价值，实际上核算了生态环境保护的机会成本，如果把生态保护也当作一项投资，一种生产来理解，也必然包括显性和隐性成本（生态保护与建设的投入），以及机会成本，即各种限制开发的经济资源的潜在收益，如果我们把财富作为生态地区的贡献，那么这就是生态地区所做出的牺牲，或者说为生态保护付出的代价。基于以上 3 点，绿色财富核算为神农架林区这样的生态保护地区制订生态补偿政策提供了重要参考价值。

7.3.4 评价环境保护对经济社会发展的贡献

当前，我国环境保护工作进入了以保护环境优化经济增长的新阶段，正面临历史性转变的重要机遇。在第六次全国环境保护大会上，温家宝总理提出了新时期环境保护“三个转变”的战略思想。一是从重经济增长轻环境保护转变为保护环境与经济增长并重，把加强环境保护作为调整经济结构、转变经济增长方式的重要手段，在保护环境中求发展；二是从环境保护滞后于经济发展转变为环境保护和经济发展同步，做到不欠新账，多还旧账，改变先污染、后治理、边治理边破坏的状况；三是从主要用行政办法保护环境转变为综合运行法律、经济、技术和必要的行政办法解决环境问题。“三个转变”的战略思想，反映了国家的环境保护执政理念的重大调整，即将环境与经济之间的“主次”、“先后”、“单向”关系，调整为“并重”、“同步”、和“综合”关系，改变被动、事后、补救、消极的状态，形成主动、事前、预防、积极的格局。这是全面落实科学发展观、构建社会主义和谐社会的重要体现，是建设资源节约型、环境友好型社会的客观需要，是应对严峻环境挑战的实际行动，是在汲取国外经验教训的基础上作出的重大战略抉择。由“环境换取增长”阶段到“环境优化增长”的新阶段，表明环境保护与经济增长之间由此消彼长的替代关系，改变为一种相互促进的互补关系，“环境”由一种被放弃、被排斥的对象，转变为对经济增长起到促进作用的因素。这种转变，在当前我国具有必然性。

环境保护投入产出核算作为绿色国民经济核算的重要内容之一，从定量上计算和评价环境保护对经济社会发展的贡献度是其应用的一个重要方向，有助于从环境保护“三个转变”的高度，深刻认识和阐述新时期的环境与经济之间关系，从而为环境保护的科学决策提供依据。例如，2005 年环境保护投入产出的核算结果表明，环境保护投入对经济社会发展具有明显的贡献作用，2005 年占 GDP 2.8%的污染治理投入创造的GDP 占 GDP 总量的 4.05%，贡献度为 1.43，表明加大环境保护投入不但可以使环境质量改善，增加绿色 GDP，同时，有助于创造增加 GDP 份额和增加就业，实现环境效益、经济效益和社会效益“三赢”。进一步对环境保护投入的结构和方向的分析，企业内部环境保护投入占整个环境保护投入的比例只有 50.5%，说明企业自身对污染治理投入较小，不符合环境保护的“谁污染谁治理”方针政策；同时，环境保护活动投入产出效果中，一些“两高一资”行业的投入产出效果明显均低于平均投入产出效果，在加大治理投入的同时，需要提高投入产出效果，特别是在运行费用方面的投入产出效果。

参考文献

[1] 王树林，李静江. 绿色 GDP——国民经济核算体系改革大趋势[M]. 北京：东方出版社，2001.

[2] 孙兴全. 可持续的国民财富. 统计与决策[J]，1997，6：33-34.

[3] 曹克瑜. 绿色国民经济核算的基本理论、核算框架与实现途径研究[C]//绿色国民经济核算体系国际研讨会论文集. 北京：中国环境科学出版社，2004，12.

[4] 高敏雪. 国民经济核算仍然面临变革[J]. 统计与信息论坛，2006，21（6）：23-27.

[5] 曹俊文. 环境与经济综合核算方法研究[M]. 北京：经济管理出版社，2004.

[6] 李金昌，高振刚. 经济发展中的资源空心化现象及其根源[N]. 北京科技报，1989-01-14.

[7] 方奕晗. 民意调查：96.4%的公众支持进行绿色 GDP 核算[N].中国青年报，2007-07-30 .

[8] 哥伦比亚《一周》周刊. 富有比贫困好. 2008-05-11//参考消息，2008-5-13.

[9] 过孝民，王金南，等. 我国环境污染和生态破坏经济损失计量研究的问题与前景[C]//绿色国民经济核算体系国际研讨会论文集. 北京：中国环境科学出版社，2004.

[10] 向书坚. SEEA 和 NAMEA 的比较分析. 统计研究[J]，2005，10：18-22.

[11] 蒋洪强，潘文，等. 绿色财富核算的理论方法及其应用研究——以神农架林区为例[J]. 生态环境，2007，6（5）：1533-1538.

[12] [德]柯武刚，史漫飞. 制度经济学：社会秩序与公共政策[M]. 北京： 商务印书馆，2000.

[13] 马中，等. 环境与资源经济学概论[M]. 北京：高等教育出版社，1999.

[14] 邱东，等. 论国民经济核算的公共产品属性 [J]. 统计研究，1998，04：37-40.

[15] 赵彦云，伍业峰. GDP：20 世纪最伟大的发明之一[J]. 统计研究，2001，07：52-56.

[16] 高敏雪，等. 资源环境统计[M]. 北京：中国统计出版社，2004.

[17] 高敏雪. 从国民经济核算到环境经济核算[J]. 成人高教学刊，2003，3：27-29.

[18] 国家统计局. 中国国民经济核算体系（征求意见稿），2000.

[19] 王金南. 环境经济学：理论—方法—政策[M]. 北京：清华大学出版社，1994.

[20] 高敏雪. 环境统计与环境经济核算[M]. 北京：中国统计出版社，1999.

[21] 世界银行. 碧水蓝天：中国 21 世纪的环境挑战[M]. 北京：中国财政经济出版社，1997.

[22] 《可持续发展指标体系》课题组. 中国城市环境可持续发展指标体系研究手册[M]. 北京：中国环境科学出版社，1999.

[23] 郑易生，等. 中国环境与发展状况报告（第一卷）[M]. 北京：中国环境科学出版社，2000.

[24] 国家环保总局. 1996—1999 年. 中国环境统计公报[M].

[25] 国家统计局. 1996—1999 年. 中国统计年鉴[M]. 北京：中国统计出版社.

[26] Kulshreshtha A C. System of environmental and economic accounting： UN recommendation and endeavors in Asian countries//建立中国绿色国民经济核算体系国际研讨会论文集. 北京：中国环境科学出版社，2004：261-262.

[27] ADB. Economic Evaluation of Environmental Impacts. A Workbook. Asian Development Bank（1996）.

[28] Bolt K，Matete M and Clemens，M. Manual for Calculating Adjusted Net Savings. Online. http：//lnweb18.worldbank.org/ESSD/envext.nsf/ 44ByDocName/AdjustedNetSavingsAManual200262KPDF/$FILE/Savingsmanual2002.pdf. 2002.

[29] Bruvoll A，Glomsrød S and Vennemo H. Environmental drag： evidence from Norway. Ecological Economics，1999，30：235-249.

[30] Constanza，R，R d'Arge，R de Groot，S Farber，M Grasso，B Hannon，K Limburg，S Naeem，R V O'Neill，J Paruelo，R G Raskin，P Sutoon and M van den Belt. The Value of the World's Ecosystem Services and Natural Capital. Nature，1997，387：253-260.

[31] DiMatteo，Alfieri and Havinga：Links between water accounting and UNSD/UNEP and OECD/Eurostat questionaires on water resources-towards the harmonization of water statistics and accounting. September 5，2005. http：//www.umweltbundesamt.at/fileadmin /site/ umweltthemen/ wasser/IWG_ENV/Papers/2_Alfieri_P.pdf.

[32] ENRAP （Environment and Natural Resources Accounting Project）. Main Report. Phase Ⅲ. Prepared for the Philippine Department of Environment and Natural Resources by the International Resources Group （Washington，DC） in association with Edgevale Associates （Nellysford，Virginia） and the Resources，Environment and Economics Center for Studies （Manila），1996.

[33] European Commission. SERIEE：Environmental Protection Expenditure Accounts - Compilation Guide. Cat. No. KS-BE-02-001-EN-N，2002.

[34] European Commission. SERIEE：European system for the collection of economic information on the environment – 1994 version. Cat. No. KS-BE-02-002-EN-N，2002.

[35] Freeman A M. The Measurement of Environmental and Resource Values：Theory and Methods. Second edition. Resources for the Future，2003.

[36] Garrod G D，and Willis K G. Economic Valuation of the Environment：Methods and Case Studies. Cheltenham：Edward Elgar，1999.

[37] Haakon Vennemo. International experiences with environmental accounting.

[38] Hamilton K and Clemens M. Genuine Savings Rates in Developing Countries. World Bank Economic Review，1998，13（2）：333-356.

[39] Hanemann M. "Valuing the Environment Through Contingent Valuation". Journal of Economic Perspectives，1994，8（4）：1-64.

[40] Hass J，Sørensen K and Erlandsen K. Norwegian Economic and Environment Accounts. Project Report 2001. Statistics Norway document 2002，15.

[41] Hecht J. National Environmental Accounting：Bridging the gap between ecology and economy. Washington DC，2005.

[42] Henry M. Peskin and Marian S delos Angeles. Accounting For Environmental Services：Contrasting the SEEA and the ENRAP Approaches. www.cbs.gov.nl.

[43] John Dixon et al. Expanding the Measure of wealth-indicators of environmentally sustainable development. Washington D.C.：World Bank，1997.

[44] John O'Connor et al. Monitoring Environmental Progress. Washington D.C.：World Bank，1995.

[45] Julie L Hass，Kristine Erlandsen，and Tone Smith. Norwegian Economic and Environment Accounts （NOREEA）Project Report. Statistics Norway，2002.

[46] Keuning S，van Dalen J and de Haan M. The Netherlands' NAMEA; presentation，usage and future extensions. Structural Change and Economic Dynamics，1999，10（1）：15-37.

[47] Kim Seung-Woo. Pilot Compilation of Environmental-Economic Accounts：Republic of Korea. Seoul：Korea Environment Institute，1998.

[48] Kirk Hamilton. Genuine Saving as a Sustainability Indicator，2000.

[49] Kunte A，Hamilton K，Dixon J and Clemens M. Estimating National Wealth：Methodology and Results. Environment Development Papers，1998，

Environmental Economics Series. 18257.

[50] Lambert A. Economic Valuation of Wetlands: An Important Component of Wetland Management Strategies at the River Basin Scale. Discussion Paper, 2003.

[51] Larsen B. Cost of Environmental Damage: A Socio-Economic and Environmental Health Risk Assessment. Prepared for MAVDT, Colombia, 2004.

[52] Larsen B. Cost of Environmental Damage: Recent studies in MNA, LAC and EAP: Results, methodologies, and future needs. Prepared for ENV/World Bank, 2005.

[53] Mark Anielski. Greening national accounts: international practices in pluralistic environmental accounting & the measurement of sustainable development, 2005: 18-19.

[54] Mark Anielski. The Canadian Experience in Green Accounting: Integrating Economic and Environmental Accounts, May, 2006.

[55] Mark de Haan, Peter Kee. Accounting for sustainable development: the NAMEA-based approach. www.cbs.gov.nl.

[56] Mathis, M and Matisoff, D. A characterization of Ecotourism in the Texas Lower Rio Grand Valley. Discussion Paper VNT-04-01. [2004] http://www.harc.edu/harc/Projects /Nature/Reports/LRGCharacterization.pdf.

[57] McCracken J R, and Abaza H. Environmental Valuation: A Worldwide Compendium of Case Studies. London: Earthscan, 2001.

[58] Meyer, Bernd. Research-Statistical-Policy Cooperation in Germany: Modelling with PNTA RHEI. Paper presented at the Join Workshop of DG XI, DG XII, and Eurostat in cooperation with the European Environment Agency. Luxembourg, 1998.

[59] Nordhaus W and Kokkelenberg E. (eds). Nature's Numbers: Expanding the National Economic Accounts to Include the Environment. Washington, DC: National Academy Press, 1999.

[60] OECD. Environmental Information System in Mexico: An OECD Assessment. General distribution. OECD/GD(96)172. [1996] http://www.olis.oecd.org/olis/1996doc.nsf/ 9c6cd8fd90a0d74dc12569fa005d2cba/8e 63fc9980f3b90cc12563f 80036940f/$FILE/12B63944.DOC.

[61] Opaluch, James J, Thomas Grigalunas, Jerry Diamantides, Marisa Mazzotta, Robert Johnston. Recreational and Resource Economic Values for the Peconic Estuary System. Report prepared for the Peconic Estuary Program, Suffolk

County Department of Health Services， Riverhead， NY by Economic Analysis，Inc.，1999.

[62] Pearce D W. Economic Values and the Natural World. London：Earthscan，1993.

[63] Pearce D W，A Markandya. The Benefits of Environmental Policy： Monetary Valuation. Paris：OECD，1989.

[64] Pesco H and de los Angeles M. Accounting For Environmental Services：Contrasting the SEEA and the ENRAP Approaches. [2005-09-05] http：//www.idrc.ca/ uploads/user-S/10305662160acf38a.html.

[65] Pillarisetti J R. （forthcoming） The World Bank's "genuine savings" measure and sustainability. Ecological Economics Proceedings of UNCEEA & London Group Meetings，2004.

[66] Ribacke S，Wickbom G，Statistics Sweden，Disaggregation and improvement of the Swedish NAMEA Final Draft. Commission from Eurostat. [2005-09-05]http：//www.scb.se/ statistik/MI/MI1202/2000I02/MIFT9701.pdf.

[67] Rosenberger，Randall S，Loomis，John B. Benefit transfer of outdoor recreation use values： A technical document supporting the Forest Service Strategic Plan （2000 revision）. Gen. Tech. Rep. RMRS-GTR-72. Fort Collins，CO：U.S. Department of Agriculture，Forest Service，Rocky Mountain Research Station，2001：59.

[68] Saraf M，Larsen B，Owaygen M. Cost of Environmental Degradation：The Case of Lebanon and Tunisia. World Bank Working Paper，2004.

[69] SERIEE environmental protection expenditure accounts- Compilation guide. Luxembourg：European Communities，2002.

[70] Statistics Norway. "Social Costs of Air Pollution and Fossil Fuel Use -A Macroeconomic Approach." Social and Economic Studies，1999.

[71] Statistics Norway. National Accounts and Environment，1990—2003：Emissions increased more than value added. Statistics Norway website. [2005-09-07] http：//www.ssb.no/ english/subjects/09/01/nrmiljo_en/.

[72] Toshihiro I. A Japanese NAMEA. Economic Research Institute，Economic Planning Agency，3-1-1，Kasumigaseki，Chiyoda-ku，Tokyo 100，Japan，1998.

[73] United Nations and United Nations Environment Programme：Handbook of National Accounting：Integrated Environmental and Economic Accounting：An Operational Manual. New York，2000. http：//unstats.un.org/ unsd/publication/SeriesF/SeriesF_78E.pdf.

[74] United Nations, European Commission, International Monetary Fund, Organisation for Economic Co-operation and Development and World Bank Handbook of National Accounting: Integrated Environmental and Economic Accounting 2003. Final draft circulated for information before final editing, 2003. http: //unstats.un.org/unsd/ envAccounting/seea.htm.

[75] Vennemo H. A dynamic applied general equilibrium model with environmental feedbacks. Economic Modelling, 1997, 14: 99-154.

[76] Willis K G, Corkindale J T, et al. Environmental Valuation: New Perspectives. Wallingford: CAB International, 1995.

[77] 丁小浩. 评世界银行对国民财富和人力资源核算的新方法[J]. 经济科学, 1997, 4: 68-74.

[78] 高敏雪. 国家财富的测度及其认识. 统计研究. 1999, 12: 9-14.

[79] 高敏雪, 等译. 综合环境经济核算 SEEA-2003. 2003, 6-7.

[80] 李茂. 联合国综合环境经济核算体系. 国土资源情报, 2005, 5: 13-16.

[81] 廖肇宁. 世界各国绿色国民所得账之编制情况与趋势.

[82] 史世伟. 德国的绿色 GDP 核算. 宏观经济研究, 2004, 7: 40-41.

[83] 王海燕. 论世界银行衡量可持续发展的最新指标体系. 中国人口·资源与环境, 1996, 1 (6): 39-43.

[84] 向书坚, 黄志新. SEEA 和 NAMEA 的比较分析. 统计研究, 2005, 10: 18-22.

[85] 行政院主计处. 台湾地区绿色国民所得账试编结果报告. 2001.

[86] 张耀仁, 黄伟伦, 杨隆年, 谢佩君, 许美玉. 各国「绿色国民所得账」的编算方式. 台湾经济研究月刊, 1999, 22 (4): 30-45.

[87] 张勇. 绿色 GDP 核算在墨西哥. 宏观经济研究, 2004, 7: 42-43.

[88] UN: Integrated Environmental and Economic Accounting-1993.综合环境经济核算-临时版本（中译本）. 联合国, 1994.

[89] UN: Integrated Environmental and Economic Accounting-2000. 综合环境经济核算-操作手册（中译本）. 高敏雪, 译, 2005.

[90] UN: Integrated Environmental and Economic Accounting-2003. 综合环境经济核算-2003. （中译本）. 高敏雪, 等译, 2004.

[91] Australian bureau of statistics: Environment Protection Expenditure, Australia.

[92] Hamilton K: Pollution and Pollution Abatement in the national accounts. Review of Income and Wealth1996, 42: 13-33.

[93] Kimio Uno, Peter Bartelmus. Environmental Accounting in Theory and Practice. Kluwer academic publisher, 1998.

[94] Nester Deborah Vaughn. Environment-Economic Accounting and Indicators of the Economic Importance of Environmental Protection Actives. Review of Income and Wealth，September 1995.

[95] OECD. The OECD environment industry. The Washington meeting，1996.

[96] Schafer D. Input-Output Model for the Analysis of Environmental Protection Actives. Economic Systems Research，1989，1（2）.

[97] US Environmental Protection Agency. The US Environment Protection industry：A Proposal Framework for Assessment.1995.

[98] US Environmental Protection Agency：The US Environment Protection industry：The Technical Document.1995.

[99] 联合国. 国民经济核算体系 1993（中译本）.北京： 中国统计出版社，1995.

[100] J 迪克逊，等. 扩展衡量财富的手段. 北京：中国环境科学出版社，1998.

[101] 世界银行. 1992 年世界发展报告：发展与环境. 北京：中国财政经济出版社，1992.

[102] 世界银行. 碧水蓝天：展望 21 世纪的中国环境. 中国财政经济出版社，1997.

[103] 高敏雪. 环境统计与环境经济核算. 北京：中国统计出版社，2000.

[104] 高敏雪. 环境保护宏观核算理论与方法. 北京：中国统计出版社，2004.

[105] 雷明. 可持续发展下绿色核算. 北京：中国地质出版社，1999.

[106] 杨金田，葛察忠，等. 环境税的新进展：中国与 OECD 比较. 北京：中国环境科学出版社，2000.

[107] 杨缅昆. 绿色 GDP 和环保活动核算. 统计研究，2000，9：45-49.

[108] 杨缅昆. 关于 EDP 核算思路的若干质疑. 统计研究，2002，3：10-15.

[109] 于连生. 自然资源价值论及其应用，北京：化学工业出版社，2004.

[110] 高敏雪. 资源环境统计. 北京： 中国统计出版社，2004.

[111] 马中. 环境与资源经济学概论. 北京： 高等教育出版社，1999.

[112] 丁言强，编译. 环境经济综合核算 2003. 北京：中国经济出版社，2004.

[113] 潘岳. 环保指标与官员政绩考核[J]. 环境经济，2004，5：13.

[114] 牛文元. 新型国民经济核算体系——绿色 GDP[J]. 环境经济，2004，3：12-15.

[115] 高敏雪. 绿色 GDP 的认识误区及其辨析[J]. 中国统计信息网，2003，5，23.

[116] 王金南，等. 基于卫星账户的中国环境资源核算初步方案[J]. 中国环境政策，2000，2（3）：2-15.

[117] 赵占明. 落实科学发展观要求积极开展绿色 GDP 的研究试算[J]. 中国统计信息网，2003，3：31.

[118] 冀文海. 中国经济：如何迎接绿色 GDP 时代[J]. 中国经济时报，2004，3：16.
[119] 刘世庆. 西部生态脆弱地区率先试行绿色 GDP 探讨[J]. 中国经济时报，2004，1：19.
[120] 马中，蓝虹. 环境资源产权明晰是实行绿色 GDP 的关键[J]. 环境经济，2004，3：50-52.
[121] 高敏雪. 环境统计与环境经济核算[M]. 北京： 中国统计出版社，2000.
[122] 许宪春. 中国经济发展与绿色国民经济核算. 中国统计，2005，5：6-7.
[123] 杨树庄. 该不该计算绿色 GDP. 中国统计，2005，6：30-32.
[124] 朱启贵. 绿色国民经济核算的现状分析. 中国软科学，2002，9：24-28.
[125] 张白玲. 环境核算体系研究[M]. 北京：中国财政经济出版社，2003：173-185.
[126] 王世杰. 绿色 GDP 核算应当缓行. 宏观经济研究，2005，11：48-63.
[127] 杨缅昆. 国民福利核算的理论构造——绿色 GDP 核算理论的再探讨. 统计研究，2003，1：35-38.
[128] 厉以宁. 谈绿色 GDP 核算方式. 2006-1-8. http：//theory.people.com.cn/GB/40534/ 4007382.html.
[129] 萧灼基. 传统 GDP 存在三大缺陷. 第三届中国竞争力论坛，2005-12-11.
[130] 梁小民. 绿色 GDP 思路上有意义但不具有可操作性. 2005-4-4. http：//business.sohu. com/2005 0404/n225015640.shtml.
[131] 王金南，等. 建立中国绿色 GDP 核算体系：机遇、挑战与对策//建立中国绿色国民经济核算体系国际研讨会论文集. 北京：中国环境科学出版社，2005.
[132] 牛文元. 绿色 GDP 与国民经济核算制度//建立中国绿色国民经济核算体系国际研讨会论文集. 北京：中国环境科学出版社，2005.
[133] 高敏雪. 绿色 GDP 核算：争议与未来走向//中国环境与发展评论（第 3 卷）. 北京：社会科学文献出版社，2007.
[134] 侯元兆. 中国的绿色 GDP 核算研究：未来的方向和策略//中国环境与发展评论（第 3 卷）. 北京：社会科学文献出版社，2007.
[135] 钟兆修. 研究推行绿色 GDP 核算是时候了//《建立中国绿色国民经济核算体系国际研讨会》论文集. 北京：中国环境科学出版社，2005.
[136] 曹克瑜. 绿色国民经济核算体系框架与实现途径//建立中国绿色国民经济核算体系国际研讨会论文集. 北京：中国环境科学出版社，2005.